居家风水

董易奇 主编

南方出版社

出版者序

　　"风水"古称"堪舆"，古语有云："勘，天道也；舆，地道也。"

　　我国的风水学源远流长。汉代《堪舆金匮》和《宫宅地形》等风水著作是对风水学理论的初步归纳和总结；晋朝郭璞《葬经》的出现，推动了人们对风水学的研究；宋朝陈抟、邵康节、朱熹等著名的易学家对风水进行了阐释和认定，从而出现了江西形法派和福建理法派风水学理论体系。

　　可以说，风水学是人们在长期实践中的经验总结，是先哲们根据自然原理推导出的结果。由于避凶趋吉、消灾免祸、求安、求富、求贵是一种普遍的社会心理，故堪舆风水从古至今都广有市场，所以历代统治者都对此类民俗文化不加干预。但是，由于执堪舆之业者中不乏滥竽充数的江湖术士、民间巫师，为了骗取钱财，往往夸张虚诞，滥说鬼神，使之平添了不少神秘色彩乃至迷信成分，降低了风水学的可信度。

　　改革开放以来，随着国家经济的发展、人民生活水平的提高以及精神环境的宽松，特别是近几年在房地产业大发展的推动下，风水之学日趋盛行。同时，江湖术士也大行其道，其夸张虚诞、滥说吉凶的理论颇受追捧。因此，我们的任务就是要对其进行清理，去其荒诞的外衣，揭示其合理的内核，还其本来的面貌，并且与现代科学相结合，进一步加强其科学性、客观性和实用性，形成现代科学风水学，为人类的进步和发展提供更好的服务。

　　由于风水学博大精深，加之我们水平有限，故书中难免出现一些失误之处，祈望天下同仁理解我们，对不足之处加以指正，和我们一起为弘扬中国传统文化而努力！

作者介绍

董易奇

　　民俗文化专家，"世界华人《周易》协会"秘书长，长期从事《周易》及中国传统文化研究，对《周易》与企业管理、人生设计等有独到见地。担任南方电视台TVS-2《地产杂志》风水栏目主持人、南方电视台卫星频道《建筑物语》栏目主讲人、《南方都市报》家居版每周五《高人指路》栏目主持人、《信息时报》国学馆周一专栏主持人等。

网址：www.020666.com

博客：http://blog.sina.com.cn/dongyiqi

目录 Contents
居家风水 Jujiafengshui
Contents

目录 Contents

居家风水 Jujiafengshui
Contents

PART2 窗户风水：眼睛中的绿意空间

PART3 玄关风水：聚气纳财在玄关

目录 Contents

居家 风水 Jujiafengshui

Contents

PART4 客厅风水：居住的灵魂之乐

目录 Contents

居家 风水 Jujiafengshui

Contents

目录 Contents
居家风水 Jujiafengshui
Contents

目录 Contents

居家 风水 Jujiafengshui

Contents

目录 C o n t e n t s

居家风水 Jujiafengshui

Contents

目录 Contents

居家 风水 Jujiafengshui

Contents

目录 Contents

居家风水
Jujiafengshui
Contents

目录 Contents

居家 风水 Jujiafengshui

Contents

PART 11 阳台风水：与大自然亲密接触

目录 Contents

居家风水 Jujiafengshui

Contents

PART 14 楼梯风水：转承中的优雅弧度

Part 1

大门风水

迎财纳福在大门

从居家风水角度讲，门户的方向就是大门的方向，也是进气的方向，所以大门风水就成了整个屋宅风水的"首脑"。大门风水主宰着整个住宅的生气、家人的健康、主人的性格乃至一生的运气，所以大门的高矮、大小以及外观都要十分讲究。居家风水要求大门整洁、美观、大方，有个性而又不失气势，因此，很多成功人士的豪宅的大门都突出了这个主题。有些人家还特意在大门口摆设一些风水吉祥物，如狮子、麒麟、貔貅等，这些吉祥物在增强门户气势之际，亦起着驱邪镇宅、招财纳福的作用。

大门风水概述

大门被"阳宅三要素"归为第一要素，它是生气的枢纽，住宅的面子，又是划分社会与私人空间的一道屏障。陈眉公有一句话归纳得很精辟："闭门即是深山。"大门与气的流动关系紧密，外气进出住宅要经过大门，屋内之气要出去也要经过大门。每个人每天出入自家大门的瞬间都会受到大门风水的影响，因此，住宅的大门究竟如何开启，便大有讲究。

1.大门方位和布局解析

大门的方位是很有讲究的，基于八角形的易经符号，大门向着以下八种方向都会给主人带来不同的幸运：向北的门可使生意兴隆，向南的门易于成名，向东的门使家庭生活趋于良好，向西的门则荫及子孙，向东北的可让主人在学术上有所成就，向西北的门利于向外发展，向东南的门有利财运，向西南的门则会喜得佳偶。

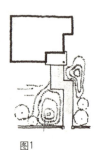

图1

门前的路两旁设假山流水，高度不宜太高，如图1。

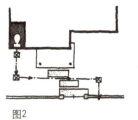

图2

污水排水管不宜通过门前，如图2。

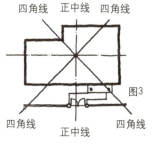

四角线　正中线　四角线
四角线　正中线　四角线
图3

不宜把门设在四角线和正中线，如图3。

图4

不宜让大的石头挡住门前通路，如图4。

图5

大型门楼应视为独立建筑物，另行搭盖，如图5。

图6

宅基地比马路高时，大门应设在与宅基地等高的位置，如图6。

2.命卦与宅卦的关系

根据《周易》的后天八卦原理，可将住宅根据坐向不同分成东西四宅，其中震宅、巽宅、离宅、坎宅是东四宅，坤宅、兑宅、乾宅、艮宅是西四宅。根据人的生肖与性别的不同，可将人分成八种命卦，分别是震命、巽命、离命、坎命、坤命、兑命、乾命、艮命。

命卦与宅卦的关系

1901年	辛丑年	男卦属离	女卦属乾
1902年	壬寅年	男卦属艮	女卦属兑
1903年	癸卯年	男卦属兑	女卦属艮
1904年	甲辰年	男卦属乾	女卦属离
1905年	乙巳年	男卦属坤	女卦属坎
1906年	丙午年	男卦属巽	女卦属坤
1907年	丁未年	男卦属震	女卦属震
1908年	戊申年	男卦属坤	女卦属巽
1909年	己酉年	男卦属坎	女卦属艮
1910年	庚戌年	男卦属离	女卦属乾
1911年	辛亥年	男卦属艮	女卦属兑
1912年	壬子年	男卦属兑	女卦属艮
1913年	癸丑年	男卦属乾	女卦属离
1914年	甲寅年	男卦属坤	女卦属坎
1915年	乙卯年	男卦属巽	女卦属坤
1916年	丙辰年	男卦属震	女卦属震
1917年	丁巳年	男卦属坤	女卦属巽
1918年	戊午年	男卦属坎	女卦属艮
1919年	己未年	男卦属离	女卦属乾
1920年	庚申年	男卦属艮	女卦属兑

1921年	辛酉年	男卦属兑	女卦属艮
1922年	壬戌年	男卦属乾	女卦属离
1923年	癸亥年	男卦属坤	女卦属坎
1924年	甲子年	男卦属巽	女卦属坤
1925年	乙丑年	男卦属震	女卦属震
1926年	丙寅年	男卦属坤	女卦属巽
1927年	丁卯年	男卦属坎	女卦属艮
1928年	戊辰年	男卦属离	女卦属乾
1929年	己巳年	男卦属艮	女卦属兑
1930年	庚午年	男卦属兑	女卦属艮
1931年	辛未年	男卦属乾	女卦属离
1932年	壬申年	男卦属坤	女卦属坎
1933年	癸酉年	男卦属巽	女卦属坤
1934年	甲戌年	男卦属震	女卦属震
1935年	乙亥年	男卦属坤	女卦属巽
1936年	丙子年	男卦属坎	女卦属艮
1937年	丁丑年	男卦属离	女卦属乾
1938年	戊寅年	男卦属艮	女卦属兑
1939年	己卯年	男卦属兑	女卦属艮
1940年	庚辰年	男卦属乾	女卦属离
1941年	辛巳年	男卦属坤	女卦属坎
1942年	壬午年	男卦属巽	女卦属坤
1943年	癸未年	男卦属震	女卦属震
1944年	甲申年	男卦属坤	女卦属巽
1945年	乙酉年	男卦属坎	女卦属艮
1946年	丙戌年	男卦属离	女卦属乾
1947年	丁亥年	男卦属艮	女卦属兑
1948年	戊子年	男卦属兑	女卦属艮
1949年	己丑年	男卦属乾	女卦属离
1950年	庚寅年	男卦属坤	女卦属坎
1951年	辛卯年	男卦属巽	女卦属坤

1952年	壬辰年	男卦属震	女卦属震
1953年	癸巳年	男卦属坤	女卦属巽
1954年	甲午年	男卦属坎	女卦属艮
1955年	乙未年	男卦属离	女卦属乾
1956年	丙申年	男卦属艮	女卦属兑
1957年	丁酉年	男卦属兑	女卦属艮
1958年	戊戌年	男卦属乾	女卦属离
1959年	己亥年	男卦属坤	女卦属坎
1960年	庚子年	男卦属巽	女卦属坤
1961年	辛丑年	男卦属震	女卦属震
1962年	壬寅年	男卦属坤	女卦属巽
1963年	癸卯年	男卦属坎	女卦属艮
1964年	甲辰年	男卦属离	女卦属乾
1965年	乙巳年	男卦属艮	女卦属兑
1966年	丙午年	男卦属兑	女卦属艮
1967年	丁未年	男卦属乾	女卦属离
1968年	戊申年	男卦属坤	女卦属坎
1969年	己酉年	男卦属巽	女卦属坤
1970年	庚戌年	男卦属震	女卦属震
1971年	辛亥年	男卦属坤	女卦属巽
1972年	壬子年	男卦属坎	女卦属艮
1973年	癸丑年	男卦属离	女卦属乾
1974年	甲寅年	男卦属艮	女卦属兑
1975年	乙卯年	男卦属兑	女卦属艮
1976年	丙辰年	男卦属乾	女卦属离
1977年	丁巳年	男卦属坤	女卦属坎
1978年	戊午年	男卦属巽	女卦属坤
1979年	己未年	男卦属震	女卦属震
1980年	庚申年	男卦属坤	女卦属巽

1981年	辛酉年	男卦属坎	女卦属艮
1982年	壬戌年	男卦属离	女卦属乾
1983年	癸亥年	男卦属艮	女卦属兑
1984年	甲子年	男卦属兑	女卦属艮
1985年	乙丑年	男卦属乾	女卦属离
1986年	丙寅年	男卦属坤	女卦属坎
1987年	丁卯年	男卦属巽	女卦属坤
1988年	戊辰年	男卦属震	女卦属震
1989年	己巳年	男卦属坤	女卦属巽
1990年	庚午年	男卦属坎	女卦属艮
1991年	辛未年	男卦属离	女卦属乾
1992年	壬申年	男卦属艮	女卦属兑
1993年	癸酉年	男卦属兑	女卦属艮
1994年	甲戌年	男卦属乾	女卦属离
1995年	乙亥年	男卦属坤	女卦属坎
1996年	丙子年	男卦属巽	女卦属坤
1997年	丁丑年	男卦属震	女卦属震
1998年	戊寅年	男卦属坤	女卦属巽
1999年	己卯年	男卦属坎	女卦属艮
2000年	庚辰年	男卦属离	女卦属乾

　　命卦属震、属巽、属离、属坎的人，最适合他们的居所是东四宅；而命卦属坤、属兑、属乾、属艮的，最适合他们的居所是西四宅。

3.大门与八方的关系

对于研究风水的人来讲，八卦（乾、坎、艮、震、巽、离、坤、兑）是第一道门。无论是在电影电视还是在现实生活中，我们都可以看见各式各样的八卦饰物和八卦图像，就连韩国国旗上都是八卦这一神圣的符号，可见八卦在人们心目中是多么神秘而亲切。在风水上，八卦对应着八方，乾在西北、坎在北、艮在东北、震在东、巽在东南、离在南、坤在西南、兑在西。而风水中讲的气，是围绕着阴阳来说的，阳为男，阴为女，阴阳调和而生万物，男女交合而生子孙。气的相互刑克造成人的互相残杀，气之和合构成人之和睦。气和合才可以万事顺遂，这样，人的健康、事业、财运自然顺畅，正所谓"和气生财"。而八卦之气可以和人对应：乾代表老夫、坤代表老妇、坎代表中男、离代表中女、震代表长男、巽代表长女、艮代表少男、兑代表少女。

大门作为一宅之气口，如能配上阴阳正气，则家人性格随和，亲戚朋友和睦相处，万事如意、富贵双全。风水学上所谓的开夫妇门是指门向与屋宅坐方配卦要成夫妇，如老夫之宅开大门宜开老妇位，长男之宅大门宜开长女位，中男之宅开大门宜开中女位，少男之宅宜开少女位，老妇之宅开大门宜开老夫位，长女之宅大门宜开长男位，中女之宅大门宜开中男位，少女之宅宜开少男位。

八方夫妇门简表

宅	
乾（老夫）	坤（老妇）
坎（中男）	离（中女）
艮（少男）	兑（少女）
震（长男）	巽（长女）
巽（长女）	震（长男）
离（中女）	坎（中男）
坤（老妇）	乾（老夫）
兑（少女）	艮（少男）

宅	
乾（老妇）	坤（老夫）
坎（中女）	离（中男）
艮（少女）	兑（少男）
震（长女）	巽（长男）
巽（长男）	震（长女）
离（中男）	坎（中女）
坤（老夫）	乾（老妇）
兑（少男）	艮（少女）

（1）东方

东为八卦之震，叫震门，若配合坐东南向西北的巽宅，则为"夫妇正配"。震为雷，意为震撼之象，通常会引起很大的震撼，会有出人意料的成功。若宅开震门，家人容易暴发，名利双收。此外，东方主长男，如果家有长男，此人得益最大，自小就身体健康、聪明伶俐，有很大的抱负，并且可以通过自己的奋斗获得成功。若不合"夫妇正配"将大门开在东方，容易受害者亦是户主之长男。

（2）南方

南为八卦之离，叫离门，配合坐北向南的坎宅为"夫妇正配"。离为电，主电子、科技事业、技术人才。

此门之宅出技术精英，经商者大多从事金融、贸易以及电子、科技事业。南方主中女，如果家有中女或中年女人，此人的得益最大，生活幸福、事业成功。若不合"夫妇正配"，将大门开在南方，容易受害者亦是户主之中女或家里的中年女人。

（3）西方

西为八卦之兑，叫兑门，配合坐东北向西南的艮宅为"夫妇正配"。兑为悦、为妾，主金属、金融、珠宝事业、武职人才等。此门之宅多出大贵巨富，经商者大多从事金融、贸易以及珠宝事业。西主少女，如果家有少女或青年女人，此人的得益最大，生活幸福、快乐、聪明。若不合"夫妇正配"将大门开在西方，容易受害者亦是户主的少女或家里的青年女人，容易发生感情纠葛。

（4）北方

北为八卦之坎，叫坎门，配合坐南向北的离宅为

"夫妇正配"。坎为水，主流动性事业，主人出差、旅行比较多。此门之宅出大官、巨富，经商者大多从事金融、贸易以及水利事业。北方主中男，如果家中有中年男人，此人的得益最大，事业也易获得成功。若不合"夫妇正配"，将大门开在北方，则容易受害的人亦是户主之中男或家里的中年男人。

（5）东南方

东南为八卦之巽，叫巽门，配合坐东向西的震宅为"夫妇正配"。巽为文昌，若宅开巽门，家人名利双收。此外，东南方主长女，如果家有长女，此女得益就最大，自小就非常健康、聪明伶俐、快快乐乐。若不合"夫妇正配"将大门开在东南方，容易受害者亦是户主之长女。

（6）东北方

东北为八卦之艮，叫艮门，配合坐西向东的兑宅为"夫妇正配"。艮为山，主电子、科技事业和房地产投资。此门之宅出实业投资者，经商者大多从事金融、贸易、电子以及地产事业。南方主少男，如果家

有少男，此人的得益最大，生活幸福、事业易获得成功。若不合"夫妇正配"，将大门开在东北，容易受害者亦是户主之少男。

（7）西南方

西南为八卦之坤，叫坤门，配合坐西北向东南的乾宅为"夫妇正配"。坤为地，主纪检法部门、土地部门及忠厚之人。此门之宅有利长期投资者，经商者大多从事木材以及电子、科技事业。西南方主老年妇女，如果家有老妇，此人的得益最大，生活幸福、安逸。若不合"夫妇正配"，将大门开在西南方，容易受害者亦是家中老妇。

（8）西北方

西北为八卦之乾，叫乾门，配合坐西南向东北的坤宅为"夫妇正配"。乾为电，主权威、政治事业、管理人才。此宅之门出管理人才，经商者大多从事金融、地产以及电子、科技事业。西北方主长者以及中老年男人，如果此宅中有长者及中老年男人，他们将生活幸福、事业成功。若不合"夫妇正配"，将大门开在西北方，容易受害者亦是家中之长者及中老年男人。

4.开门四主向

作为接纳外界气息的大门，好的大门能提高主人对外的运势。阳宅的"三要"（门、主房、灶）及"六事"（门、路、灶、井、坑、厕）均把门当作第一要素。

大门既是住宅生气的枢纽、面子，又是划分社会与私人空间的一道屏障。门与气的流动关系非常紧密，因为气不能通过住宅坚实的墙壁进行对流，只能通过大门对流。外部大门影响外气进出住宅，屋内的门则对家里的气影响较大。每个人每天出入自家大门的瞬间，都会受到大门风水的影响。因此，一套住宅的大门究竟如何开启有很大讲究。

在风水学中，南、北、东、西四个方位以四种有灵性的动物来象征，分别是：朱雀、玄武、青龙、白虎，其方位口诀为：前朱雀、后玄武、左青龙、右白虎。

一般的房屋开门有四个主要选择，即开南门（朱雀门）、开左门（青龙门）、开右门（白虎门）、开北门（玄武门）。风水学上，以门的前方有明堂为吉。如果前方有绿茵、平地、水池、停车场等，以开中门为首选。如前方无明堂，则以开左门较佳，因为左方为青龙位，青龙为吉。而右方属白虎，一般白虎为劣位，在右方开门就不佳。而开北门为玄武门，更是不吉，有败北之意，所以家居一定要慎开北门。

（1）开朱雀门

房子的正前方是湖、海、川、沟、河、江、池、沼，有水流或水气聚集，在这种情况下要开中门。如果房子的正前方地势平坦没有倾斜，也非山坡，在附近也没有高高低低的山势起伏，这种情况也宜开中门。

（2）开青龙门

风水学里以路为水，讲究来龙去脉。地气从高而多的地方向低而少的地方流去，如果水由虎边流向龙边，也就是地势右边高于左边（站在家中往外看），水流或气流由右流向左，或大门前方有街或走廊，右方路长为来水，左方路短为去水，则宜开左门来牵引收截地气，此法称为"青龙门收气"。

（3）开白虎门

水由龙边流向虎边，也就是地势左边高于右边，河水、马路、水流、气流由左边向右边流，这样的房子就适合开虎门。大门前方有街或走廊，左方路长为来水，右方路短为去水，则住宅宜开右门来牵引收截地气，此法称为"白虎门收气"。

南等方位。位于北或东北的前门，其出入口绝对不能通过正中线。

除此以外，在一家之主十二支方位的前门也属不利。例如，在吉相的东方设置前门，如果这一家的主人为卯年生人，就会变成不利，这一点必须特别注意。

辰年以及巳年生人，以东南方位的前门为不吉，午年生人则以南方位的前门为不吉。一般的原则是，前门的出入口不能通过其方位中心的正中线、四隅线。关于这一点，无论是哪一个方位的前门都应该注意。

6.大门与房门相对的化解方法

大门与房门相对在传统风水学中是一个大禁忌，因为这样不仅不聚气，而且空气从大门进来，风速很快，超过人的血流速度，对身体不利。只有进来的是和缓的气，才是养神养人的佳气，这从中医的角度来看也有一定的道理。现代建筑本身的结构已趋于合理，上述问题对人体的伤害已基本可以忽略，不必完全拘泥于此。只是大门与房门相对，在使用上、观感上和心理上都让人很不舒适，所以能避则避。房门与大门相对，可用下述方法化解。

（1）摆设屏风

为了避免屋外的气从大门直冲房门，摆设屏风来做遮掩是较为理想的化解方法。风水"喜回旋，忌直冲"，屏风能令外气由直冲变为和缓，这点在风水布置方面比较重要。这样的布置，除了对风水有所补助之外，对家居环境也有好处。因为这样一来，在大门处就看不见房门，那么睡房中的私生活便不会被外人窥见，减少了许多不便和尴尬。

（2）设置玄关

倘若认为屏风不牢靠，或者不喜欢屏风，便可在

5.前门方位不好的改造法

在住宅风水里，前门是最能左右一家运气的地方。前门是否吉相，将大大地左右工薪阶层的升迁、企业家的事业前途。由此可见，前门并非只是具有让人进出屋子的功能。前门不一定要很大，也不用装饰得富丽堂皇，不过，要使它成为吉相，总是要下一番工夫才行。

前门绝对不能在西南方位（从屋子的中心看），一旦处于此位，就会变成不利，这是因为位于西南方位的前门难以带来好运。位于西南方的前门应该移到吉相方位，如东或东南方。

前门在东北方亦属不利。如果是北方位的住宅，则必须使门朝向东方、东南方、西北方等。

如果是东北方位的房屋，前门可朝向东、东南、

大门入口处加建墙壁作为遮挡外气直冲房间之用。如此一来，屋外的气从大门进入后，便会在玄关停顿稍许，然后才缓缓流入屋内，不致因直冲房门而对房中的人造成损害。但有两点要注意：一是玄关不可太狭窄局促，否则旺气便难以发挥出来；二是用作间隔的墙壁不可过厚。

（3）做矮柜

有的房子面积不大，客厅空间较小，倘若加上高层屏风或墙壁，便会令客厅变得更狭窄。在这种情况下，可改用窄身的矮柜来做遮挡，并在矮柜上放置工艺品、鱼缸、植物或是悬挂短竹帘。这样既可遮掩房门，不使它过于暴露，同时亦可减少屏风或墙壁的压迫感，不会令人感到客厅太过狭窄。

（4）做玻璃隔墙

因为一般的柜子最少有30～40cm的厚度，在狭小的客厅里会占去不少空间，那么这时就可采用玻璃隔墙来代替。因为玻璃只有10～20cm的厚度，占地甚为有限，而且玻璃既不阻挡光线，又易清洁，是十分理想的代用品。

倘若认为玻璃隔墙过于单调，那么配上些许铁艺制品或磨砂图案就会有很好的效果。

（5）在房门挂珠帘

倘若客厅实在太过窄小，没有多余的空间来摆放屏风、矮柜或玻璃隔墙，那么退而求其次，最简便的办法就是在房门悬挂珠帘。需要注意的是，珠帘的图案和颜色与周围的布置要搭配得当。一般来说，选择白底有七彩图案的珠帘较为理想，因为它容易搭配。珠帘主要是用来遮挡外气直冲，所以选择织得紧密的为佳。

7.大门的颜色

一般人喜欢将大门漆成红色，觉得这样能够讨个吉利，却不知道红色也未必适用于所有的方位。例如，向北门开的门便不适合漆成红色。以科学的观点来看，坐南朝北的房子，北风容易直接吹入，屋里本来就比较干燥，若此时大门又刚好是容易让人亢奋的红色，感觉上就会特别燥热，对人的情绪会带来负面影响。

大门方位颜色宜忌表

方位	属性	大门颜色宜	大门颜色忌	大门颜色平
东门(震方)	木	木：青、绿 水：黑、蓝	金：金、白 火：红、紫、橙	土：黄、啡
东南门(巽方)	木	木：青、绿 水：黑、蓝	金：金、白 火：红、紫、橙	土：黄、啡
南门(离方)	火	木：青、绿 火：红、紫、橙	水：黑、蓝 土：黄、啡	金：金、白
西南门(坤方)	土	火：红、紫、橙 土：黄、啡	木：青、绿 金：金、白	水：黑、蓝
西门(兑方)	金	土：黄、啡 金：金、白	火：红、紫、橙 水：黑、蓝	木：青、绿
西北门(乾方)	金	土：黄、啡 金：金、白	火：红、紫、橙 水：黑、蓝	木：青、绿
北门(坎方)	水	金：金、白 水：黑、蓝	土：黄、啡 木：青、绿	火：红、紫、橙
东北门(艮方)	土	火：红、紫、橙 土：黄、啡	木：青、绿 金：金、白	水：黑、蓝

由上表可以看出大门颜色的化煞作用。

（1）大门向属金的不利方

西方和西北方都属金，是东四命的不利方。东四命的五行分别有属木、属水和属火的。如果是属火，由于火克金，就可以直接使用火的颜色来克制金。火的颜色主要有红色、深橙色等，这些颜色很鲜艳，最好只涂在铁闸的中央部位，其他部分则可使用较浅的色彩。

如果属水，由于水能泄金，故可用属水的颜色，如蓝色来泄金之气。至于属木的人，可取金、水、木相生之义，用水的颜色去泄金生木，故亦可使用属水的颜色来化解。

（2）大门向属土的不利方

西南方及东北方属土，亦是东四命的不利方。属木的东四命，由于木能克土，故可把大门涂上属木的颜色，即使用绿色系列等。属火的东四命，由于火生土，土泄火之气，故不宜用属火的颜色来对应。属水的东四命，由于土能克水，所以，亦不宜用属水的颜色来对应。那么，属水与属火的该如何解除土的干扰呢？这时可分别使用属金和属木的颜色来化解。

（3）大门向属木的不利方

东方及东南方属木，为西四命所忌。西四命的五行分别是属金及属土。当属金的人的大门在木方，由于金能克木，所以可用属金的颜色克木，即使用金色、杏色、白色等。如果其人属土，由于木克土，所以亦应使用属金的颜色。

（4）大门向属水的不利方

北方属水，亦为西四命所忌。金能生水，故属金的人不能用属金之色，否则会泄己。可是土能克水，故属土和属金的人可用属土之色，如黄色、棕色等颜色来克制水。

（5）大门向属火的不利方

南方属火，也是西四命所忌。火能克金，故属金的人也不能用属金之色对峙于火。但是，火生土，故土能泄火之气。属土的正好使用土色化解，属金的人亦可以使用。若居所不便改动大门的颜色，则可以在门上贴以某类特别颜色为主的图画，亦可以在大门前放置某类特别颜色的地毯，但化解力量较之前者弱。

8.大门图案要慎选

大门除了讲求卦线方位的配合外，大门的图案也会对风水产生影响。各类图案是由不同形状组成的，而不同的形状都有其五行属性：

金——圆形、半圆形

木——长线、长方形

水——由几个圆形或半圆形所组成的图案，如梅花形、波浪形

火——三角形、多角形

土——正四方形

如果大门或防盗门的图案五行可以生旺方位五行或与之相同，则属于吉利；如果大门或防盗门的图案

五行会克制方位五行或泄弱方位五行，则为不利；如果大门的方位五行是克制大门或防盗门图案五行的，则作平论。现在将大门及防盗门的图案五行与方位五行比较如下：

（1）东门（震门）

东方属木，喜水来相生及木来相助，忌金来相克及火来泄耗，土之影响不大，列为中等。

大门与防盗门的图案：

喜：木——直线、长方形，水——波浪形、梅花形

忌：金——圆形、半圆形，火——三角形

平：土——四方形

（2）东南门（巽门）

东南方也属于木，故这个方位大门、防盗门的图案和"大门开东方"的相同。

（3）南门（离门）

南方属火，喜木来相生及火来助旺，忌金来相克及土来相泄，金之影响不大，列为中等。

大门与防盗门的图案：

喜：木——直线、长方形，火——三角形、尖形

忌：水——波浪形、梅花形，土——四方形

平：金——圆形、半圆形

（4）西南门（坤门）

西南方属土，喜火来相生及土来相助，忌木来相克及金来泄耗，水之影响力不大，列为中等。

大门与防盗门的图案：

喜：火——三角形、尖形，土——四方形

忌：木——直线、长方形，金——圆形、半圆形

平：水——波浪形、梅花形

（5）西门（兑门）

西方属金，喜土来相生及金来相助，忌火来相克及水来泄耗，木之影响力不大，列为中等。

大门与防盗门的图案：

喜：土——四方形，金——圆形、半圆形

忌：火——三角形、尖形，水——波浪形、梅花形

平：木——直线、长方形

（6）西北门（乾门）

西北方属金，故这个方位大门与防盗门的图案和"大门开西方"的相同。

（7）北门（坎门）

北方属水，喜金来相生及水来相助，忌土来相克及木来泄耗，火之影响不大，列为中等。

大门与防盗门的图案：

喜：金——圆形、半圆形，水——波浪形、梅花形

忌：土——四方形，木——直线、长方形

平：火——三角形、尖形

（8）东北门（艮门）

东北方的五行属土，这个方位大门与防盗门的图案和"大门开西南方"的相同。

9.大门的尺寸

大门的尺寸与房子应成比例，不可门大宅小，亦不可宅大门小。

门框内的高和宽之长度，如果用文公尺测量出来的是黑字，则不符合风水之道。最彻底解化之方式，高度如果出现黑字，可以用木板加高门槛到符合红字之尺寸；宽度如果为黑字，改门当然最好，如果无法改门，可以在门槛上安置一组五帝钱来化解。

10.门的使用与保养技巧

家居的门使用较频繁，也很容易损坏，平时若能多动一些脑筋，在使用与保养上掌握一些窍门，就可以给生活带来方便。

自制弹性挡门块：家居的房门开关频繁，当房门打开后，往往直接撞着墙，时间久了，门上的锁盒和拉手就容易在墙面上碰出印痕，自然影响美观。这时可找一块约5厘米厚的橡皮块或在小木块上钉一块厚橡皮，将其钉在房门里侧靠合叶一边的下角，就不会使门撞坏了。

使房门不被风吹开：家中的房门关上后，容易被风吹开或不启自开，这样既不方便，又欠安全。可找一块大小适宜的强力磁铁，平埋在门框上方（约门高的1/4处），再在门扇与门框相吻合的地方钉上一块铁皮，关门后使其相互吸住，就可防止门被风吹开。碗柜、衣柜、窗户等处也可采用此法处理。

弹子门锁防涩：弹子门锁用久了，往往会干涩失灵，启闭不易。遇此情况，可在锁里滴少量机油或用肥皂擦抹几下，门锁就会伸缩灵活、启闭自如了。

11.利用大门催财的简单妙方

利用好门的功能，可以为家中催财及招财。大门的方位可以说掌握着家庭财运的命脉，所以最简单的催财方法就是在门旁摆水。所谓"山主人丁水主财"，有水的地方便能发挥财气的作用。除了水之外，所有水种植物及插花都有催财的作用，只要放在大门附近便能生效。

12.安放门槛有讲究

门槛原指门下的横木，中国传统住宅的大门入口处必有门槛，人们进出大门均要跨过门槛，起到缓冲步伐、阻挡外力的作用。古时的门槛高与膝齐，如今的门槛已没有这么高，除了用木材制作外，也有用窄长形石条制作的，固定在大门之间的地上。

门槛可明确地将住宅与外界分隔开来，既可挡风防尘，又可把各类爬虫拒之门外，因而实用价值很大。门槛对阻挡外部不利因素及防止家中财气外泄均有一定作用，对住宅风水颇具重要性。

安放门槛需要注意的是：门槛的颜色要与大门的颜色配合，谨防断裂，门槛如断裂，便如同屋中大梁断裂一样，主凶：门断裂则运滞，因此门槛如断裂，必须及早更换。

13.职业与门向的关系

东北和西南这两个方位通常是不开门的，但到底在哪一个方位开门才适合自己，有利于事业的发展呢？一般而言，以东、南两个方位开门为佳。

正门向东：正门向东代表了太阳从东边升起，旭日东升，象征活力朝气，是最适合生意商家所开的门。

正门向南：正门向南代表了坐北为主，南面称臣，

适合政治家、企业家、宗教家、富商、名人等。

不过，虽然这两个方位所开的门对许多行业均适宜，然而这里还是要提醒大家，若屋主的生命磁向和向东或向南排斥，也就是命格里东方或南方是本命的凶方，尽管东方和南方是许多人的吉位，但仍然不适合将正门开在这两个方位。

14.门与家运的关系

大部分的人对于门的防盗性、美观等条件都比较注意，却忽略了门作为一个家的门面需要避免的情形。比如说，门板以外、门框、门梁、门楣等位置要尽量避免出现另接木头的情况，因为木头相对钢铁而言，耐用度原本就较低，而且还有遭到风雨虫害的危险。若因为本身喜好，非使用木头不可，则建议使用卡榫的方式来制作，避免使用钉子，因为以钉子固定的方式不如卡榫坚固耐用，而且钉子有生锈的可能，日子

一久，强度降低，整个门框就出现歪斜的情形，会对家运产生不好的影响。以科学的观点来看，歪斜的门框会让人出入时没有安全感，而且一旦歪斜到一定程度，可能连门都不好开关。

15.门和窗的关系

门是家庭生气出入的通道，其大小应与整个房屋的空间相协调。中国风水古籍对大门的方位、形状、尺寸都有着严格的规定。门的方位原则上应与整个住宅方位相一致，但有时为了改善风水，也可以例外。

任何一个小的生态环境都应存在于一个大的生态系统当中，我们的家居生活要与外界生活沟通，其直接的媒介就是门。实际上，门能够体现房屋主人的品位，会给外界以很强的暗示作用。同时，门也起着与外界交换信息、能量的作用，因此，门应该具有包容性，给人以友好的感觉。

门与窗最原始的定义只不过是墙上的孔、洞，是为人提供进出的通道，同时兼有遮风挡雨、防火防盗的作用。门窗外是公共的，门窗内却是私有的。所以，流沙河有诗云："门一关，就是家天下。"但是，门窗的意义并非仅此而已。大家可以去观察一下，一排排的房子建筑结构可能相同，但每个房子却有各自不同的风格，细看之下，原来是别具一格的大门或窗户使整个房子充满了个性。

符合风水原理又别具一格的大门和窗户让人一见难忘、印象深刻。而室内的门则为居室的各个房间带来不同的感觉，在开合之间，让我们体会到那份触手可及的美。

大门风水之宜

大门是家给人第一印象的地方，所以外观应十分讲究。比如，不能过于低矮或高大，要与整个房屋的空间大小相称，装饰风格宜结合四周的环境和主人的性格、爱好等等进行设计。大门作为居家外观的形象，就像一个人的脸面，面相关乎个人命运，家居大门也关系着一家人的命运。

宜 大门的尺寸宜与房子成比例

大门的尺寸与房子的大小应当成比例，不可门过大而宅过小，亦不可宅过大而门太小，这牵涉到一个和谐问题。大门是家的一部分，它比房子更为显眼，大门不好则会影响住宅的整体美，还会影响到居住者的品位和形象。

宜 大门宜方形

大门是纳气所在，外形方正的大门有利于气的流通，也能体现宅内之人大气、端庄、稳重的一面。

风水 知多一点点

※ 木门的色彩

木门的颜色应该同家具的颜色接近，且应同窗套哑口尽量保持一致。现在的套装门很多都带有配套的窗套哑口、踢脚板、护角线，这些地方的颜色最好同墙面色彩有对应性反差。如用混油白色的木门，那就最好让墙面漆带有色彩，这样才会让房间有层次感，不至于太单调，也会使房间感觉特别清新。

宜 外大门宜设在房子左边

外大门设在房子左边，因为左边为龙，除非左边煞气直冲，才可以安在白虎方（右）。店铺的大门开在"龙边"会生意兴隆、大吉大利。如果整个门面都是店铺的大门，那出入的通道就应设在"龙边"，这样才会大吉大利，其效果与大门开在"龙边"相同。

宜 外大门宜坚固耐用

外大门的坚固耐用关系到家的长治久安，坚固的外大门能很好地保护住宅的安全，避免家庭财产的流失。在日常生活中，也可防贼防盗，给居住者以安全感。

宜 宜建造与身份相称的大门

大门与围墙是一体的，围墙的形状常因身份不同而有所不同。大门的形状也要根据居住者的身份、地位而有所区别，如果建造与身份不符的大门，以古人观点来看，就是"八字承受不起"，有损运势。

宜 住宅宜有后门

现在的高楼很多，因为高楼的房子都是集合式住宅，每户均可以聚气，且前后多伴有阳台，不需要有后门。但是谈到独栋住宅，不管是别墅还是平房，一定要有后门。后门打开会使气流相通，促进室内空气流通。如果有前无后代表有始无终，在安全上也多了一层顾虑。如果实在没办法开后门，则可在宅后适当的位置开启较大的窗户，使新鲜的空气适时进入。

宜 大门与墙壁宜保持一定距离

大门应与邻居家墙壁以及自家的围墙保持适当的距离，这样才能体现出空间上的立体感，且能够以独立的姿态展现在人们面前，进而彰显出主人的品位和气度，也可避免墙壁挡住采光及气的流通。

宜 外大门宜用乳白色、红色、绿色

大门是一个家庭的颜面所在，一座房屋给人的第一印象大多取决于大门的颜色。大门用白色表示纯洁，用红色表示鸿运当头，用绿色表示希望。

宜 大门前宜有良好的采光

大门前的空间必须有良好的采光，例如，传统的四合院就是属于前庭宽广、开阔，光线充裕的建筑物。前庭宽广开阔，光线自然充足，光线充足后气流自然顺畅。如果大门采光不足，就会给日常生活带来诸多不便，也会影响家运。

宜 大门宜位于交通方便处

便利的交通条件可方便日常生活，顺畅的交通也代表着顺利的家运。但要注意，大门不可与大路直冲，风水学上说，居住在位于路冲房子里的人，对家运和家人的身体健康均不利。如果住的大门正好面对路冲而无法改变的话，最好是在屋前种植树木化解。

宜 大门对角宜摆盆景

坐北朝南的住宅，屋门对角的西方在卦相上有天、父、创始万物的含义，所以应放一盆植物，让这里显得生机盎然，可增加住宅主人的创造活力。而且，摆盆景比摆花草好，因为盆景四季常青，恒久不变，象征主人创造力的稳健、持久；如果摆放生命力弱的花草，一年花开花落几次，蕴涵着主人财运不佳。

宜 门前宜有宽广的活动场所

门前有空旷的草地或活动场所是接气聚气的大好环境，且方便家人休闲活动。从风水角度来讲，会令住宅人气兴旺、运气增强。

宜 门柱宜直

从建筑学观点来看，门柱笔直才能坚固，才能有支撑力。古时候的住宅大门或现在的寺庙大门，门柱上有两扇极重的门板，因此，门柱必须坚固，既要能够承受屋顶的压力，还要能支持门板的拉力。

宜 大门宜贴财神像

财神是中国民间普遍供奉的善神之一，每逢新年，家家户户悬挂财神像，希望财神保佑大吉大利。大门是吉利位，也是接纳外气的关键位置，贴上财神可招财。

宜 内大门颜色宜光亮

内大门颜色以整洁、光亮为佳，这样既美观，又能显现出宅内人的光明磊落，可以说是形神俱佳、一举两得。

宜 正大门宜贴关公像

在正大门上贴上关羽、周仓的彩色画像，俗称"门神"，这样可起到保护家宅的作用。关公是守护之神，所以也可在大门一左一右贴上关公像，寓意平安、顺利、财源滚滚。

宜 开门宜见绿

开门见绿即一开门就见到绿色植物，木即"材（财）"，有招财进宝之意，又显得生机盎然，可收到养眼明目之功效。

宜 大门两旁宜摆放吉祥物

大门两旁宜摆放麒麟、貔貅、石狮、石象等风水吉祥物，他们都是镇宅的主要物件，可趋吉避凶，让家庭成员和睦相处，家庭吉祥如意，还可以增添运气。

风水 知多一点点

※ 大门格局影响住宅风水

大门的门向、门口外面的地势与景观、因特殊地理要素所形成之特别格局，均对住宅风水有决定性的影响。

宜 门向与地垫颜色需配合得宜

门向与地垫颜色配合得宜可令家宅运气旺上加旺。以下是八个门口朝向宜配合的地垫颜色：

门口朝向东方、东北方，配合黑色地垫；

门口朝向南方、东南方，配合绿色地垫；

门口朝向西方、西南方，配合黄色地垫；

门口朝向北方、西北方，配合乳白色地垫。

风水 知多一点点

※ 如何化解穿心剑

大门如果正对走廊或通道，则形如利剑穿心，这样的格局叫"穿心剑。"如果住宅内部的进深小于走廊的长度，则为祸最大。解决之道是，在内部装上屏风。如果住宅在底层，大门正对大路，则可种环形树丛、花丛，以圆润来化解直冲而来的外力。

大门风水之忌

"大门者，气口也。气之口正，顺纳财气，利人物出入。"在房屋建筑中，大门不仅给来访者第一印象，还是住宅的主要命脉，它的位置、形状、大小决定着居家纳气的旺、衰、强、弱，关系到住宅风水的好坏，左右着全家人的运程。

忌 大门忌正对出口门

为了住户的安全，大楼一般会设置出口门。若是住宅大门面对出口门，使得灌入的风比较强，则不利于家人健康，对财运亦不佳。再加上出口门的设计多数会比一般的大门大，这会使居住者有种被压制的感觉。如果无法避免这种情况，可在门口悬挂红布或凸面镜来化解。

忌 住宅门忌太狭窄

一般来说，住宅的大门宜大不宜小，太狭窄的大门易让人产生压迫感，并难以吸纳财气和生气。风水上讲，大门是气口，气口不可太窄，大门越是阔大，就越是吉祥。住宅门前宽广，风水学上谓之"明堂开阔"，主利升迁及财运。

忌 自家大门忌与邻居家的太近

自家大门与邻居家的大门太近，容易引起家庭纠纷，不利于邻里间和睦相处，宜改变大门位置，避免出现两门相碰的情况。

忌 大门忌开在斜天花板下

设在斜线上或斜天花板下的门俗称"斜门"，斜门会破坏家宅的好风水，带来坏运气。

忌 忌横梁压门

横梁压门让人一进门就有受压制的感觉。从风水角度来看，横梁压门则会令家中之人无法发挥自己的聪明才智，甚至压抑终生，所以这是大门风水之大忌。

忌 忌镜子正对门

现代人装潢住宅时，为了使室内看起来更宽敞，或者为了方便整理仪容，喜欢在玄关处悬挂镜子，这并不是不可取的，但在安置镜子时，要注意让镜子不正对门。镜子正对门，镜子就会照出门，就出现了门对门的格局，易造成家人不和。

忌 大门前忌堆积杂物

现代人虽然很重视"门面"，但也有些人没有良好的环境卫生习惯，例如，为了贪图方便随手把杂物、杂品堆放在自家门前。在那些管理不严甚至没人管理的住宅小区，一些住户为了多占一点公共空间，往往把鞋子、杂物等堆放在自家门口。实际上，这样不但会造成居家生活上的不便，而且从风水上来说，也会在各个方面给居住者带来不利的影响。

忌 大门忌拱形

大门做成拱形，状似墓碑，阴气较重，很不吉利。这种情况在家居装饰中时有所见，特别需要引起注意。

忌 门前忌有菱形、尖形建筑物

门前如果有菱形、尖角或形状古怪的建筑物，会造成住宅内的人脾气古怪，引来许多不必要的麻烦。化解的方法就是改门向，或者在门头挂上凸镜将煞气扩散。

忌 大门忌与墙壁距离太近

大门与墙壁距离太近会有压迫感，会阻碍主人的发展。化解方法是加大、加深玄关部分，并作平衡处理。

忌 门口忌对楼梯

如果大门正对楼梯，会形成两种不同的格局，一是正对的楼梯是向下，则家中的财气极有可能流失，因此要在门后设置屏风来阻止内财外流；另一种情形是大门正对向上的楼梯，则不用担心财气外流。若在门内放置大叶植物，如发财树、金钱树等，则能更好地引财入室。

忌 外大门忌用深蓝色和紫色

从装饰的效果来看，大门漆成深蓝色或紫色不太美观；从风水角度来讲，深蓝色和紫色都是代表阴气的颜色，故大门用这样的颜色会不吉祥，会使运气流失。

忌 大门门槛忌断裂

现代的门槛除了用木材制成的，也有用窄长形石条制成的，大门的门槛要谨防断裂。门槛断裂便如同屋中大梁断裂一样，不吉。门槛完整则宅气畅顺，断裂则运滞。如果门槛断裂，必须及早维修、更换。安放门槛还要注意，门槛的颜色要与大门的颜色协调。

忌 门前忌正对锁链状物品

大门若正对锁链状植物或工艺品，此为藤蛇宅，会造成很多麻烦事情或引起纠纷，增添烦恼。化解方法是尽快将锁链状物移开，或者改变开门的方向。

忌 门前水流，忌开中门

如果住宅的正前方有水流，且水流不聚于堂前方，这种情形忌开中门。因为水流会产生气流，如果开中门的话，水流和气流就会都冲进住宅里，有损家人的健康和运气。

※ "三要"及"六事"

住宅中的"三要"（门、房、灶）及"六事"（门、路、灶、井、坑、厕）是住宅内部布局的重点，其布局是否合理是判断其吉凶的主要依据。

忌 住宅大门忌正对电梯门

电梯门对住宅的影响非常大。本来住宅是聚气、养气之所，电梯门正对住宅大门，会把家里的运气吸走，不利财运。大门正对电梯时可以设置屏风、玄关等进行遮挡。

忌 前门忌直通后门

一进大门即可看到后门，虽然两门相对有利于空气流通，但屋子也容易失去保温作用，不利于居住者的身体健康。化解方法是在房子中间做面假墙阻挡，但不能用半透明材质、磨砂雾面或玻璃等透光材料。也可以用柜子来遮挡，遮挡物的宽度一定要超过后门的尺寸，这样才能完全挡住气流从后门泄出。

忌 开门忌见墙

一打开门就出现一堵墙的话，会给人心理上造成压抑，而且墙还会挡住气流的流通。如果经常开门见墙，或者开门可见另一房间的话，则人体内气的流通会被扰乱，不利健康。

忌 大门忌对消防门

现在许多大楼为了安全，都会设置消防门。如果自家的大门正对着消防门，气就会从大门流向消防门，不旺屋主且容易漏财。如果出现此类情况，可在自家门口悬挂红布或是凸面镜来化解。

忌 大门忌正对餐桌

大门不宜正对餐桌，住宅风水讲究回旋，如有直冲便会导致住宅的元气外泄，风水也会因此大受影响。若餐桌与大门成一条直线，站在门外便可以看见一家大小在吃饭，非常不妥。最好是把餐桌移开，但如果确无可移之处的话，应该放置屏风或板墙作为遮挡。

忌 外大门忌与水流同向

外大门的开门方向绝对不可顺着水流的方向，否则家里的好运都会顺水流走，不利于家运和财运，此乃自然风水之大忌。

忌 门前忌有枯树

大门前千万不能有枯树。门前的枯树和家中的盆栽，不管是倒地的还是直立于地上的，在风水上都会影响到家人的健康和情绪，对老年人的影响尤其大。化解方法是，在门前枯树的地点重新种植新的树木。

忌 两家的大门忌相对

两家的大门如果正好相对，就像每时每刻都与对方保持四目相对，难免会产生冲突。从常理来分析，门对门会出现许多不期而遇的情况，有时会不小心给对方造成惊吓，或一些隐私不经意间被对方看见而产生尴尬。类似的情况发生的次数多了，就会心生厌烦，从而导致产生矛盾。所以，在风水上，大门最好不要与他人房屋的大门相对，以避免发生一些不必要的矛盾。

忌 大门忌正对房内墙壁的尖角

风水学上最忌讳尖角的力量，若每天开门都要面对墙壁的尖角或壁刀，容易发生意外，尤其不利于家人的身体健康。如果面对这种情况，宜尽量把尖角修圆，或在大门玄关适当的位置摆放圆形花瓶来化解。

忌 大门忌正对窗户

大门是纳气的地方，如果对着窗户，所纳之气来不及停留便从窗口泄出，不利于聚气，故大门不宜直对着窗户。其改善方法是在大门与窗之间放置一屏风，屏风高度以从门口看不到窗户为宜。如果房间面积本就狭小，那么放置屏风只会使空间看起来更小，此时，可以在大门上或在大门与窗之间安装一幅珠帘。

忌 忌在不同的方位同时开大门

从风水角度来讲，此乃多头马车的现象，不利于主人保持清醒的头脑。应保留合乎"元运"的大门，封闭另一扇门。

忌 开门忌见灶

《阳宅集成》云："开门见灶，钱财多耗"，即入门见到灶，火气冲人，令财气无法进入。

忌 大门忌正对主卧室

有些小户型房屋，进门即可见到主卧室，在风水上，这样除了不利财运外，也会对主人的健康不利。

忌 大门忌正对庙宇、高压电塔、电线杆及变电箱

寺庙永远给人一种阴沉的感觉，对健康及运气不利。高压电塔、电线杆及变电箱，距离500米以内都会影响人体健康，所以大门不宜正对。

忌 内大门忌用黑色

黑色的大门会让人心理上产生压抑感，也不美观。从风水角度讲，黑色表示肾脏，内大门用黑暗的颜色容易导致宅内人的肾脏出现问题。

忌 主屋大门向内忌挂图案、照片

主屋大门向内不宜挂图案、照片，已悬挂者宜即时取下。

忌 大门忌正对阳台

居室的大门不宜正对阳台，否则就形成了风水学上的"穿心煞"。从日常生活考虑，如果住宅大门与阳台相对，则每当大门敞开时，外面的人就可以一眼看到阳台，居室内的情况将一览无余，不利于保护家庭隐私。其化解的方法是在大门和阳台之间安放一个柜子；大门入口处放置鱼缸或屏风；阳台种植盆栽或爬藤类植物将阳台遮挡；长期拉上窗帘。

忌 忌选用逆纹门

安装大门时，必须看清楚木纹是顺生还是逆生。通常，由上至下生的纹是顺纹，由下至上生的纹是逆纹。顺纹门使家宅安宁畅顺，逆纹门使家宅反复多变、不畅顺。

忌 大门忌直冲马路

在传统风水中，喜回旋忌直冲，这种大门直冲马路的住宅称为"虎口屋"。从里往外看，车辆、行人都笔直朝自己的家门而来，会造成心理恐慌不安，易遭受人、车辆等的袭击，是事故易发之地。如地理条件许可，可在门前种植环形的常青树（冬青树）丛加以化解。

忌 忌开门即见厕所

一进门就见到卫浴间，犹如用秽气迎接来访者，首先对客人不够礼貌，而且也令主人自降身份，显得没有品位。另外，开门见厕易令家人发生口角，不利家庭和睦。

忌 大门忌对着死巷

大门对着没有通路的小巷，则宅中的气不易流畅，空气不能保持新鲜，就会积聚许多浊气，对居住者的健康极为不利。气的道理与水相同，活水能保持清洁，死水则必定淤迹污物、腐臭不堪。

忌 家居小门忌成双

许多平房或公寓一楼大门旁，都设有一个住户进出的小门（偏门），这种屋宅到处都有，大家也见怪不怪。不过，古风水书中曾提到，小门只能一个，千万不能成双，否则屋宅之气从一个小门进，同时从另一个小门出。另外有一个说法是小门有两个，容易招小人。

忌 大门忌正对烟囱

烟囱所排出的是污气、废气，如果在面对烟囱之处开门，则烟囱所排出的污气、废气全部都进入家宅中，对人体健康尤为不利。所以，在买房子时一定要注意四周是否有排放污气、废气的烟囱。

忌 大门忌对着窄巷

通常，两间房子之间的窄巷不但是死巷，而且阴湿肮脏，若对着大门，不但家运不通，而且还会让家呈现一片衰败的景象。

忌 大门忌向外开

大门应向内开而不能向外开。因门主进气，若门是向外开的话，就会把屋内的祥和之气送走，象征着失运、破财。

忌 大门忌正对桥

居家风水向来是比较忌讳门前有桥的，在我国民间，更是把门前不被"小桥冲射"视为生活常识。门前有桥直冲，或在大桥出入口的两旁建屋开店都是不好的。房屋和大桥的关系，大桥和水流的关系，在中国传统"家相学"中有很多的论述，虽有戒之过甚之嫌，但这样的选址还是要尽量避免。

忌 忌开门见山

所谓的"见山"并非近山，而是远山。若大门前方有一座大山阻挡，气的流通就会受此山阻碍，会让人产生一种压迫感。

忌 忌在大门旁另开小门

前方有围墙的院落，千万不可在围墙的大门旁再另开一扇小门，如果另开小门，会使家人勾心斗角、各自为政，使家庭缺乏向心力。

大门吉祥物

前面已经系统地介绍了大门的布局、方位、颜色、宜忌等风水要素，接下来，我们再来了解一下有关大门的吉祥物。在大门摆放适宜的吉祥物，不但可以彰显主人的气势和品位，更重要的是，还可以挡煞化煞、趋吉避凶，使家庭更和睦，并可为家庭带来好运。

八卦凸镜

八卦凸镜是专用来挡煞避煞的风水工具，可反射煞气。镜子的周围由二十四山向、先天八卦、河洛九星、二十四节气组成。如果在房屋周围发现有不吉利的事物对着本宅，则可摆放此法器。此镜应摆放在室外，可化解所有室外不良形状的物体所产生的不良气息。不能放在室内，也不可照人及放在门前，否则会给家人造成伤害。

八卦凸镜宜摆放在室外，正对形煞悬挂，可化解直冲煞、枪煞、角煞、尖角煞、火形煞、穿心煞、开口煞、廉贞煞等，也可化解直冲大门的上行楼梯。如果将八卦凸镜挂放在室内，反而会将煞气反射到自己家里，会对家人造成伤害。

八卦平光镜

八卦平光镜有反射作用，可以用来反射由户外不良之建筑形状所产生的煞气，如尖角煞等。

八卦平光镜适宜放在屋外，忌放在室内正对人照射，否则会给人带来伤害。此物对外，任何形煞皆可化解。

旺财狗

传说阴山有天狗，状如狸，白首。秦襄公时，有天狗曾来到白鹿原的狗枷堡，凡是有贼出现，天狗就大吠护堡，整个狗枷堡因此平安无事。如果是一只狗跟着你跑，或是一只狗突然来到你家而不离开，这都是吉祥的兆头，表示你们家会有财运。

在门附近可以摆放铜制犬饰物，面朝外放置，可旺家运。狗站在财宝上，前脚滚动着圆筒，比喻利滚利、一本万利，特别适宜放在不能养狗的公寓或商业住宅的门口，蕴涵旺财之意。

雄鸡

鸡能驱凶致吉，因为"鸡"的谐音为"吉"。雄鸡有五德，文、武、勇、仁、信。雄鸡头顶红冠，文也；脚踩斗距，武也；见敌能斗，勇也；找到食物能召唤其他鸡去吃，仁也；按时报告时辰，信也，所以雄鸡常被作为辟邪的吉祥物。雄鸡能旺家运，令家庭祥和。

可将雄鸡安置于大门入口处，或放在屋中的桃花位，头向大门，可旺家运，使家庭祥和。也可摆放在办公桌上，利于事业发展。

Part 2

窗户风水

眼睛中的绿意空间

　　窗户被誉为住宅的眼睛，是人们在屋内与外界接触的媒介，它的视线状况的好坏会直接反应到人类的大脑，影响人们的心理状态。同时，它还是引入空气与阳光的通道，若屋内之人长期呼吸不到新鲜的空气或处于光线不足的环境中，则容易生病或精神萎靡。《周易》云："孤阴不生，独阳不长。"房子的取位要结合当地的取光来综合考虑，不宜有太强的阳光，也不能过于暗淡。阳气过盛，则财难聚；阴气过重，则影响身体健康。

　　从风水角度讲，窗户与门一样，它的位置、形状、大小决定着居家纳气的旺、衰、强、弱，关系到住宅风水的好坏，左右着全家人的吉凶。多吸纳从有利的空间、方位流通来的吉祥之气，那么家人就会身心舒泰、事多顺意、安居乐业；反之，若长期吸纳不祥之气，则会使家人运滞财破、身体健康受损等不如意的事情发生。

窗户风水概述

从风水角度讲，窗户是一个住宅藏风纳气的重要因素之一，它的位置、形状、大小决定着居家纳气的旺、衰、强、弱，即关系到住宅风水的好坏，左右着全家人的吉凶。从有利的空间、方位流出吉祥之气，那么家人就会身心舒泰，事多顺意，安居乐业；反之，若吸纳不祥的气，则会让家人运滞财破，身体健康受损。

1.窗户的方位

风水学中，在不同的方位开窗有着不同的含义，也起着不同的作用。太阳从东方升起，预示着新生命的开始，孕育着希望与生机，所以一般住家都会选择朝东的窗户，这样可使屋内阳气充沛、寓意吉祥。

朝北的窗不利于居住者的健康，因为北方在风水五行上属于阴水，朝北开窗易使不良之气进入。向南的窗户若见屋角、橘树、电杆、电线、尖石、天线等东西，对宅中人的健康也不利。

客厅和卧室的大窗若对着不吉利的事物，也会对家人的身体健康和经济收入产生负面影响。

窗向东南比较适宜，这样屋内便冬暖夏凉，于健康有利。但是，从风水学的观点来考究，首先要看清楚大窗外的远近景物，如果景物不祥，有冲煞，大窗朝东南也是不妥的。如果住宅大窗的视野被邻居的房屋挡住，住在里面的人无法通过大窗开阔视野，这样的格局亦非常不妥，因为生气和财气被阻隔了。

大窗正对长且直的马路是不吉利的。马路上车来车往，如果那些汽车是朝着窗户的方向驶过来，这种局面称为"冲心水"，是凶煞之兆，对人体健康有很坏的影响；相反，如果车流是向大窗对面的直路驶去，又会造成"扯水"之局，经常被"扯水"的住宅当然难以聚财。因此，若大窗正对长且直的马路，无论车流的方向如何，皆不妥。

大窗最好正对弯曲的马路，这就是难得一见的"九曲水"。有了"九曲水"，住宅被"水"环抱，运气不致流散，还会使好运连连不断，能常保后人富贵。

窗户的方位不佳并不是不可改变的，可借助现代装修手段加以改造，从而达到风水护宅之要求。

如果有落地窗，并位于东北或西南的对角线上，屋宅易被偷窃，最好重新设置窗户的位置。

如果后门、厨房有落地窗，既符合风水要求又安全稳妥的改造方法是直接把它拆除，再砌一道墙并粉刷好，另开门窗。

东北方位有落地窗的比较少见，但是位于西南方位的窗户却很常见。在西南方的落地窗最好改成墙壁。如果实在难以做到的话，应该把窗上的玻璃固定，然后在玻璃外侧种植矮木，以备不测。

在西南方的落地窗，也可以用木板窗套遮盖起来，但这样看起来既不美观，又影响采光，使室内光线变暗，效果不甚理想。两相比较，还是将玻璃窗固定比较切实可行。

2.窗户风水改进法

住宅不管朝向哪一个方位，只要在东方向阳的一面有窗，就是好的住宅。东方是生气方位，自古有"紫气东来"的说法，"紫气"就是祥瑞之气。房子东边有窗，可吸纳祥瑞之气，使家运生生不息，对家人的健康和运气都有助益。此外，在风水学中，不同的开窗方位都有不同的含义，且都有其特定的作用。

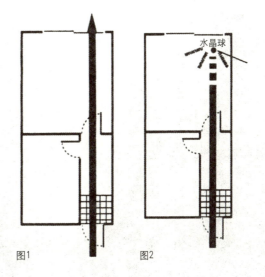

图1   图2

（1）正门与窗户成一直线

打开正门立即可看到房子的窗户（如图1），那么气从正门流入后、在未充满整个房子时就立即流走了，这和从正门可以看到厨房门的情况相同。这种格局常见于出租屋和套房，从正门到窗户之间的距离越近，这种倾向就越强。

改进之法

在正门对面的窗户或厨房门附近的天花板悬挂水晶球或摆观叶植物（如图2），借助这个方法，可分散从正门直行而来的气，使之扩散至整个房子中。

（2）从窗户看到两栋楼的缝隙

当两栋楼隔得很近时，两栋楼之间的空隙就会变得很窄，形成一个巨大的缝隙，远远看去，就仿佛有一把巨大的斧头将楼房劈成了两半。这种外观就是天斩煞。如果从窗户能看到天斩煞，容易使家人遭遇血光之灾，或患有需要动手术、非常危险的疾病。

改进之法

要化解天斩煞，需要在能看见煞气的窗口放置铜马。如果情况比较严重的话，就摆放大铜钱和五帝钱。如果情况非常严重的话，就要用一对麒麟来挡煞了。

以反射的方式进入房屋的，则变成反光煞。如水面反光制造出不断变幻的金色光，一些商业大厦的玻璃幕墙也会随着光线的变化制造出不同的反光。这些反光的不断变化会令人头昏眼花，使居住者容易发生血光之灾或遭遇车祸。

改进之法

遇到反光煞，需要在窗户上贴半透明的磨砂窗纸，并在窗户的左右角放两串明咒葫芦。如果反光煞比较强烈，则需要在窗户中间放一个木葫芦。如果反光煞很强烈，就需要再多放两串五帝钱和白玉明咒。

（3）从窗户看到对面楼房的墙角

如果从门窗看到一些类似刀形的物体，就犯了刀煞。刀煞容易让人受伤、生病，其影响迅速而猛烈。

改进之法

要化解刀煞，需要用铜貔貅挡煞气，或在能看到刀煞的门窗上挂铜钱，让煞气扩散。

（4）有尖锐的物体对着窗

在风水上把尖锐的物体称作火形煞，如窗户正对着房屋的屋角、亭角、呈锐角的艺术雕塑、三支以上的烟囱、三角形的道路，就是犯了火形煞。火形煞对人的影响十分不好，容易让人患急性疾病或受到伤害。

改进之法

化解火形煞需要将铜貔貅放在煞气方，用貔貅的口来挡煞。也可以用铜钱吊在煞气方，用铜钱扩散煞气的作用来瓦解煞气。

（5）阳光被反射进窗

阳光照射进房间是增加阳气的方法，但当阳光是

它能使住宅外观产生一种浪漫的感觉，可以转化、消除不利方位带来的寒气，为从事艺术工作的人带来灵感。

（4）八角窗或尖形窗户属火型窗

其最适合在住宅的中心位置以及南、东北、东南、西北与西南等方位，它能补旺地运，激发人的斗志，让人对事业充满激情。

（5）正方形或长方形窗属土型窗

其最佳的位置是住宅的南、西南、西、西北与东北等方位，它能使住宅的外观产生一种安定、稳重的感觉，并会在家中形成平稳、踏实的氛围。

4.窗户的数量

窗户是家的气口，家的内外气流很容易通过窗户进出。如果窗户太多，会使内气难以平静，居家生活易紧张，难以松弛；而如果窗户太少，无法吐故纳新，内气抑郁其中，则易导致居住者产生内脏方面的疾病。

客厅或卧室的窗户若过大或数量过多，容易使内气外泄，导致家庭关系不和。如果发生这种情况，可通过悬挂百叶窗或窗帘来补救。相比之下，百叶窗比窗帘更易于吸纳外气，所以效果要比窗帘好。家中的大型落地窗，夏天会让过多的阳光和热量进入室内，冬天又会使室内的热气迅速流失，所以应加装窗帘。

3.窗的形状、方位宜与五行相配

窗的形状、方位与五行相关，运用得当有助于加强屋宅吸收能量。窗户的五行形状为：金形圆、木形长、水形曲、火形尖、土形方，要有针对性地选择使用。

（1）圆形或弧形的窗户属金型窗

在住宅的西、西南、西北、北、东北方位最适合开金型窗，这种窗能使住宅产生一种凝聚力，在家中形成团结的力量。

（2）直长形窗属木型窗

其最适合的方位是住宅的东方、南方与东南方，它能使住宅的外观产生一种向上的速度感，并会在家庭中形成积极向上的氛围。

（3）曲线形的窗属水型窗

其最适合的方位是住宅的北方、东北方与东方，

5.窗框的颜色

将窗框和墙壁漆成不同颜色，则可将外面的景色明显地纳入窗中，形成一幅天然的风景画，能为居住者带来活力和创造力。但选色最好要注意，若能选择与方位配合的颜色，则对宅运更有益。

现在把八个不同方向的窗框配合色列出，如下：

向正东的窗户——宜用黄色、褐色

向东南的窗户——宜用黄色、褐色

向正南的窗户——宜用白色、银色

向西南的窗户——宜用蓝色、黑色

向正西的窗户——宜用绿色、青色

向西北的窗户——宜用绿色、青色

向正北的窗户——宜用红色、粉红

6.窗户大小要适中

客厅或卧室的窗户过大，容易导致内气外泄，家庭关系不和，如果发生这种情况，可悬挂百叶窗或窗帘来弥补这个缺陷。窗户虽然不宜过大，但是也不宜过小。窗户过小或四面不开窗的房子会显得寒伧小气、暗无天日，居住者也会变得气量狭窄、萎靡退缩。

7.适合做窗户的材料

在居家风水中，家居材料的选择是非常重要的。因为它不仅关乎家庭成员的运势，更是关乎家庭成员的健康大计。具体来说适合做窗户的材料有以下几种：

（1）塑钢窗

实用型窗户，在现代家居中采用较多。它具有节能、防腐蚀、隔音、密封性好、开启灵活、清洁方便、装饰性强等优点。

（2）敞开的无框阳台窗

采用隔而不断的方法，目的是为了挡风遮雨、防尘埃及噪音等，可使阳台窗户更加整洁美观，增强阳台的实用性。

（3）环保色镀膜玻璃

极具私密性。从外面看是一片整齐的绿色，可使住宅的外面谐调统一，而在室内看到的却是自然的光线，同时还可遮挡紫外线的侵扰。

（4）中空窗

又叫隔音玻璃，功用不必多说。由于通风效果不好，南方家庭采用的不多，但在北方家庭已普遍采用。

（5）安全防盗卷帘窗

近年来，沿海大城市的一些住宅小区采用得比较多，样式比较好看。该窗多由铝合金制成，有轻便、坚固的骨架，抗风性强，不惧风雨。

（6）加胶玻璃

运用于时尚低窗、落地窗，增强了窗的安全性能。单层平玻璃在北方已经阻挡不了风沙的洗礼了，那里的新宠是镀膜、中空、加胶玻璃。南方在提倡通风之余，安全意识也越来越强，因此也把它纳入选择范围。

8.开窗的方式

窗户最好是向外或向两侧推开，以不干扰窗户前后的区域为原则。向内开的窗户，会使居住者变得胆小、退缩，而且向内开的窗户经常会被窗帘或百叶窗挡住，很难开启。如果窗户是向内开，可在窗户下摆放盆景或音响，加强这个区域的能量。

如果住宅的窗户只能向上推开一半，无法全开，会使居住者有志难伸，工作不顺。若有这种情况，可将窗台漆上明亮的颜色，并悬挂百叶窗遮阳，窗边可摆盆景、水晶来活化内部的能量。

（1）平开

这是最传统的开窗方式。优点是窗户可以全部打开，能够很好地引导空气进入室内；缺点是窗扇会占据一些空间。

（2）推拉窗

开关轻松、节省空间，但若轨道变形或密封胶条老化，则会影响窗的密闭性。只能开启半扇的推拉窗，

这也是人和外界交流的屏蔽。

（3）倾仰窗

采用较新型的开启方式。窗可从下向外推开，倾斜的窗扇可遮挡风雨，并改变风的走向，避免造成迎头风。

窗的开启方式随着人们需求重心的改变而不断改变。当人们要求私人空间时，传统平开窗被推拉窗代替；当人们转而追求自然时，平开窗又卷土重来。科技的进步为合理开窗提供了各种可能。有些倾仰窗就实现了下开和平开的任意转换。

9.窗帘的选择

除了玻璃、门窗和空调可以阻挡烈日和高热空气外，窗帘也是不可或缺的降温主角。抵挡高温的关键在于抵挡阳光，但太阳不会乖乖地原地踏步，这个时候，你需要在东、南、西、北四个方向分别布下"窗帘阵"，巧妙地挂上合适的窗帘。这个方法不但能阻挡猛烈的阳光，还能为居室留下足够舒适的自然光。这门学问与阳光照射的方向有关，更与窗帘的颜色、厚薄、质地有关，应根据具体情况慎加选择。

东边窗适宜用百叶帘和垂直帘。因为东边的光线总是伴随着早晨太阳的升起而出现，能迅速地聚集大量热能，而热能多通过窗户金属边框迅速扩散。所以东边的窗户宜选择具有柔和质感的百叶帘和垂直帘，它们具有纱一样的质感，并能通过淡雅的色调和柔和的光线给人视觉上的清爽凉意。

南边窗宜选择日夜帘。南边的窗户一年四季都有充足的光线，是房间最重要的自然光来源，能让屋内呈现淡雅的金黄色调。但是，和暖的自然光含有大量的热能和紫外线，在炎热的夏季，这样的阳光显得有些多余。因此，目前比较流行的日夜帘是一个不错的

选择。白天的时候，展开上面的帘，不仅能透光，将强烈的日光转变成柔和的光线，还能观赏到外面的景色，其强遮光性和隐秘性会让主人在燥热的白天也能享受到凉爽与宁静。

西边窗应注意夕晒，夕晒使房间温度增高，尤其是在炎热的夏天，所从窗户应经常关闭或予以遮挡。应尽量选用能将光源扩散和阻隔紫外线的窗帘，给家具予以保护。百叶帘、风琴帘、百褶帘、木帘和经过特殊处理的布艺窗帘都是不错的选择。

北边的窗户适宜选用百叶帘、风琴帘、卷帘、布艺窗帘，这些类型对于尽情享受生活、追求艺术画面感的人来说是最为理想的选择。从窗的采光角度讲也是最为适宜的，当每天的阳光从容照临家中时，这种均匀而明亮的自然光照是最具情调又能让心灵飞翔的光源。

窗户风水之宜

窗户是住宅的眼睛,它和门一样,是吸收阳光和空气的地方。在风水上,窗户引光明、储灵气、赋予生机。因此,在住宅家居设计方面,窗户占有很重要的地位。如果不注意窗户风水的一些宜忌,对住宅的风水将会产生不好的影响。

宜 窗外宜见公园和水池

窗外有公园、球场主吉;窗外见环抱路,亦为见财吉兆;窗外见湖河或向海为明堂水,可使事业兴旺。相反,窗前空旷无水也是吉祥的,是为明堂宽阔,亦能使事业发展平稳。住宅窗前宜有半圆形池塘或溪水,圆方朝前,基地主正,是发财的格局。

宜 大窗户宜设计成组合窗

为了建筑外形的美观,设计师通常会把窗户设计得比较大,但为了避免因气散而影响宅运,建议将大窗设计成由多块玻璃组合而成的形式,其收到的装饰效果相同又不会影响宅运。

宜 窗帘宜根据房间功能选择

无论是为了保护室内的隐私,还是为了遮挡阳光,或是美化居室,窗帘都是不可缺少的。窗帘以材料来划分,有布帘、纱帘、竹帘、胶帘、铝片帘以及木帘等;以开合的方式来划分,又可分为向左右拉开的帘、向上下拉卷的帘以及固定不动的木百叶帘等;以颜色来划分,则更是色彩缤纷,令人眼花缭乱。一般而言,窗帘的选择应具备以下条件:阳光充足的窗户宜用质地较厚且颜色较深的窗帘;阳光不足的窗户宜用质地较薄且颜色较浅的窗帘。

风水 知多一点点

※ 窗帘的收与放

当白天艳阳高照时,拉开窗帘能让有益的外气进入,使居室充满温暖气息。在夜间,放下窗帘则能给睡眠者提供完美的休息空间。

宜 窗台宜点缀花木和盆景

在窗台上摆放一些花木、盆景会令人赏心悦目，在风水上也有趋吉避邪之功能。人的视线停留在这些近景上，窗外杂乱的东西便会被忽视，也不会影响阳光和空气的数量和质量。另外，还可设计一些精致的托架，使花木分为几个层次摆放。例如，窗户的上部挂一盆吊兰，中间用厚玻璃托起浅盆花草，窗台摆放盆景或其他小摆设。这些小点缀恰似点睛之笔，可使窗户生辉不少。

宜 窗前宜正对腰带形马路

窗前正对腰带形的马路主吉，财运旺，事业顺。窗前有缓冲而来的路，主家人财运稳固，人丁平安。但门窗忌对着弯弓路，否则会对居住者造成危害。

宜 大房间宜选用布窗帘

房间的面积较大宜选用布窗帘，有助于睡眠和阻挡外界的不良影响。落地的长帘可营造一种恬静而温暖的氛围。在小房间中，最好选用容易让大量光线透过的百叶帘。另外也得注意，如果背窗而坐或头向窗而睡，都会令人神经紧张，在风水上是不允许的。但如果在窗户上悬挂厚实的布窗帘，就可以减少不利因素的影响。

宜 窗户宜靠南开

风水学比较强调住宅向南。从自然的角度来说，向东或向西的房子分别在上午和下午被强烈的阳光照射，向北的房子有北方寒冷之气，而向南却有暖和之水，因此民间有句俗语："千金难买向南居。"窗户向南亦同此理。所以窗户要尽量靠南开，比如开在东南、西南、正南，这样就可以接纳南边不寒不燥的气，对人体健康和人的命运都有较好的影响。

宜 窗户高度应超过人的身高

窗户的顶端高度必须超过居住者的身高，这既可增加居住者的自信和气度，确保空气的流通，同时在居住者眺望窗外风景时，也不致因弯腰弓背而感到吃力。

窗户风水之忌

　　窗户是家的气口，家的内外气流很容易通过窗户进出，如果窗户的风水没选择好的话，会使内气难以平静，居家生活易紧张。风水学中，在不同的方位开窗有不同的含义，且各自起着不同的作用。一般来讲，朝北的窗不利于居住者的健康，因为北方在风水五行上属于阴水，容易让不良之气进入屋内。

忌 窗户忌向室内的方向打开

　　向内开的窗户对气的流通不好，会影响居住者的健康，且不利于居住者成就事业。此外，在开窗的过程中，最好不要遇到任何阻碍物，这种窗户经常会被窗帘或百叶窗阻挡，对于家居生活来说不够合理、科学的。

忌 房间的门窗忌太多

　　门窗太多会产生很强的气流，而太强的气流不利于居住者的健康，并会损及财运，使家庭问题层出不穷。因此，要避免在同一个方向有三个或三个以上的门或窗。

忌 窗户造型忌花俏

　　窗户造型过于花俏，或由许多不同形状、不同规格的造型组成，不但让人眼花缭乱，还会失去平衡，缺少稳定性。而且，形状越多，五行相克的机会越大，为住宅风水之大忌。建议只选择一种形状、且规格统一的窗户为好。

忌 两面开窗忌正对

　　两面正对的墙壁之间同时开窗对于家居也是很不利的，因为这会造成难以藏风聚气的结果，其弊处和"前后通，人财空"的道理是一样的。

忌 窗户的形状、方位忌与五行相冲

窗户的形状、方位如果与五行相冲的话，会影响家运和财运。下面列出具体化解的办法：

金型窗：开东方为相冲，可用蓝色或红色的窗帘化解。

木型窗：开西方为相冲，可用蓝色或红色的窗帘化解。

水型窗：开南方为相冲，可用绿色、黄色、咖啡色的窗帘化解。

火型窗：开北方为相冲，可用绿色、黄色、灰色的窗帘化解。

土型窗：开住宅的中心位置为相冲，可用浅白色、白色、红色的窗帘化解。

忌 窗户忌全部透明

透明的玻璃帷幕建筑缺乏私密性，同时玻璃也不聚气，能量容易散发出去。居住在四面透明的房间里，不利于健康，化解方法就是挂上可以遮挡的窗帘。

忌 窗帘颜色忌太暗

窗帘颜色有助于住宅内气息的"新陈代谢"，如果窗帘颜色太暗就会遮挡房屋采光，造成屋里的光线不好，影响家人的健康和心情，同时还会导致主人在工作、事业上错过很多好的发展机遇。

忌 窗户忌对厕所

窗户对着厕所主凶，这是家宅的大忌，也不合常理，居住其中，家运必衰。门窗除了不可正对厕所外，侧对亦不吉，容易患恶疾。

忌 窗户忌三角形

尖形或三角形的窗户属火型窗，在住宅建筑中比较少见，因为其过于尖锐而不利居住者的生活。此外，属水型的窗户——双弧形或圆形也不适合家居。因此，不要过于追求新奇而将居室的窗户设计成火型或水型，否则对宅运不利。

忌 窗户忌缺乏安全性

为了确保住宅的安全以及居住者的健康，窗户绝对不能出现安全隐患，如有破损一定要尽快修复，有裂缝或破了的窗玻璃要尽快更换。破损的窗户无法挡风遮雨，影响居住者的生活和安全。从风水角度来讲，破损的窗户会使居住者弱不禁风，且容易遭小人陷害，还有损财运。另外，窗户破损还容易让居住者心理不适，会带来不利家运的风水。

忌 窗户忌正对高塔等尖形物体

房屋的正面、大门、窗户都要避开高塔、电线杆、长杆等。平日居家也要随时留意，万一有人在居家附近修建高塔、电杆、长杆或因某些原因埋设长杆时，应及时交涉，以免留下隐患，导致意外发生。如果窗户面对尖角形的物体，如似刀锋的建筑物、玻璃的反光照射、灯柱或电塔，则对健康不利，可挂一把桃木小剑于窗外，向着煞方，以消除不吉利的气场。

忌 窗户忌向上或向下斜开

窗户忌向上或向下斜开，这对主人的运气和事业都不好，影响各方面的发展。

忌 窗户忌离隔壁住宅太近

窗户与隔壁的房间要保持一定的距离，并且这个距离要尽量地大，这样才有利于采光，同时保护各自的私密空间，否则也不利于居家安全。

忌 窗外忌对医院、坟场、厕所等

若窗口对着医院、殡仪馆、坟场、庙宇、警署、监狱、屠宰场、垃圾场、厕所、色情场所等，这样会对宅中人的财运、事业、健康、情绪等不利。化解方法是尽快迁往他处，如果实在因条件限制无法更改，则可在窗外挂一个真葫芦，并打开葫芦盖，以起到收怨煞及化污秽之功效。

忌 窗户忌对窄巷烂墙

如果窗户对着窄巷烂墙之类的景象则大煞风景，终日面对此景如鲠在喉，不利于营造健康、顺意的家庭生活。这时可以用疏落的窗帘把"景物"隔开，同时也别忘了让阳光和风适时进入。如果窗外"景观"脏乱不堪，会直接影响到居住者的情绪，时间一长脾气会变差，甚至会变得焦虑不安。如果出现这种情况，必须以百叶窗遮挡，运用透光不透景的原则来处理。若气味难闻甚至令人厌恶，应考虑封闭该窗再另开窗户。

忌 窗户不宜对着大镜或铁镬

我国居住空间很狭窄，住宅窗口对着别家窗口平常得很，但如果别家在窗下挂铁镬，就会对自己不利的。一般人都认为铁镬可化挡煞，但是，被铁镬对着的住宅运气会比较反复，时好时坏。假如对窗的人挂了铁镬，可以落下窗帘，以作化解。也可以在窗前种些植物，一般人认为龙骨是可以化煞的，若买不到龙骨，可以购买黄金葛来代替。

忌 卧室忌有过大的窗户

卧室里的窗户如果太大，会把人体的能量泄漏出去，居住者失去能量就会萎靡不振。同时，窗口太大，照射进来的阳光过多，刺眼的阳光和热能会让人浮躁和冲动。风水讲究四个字：藏风聚气，这就要求卧室是一个气流稳定、能量容易积聚的地方，因此不宜开过大的窗户。

忌 窗外忌有遮拦物

居家窗外如果有太多的铁制护栏，会让人联想到监牢囚室，产生拘束之感。家庭居所的窗外最好不要有大型广告牌，这不仅遮蔽了视线，而且不利于空气的对流。

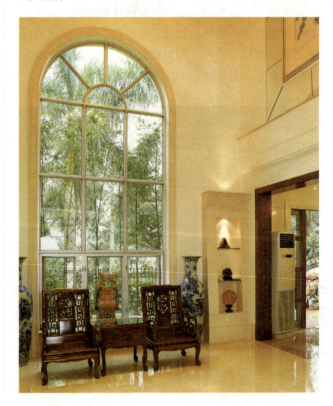

忌 窗后忌放书桌

书桌摆在大窗前面，自己背窗而坐，光线从身后照进来，不但使眼睛避免了阳光的刺激，还可使身心愉悦。但从风水观点来说，书桌后有"空门"则属不利。办公桌要有"靠山"才能大吉大利、生意兴隆。"靠山"即是指座位的后面有墙壁做屏障，有"靠山"的位置才能坐得安稳，也容易得到帮助。另外，座位后面的墙上不宜悬挂玻璃。

忌 窗外忌看见晾衣竿

倘若两宅的距离很近，两家窗户都很接近时，对方在窗前插上晾衣待竿，便会影响本宅家人的健康。至于远近是怎样定的呢？以一般住宅推算，两宅之距离超过一百尺（约30米），应该算是远的。如果两宅之间的距离超过30米，对方插晾衣竿就不会有问题。

忌 窗口忌正对小窄巷

若窗口正对两幢大厦之间的小空隙形成的天斩煞，则对家人的影响很大。如果你住的层数高过小空隙，或这空隙很阔，则不受影响。正对的宜在窗口挂一面小凸镜及用窗帘遮挡。

忌 客厅的窗忌对着厨厕的窗

有一些楼宇，坐在客厅向窗看去，会看见其他住宅的厨房或厕所的窗户，这种情况称为"宅气驳杂"，主家人的运气不平稳，时好时坏。若有这种情形出现时，可在窗前安装一盏长明灯，使大厅的阳气得以稳定。

忌 卧房窗户忌太低

卧房通风窗户或空调送风装置的安装不可太低，尤忌与床同高而对着人体直吹，夫妇主卧房更忌如此，否则易造成久婚不孕或产后失调等症状。

Part 3

玄关风水

聚气纳财在玄关

玄关在佛教中被称为"入道之门"，佛经云："玄关大启，正眼流通"。玄关是进入住宅的第一道关隘，也是亚洲传统建筑的重要组成部分。

玄关应因地制宜，可大可小，因人制宜，可简可繁，但绝不能可有可无，随意构建，而应根据实际要求认真处理。此外，玄关还有防泄、遮掩、美化家居的作用，因此它的好坏可直接影响住宅的风水。在西方，玄关更蕴涵着家庭的金钱运势，精心地设置玄关，可化解屋外直冲大门的煞气，还可防止阳宅旺气外泄，更能让运动的进入者静气敛神、调整气息，直接提升阳宅的吉祥运势、聚气生财。现代都市的住宅面积普遍狭窄，若再设置传统的大型玄关，则会让空间显得局促，难以腾挪。有一个折衷的办法，那就是用玻璃屏风来作间隔，这样既可防止外气从大门直冲入客厅，同时也可令狭窄的玄关不显得逼仄。

玄关风水概述

玄关是反映主人文化气质的地方，是住宅给客人的第一印象，是从大门进入客厅的缓冲区域，是引人入屋的必经之道。在西方，玄关代表着家庭的金钱运，其布置的好坏直接影响居家风水的吉凶。所以，玄关绝不能可有可无、随意构建，而应根据实际要求认真处理。

1.玄关的方位

玄关是家人出入的必经场所，也是外界能量进入家中的必经之路，这个位置的吉凶对居家生活有很大的影响。如果玄关是吉相，就可以吸收到良好的空气，**驱赶坏运气。**

东方位——太阳最早进入的方位，具有前进、发展、成功等运气。

东南方位——大吉方位，生意兴隆，交际运也会越来越好。

南方位——能接受到最强阳能量的方位，可以使主人的名声、名誉提高。但阳能量过强也会失去平衡，需注意不要太过于朝阳。

北方位——此方位的玄关阴气强盛，可以用照明灯来补充不足的阳能量。不过，位于北方位的玄关对三碧、四绿、六白、七赤的人来说是吉相。

东北方位——将玄关设置在这个位置是大凶，会得到最坏的运气。如果在此方位的玄关堆放杂物、散乱的鞋子，那么凶意就会升高。可以用照明灯补充不足的阳能量，用木制的门牌抑制不良之气进入。

西南方位——在此方位设玄关，会使一家之主的力量变虚弱。

2.玄关方位的改进之法

玄关宜设在住宅正门偏左或偏右，如果玄关与住宅正门成一条直线，外面过往的人便容易窥探到屋内的一切，所以住宅正门不宜与玄关成直线，以保持屋内的隐秘性。

(1)玄关可以看到起居室的隔间(如图1)

这是玄关和房间的位置关系中最为理想的。如果一回到家起居室就出现在眼前，内心就会觉得无比的轻松和放心。而且，懒懒地坐在沙发上，一边看电视，一边和家人和乐融融地闲聊，可以解除工作上的紧张和压力。由于家是休息的场所，所以这种隔间对于工作疲累返家的上班族而言最为理想。

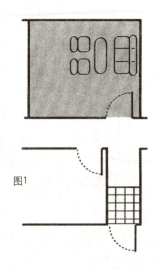

图1

(2)玄关可以看到书房的隔间(如图2)

这种隔间会提高居住者的向学心、求知欲和工作上的干劲，即使在家中也不会糊里糊涂地过日子，而会将时间花在看书上或全心投入工作中。

房子的隔间所创造出来的无意识条件甚至会影响到我们的生活方式和健康状态，此观点从现代心理学的角度来看也具有科学根据。

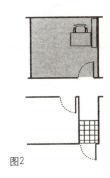

图2

(3)玄关可以看到厨房的隔间(如图3)

住在从玄关可以看到厨房的房子或公寓里的人，有一回到家、上衣也不脱，立即走向厨房的倾向，打开冰箱寻找有没有东西吃是回家后的第一个动作。平常在家时，也常在厨房或餐厅内度过。

改进之法

在玄关和厨房之间摆设屏风或装窗帘就可以解决。

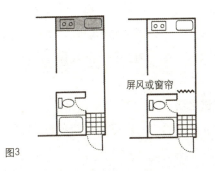

屏风或窗帘

图3

(4)玄关处的鞋柜不宜超过墙面的1/3(如图4)

如要在玄关内外放置鞋柜，其高度只能占墙面的1/3。因为墙壁之最上为"天"，中为"人"，下为"地"。鞋子带有灰尘及污秽，故只宜置于"地"之部位，否则属不吉。

改进方法

移走或更换较低的鞋柜，若高鞋柜是固定的无法移走，则柜内的鞋子只可置于低层，高层可放置其他干净物品。

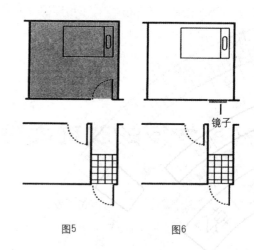

图5   图6

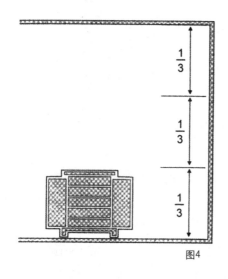

图4

(5)玄关可以看到卧室的隔间(如图5)

一般人会认为，这是和玄关可以看到起居室的隔间一样，是能令人心情放松的理想隔间。但是，这种隔间因为太过强调轻松的一面，所以让人一回到家就会感到疲劳，想立即休息和睡眠。情况严重的话，还会出现欠缺干劲、向上心，陷入暮气沉沉、消极的人生中。

改进之法

可在卧室的门上装面镜子来调整(如图6)。

(6)玄关可以看到厕所的隔间(如图7)

住在打开玄关门就可看到厕所的房子或公寓里的人，回家后第一件事就是想上厕所。因为一进玄关最先看到的是厕所门，就会在潜意识中唤起人的尿意。

改进之法

可在厕所的门上安装一面可以照到全身的镜子，借此创造出视觉空间感来化解(如图8)。

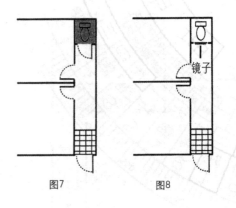

图7   图8

3.必须设玄关的房屋

有些住宅是不宜设玄关的，比如面积小的公寓式住宅，若再设玄关只会令住宅空间减少，显得更拥挤。一些住宅除了外环境有不利情形外，在内部各个功能区之间也有一些关系需要改善。下面是一些不好的住宅格局，应该避免。如果已经是这样的布置，那么请用设置玄关的方法来改善。

（1）宅门外有电站、电线杆和玻璃幕墙者

从物理角度讲，靠近高压电、大型变电所、强力发射天线、高亮度泛光建筑的住宅，因各种辐射、电磁场的影响和干扰，会给人带来心理和情绪上的问题，如失眠、生病等。同时，电磁场会和室内人的自然生理磁场混搅在一起，很容易让人的情绪烦躁，出现失眠、不安等异常情况。住宅位于玻璃幕墙对面，住在玻璃幕墙的倒影中人会有一种压抑感，还有，玻璃幕墙反射的阳光会形成光污染，对人体健康非常不利。

如果已经居住在以上房屋中者，除设玄关外，还可采用的化解方法有：

◎在门上方安置一面凸镜或者在入口处挂一个风铃。

◎为了更加安全起见，可以在自家门前走道旁边种一些生长良好的灌木或小的树木，以遮挡那些不利的风景，但不要在门附近种高型的树，因为它们会阻挡有利的能量进入住宅。

（2）宅门正对死胡同、细长街道、T形路口、走廊者

如果打开大门，正好对着一条细长的街道，则对家人安全不利。同样，从住宅向屋外看，如看见两座大厦靠得很近，两座大厦的中间有一条相当狭窄的缝隙，便会有穿堂风入屋，也对健康不利。再者，如果开门见一条长长的走廊（这种情况在现代公寓楼房中并不少见），也对安全不利。

如果自家的住宅正好处在上述提及的环境之中，便必须改变门的方向。如果门不能转向，除设玄关之外，还可以采取以下的化解方法：

◎在大门处悬挂珠帘隔断空间。

◎在门楣上贴一面镜子。

◎在门外放置一对狮子。

◎种些植株以减慢能量的流动。

（3）大门面对尖角和柱状物者

邻居的屋顶、车库、阳台和建筑的侧面都有可能形成一个尖形的角，若客厅或房间被墙角冲射，在装修的时候，最好是把锐利的墙角用一些圆形木柱包裹起来。

如果已经居住在以上区域者，除设玄关外，还可采用的化解方法有：

◎在尖的物体或转角周围种一些活的藤类植物。

◎在尖的边缘与门之间悬挂一些风铃，使这些能

量转向。

◎把尖的边角包成圆形。

（4）开门见楼梯者

住宅是聚气养生之所，如与电梯、楼梯直对，便不利。因为当楼梯迎着大门而立时，室外的空气会和室内的空气形成气流，对人体健康极为不利。

化解方法有：

◎在门与第一台阶之间悬挂一个水晶球，让能量能够回旋。

◎在进门处用屏风或玄关隔开。

◎在大门对面放一面凸镜。

（5）大门与阳台成一线者

这种格局为前后通透，可以一眼看透大门与阳台，房间的私密性很差，人常被外界的声音、景观影响，且空气形成对流，对人体健康不利。

化解方法有：

◎在进门处用屏风或玄关隔开。

（6）大门对窗和后门者

门和窗户是气流进出屋内的口，如果住宅的入口正好对着后门、巨大的窗户或者光滑的玻璃门，形成前后门相穿，使气穿堂直出，不能聚集于屋内，穿堂风拂动，就会对人的健康造成不利。

化解方法有：

◎在前门与后门之间，或前门与窗户之间悬挂一个水晶球或管状风铃，将能量保留在室内。

◎在两扇门之间摆一棵小树，或悬挂一棵植物，或摆放一件家具，以防止能量快速流走。

◎设玄关，转变能量方向。

（7）开门见镜者

镜子会反射动静之气，让室内气息随时转变，不固定在某个位置上。所以，最好不要在家里放过多、过大的镜子，镜子对着入口更是不利。如果人走入室内时正对着一面镜子，就会感到迷惑，弄不清方向。玄关的镜子在风水中有很重要的地位，但这绝不意味着让它直接对着大门。家里悬挂一面镜子只是为了驱散那些消极的能量以防止它们进入室内，与室外的凸镜起到的作用是一样的。

化解方法有：

◎门内的镜挂在一侧壁面上，让玄关看起来既开阔又宽敞。

◎门外有镜，在进门处要用屏风或玄关隔开。

（8）开门见墙角者

开门就看到墙角，不仅视觉上不美观，而且心理上也不舒适。

化解方法有：

◎在装修时，最好把尖角作半圆形处理。

◎若不好处理，可设玄关、屏风或挂小物件化解。

（9）开门见厕者

厕所是供人们排泄的空间，本质并不干净，又因厕所是极秘密的场所，所以大门也不宜直对厕所。

化解方法：

◎在进门处用屏风或玄关隔开。

◎所有时候都应把坐便器的盖盖好，把厕所门关紧。

◎如果厕所不是直接对着大门，就可在厕所门口放一面镜子。

（10）开门见灶者

灶台的风不能太大，否则很难生火，这是常识。

化解方法有：

◎改厨房门的位置。

◎在进门处用屏风或玄关隔开。

4.玄关的化煞防泄作用

玄关最大的风水作用，是可用来化解屋外直冲大门的煞气。

风水学所说的"煞"，分"形煞"及"气煞"两种。并非是怪力乱神的东西，其实就是恶型，与围棋里的恶型是同理的。住者无不希望在屋里双目企及的是山清水秀、养眼舒适的美好景象。如果出现恶型，就会令人感觉压抑，这时就需要运用风水上的办法加以弥补，玄关就是住宅化解外煞的重要部位。

设立玄关可以缓冲"形煞"。风水学上，"形煞"是指有形的凶相，主要有以下几种：

（1）刀煞

刀煞也叫尖角冲射，即门口正对附近建筑物的转角或尖角，如同一个楔子，打进住宅中心，令住户觉得犹如利刃直指、百般难受，心情极为压抑。

（2）暗箭伤胸

住宅正对的大路或街巷呈一条直线向房中冲来，则住宅向外发展的气势就会被其所阻断，形成路冲，也叫街巷直冲。

（3）斜路直冲

住宅在低位，要承受大路从高位直扑而来的巨大压力，犹如滔滔洪水拾级而下，势大力沉，直冲入屋，令居者无法阻挡。

设立玄关还可以化解"气煞"。"气煞"指煞屋飞临的方位，因为它无形无象，不似"形煞"那样可用肉眼观察得到，只能根据风水数理推算。如果户主是东四命，而大门却开在正西、西北、西南或东北这西四方，大门与户主相冲，那么，对这家人来说，这便是宅带"气煞"。

反过来说，倘若户主是西四命，而大门却开在正东、正南、正北及东南这东四方，大门与户主相冲，对这家人来说，这也是带有"气煞"的住宅。如果住宅遇到这样的情况，那么设置玄关就是当务之急。玄关主要有以下两种的挡煞方法：

①玄关可以促使从大门进入的外气转向

外气本来从凶方直入的，改为从吉方转折而入，这便符合风水的趋吉避凶之道。例如，对西四命的人来说，大门如果开在北方凶位，是大门带煞。但若加一玄关，屋外之气本从北向南流入，现改为从西至东进入，西乃本命吉方，就可逢凶化吉。

②玄关除可化解"形煞"及"气煞"外，并可防止旺气外泄

从风水的角度来看，从大门入宅的旺气与财气应尽可能在屋内回旋，为住宅充分利用后才慢慢流出屋

外。倘若大门与阳台或窗户形成一直线，从大门流入之旺气及财气便会迅速从阳台或窗口流走。旺气直入直出，是"泄水"之局，令家中的人丁及钱财均难以积聚。补救之法是在其间设一玄关，设法令大门之气转向流入屋内，且不让它直接从阳台或窗户流走。

玄关挡住进门处的视野，其用意何在？就是为了形成一个回转的空间，风水学上讲究"回旋忌直冲"，道理正在于此。

倘若大门直冲房门，则房中的人易受干扰，这种情况亦可用玄关来化解。

5.玄关的遮掩作用

客厅是一家大小日常安坐聚首的地方，是家庭的活动中心，所以不能太暴露。如果客厅无遮掩，缺乏私密性，家中各人的一举一动均为外人在大门外一览无余，那便缺乏安全感，从风水角度来说亦非吉兆。

玄关是大门与客厅的缓冲地带，还可起到遮掩作用，令外人不能随便在大门外观察到屋内的活动，就可解决以上的问题。有玄关在旁护持，人在客厅里会感到安全性大增，同时也不怕私隐外露。

在许多地区，住宅的客厅、餐厅以及起居室均不对正大门，对门而立的不是楼梯便是墙壁，因此可免除风沙入屋的烦恼。东方的住宅设计则是入门见厅，不设玄关。如果大门被风沙吹袭，坐在客厅便会深受其扰。如果大门正好向着西北或是正北，冬天就会常受凛冽的寒风侵袭，这时就更需要玄关来作遮挡了。那些贴近地面的房屋，往往易被外边的强风和沙尘渗透，设玄关既可防风，又可防尘，从而保持了室内的温暖和洁净。

6.美化玄关的四项基本原则

玄关除了有化煞、防泄、遮掩的风水作用之外，并且还有家居装饰上的美化作用。

设计精美的玄关会令人一进门便感觉眼前一亮，精神为之一振，使住宅顿时焕发光彩，因此在室内设计时应尽量设法美化玄关。

美化玄关有以下"四项基本原则"：

(1) 通透

玄关的间隔应以通透为主，即使必须采用木板，也应该采用色调较明亮而不花哨的木板，色调太深的木板易有笨拙之感。

(2) 适中

玄关的间隔不宜太高或太低，要适中，一般以两米的高度最为适宜。若是玄关的间隔太高，处身其中便会有压迫感；而太低则没有效果，无论在风水方面以及设计方面均不妥当。

(3) 明亮

玄关宜明不宜暗，所以在采光方面必须多动脑筋，除了间隔宜采用较通透的磨砂玻璃或玻璃砖之外，木地板、地砖或地毯的颜色都不可太深。玄关处如果没有室外的自然光，便要用室内灯光来补救，例如安装长明灯。

(4) 整洁

玄关宜保持整洁清爽，若是堆放太多杂物，不但会令玄关显得杂乱无章，而且也会对住宅风水大有影响。玄关凌乱昏暗、压抑的住宅，距离家道中落就不远矣。

7.影响玄关功能的九大重点

(1) 天花

天花板宜高不宜低：玄关顶上的天花板若是太低，便会有压迫感，这在风水上属于不吉之兆，象征这家人备受压迫掣肘，难有出头之日。天花板高，玄关空气流通较为顺畅，对住宅的气运也大有裨益。

天花色调宜轻不宜重：玄关顶上天花板的颜色不宜太深，如果天花板的颜色比地板深，便形成上重下轻、天翻地覆的格局，象征这家人长幼失序、上下不睦。而天花板的颜色较地板的颜色浅，上轻下重，这才是正常之象。

天花灯宜方圆而忌三角：玄关顶上的灯饰排列宜圆宜方不宜三角形。有人喜欢把数盏筒灯或射灯安装在玄关顶上来照明，这是不错的布置，但如把三盏灯布成三角形，那便会弄巧成拙，形成"三枝倒插香"的局面，对家居很不利。倘若排列成方形或圆形，则不成问题，因圆形象征团圆，方形则象征方正平稳。

（2）墙壁

墙壁间隔应下实上虚：面对大门的玄关，下半部宜以砖墙或木板作根基，扎实稳重，而上半部则可用玻璃来装饰，以通透而不漏最理想。

玄关若不以墙来作间隔，用低柜来代替也行，其上选择玻璃或通透的木架来装饰。低柜可用作鞋柜或杂物柜，上面则可镶磨砂玻璃，这样既美观实用，同时也符合下实上虚之道。必须注意的是，玻璃不同镜子，会反射的镜子通常不可面向大门，因为会将家中的财气反射出去，但磨砂玻璃则无此顾虑。

墙壁颜色须深浅适中：玄关的墙壁间隔无论是木板、墙砖或是石材，选用的颜色均不宜太深，以免令玄关看来暮气沉沉，没有活力。最理想的颜色组合是，位于顶部的天花板颜色最浅，位于底部的地板颜色最深，而位于中间的墙壁颜色则介于这两者之间，作为上下的调和与过渡。

墙壁间隔宜平滑：玄关是住宅进出的主要通道，墙壁及地板平滑则气流畅通无阻。如果以凸出的石块作为玄关装饰，凹凸不平，宅运便会有诸多阻滞，必须尽量避免。

（3）地板

玄关的地板宜平整：地板平整可令宅运顺畅，也可避免失足摔交。同时，玄关的地板宜尽量保持水平，不应有高低上下之分。

玄关的地板颜色宜较深沉：深色象征厚重，地板色深象征根基深厚，符合风水之道。如要求明亮一些，可用深色石料四围包边，中间部分采用较浅色的石材。倘若选择在玄关铺地毯，其理亦同，宜选用四边颜色较深而中间颜色较浅的地毯。

玄关地板的图案忌有尖角冲门：玄关地板的图案花样繁多，但应选择寓意吉祥的图案，必须避免选用那些多尖角的图案，尖角冲门在风水上很不好。

玄关地板的木纹不宜直冲大门：玄关的木地板，不论何种木料，其排列均应令木纹斜向屋内，如流水斜流入屋，切勿直冲大门，如直冲则不吉。

玄关的地板忌太光滑：有些人家为了美化玄关，往往会把玄关的地板打磨得十分光滑，这极易弄巧成拙，单从家居安全角度来说已并不理想，因为家人或宾客容易滑倒受伤。从风水上来说，这也属不吉。

地下排水管也不宜跨越大门和玄关之间，以免财气内外交流时在玄关受污，导致家人健康不佳、财路不顺。

（4）鞋柜

不少女士拥有许多不同款式的鞋子，并喜欢将鞋放于睡房内，方便上街前选鞋。可是在风水学上，鞋只适宜摆放于大门口附近，不宜放在屋内其他地方，包括睡房。

上街穿的鞋，沾染了金、木、水、火、土五行的

气，通常比较杂乱，故只适宜放在经常出入的大门附近。如果把鞋子四处乱放，外面不好的气将会随鞋子进入屋内，直接影响屋中人的运程。所以，家里最好添置一个鞋柜，将鞋子全部放进柜内，不好的气便无法随便释放出来。

对于大门面向走廊的屋子，鞋柜更可兼作屏风用，阻挡由大门直冲而进的煞气。至于新鞋和供室内专用的拖鞋，放在家中任何地方都没有问题。另外，每天回家后应将鞋清洗干净后放好，特别是染了污泥或污垢的鞋，要马上清洁。鞋是极污秽之物，必须每天清理，将污秽的鞋底放在家中，极不合乎卫生。而且鞋多数置于大门口，而门为气口，为每天纳财之地，在纳财地方置大量污秽发臭的鞋子，当然不是好风水。

玄关放置鞋柜，是顺理成章的事，无论是主还是客，在此处更换鞋子都十分方便。"鞋"与"谐"同音，有和谐之意。并且鞋是成双成对的，这很有意义，家庭最需要和谐，因此入门见鞋很吉利。尽管如此，在玄关放置鞋柜仍有一些方面需要注意。

鞋柜不宜太高大：鞋柜的高度不宜超过户主身高，若是超过则不妥。鞋柜的面积宜小不宜大，高度宜矮不宜高。

鞋子宜藏不宜露：鞋柜宜有门，倘若鞋子乱七八糟地堆放而又无门遮掩，便十分有碍观瞻。有些在玄关布置巧妙的鞋柜很典雅自然，因为有门遮掩，所以从外边看，一点也看不出它是鞋柜，这才符合归藏于密之道。另外，风水重视气流，因此鞋柜必须设法减少异味，若异味向四周扩散，则根本无好风水可言。

鞋头宜向上不宜向下：鞋柜内的层架大多倾斜，在摆放鞋子时，鞋头必须向上，这有步步高升的意味；若是鞋头向下，就意味着会走下坡路。

鞋柜宜侧不宜中：鞋柜虽然实用，但却难登大雅

之堂，因此除了以上所提及的几点之外，还要注意宜侧不宜中，即鞋柜不宜摆放在正中，最好把它向两旁移开一些，离开中心的焦点位置。

鞋柜的门不能面对室外：鞋柜不能直冲大门入口。鞋不可放在大门入口的前方，要养成良好习惯，及时将所有的鞋放进鞋柜内。

在玄关处的鞋柜上宜摆放鲜花，红色花可为家室招来好运，黄色花利于爱情，橙色花利于旅游，粉色花利于人际关系。

（5）财神

很多人习惯在家中供奉神祇，以期祖宗庇佑，健康长寿、招财进宝。但在现代布局的房子中摆放传统的神台会显得格格不入，若要消除这种矛盾，便要采用因地制宜的布局方法。

地主财神是家居最经常供奉的神祇之一，其他的神祇尚可移入屋内其他较隐蔽的角落，但地主财神却必须当门而立，因为地主财神的正名是"五方五土龙神，前后地主财神"，所以应该面向大门，才能向门外四方纳财，这样才可增强住宅的财运。地主财神还是住宅的守护神，当门而立便可把牛鬼蛇神拒之门外。

地主财神最佳的摆放方法，是把神位单独供奉在面向大门的玄关地柜中，这样既不太显眼，又不违背地主财神应当门而立的原则。地主财神自古以来就被供奉在地面，就算摆在鞋柜旁边，每日人来人往也没有任何问题。

地柜可用作鞋柜或杂物柜，为了与室内整体布局配合，外部的颜色可以随意，但地主财神神柜的内部则必须漆上点金的红色。

文财神则不宜摆放在玄关向门之处。财神分文武两种，武财神如武圣关公及伏虎元帅赵公明，均宜当门而立。但福禄寿三星及财帛星君等文财神若是面向大门，便会把家中的钱财向宅外布施，就会弄巧成拙。因此，文财神即使摆放在玄关，也必须面向宅内，切勿面向大门，以免钱财外泄。文财神面向宅内，这样可引财入室，但切勿面向厕所或鱼缸，以免虽然引财入屋了，但却见财化水。

（6）饰物

由于玄关位居"冲要"，对宅运大有影响，因此，摆放在此处的饰物要小心，以免无意中破坏了住宅风水。

古人多在玄关摆放狮子、麒麟这些威猛而具有灵性的猛兽，作为住宅的守护神。现代住宅如果摆放狮子或麒麟在屋外，往往会受到诸多限制，退而求其次，可摆在玄关内面向大门之处，同样也可收到护宅之效。

不少人喜欢在玄关摆放各种动物造型的工艺品，但应谨记，不可与户主的生肖相冲，以免有入门犯冲之虞。

十二生肖相冲的情况如下：

生肖属鼠——忌马

生肖属马——忌鼠

生肖属牛——忌羊

生肖属羊——忌牛

生肖属虎——忌猴

生肖属猴——忌虎

生肖属兔——忌鸡

生肖属鸡——忌兔

生肖属龙——忌狗

生肖属狗——忌龙

生肖属蛇——忌猪

生肖属猪——忌蛇

举例来说，户主的生肖属鼠，便不宜在玄关摆放马的饰物；若户主属牛，便不宜在玄关摆放羊的饰物，依此类推。

（7）玄关镜片

在玄关安镜，可作进出时整理仪表之用，而且可令玄关看起来更加宽阔明亮。但若镜子正对大门，则绝对不妥，因为镜片有反射作用，会把从大门流入的旺气及财气反射出去，将财神拒之门外。

玄关顶上也不宜张贴镜片。玄关顶上的天花若以镜片砌成，一进门，举头就可见自己的倒影，便有头下脚上，乾坤颠倒之感，这是风水上的大忌，必须尽量避免。

（8）植物

植物在风水上能够起到活化气能、平衡气场的作用，玄关处的植物亦不例外。众所周知，植物和花卉有观赏或食用的价值，除此之外，它还有调节居室风水的功效。好的植物和盆景布局不仅能带给你鲜活的

色彩，让你感受到生命的活力，还可以缓解你的精神压力。我们常常发现，将植物放置在室内可提升"气"的活力，人的精神会在不知不觉中发生变化。

中国风水学的理论核心是人与环境的关系问题。天地变化和阴阳五行都有其象征意义，环境中的事物被认为会散发某种形式的能量。而植物会产生源源不断的自然生气，它们不仅可以防止气的滞留，还可以平缓地通过回廊而产生波动较大的气场。玄关摆放植物可让吉祥之气得创释放，以达到在空间上激发人的心理，从而与意念上的福运相感应。

家宅玄关中的植物也分阴阳和吉凶。植物释放出的气被认为可以应用在特殊风水规范里，如八卦与五行，将其按照一定的规律和谐地结合起来，则可以根据五行相互间的相生、相克的原理来平衡局部环境的能量布局。在选购玄关处的植物时需辨识植物的阴阳，以达到能量的平衡。但最重要的是记住"植物是活的、是会改变的"，你可以按照五行相克的理论将植物的阴阳做适当的调整。究竟把植物放在哪些位置上，要根据每个人的命理格局选择。一般的情况是：将植物放置在东方，代表着拥有家庭与健康，在五行中属木；将植物放置在南方，预示着拥有声誉与学识，在五行中属火；将植物放置在北方，暗示会拥有好的事业，在五行中属水。

植物在不同环境能量的配合运转下，产生新鲜的氧气，当把植物以特殊意义的方式放置时，便将健康、茂盛的气场及生生不息的能量覆盖到家里每一个角落。大多数人通过生活的感应能力是能够切身体会到花卉在盛开时代表幸运的过程的，因为它们鲜明的色彩若与正确的五行结合，就可以起到促进家人运势的作用。

我们选购玄关处的植物时，还要注意叶子的形状。

有些植物的叶子是尖状的，有的会产生毒素或煞气，这些都会带给我们不好的风水。选择圆状、叶茎多汁的植物就比较好，它们带有吸引好兆头的潜在能量。

人造花卉所产生的能量较少，但若能长久保持其干净、整齐，仍是有作用的。如果你无法保持植物的健康，则最好不要去养。如果不能保持有足够的水分，植物会奄奄一息，这象征着运势衰退，会有不幸降临。所以，适当的植物会带来好运大前提是健康的气来自于健康的植物。

但是，木会破坏中心，且与金行相克，所以应避免将植物放在西南、东北以及中间位置，也要避免放到属金的方位——西方与西北方。植物可以放在室内各个房间，这当中，最重要的是客厅与玄关。因为二者皆是公用场所，都是用来社交活动的地方，所以更需要能量。这两个区域摆放植物应谨慎选择，并放置在得当的位置，否则就不要摆。尤其是在玄关，五行很容易互相冲突，若位置摆放不当，就会产生危害家运的因素。

玄关处的植物在室内风水中占有相当重要的作用。大型植物、有型有款的树木及盛开的兰花盆栽组合等都适用于玄关。但有些品种是不宜放在家中的，这就涉及到风水方位问题，而玄关则要更加注意。如果玄关光线不佳、遭受穿堂风的吹袭、夜晚温度降低、走道狭窄或少有方形的空间，则放置开花植物比形态特殊的植物要适合。另外，玄关与客厅之间可以考虑摆设同种类的植物，以便于连接这两个空间。总之，玄关摆放植物要结合室内的整体布局、气温、光线、人员、风水等多种因素考虑，把玄关风水的优点发挥到最大，缺点降低到最小。

（9）屏风

随着社会的发展和经济的腾飞，古代的建筑风格正逐渐被现代人所遗忘。屏风，这个极具古典韵味的家居装饰在古代十分常用，而现在已不再被列为常用家居装饰，但作为装饰点缀的风水物，其地位却日渐显耀。现代人追求格调、品位，这时，屏风以它那优雅的姿态出现在我们的家居生活中，并发挥着其不可替代的作用。它可以美化环境、点缀情调、趋吉避凶、促进安定团结。

由于玄关屏风多和门煞有风水上的抵挡关系，所以，人们为求吉利，经常会设置别具一格的玄关屏风，这种例子在我们身边不胜枚举。家居外面出现煞气，应提前准备，中医学注重"治未病"的提法，就是说不要等到病来才求医，而应该未雨绸缪、防患于未然。玄关屏风具备有效化解不吉之兆的功效。

从大体上讲，玄关装修装饰分为密闭式和屏风式。

前者利用隔墙使玄关在客观上阻隔、密闭，而后者实际上是屏风的变体，经常采用磨砂玻璃等半透明材料做成各种自己喜欢的艺术造型。

现在，一种可折叠的屏风正在被人们普遍接受，即我们说的曲屏风也叫软屏风。它与硬屏风的差异是不用底座，且都由双数组成，最少两扇，最多可至几十扇。其框架材质有以硬木做框的、木框包锦的、铝合金包锦的等。包锦木框木质都较轻，屏心也和带座屏风不同，通常用刺绣或彩画装饰。一般说来，带座屏风较重，曲屏风则较轻。在陈设上，带座屏风多陈设在居室正中的主要位置，且相对固定。曲屏风则不然，它的重点在于突出屏风前所陈设的物品，或者渲染气氛等。

家居屏风的选择要注意材质优劣，最好是选用木

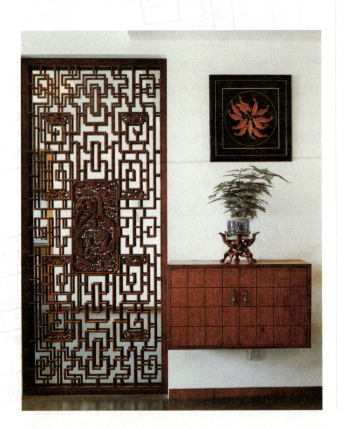

质屏风。竹屏风和纸屏风都属木质屏风，可以放心选用。塑料和金属材质的屏风效果则比较差，尤其是金属的屏风，其本身磁场的不稳定性会干扰到人体的磁场。再者，屏风的高度宜适中，最好不要超过一般人站立时的高度，但也不能太矮以至于起不到遮挡的作用。太高的屏风重心不稳，容易给人压迫感，太低的屏风又少了一些安全感。

另外，在屏风的大小选择上已经不能遵循古人的做法了，因为中国传统大宅院入门之处均设有大型的玄关，而现代都市的住宅普遍面积狭窄，若再设置传统的大型玄关，显然不合时宜。折衷的办法是用玻璃屏风作间隔，这样既可以防止外气从大门冲入客厅，也可令玄关不显得过于狭窄。

现代的屏风种类繁多，具体分为以下三种：

中式屏风：中式屏风给人华丽、雅致的感觉，屏风上刻画各种各样的图案，在工匠的巧手下，花鸟虫鱼、人物等等栩栩如生。若喜欢中式家具的典雅、美观，那么中式屏风无疑是很好的搭配。当然，即使居家风格不是以中式设计为主，也可以选择中式屏风。在不同设计元素的调和下，也许能够带来意想不到的效果。

日式屏风：日式屏风与中式屏风设计风格比较接近，同样以典雅、大方见长。传统的日式屏风的图案也是取材于历史故事、人物、植物等，大多是工笔画。色彩方面也多用金色、灰色、白色等柔和色调。

时尚屏风：这类屏风无论是材料还是设计都非常大胆、新颖。选料上，往往摒弃了那些厚重的材料，由透明、轻柔的材料所取代。以往屏风主要起分隔空间的作用，而现在更强调屏风装饰性的一面。薄薄的屏风，既保持空间良好的通风和透光性，营造出"隔而不离"的效果。色彩方面，与传统的黑、白、灰等

色彩相比，显得更加丰富多彩，跳跃的红、鲜艳的黄、亮丽的绿等等都是受追捧的颜色。

总之，玄关屏风的设置，不但需要根据不同的风水气场计算、推理，使之有引气、间隔之功，还要根据自己的房间格局以及自己的性格合理选择。

8.玄关色彩的风水

大部分玄关光线较暗且空间狭小，所以最好选择清淡、明亮的色彩为主。如果玄关足够宽敞，也可以选用比较丰富的颜色。不过，最好避免在玄关堆砌太多让人眼花缭乱的色彩与图案，毕竟空间有限，以简洁为佳。

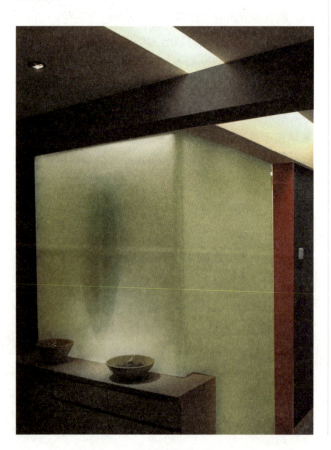

颜色的调配必须很讲究，只有对人体生理机能和色彩搭配有所了解的人才可以使多种颜色相得益彰，否则，只会增加困扰又浪费金钱，岂不是自讨苦吃？

东方利红色：传统上，红色代表喜气、热情、大胆进取，而在风水学上，东方也象征年轻及勇于冒险的精神，所以在东方摆放一些红色的家具及装饰品，如红木吊饰、红色地毯等，都可使家人充满干劲，有利于成就事业与学业。

南方利绿色：在风水学上，南方主宰灵感及社交能力。绿色有生机勃勃之意，在南方放置绿色的植物，除了增添绿意盎然的美感外，对人际关系亦有正面的催化作用。

西方利黄色：黄色一向被用来代表财富，而西方被认为是主导事业及财运的方位，若在西方放上黄色的家具或饰物，如黄水晶等，便可带来旺盛的财气，令事业飞"黄"腾达。

北方利橙色：北方掌管着夫妻关系，而橙色则有热情奔放的意思。如想增进夫妻感情，可在卧房的北方放置橙色台灯、小地毯、揽枕等，皆有利于加深夫妻感情。

其他方位颜色搭配：

西北方＋白色＝有利人缘。

西南方＋茶色、土色系＝稳定、增强家中能量。

西南方＋黄色吊灯＝有利异性运。

天花板的颜色应尽量使用最浅的。同时，地板的颜色要比天花板的颜色深，否则，会使屋内的人做事颠三倒四、本末倒置。在中国风水学上，天花代表天、地板代表地、墙壁则代表着人。墙壁的颜色应在天花和地板之间，即要比天花深、比地板浅，这样天、地、人才能达到和谐统一。

9.玄关的一部分——影壁

影壁是从院落大门进入宅院的缓冲，和玄关的作用一样，其目的都是让运动的进入者静气敛神。由于它处在作为家宅引气入屋必经之道的特殊位置，家宅装修装饰中往往把它当成主要的风水要件来看待，它布置的好坏可直接影响到住宅的风水。这样，影壁在玄关整体风水之下，合理地营造着家宅的吉祥运道。同时，影壁又是院落大型玄关的组成部分。

四合院内常见的影壁有三种，第一种位于大门内侧，呈一字形的一字影壁；还有一种独立影壁建在一进大门的正面，多是从地面往上砌砖，下面为须弥座形，再上为墙身，用青砖磨成柱、檩椽、瓦当等形状，组成影壁芯，影壁芯内是方砖；第三种影壁是立心影壁，影壁上面的各种图案多为青砖雕成，凸出于平面，影壁上的各种砖雕图案多为吉祥颂言组成，如松竹梅岁寒三友、福禄寿喜等图案。

影壁与大门宜形成相互陪衬、相互衬托的关系，在宅院入口处起着烘云托月、画龙点睛的作用。由于院落玄关的影壁有遮掩作用，这就给院内家小日常安坐聚首及家庭活动增添了私密性，这从家居风水来说是吉兆。影壁墙面宜有装饰，可以是石雕、砖雕，也可以是彩画。徽州民间信仰鬼走直路且脚不着地，因此影壁能挡鬼辟邪、遮风收气。徽州稍大一些的古建筑房屋，都设有影壁。

院落影壁是玄关的一部分。风水上讲究导气，因为户外之气不能直冲厅堂或卧室，否则不吉。因此，玄关影壁和屏风忌完全封闭。影壁不论设在门外还是门内，忌无挡风、遮蔽视线的作用；忌形成围堵风水之势，让庭院陷入闭塞；忌造成毫无意义的风水造景，其图案不宜恐怖或抽象。

玄关风水之宜

玄关宜明不宜暗，在采光方面必须多花心思。玄关宜保持整洁清爽，若是堆放太多杂物，不但会令玄关显得杂乱无章，而且也会对住宅风水大有影响。玄关风水对主人的事业有举足轻重的决定性影响，所以在它的方位布局上要特别地注意。要尽量让其规模和形状与整栋房子配合，然后再设于吉相的方位上，才有协调感。

宜 玄关宜藏风纳气

玄关材质选用方面，最好用不透明的材质。因为风水上讲究"藏风纳气"，玄关不但要能达到让风回旋的效果，还要能达到化煞的效果。要注意玄关的大小、高度需和门的大小、高度相当，如此才能发挥最大作用。以科学的观点来看，玄关能阻挡长驱直入的风势，有相当不错的保暖效果。

宜 玄关的天花板宜高

玄关顶上的天花若是太低，会有压迫感，在风水上属于不吉之兆，象征这家人备受压迫，难有出头之日。天花板高，则玄关空气流通较为流畅，对住宅的气运大有裨益。

宜 玄关宜设在正门旁

玄关宜设在住宅正门的偏左或偏右方。如果玄关与住宅正门成一条直线，外面过往的人便很容易窥探到屋内的一切，所以住宅正门入口宜与玄关成一定的角度，90度为宜。若大门与玄关成直线，可在玄关加一道屏风化解。

宜 玄关天花造型宜搭配五行

万事万物都有自己的五行，不同五行的户主，玄关天花板上的造型亦应有所不同。五行属水的户主，天花图形应该是圆形、波浪形；五行属金的户主，天花的造型应该是方形、圆形；五行属土的户主，天花板的造型应该是方形；五行属木的户主，天花板的造型应该是直方形；五行属火的户主，天花板的造型应该是长方形。当然，这种搭配标准也适宜于家宅其他区域的天花板。

宜 玄关宜吸收旺气

玄关处的灯宜以四盏或九盏（一盏灯有四个或九个灯光也可）为最佳，以收旺气之效。同时，玄关为入门的小空间，必须阳气充足。何谓阳，何谓阴？光线不足便属阴，反之则属阳。所以玄关必须装置照明灯，并保持长明状态，称为长明灯。玄关阳气强，家人的心情就会愉快，工作亦顺利。相反，如果玄关整天阴阴沉沉不见光线，家人的心情自然也就会被"传染"。住的大楼中如光线不足，最好在玄关全天候地打开长明灯，只有玄关保持光亮，气才能通顺，运气才会好。

宜 玄关宜简洁整齐

玄关传达着家庭给外人的第一印象信息，表达着家庭能量交流平衡的特指性征，宜装修设计得既简洁又整齐，不宜堆放太多杂物，如玩具、废纸等，一些没有使用价值而又舍不得丢弃的东西尽量少放。否则，不但会令玄关显得杂乱无章，还对住宅风水大有影响。

宜 玄关宜与居室风格统一

玄关中的家具包括鞋柜、衣帽柜、镜子、小凳等，都要与房屋的整体风格相匹配。设计玄关隔断时，要考虑到和整个居室风格的一致性，避免为追求花哨而杂乱无章地拼凑，那样的话一定会适得其反。

宜 大门与客厅之间宜设玄关

客厅一般设计在住宅入口处，为使客厅与外界接触时保持一定程度的私密性、有较好的过渡，宜设玄关。设置玄关，使内外气有所缓冲，气得以回旋后聚集于客厅。

由于玄关是客人进到室内后产生第一印象的地方，因此，摆放什么样的室内植物有着重要的作用。花、观叶植物等有生气的东西都具有引导旺盛之气的作用。盆栽的花可以使空间安定，特别适合已婚者。独身的人可以使用插花来装饰玄关，但切忌放置空的花瓶。

宜 玄关宜舒适方便

玄关是居住者出入的必经之地，必须以舒适方便为宜。玄关舒适的指标为：3~5平方米适用于三口之家，通常可在玄关设置一个宽0.4~0.6米、长1.5米的衣鞋柜组合，放置平时更换的外衣、鞋子已绰绰有余；如果是五口之家，将柜子长度加到1.8米也就足够了。若过道有拐角，还可以安个镜子、花瓶等，既转换了空间，也方便更换衣服。设置玄关还有其他的功能要求：一般天花板不宜太高，吊顶部分应相对低一些，高度尺寸应该在2.5~2.57米和2.62~2.65米，或者是更高一点，但应在2.7~2.76米的范围，使得家居高度相对错落变化。

宜 玄关家具宜按面积来布置

布置家具时要根据玄关的面积和生活需要来选择。如果面积大的话，可以选择大方、实用的家具；如果面积较小，则只放一个鞋柜来满足进出门换鞋的需要就可以了。

宜 玄关宜放观叶植物

观叶植物是具有很强的呼唤旺盛之气能量的装饰物，也具有净化空气的作用，所以能使隐晦之气难以聚集。单身的人也可以放置盆栽的观叶植物在玄关，以增添异性缘。

风水 知多一点点

※ 硬玄关

　　硬玄关分为全隔断玄关、半隔断玄关。全隔断玄关是指玄关的设计为全幅的，由地至顶，这种隔断是为了阻拦视线而设的。半隔断玄关指玄关在水平或上下方向上采取一半或近一半的设计，这种设计在一定程度上会减少上面所述的全隔断玄关的弊端。半隔断玄关在透明的部分也可以用玻璃，即使是由地至顶，由于在视觉上是半隔断的，因此仍划入半隔断的范围。

宜 玄关宜设东南方

玄关的理想方位，从房屋的中心来看，有东、东南、南、西北四个方位。其中，最理想的方位是东南方。另外，设在东、南、西北方位的玄关，不但是安全的方位，还能使全家人各自发挥出最大的能力，并带来好运。但有一点须注意的是，主人的本位如果刚好是以上几个方位，则不宜。

宜 玄关地板宜整洁、耐用、美观

因为玄关功能的特殊性，地板一定要遵守易保洁、耐用、美观三个原则。许多家庭喜欢把的关的地面和客厅区分开来，自成一体，玄关的地面或用纹理美妙、光可鉴人的磨光大理石拼花，或用图案各异、镜面抛光的地砖拼花，都很有自己的特色和风格。无论怎样，玄关的地板一定要整洁，耐用、美观。

宜 玄关鞋柜上宜摆放鲜花

在玄关的鞋柜上摆一盆红色鲜花，可为家室招来好运。黄色花利于爱情，橙色花利于旅行，粉色花利于人际关系，白色表示吉利。但鲜花弄脏后要认真清洁。

宜 玄关宜摆放常绿植物

在玄关摆放植物，绿化室内环境，可增加生气，令吉者更吉，而凶者反凶为吉。摆在玄关的植物，宜以赏叶的常绿植物为主，例如铁树、发财树、黄金葛及赏叶榕等，颜色以青绿为上选，有花朵的亦可。

宜 玄关宜用长形地毯

长形地毯既长又窄，非常适合玄关。这种复古式的地毯，厂家赋予其新意，不断创新出许多不同的颜色和式样。其中有一些是源自维多利亚与爱德华时代的设计，具有灵便的特点，在必要时完全可将这些地毯撬起清洗，而且还可以将它一直朝楼梯延伸上去，制造出双层结构，使住宅玄关地域优美的动线更加明显化。

风水 知多一点点

※ 软玄关

软玄关是指在其他项目平面处理的基础上进行区域划分的方法。天花划分可以通过天花造型的区别来界定玄关的位置；墙面划分可以通过墙面处理与其他相邻墙面的差异来界定玄关的位置；地面划分可以通过地面材质、色泽或者高低的差异来界定玄关的位置；鞋柜划分可以通过它在水平方向横摆隔断和垂直方向伸延的长短来界定玄关的位置。

玄关风水之忌

玄关是大门与客厅的缓冲地带，不至于开门即见厅，让人一进门就对客厅的情形一览无余。如果客厅无遮掩，缺乏私密性，家庭成员的一举一动均可让外人在大门外一览无余，从风水角度来说亦非吉兆。

忌 忌玄关灯具坏了日久不修

在玄关的上方装一盏柔和的日光灯，只要比楼道的灯光亮一些就行了，虽然是小小的一盏灯，但马上就使玄关由阴冷变得温馨。玄关灯光和男性的事业、健康有着密不可分的关系，若是灯泡坏了一定要马上更换，因为日久不修，夫妻容易发生口角。玄关是房屋给人第一印象最重要的区域，而且在玄关的活动一般是换鞋与开关门等，因此它所需要的照明度不大，灯具最好以装饰为主，而且光线不要太强烈，以缓冲人在进出时由亮到暗或由暗到亮的不适感觉。用射灯、筒灯或对称的壁灯气氛特别好，开关可用感应式或荧光开关。

忌 玄关镜子忌照门

很多人在出外时，喜欢照照镜子，看看自己的衣履是否整齐。为了方便，就会在玄关做一面大镜子。但若是镜子端正对大门，则绝对不妥当，因为镜片有反射作用，会把从大门流入的旺气及财气反射出去，将财神拒之门外。如果要在玄关安装大镜，最好是安在门的侧边，避免镜子照门。

忌 玄关忌太窄

玄关虽然是一个小空间，但也不能太过狭窄，应稍为宽阔一些，这样才会让人有一种舒适的感觉。如果住宅的面积超过100m²，玄关的空间也应随之加大。

忌 玄关天花忌张贴镜片

玄关的天花如果贴上镜片来装饰，使人一进门举头就看见自己的倒影，产生头下脚上、乾坤颠倒之感。这个是风水大忌，必须尽量避免。

玄关饰品忌过多

玄关是给来访者的第一印象，少而精的饰品可以起到画龙点睛的作用。一只小花瓶、一束干树枝可给玄关增添几分灵气；一幅精美的挂画、一盆精心呵护的植物都能体现出主人的品位与修养。但要注意，玄关的饰品一定要精简，否则就会阻碍气的流通，遮挡人的视线。

忌 雨伞忌放在玄关

雨伞很容易累积阴气，如果把伞架经常放置在玄关，会使玄关充满阴晦之气。所以，尽量使用吸水性好的陶器伞架或是不锈钢制的伞架。

忌 玄关照明忌缺乏装饰性

由于玄关里有许多弯曲的拐角、小角落与缝隙，所以让照明设计分外困难。使用嵌壁式朝天灯与巢式壁灯都可让灯光上扬，产生相应的层次感，而且也有从玄关持续延伸至楼梯的感觉。此外，可以利用一对吊灯，或如果有足够的空间摆上一张小桌子，也可以用一两盏灯补强光线。另一个能将幽暗的玄关装点得比较活泼、有趣的方法是；设法在回廊上挂几张照片、图片或画作，更可以在画上加两盏小灯。

 知多一点点

※ 玄关可增强旺盛之气

在玄关朝着太阳的方位摆放镜子可以增加旺盛之气，在镜子前摆放观叶植物、鲜花等具有生气的东西，也具有同样的效果。

忌 玄关忌有横梁

玄关的顶部不宜有横梁。如果玄关的顶部有横梁，可以加装假天花，以遮横梁，使煞气消失。当然，也可以安装照明灯来增加阳气，去除阴气。

 玄关下忌有地下排水管

玄关下忌有地下排水管，忌排水管跨过大门和玄关之间，否则财运内外交流时在玄关受污，会导致家人健康不佳、财路不顺。

忌 玄关忌色彩、图案杂乱

玄关不宜堆砌太多让人眼花缭乱的色彩与图案，否则会给人以沉重、压抑的感觉。清爽的色彩和干净利索的图案是玄关装饰的最好选择。

忌 玄关间隔忌凹凸不平

玄关是进出住宅的主要通道，墙壁及地板平滑则气流畅通无阻，如以凸出的石块作装饰，凹凸不平，宅运便会有诸多阻滞，必须尽量避免。

忌 小面积住宅不宜设玄关

面积太小的住宅设玄关只会令住宅空间更拥挤，使住宅面积更加狭小。所以，小面积居室最好不要设玄关，以免影响正常空间的利用。住宅风水中，宅内空间太小不利于家人的运气。

忌 玄关饰物忌与方位相冲

如果在玄关摆放饰物或在玻璃隔间、镜子上印制图案，北方、东北方、西南方、西方和西北方五个方位是有所避忌的，这五个方位的饰物切忌与方位相冲。

玄关在北方，忌用马的图案或饰物；
玄关在东北方，忌用羊的图案或饰物；
玄关在东方，忌用鸡的图案或饰物；
玄关在东南方，忌用狗的图案或饰物；
玄关在南方，忌用鼠的图案或饰物。
玄关在西南方，忌用虎的图案或饰物；
玄关在西方，忌用兔的图案或饰物；
玄关在西北方，忌用龙的图案或饰物。

北方　东北方　东方　东南方　南方　西南方　西方　西北方

忌

玄关饰物与方位之忌

玄关忌摆狗的饰物

玄关不能放置有狗的装饰，因为狗具有变化的象征意义，所以不适合气的入口，如果进入的旺盛之气与狗相撞，很容易引起家庭困扰。

 ## 玄关地毯忌放在室内

在玄关处设地毯，作用是便于居住者从外面进入居室时，清理一下鞋底的灰尘。所以，最好是将地毯放在玄关外，也就是大门口。如果将地毯放在屋内，则容易将灰尘和秽气带进室内，甚至会将外面不好的运气带到家中。

 ## 玄关忌三角形天花板

上面所讲的玄关天花板造型中唯独没有三角形的造型，因为这是玄关天花板忌用的形状。这个形状在地面的运用上亦是一样，因为三角形的图案易产生不良风水。

玄关地板忌凹凸不平

玄关的地板如果凹凸不平，会阻碍家庭的运气，平整的地板则可令宅运畅顺，也可避免家人日常生活中失足摔跤。同时，玄关的地板宜尽量保持水平，不应有高低之分。地板在家居装饰材料中是最应考量的，不仅因为它所必须承受的磨损与撞击，更因为它是引导出空间风格最适当的方法。塑胶、瓷砖等材质都是很好的选择，因为它们都便于清洗，也耐磨蹭。

 ## 玄关忌摆放过多杂物

玄关作为一个家的"颜面"，如果因为堆放太多的杂物而影响美观的话，未免因小失大。特别是将一些没有实用价值而又舍不得丢弃的东西放在玄关，这样不但影响美观，还会影响家人的身体健康。

 知多一点点

※ 花、画能引导旺气

如果在玄关的墙壁上错落有致地挂上花、植物或风景画，可以使气流顺畅，易引导旺盛之气进入。但是，必须将画装入像框。

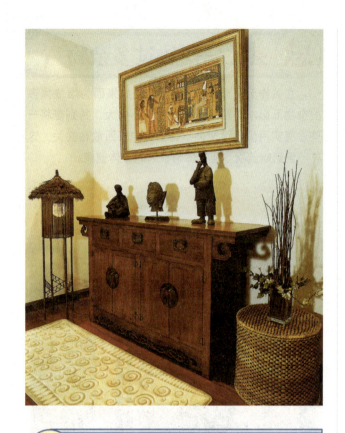

忌 玄关忌用纸箱代替鞋柜

经常有一些家庭用废弃的木箱或较大的纸箱当临时的鞋柜，这种做法不仅在风水上是大忌，从最基本的环境卫生角度出发也不可取。

忌 玄关忌勉强放置拖鞋

如果把偶数个拖鞋放置在木制的鞋架上，可以提升事业运；如果放置在编制的筐子里，可以提升人际关系运。但是，如果玄关场所太狭窄，无须勉强放置。

忌 玄关忌拱形

有些家庭为了追求设计上的美感，将玄关设计成拱形，殊不知这种形状阴气重，会影响家人的身体健康。

忌 玄关地毯忌脏污

玄关是进出房屋的必经之地，同时也是引气入室的必经之道，所以它的布置直接影响着家宅的风水，应该引起足够的重视。一般家庭在玄关处放地毯是为了清除鞋底的灰尘，但若地毯长久不清洗，则会影响家庭的运气。

忌 玄关的色彩不宜太杂

玄关是与屋内其他房间相连接的区域，所以必须采用与与整个房屋装修风格一致的色调，才能轻易地牵动来访者的视线。但是，要注意避免在这个局促的空间里堆砌太多让人眼花缭乱的色彩与图案。

玄关忌用红、黑做主色

颜色太红或太黑都会使人做事易冲动、极端，玄关作为家庭成员进出居室的主要通道，最好不要用太多的红色或黑色。

忌 玄关忌有破裂的镜子

内明堂的大门两侧即玄关，镜置玄关，不但不会照到门或财神，还可以让代表财运的内明堂有空间加大的效果。但如果发现镜子有破裂，则须马上更换，否则，轻者会带来家庭感情破裂、人际关系不佳，重者则会有血光之灾。另外，当玄关占到"二黑"、"五黄"时，亦可在大门的门把上挂个铜铃，这样就可以挡煞招吉祥。

忌 玄关的植物忌有刺

很多人在玄关摆放植物，以绿化环境、增加生气，但应注意，玄关花卉风水忌有刺或呈针叶状的植物，如杜鹃、玫瑰、仙人掌、仙人球等，放置这些会影响家人的健康。玄关摆放的植物一旦发现有枯黄，就要应尽快更换。

风水 知多一点点

※ 玄关鞋柜的摆向依家主职业而定

玄关鞋柜摆放的方向也要注意。一家之主若从事文职工作，宜把鞋柜放置于家中的文职位，即东南方；蓝领工人等靠劳力谋生的朋友，鞋柜则宜放在武职位，即西北面，这样有助事业更上一层楼。以上的方位长年适用，无须每年转换。

玄关吉祥物

前面已经系统地介绍了玄关的方位、布局、色彩、宜忌等风水要素，并对一些玄关可能存在的风水缺陷提出了改进之法。接下来介绍的是跟玄关有关的吉祥物。前面多次强调过，玄关是家宅聚气纳财的重要场所，因此，在玄关摆放一些相应的吉祥物，有助于加强玄关聚气纳财的功能。比如，在玄关处放置麒麟之类招福辟邪的吉祥物，有助于家庭的财运，让家庭成员间的关系更融洽。

麒麟

麒麟是四灵兽之一，公为麒，母为麟。麒麟是吉祥物之首，能够消灾解难、趋吉避凶、镇宅避煞、催财升官，与龙、凤、龟一起并称为"四灵兽"。将麒麟摆放在居家或办公场所，有招福辟邪之功效。

古人多喜欢将麒麟摆放在门口，视它为家宅的守护神。现代住宅将这些灵兽摆在门口有诸多不便，退而求其次，将其摆放在玄关也有同样的功效。麒麟具有很强的镇宅作用，可以安定周围的气，对收入不稳、家庭不和、生意不佳、人际关系不好、夫妻关系不和等问题也有很好的改善作用。

布袋和尚

布袋和尚似乎不登大雅之堂，但民间却很看重它。传说有一个禅宗方僧，常常背着一个大布袋到处化缘，乞求布施，人称布袋和尚。他死后人们又多次看到过他，所以认为他是弥勒佛的化身，布袋也成为人们心中的吉祥物。在很多地方，人们常在家里的布袋里放些大米，不让它空着，认为这样能求得天地赐食于自己；有些地方驱除鬼魅的巫师，常常一手拿竹枝，一手拿一个布袋，据说这样能把鬼魅收进布袋化为乌有。

镇宅桃木剑

镇宅桃木剑最长的长度约98厘米，由纯桃木人工加工而成，做工精致，需经过正规的开光才能用。本吉祥物采用传统的雕琢工艺，经手工精心雕刻、打磨而成，外型设计独具匠心，融入传统文化与现代艺术相结合的吉祥图案，配以赏心悦目的色泽，更显其品质高雅、卓而不凡。桃木剑具有收藏价值，被人们视为馈赠亲友、居家收藏之工艺珍品。

桃木剑可解决大门正对门、路、墙角等风水问题，可化解窗户正对烟囱、水塔、大厦、加油站、寺庙等不良建筑物的冲煞。家宅、店铺遇有邪祟之事，发生过血光的房间，家离丧葬场所较近，家中有病人长期不愈、又诊断不明，以上人家就很适合在大门两边挂桃木剑辟邪。可将其挂在正对大门的客厅墙壁上，或者挂在正对窗户的墙壁上。

桃木剑属于纯木制品，在五行生克中，金克木，故不可与金属类物品齐放，更不可放置于金属类物品的正上方或正下方。另外，桃木剑不可放置于婴幼儿卧室，也不可摆放在床头。

镇宅双狮

狮子在中国的传统里是镇宅瑞兽，集百兽之神威于一身，可镇宅保平安，又可纳祥，一般将其摆放在住宅的大门口。只要把狮子放在门口，一切的邪魔妖怪都不敢入屋肆虐。

狮子可以避凶纳吉，保护家人平安。现代的住宅将这些灵兽摆放在门口多有不便，退而求其次，将其摆放在玄关也有同样的功效。室内摆放狮子一定要成对，一雌一雄配搭才好。请注意，一定要分清雌雄，雌右雄左，左右不可倒置。倘若其中有一只破裂，应立刻更换一对全新的，如果只更换一只，将剩余的一只留在原处，便会失去驱邪化煞的功效。

Part 4

客厅风水

居住的灵魂之乐

　　客厅既是家中迎宾待客之地，又是一家大小日常活动中心，所以客厅在家居布局中属于战略重地。研究表明，把一个房间装饰出风格远比发挥其拟定功能要重要得多。由于客厅的范围广阔，又与其他空间功能互相联系，摆设在其中的家具有很多，所以它对整个宅运的影响不可小视。不论是为了美化家居，还是为了趋吉避凶，客厅地位均非常重要，因此，其布置装饰都应仔细考量。

客厅风水概述

客厅是家中使用最频繁的地方，是居家生活、交友会客的主要活动空间，也是室内面积最大的地方，因此，它的设计和布置的主导思想应是"和"与"福"。客厅的整体格局宜清雅、祥和、平稳、通达，并具有活力，不宜布置得华而不实。明亮、清爽、简单的居家空间不仅会让人住起来倍感舒适，在风水上也有正面的影响。因为客厅具备多重功能，所以客厅风水布局的好坏直接影响到家运的盛衰以及家庭成员间的相互关系。

1.客厅吉方位和布局

好的居家风水令人身体健康、家庭和睦、事业顺利、财源广进、心情爽朗，所以设计合理、布置科学、方便实用的居家环境非常重要。

(1)为了使家中访客增多，应把客厅设在东南方。

(2)客厅的窗户应多摆设盆景。

(3)客厅宜方正实用，开扬大气。

(4)使用频率较少的客厅，设在东北方位较理想。

(5)客厅、餐厅要自然过渡，其乐融融。

(6) 此客厅坐北朝南，视野开阔，尽览自然风光。

2.客厅不利布局的改善之道

　　不好的居家风水会令居住者疾病缠身、事业衰败，甚至妻离子散。因此，如果发现自家的客厅属于风水上的不利布局，一定要想办法加以改进，以达到趋利避凶的目地。

(1) 客厅勿隐于屋后

　　客厅正确的规划应该是一入大门即可到达，若需先经卧室或厨房才能进到客厅，则为不宜。

改进之法

◎应重新规划，使客厅位于入门显要之处。

(2) 如果将走廊和大厅的延长部分当作客厅使用时，其天花板不可用通透式的。

改进之法

◎将通透式天花板换成非通透式。

大厅或大厅部分的走廊

(3) 客厅镜子不正对大门

客厅镜子在某些情况下可以避邪，但也会阻挡财气，故镜子不宜正对大门。镜子亦不可太大。

改进之法

◎镜子移位。

◎若镜子固定嵌在壁上，无法立刻取走，则可贴上海报或壁纸遮掩。

(4) 客厅天花板的中间有凹处，吉相会减半。

改进之法

◎重新装修客厅天花板，使之平坦无凹处。

(5) 倘若把客厅的一半当作储藏室使用，吉相将减半。

改进之法

◎撤掉客厅里的储藏室，另选其他房间作为专门的储藏室。

(6) 客厅的天花板不宜太低。

改进之法

◎重新装修天花板，将吊顶过低的天花板拆掉。

◎倘若是购置新房，如果客厅天花板过低，最好弃之不购。

(7) 客厅的下方不宜设计成车库。

改进之法

◎在客厅门口放一些具有清香气味的植物。

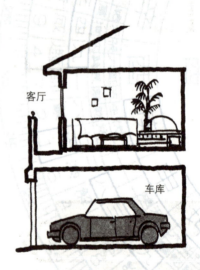

(8) 客厅沙发不要背对大门

客厅内的主要家具有二，一为沙发，二为电视及音响，其摆放以沙发向门为准，如图a；不可背门，如图b。

改进之法

◎移动沙发、电视成正确位置。

◎若背门时，加屏风或设玄关阻隔，如图c。

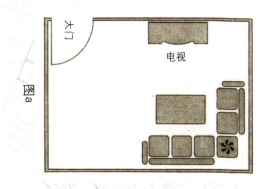

图a

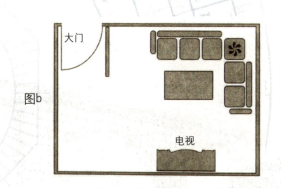

图b

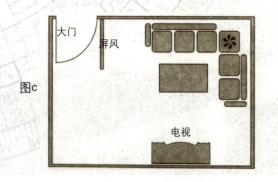

图c

3.客厅方位与颜色、运势的关系

客厅最好位于住家的前半部分，靠近大门的位置，以便直接吸纳从大门进入的气。如果必须经过一条走廊才能到达客厅，那么走廊一定要保持整洁，而且照明一定要充足，以免阻碍气的流通。如果是复式设计，客厅应位于下层。以下将分析如何布置八个方位客厅的好风水，并按五行相生相克的原理，催化对应的八大人生欲求。

(1) 正东方·健康运·绿色

正东方与家人的健康有很大的关系，绿色在正东方关系着居住者的健康。在这个区域放置茂盛的植物可促进家人的健康、长寿，摆放属水的物品或山水画也有帮助，因为水可养木。

(2) 正南方·名声运·红色和紫色

正南方的风水好会为家庭带来名声和肯定。正南方五行属火，喜红色和紫色，适合悬挂凤凰、火鹤或日出的图画。红色地毯或红色的木制装饰品也很合适，因为木能生火。在这个方位装设照明灯更可增加声名运。如果一定要在这个位置摆镜子（尽量避免），务必要摆一面小镜子，因为镜子属水，而水会灭火，对名声运势不利。

(3) 正西方·子孙运·金色、银色和白色

正西方关系着子孙的运势，五行属金，喜白色、金色和银色。金属雕刻品、六柱中空金属风铃、电视机和音响都很适合摆在此区域。由于土可生金，所以摆设白色花瓶或天然水晶也有催化子孙运的功效。

(4) 正北方·事业运·黑色和蓝色

正北方代表事业运，五行属水，喜蓝色或黑色。

在这个方位放置属水的物品对居住者的事业运有帮助，例如鱼缸、山水画、水车、水性植物和风水轮等。放置黑色的金属饰品也可以，因为金能生水。

（5）东北方·文昌运·黄色

如果家里有小孩正要参加考试，最好注意东北方的风水布局。东北方属土，喜黄色和土色。陶瓷花瓶和文昌塔等属土金相生的物品都适合用来增强这个区域的能量，天然水晶和大杆毛笔放在此处也很有效。

（6）西北方·贵人运·白色·金色·银色

强化客厅西北方位的能量有助于增加贵人运和增进人际关系。这个区域属金，所以适合摆放白色、金色或银色的金属饰品，例如，金属雕刻品或金属底座附白色圆形灯罩的台灯。用红绳串六个古钱或悬挂六柱中空金属风铃也可招引贵人运。

（7）东南方·财运·绿色

客厅的东南方代表一个家庭的财位，五行属木，喜绿色，所以在这个方位摆设属木的物品有招财效果，其中又以圆叶的绿色植物效果最好。绝对不要摆干花，因为阴气太重。此处也很适合摆鱼缸，因为水能养木，但要注意鱼缸大小，应和客厅空间搭配，过大或过小都不宜。

（8）西南方·桃花运·黄色

土生万物，主管桃花运，如果想增进婚姻或恋爱运势，那么客厅的西南方最为重要。西南方属土，在此处放置插花、开花结果的花草、吊灯式的台灯可增加能量。在此方位摆设天然水晶和全家福照片也有相同效果。

4.客厅的颜色

客厅的颜色不但影响观感，也影响人的情绪。客厅的颜色搭配虽然不一定要对应户主的五行，但必须要考虑客厅的方向，客厅的方向主要是以客厅窗户的面向而定。客厅颜色的搭配除了需讲究实用美观之外，还应配合住宅格局，因为这里面有风水讲究。

乾宅：家宅坐西北、大门向东南的客厅必须明亮，尽量采用大量的白色系列，淡色调会使居住者更显聪明秀气。

兑宅：家宅坐西、大门向东的客厅应明亮但白色调不可超过总面积的四分之三或有三面大窗，否则此家庭会诸多不顺。

艮宅：家宅坐东北、大门向西南的客厅不宜太宽阔，装饰宜用白色、土黄色、咖啡色。

离宅：家宅坐南、大门向北的客厅不宜采用过多的暖色调，否则容易招来火灾和官司。

坎宅：家宅坐北、大门向南的客厅应多采用宁静及冷清的色彩，否则对钱财不利。

坤宅：家宅坐西南、大门向东北的客厅宜多采用黄色或原木色系列，忌狭窄。

巽宅：家宅坐东南、大门向西北的客厅宜浅宜宽，多采用绿色系列，多花木装饰会更好。

中宫宅：家宅坐东、大门向西的客厅可自由设置，但须用黄色系列来统一整个居室。

5. 客厅的格局

为何有些房子一走进去就会让人觉得神清气爽、如沐春风，而有的房子则让人感觉压抑沉闷、坐立不宁呢？其中原因就在于格局的优劣。四方宽敞、正大光明、布置协调的格局是住家上乘之选。

在形格上，当以"四隅四正"为本。所谓"四隅四正"，简单来说，就是指正方形和长方形。

住房、客厅或餐厅中如有横梁，切记不可压住床位和座位，并且天花顶宜高不宜低。住宅内部尽量不要有太多尖角，现代许多高层住宅客厅呈菱形，这样会令客厅失去和谐统一。若有此种情况出现，宜以木柜或矮柜补添在空角之处。倘若不想摆放木柜，则可把一盆高大而浓密的常绿植物摆放在尖角位，这样可消减尖角对客厅的不利影响，降低尖角对客厅风水的影响。如果客厅呈 L 形，可用家具将之隔成两个方形的区域，让其成为两个独立的空间。

6. 客厅财位的布局

客厅中最重要的方位在风水中被称为财位，关系到全家财运、事业、声誉等的兴衰，所以财位的布局及摆设是不容忽视的。如何确定财位？如果住宅门开左边，财位就在右边对角线顶端；如果住宅门开右边，财位就在左边对角线顶端；如果住宅门开中央，财位就在左右对角线顶端。

财位的布置有诸多讲究，总结起来有以下十大注意事项：

(1) 财位忌无靠

财位背后最好是坚固的两面墙，因为象征有靠山可倚，保证无后顾之忧，这样才可藏风聚气。反过来说，倘若财位背后是透明的玻璃窗，这不但难以积聚财富，而且还容易泄气，会有破财之虞。

(2) 财位不应开窗，不宜有柱子、走道

财位处不宜是走道或门，并且财位上不宜有开放

式的窗户，因为开窗会导致室内财气外散。若有窗户可用窗帘遮盖或者封窗，财气才不致外漏。财位还要尽量避免柱子和凹处。

（3）财位忌凌乱、振动

如果财位长期凌乱及受振动，则很难固守正财。所以，财位上放置的物品要整齐，也不可放置经常振动的电视、音响等。

（4）财位忌受污、受冲

财位应该保持清洁，倘若厕所、浴室在财位，或将杂物堆放在财位，就会玷污财位，令财运大打折扣，不但使财位不能招财进宝，反而会令家财损耗。

（5）财位不可受压

财位受压会导致家财无法增长。倘若将沉重的衣柜、书柜、组合柜等放在财位，令财位压力重重，这对家宅的财运有百弊无一利。

（6）财位宜亮不宜暗

财位明亮则家宅生气勃勃，因此财位如有阳光或灯光照射，对生旺财气大有帮助。如果财位昏暗，则有滞财运，需在此处安装长明灯来化解。

（7）财位宜坐、宜卧

财位是一家财气聚集的方位，因此要善加利用，除了放置生机勃勃的植物外，也可把睡床或者沙发放在财位上。在财位坐卧，日积月累，自会壮旺自身的财运。

把餐桌摆在财位也很适宜，因为餐桌是进食之所，在吸收食物能量的同时又吸收财气，可谓一举两得。

（8）财位宜放吉祥物

财位是旺气凝聚的地方，若在那里摆放一些寓意吉祥的招财物件，如福、禄、寿三星或是文武财神的塑像，这会吉上加吉，有锦上添花的作用。

（9）财位忌水

不宜在此处摆放水种植物，也不可以把鱼缸摆放在财位，以免见财化水。

（10）财位摆放植物有讲究

财位宜摆放生机盎然的植物，植物不断生长，可令家中财气持续旺盛，运势更佳。在财位摆放常绿植物，尤其是叶大、叶厚、叶圆的黄金葛、橡胶树、金钱树及巴西铁树等最为适宜。但要留意，这些植物应该用泥土来种植，不能以水培养。财位不宜种植有刺的仙人掌类植物，因为此类植物是用来化煞的，如不明就里地种了，则会弄巧成拙，反而对财位造成伤害。藤类植物由于形状过于曲折，也最好不要放在财位上。

7.客厅尖角的化解

由于建筑设计方面的原因，许多现代住宅的客厅存在着尖角，不但观感不佳，而且会与对居住者构成压力，对住宅风水影响也甚大。从住宅美学的角度来看，化解尖角要多费心思，否则便会令客厅失去和谐统一。

化解尖角有以下办法：

用木柜来把尖角填平，高柜或地柜均可。

把一盆高大而浓密的常绿植物摆放在尖角位，这也有助于消减尖角对客厅风水的影响。

在客厅的尖角位摆放鱼缸是甚好的化解之道，因为鱼缸的水可消减尖角的煞气，令角位的气有回旋余地，不但符合风水之道，而且可以美化家居景观。

以木板将尖角填平，例如，以木板墙将尖角完全遮掩起来，然后在这堵新建的木板墙上悬挂一幅山水画或日出图，以高山来镇压这尖角位。样一来，既美观又有化煞之效。

把尖角掏空，设置一个弧形的多层木制花台，放几盆鲜润的植物，或放一些小饰品，并用射灯照明。这样，既避免了以尖角示人，也能使家中生趣盎然。

8.客厅梁柱的化解

直者为柱，横者为梁，均是用来承托房屋的，因此不可或缺。但是，倘若梁柱出现在显眼的地方，便会对客厅的风水造成妨碍，则需设法遮掩。客厅的柱主要分为两种，一种是与墙相连的柱，称为墙柱，而另一种是孤立的柱，称为独立柱。

墙柱较易处理，独立柱的处理稍微难一点，一不小心便会令客厅黯然失色，风水亦大打折扣。一般来说，柱愈大愈难处理，所以在选择居所时，要看清楚屋内是否独立柱大而多，倘若有这种情况出现，便应割爱，另择佳处置业为宜。

柱的上面大多会有梁。有些人喜欢在两柱之间摆放沙发，以为这是善于利用空间，其实这是错误的，因为在柱上大多有横梁，若贴柱而坐，则有横梁压顶之感，这在风水学上是大忌。如果把柜子摆放在两个柱子之间，虽有横梁压顶，但压的是柜而不是人，因此并无大碍。

连墙的墙柱用书柜、酒柜、陈列柜等便可将它遮掩得天衣无缝，与客厅的其他部分浑然一体。与墙柱相比，独立柱的处理要难很多。独立柱的存在会令人视野受阻，活动空间减小，所以要巧妙布局才可化腐朽为神奇。

如果独立柱距离墙壁不远，可用木板或矮柜把它与墙壁连成一体。柱壁板上可以挂画或花草来装饰，而矮柜则可令视野通透，没有沉闷闭塞之感。

倘若不用矮柜，选用高柜亦可，但视野自然会打折扣。此外，若用高身木板来做间墙，则墙上宜加装饰照明，以免太过单调。

独立柱如距离墙壁太远，不能以柜或板把它与墙壁相连，则必须以其作为中心来布置整个客厅。以下是两个既美观又符合风水之道的解决方案。

（1）柱位作分隔线

因为客厅中的独立柱很显眼，因此可以把它当成分界线，一边铺地毯，一边则铺石材。此外亦可做成台阶，一边高一边低，这样看起来仿佛原先的设计便是以独立柱作为高低的分界线，观感便会自然得多。

（2）花槽绕柱

宽大的客厅中，可在独立柱的四边围上薄薄的木槽，槽里可放些易于生长的室内植物。为了节省空间，独立柱的下半部不宜设花槽，花槽应在柱的中部开始，既美观又不累赘，并且达到了客厅立体绿化的效果。

因为柱位遮挡了部分阳光，因此在柱壁上应该安置灯具来辅助照明，既可解决客厅中光线不匀的问题，又可增加美感。

9.客厅通道安门的讲究

有些客厅与卧室之间存在一条通道，从风水角度来看，如果有以下这两种情况出现，便必须在通道安门。

①**通道尽头是厕所**：有些房屋的通道尽头是厕所，这不但有碍观瞻，而且在风水上也不是吉兆。在通道安门后，坐在客厅中既不会看见他人出入厕所的尴尬情况，亦可避免厕所的秽气流入客厅。

②**大门直冲房间**：有些住宅的户型设计不当，会出现大门与房门成一直线的情况，更有甚者，房中的窗也在同一直线上，这就是前文分析过的"前通后通，人财两空"、泄气漏财的格局，改善的办法是安门，令旺气及财气不会直接流失。

客厅通道安门还有以下几点好处：

保护私隐：客厅与卧室的开放与私密分区明显，有门阻隔，便会令客人不会干涉卧室的私人生活领域。

保持安宁：在通道安门以后，客厅中众人的谈话声和喧闹声便不会传入睡房，令房中的人受扰。

节省能源：在通道安门，当家人在客厅活动时，只要把门关上，冷气便不易进入睡房，这样便可减少不必要的能源消耗。

美化家居：大多人家的客厅布置得整齐华丽，但通道及睡房则容易凌乱，若是通道有门遮掩，则不会自暴其丑。

节省空间：现代都市寸土寸金，因此许多人在通道顶上装置杂物柜以节省空间，而通道门刚好可以把杂物柜掩饰得天衣无缝。

在通道安门，宜下实上虚，下半是实木而上半是玻璃的门最理想，因为它既有坚固的根基，又不失通透。若用全木门，密不透风，会令客厅减少通透感，流于古板。倘用全玻璃门，则令客厅太通透，又失去卧房的隐私，因此并不理想。特别是有小孩的家庭，因玻璃门易碎，所以不宜选用。另外，通道的门框不可选择造型似墓碑的椭圆形，否则对家居十分不吉利。

如果有以下两种情况，则通道不宜安门：

①**厅小不宜安门**：面积小的客厅若不在通道安门，便可看到通道，加上通道的深度，会令客厅看起来显得深远一些。如果装门，便会有狭窄的逼仄感。

②**窗少的厅不宜安门**：通道装门会令客厅的空气变得呆滞，所以客厅的窗户若是不多，屋外新鲜空气已很难进入，若再在通道装门，便会令客厅的空气无法与睡房交流，这当然不理想。

近年来，随着欧式风格的流行，也有些人家喜欢在通道入口安装一对美观的木柱，这本来无可厚非，但若有以下两种情况出现，便要慎重行事。

①**厅小门窄不可用木柱**：倘若客厅面积小而通道口又狭窄，再在通道口加设突出的木柱，便会令客厅显得更加小，通道口显得更拥挤。

②**烛形的木柱绝对不能用**：有些人家喜欢选用光身的圆柱，形似蜡烛。倘若选用其他颜色尚可，采用白色便犯了大忌。因为这便如同一双白蜡烛插在睡房进口的两端，在中国的传统习俗里，白蜡烛只用于丧事中，所以若在客厅出现一对白蜡烛形的木柱，肯定是凶相，必须尽量避免。

10.客厅照明

（1）吊灯

有些家庭会装上吊灯，有的吊灯甚至还附有雅致的风扇，觉得这样能突显豪华的感觉。但是，装这类灯之前，应该考虑房子的高度是否足够，风水上建议挑高房才可装这样的水晶灯，且避免装附有风扇的灯，因为风扇在转动的时候会有黑影出现，容易使家人有危机，也会使人没有安全感。从科学角度来看，天花板太低的房屋若装吊灯易产生心理上的压迫感；而且灯太低，在跳跃或搬运东西时容易撞到。另外，转动的风扇投射在天花板上的移动黑影会进入眼角余光，让人不自觉地分神，无法专心做事。

如果屋里能安水晶吊灯，则倍添宅运，因为水晶有开启宅运、逢凶化吉的功用，再加上灯光的提振，可发挥双重功效。

（2）日光灯

最常见的日光灯也需要注意安装的角度，应避免和大门成直角，因为在风水上，这样被称作"箭冲"，会让家运不顺。

（3）嵌灯

有些室内设计师为了美化客厅天花板，或是为了掩藏突出的梁柱，会将墙壁沿天花板四周做成凹陷的空间，成为藻井的状态，有的甚至会在其中嵌入投射灯。这样的设计虽然很有艺术感，但从风水角度来说，这样的灯光会变成"灯下黑"的格局，容易使家人精神不稳定、没有安全感，还会多耗电，所以应该尽量避免。

11.客厅家具风水

客厅忌塞满家具。家具布置风水大有讲究，不同的家具布置会给人不同的印象。客厅宜宽敞，方便家人生活，是家人温馨的休闲场所。所以，客厅家具的摆设宜根据其面积来定，不宜将体积特别大的家具摆在客厅，也不要把客厅塞满家具和装饰品。客厅宜线条流畅，否则会影响客厅气的流通。小面积客厅的家具宜具灵活性。灵活性较强的家具有多种功能，小面积住宅更需要这种灵活性强的多功能家具。客厅尽量选用边缘光滑的家具，少选用造型奇特的家具，否则可能会磕伤家人。客厅家具应尽量沿墙放置。

（1）沙发风水

沙发是一家人日常坐卧常用的家具，甚至可以说是家庭的焦点，而客厅的布置关键也是沙发的安排。所以，无论是沙发的摆放方位、布置形式，还是尺寸大小，都必须进行合理的设置。

对东四宅而言，沙发应该摆放在客厅的正东、东南、正南及正北这四个吉利方位。对西四宅而言，沙发应该摆放在客厅的西南、正西、西北及东北这四个吉利方位。

若再仔细划分，虽然同是东四宅，也有坐东、坐东南、坐南及坐北之分；而同是西四宅，也有坐西南、坐西、坐西北以及坐东北之分。因此，根据《易经》的后天八卦卦象推断，摆放沙发的选择便会有所不同。

坐正东的震宅：首选正南，次选正北。

坐东南的巽宅：首选正北，次选正南。

坐正南的离宅：首选正东，次选正北。

坐正北的坎宅：首选正南，次选正东。

坐西南的坤宅：首选东北，次选正西。

坐正西的兑宅：首选西北，次选西南。

坐西北的乾宅：首选正西，次选东北。

坐东北的艮宅：首选西南，次选西北。

家中的沙发应以舒适自在为原则，与办公室沙发的摆设方法及目的不尽相同。客厅沙发的摆放一般要做到：谈话时不仅可以注视对方，谈到较没兴趣或不想提到的话题时，也可轻易地移开视线，而不会显得不礼貌甚至突　。以下是沙发几种常见的摆设方式：

"一"字式：这种摆放方式较适用于空间狭窄的客厅，但两端的距离不宜过长，以免谈话时显得吃力。

"L"式："L"式适合在小面积的客厅内摆设，视听柜的布置一般在沙发对角处或沙发的正对面。"L"式布置可以充分利用室内空间，但连体沙发的转角处则不宜坐人，因这个位置会使坐着的人产生不舒服的

感觉，也缺乏安全感。

"U"式："U"式布置是客厅中较为理想的沙发摆设。它既能体现出主坐位，又能营造出更为亲密而温馨的交流气氛，使人在洽谈时有轻松自在的感觉。就我国目前的居住水平而言，一般家庭还不可能有较大面积的客厅，因此，选用占地少而功能多的组合沙发最为合适，必要时还可当卧床使用。

双排式：双排式的摆设容易产生自然而亲切的聊天气氛，但对于要在客厅中设立视听柜的空间来说，又不太合适。因为视听柜及视屏位置一般都在侧面，看电视时不方便，所以目前流行的做法是沙发与电视柜相对，而不是沙发与沙发相对。

距离过长式：这种摆放方式适用于较宽敞的客厅。由于两端的距离过长，在中间部分放置一些椅子可有效拉近彼此之间的距离。

沙发是客厅中日常用来休息、闲谈及会客的家具，因此，在住宅风水中，它占据了一个很重要的地位。在风水学上，沙发的摆放有如下宜忌：

①沙发背后宜有靠：所谓有靠，亦即靠山，是指沙发背后有实墙可靠。如果沙发背后是窗、门或通道，亦等于背后无靠山。从心理学方面来说，沙发背后空荡荡会让人缺乏安全感。倘若沙发背后确实没有实墙可靠，较为有效的改善方法是，把矮柜或屏风摆放在沙发背后，这称为"人造靠山"，亦会起到补救作用。但有一点必须注意，沙发背后不宜有水，因此不宜把鱼缸摆放在沙发背后。同理，在沙发背后的矮柜上摆放鱼缸等有水的装饰摆设亦不适宜。

②沙发背后不宜有镜：人坐在沙发上，旁人从镜子中可清楚看到坐者的后脑，这在风水上是大忌。若镜子在旁而不在后，后脑就不会从镜子中反照出来，那便无妨。

③**沙发套数忌一套半**：客厅沙发的套数是有讲究的，从风水角度来看，最忌一套半，或是方圆两种沙发拼在一起用。

④**沙发忌横梁压顶**：睡床有横梁压顶，受害的只是睡在床上的一两个人，但若是沙发上有横梁压顶，受影响的就是一家人，所以要尽量避免。如果确实无法避免，则可在沙发两旁的茶几上摆放开运竹来化解横梁压顶。

⑤**沙发忌与大门对冲**：沙发若是面对着大门，风水上称之为"对冲"，弊处颇大。遇到这种情况，最好是把沙发移开。倘若无处可移，那便只好在两者之间摆放屏风，这样一来，从大门流进屋内的气便不会直冲沙发。沙发若面向屋内的房门则不会有什么大碍，

也就没必要摆放屏风来化解。

⑥**沙发顶忌灯直射**：有时沙发范围的光线较弱，不少人会在沙发顶上安装灯饰。例如，藏在天花板上的筒灯或显露在外的射灯等。这些灯光往往会从头顶直射下来。这在风水上不宜，应尽量避免。

⑦**沙发宜呈方形或圆形**：风水学认为，沙发是凝聚人气的风水家具之一，尽量以方正或带圆角的为好，弧形的沙发弯曲凹入的那面要朝向人，不可以逆对人。现在，人们为了追求时尚，很多沙发没有靠背，这个倒无所谓，只要摆设在靠墙的位置便可以。但是，现在亦有不少沙发、椅子做得稀奇古怪，各种新奇独特的形状均有。太离奇的沙发和不规则物件会产生一些不利的气场，万一放到不旺的位置，就会破坏家里的整个气场，对家运不利。呈方形或圆形的沙发可以经得起旺衰气场风波的转换，能保持家运大吉大利。

⑧**家具忌侧对沙发**：通常会客时都会用到沙发，因为沙发是凝聚人气的地方。在风水学上，不宜将家具侧面或床头对着沙发，否则会影响家庭和睦。

⑨**沙发顶上的字画忌直条形**：沙发顶上的字画宜横不宜直，若沙发与字画形成两条平行的横线，便可收到相辅相成之功效。因沙发给人的感觉是横着的，

若字画为直，则会相冲、相克，不可取。

⑩**客厅沙发不宜两两相对**：一些建筑面积较大的住宅，比如别墅或复合式住宅，客厅的空间一般都比较大，主人喜欢在客厅中放置一定数量的沙发。其实，客厅中的沙发不宜过多，以二、三件为宜，数量过多势必导致沙发在摆放时产生两两相对的情形，从心理学和家相学的角度来看，这样摆放沙发容易让居住者难以沟通、意见分歧，甚至导致口舌纠纷的情况。

客厅家具理想的摆放是呈八卦形。由于座椅是彼此相邻，所以可促进人际关系的和谐，营造适合休息和休闲气氛。

⑪**沙发背后忌摆鱼缸**：从风水角度来看，以水做为背后的靠山是不妥当的，因为水性无常，倚之作为靠山，便难求稳定。因此，把鱼缸摆在沙发背后，一家大小日常坐在那里，便会无山可靠，影响宅运的安定。若是把鱼缸放在沙发旁边，则对住宅风水并无妨碍。

（2）茶几风水

玻璃材质茶几具有明澈、清新的透明质感，经过光影的空透，富于立体效果，能够让空间变大，更有朝气；雕花玻璃和铁艺结合的茶几则适合古典风格的空间；雕花或拼花的木茶几则流露出华丽美感，较适用于中式古典空间。

茶几虽是空间的小配角，但在居家空间中，茶几

的摆放若配合一些风水上的要求，往往能够塑造出多姿多彩、生动活泼的居家空间，增添生活的情趣。风水学认为，茶几是喝茶的地方，茶有水，水是旺财之物，茶几若能布局在居室的生气、延年、天医或当令飞星位，不但可以带来好的家运，还能催财、旺财。

茶几大多摆放在客厅，与沙发相配。但茶几不一定要摆放在沙发前面的正中央处，也可以放在沙发旁、落地窗前，再搭配茶具、灯具、盆栽等装饰，可展现另类的居家风情。茶几的高度一般与沙发坐面齐平。

茶几忌摆在居室的凶位上。茶几上一般会摆放一些茶叶、水果等物品，这些物品属于吸气的风水物。茶水亦属于旺财物，具有动性性质。若将茶果摆设在

居室的凶方，则其凶的讯号将会被激发得动起来，产生诸多不利家宅的因素。

当然，为了装饰需要，可在玻璃茶几下铺上与空间及沙发相配的小块地毯，摆上精巧小盆栽，让桌面成为一个美丽图案。

茶几不宜过大。如果茶几面积过大，则有喧宾夺主之嫌，这样的格局并非吉兆。最简单的化解之法是更换茶几。绝对不宜选用带尖角或菱形的茶几。倘若沙发前面的空间不充裕，则可以把茶几改放在沙发旁边，有如青龙、白虎左右护持，又仿佛有左右手辅佐。这样，既充分利用空间，而且也符合风水之道。

选茶几时，宜以低且平为原则。如果人坐在沙发

中，茶几的高度以不过膝为宜。

此外，摆放在沙发前面的茶几必须有足够的空间，若是沙发与茶几的距离太近，则会有诸多不便。茶几的形状以长方形及椭圆形最理想，圆形亦可，方与圆是从古至今的吉祥形状。三角形的茶几不可选用，因为茶几很容易碰伤人，给日常生活带来很多不便。

（3）组合柜风水

组合柜也是客厅的重要家具之一，一般的客厅布置主要是以沙发来休息，以组合柜来摆放电视音响及各种饰物。从风水学的角度来看，组合柜的重要性虽然不及沙发，但仍有相当多的风水宜忌需要注意，以免破坏了客厅风水。组合柜的摆设会影响一个家庭的运程。一般来说，组合柜上放置的东西，除家用电器外，亦包括各种金器、银器、水晶工艺、陶瓷工艺、生活照片等，各种摆设均具有本身独具的五行效应，因此，当你摆放组合柜时，最好将家中的组合柜分成九格，定出每年的吉凶位置，按家族成员需要，设计摆设方式。

风水学上以高者为山，低者为水，客厅中有高有低，有山有水才可产生风水效应。以客厅而论，低的沙发是水，而高的组合柜是山，这是理想的搭配。倘若采用低组合柜，则沙发与组合柜均矮，这便形成有水无山的格局，必须设法改善。

组合柜在摆设时，应注意以下问题：

①组合柜有高有矮，有长有短，难以一概而论。一般来说，大厅宜用较高、较长的柜，而小厅用柜宜用较矮、较短的，务求大小适中。

②高的组合柜，一般都放电视音响等家具，低的组合柜大多会在墙上挂些字画来装饰。这些饰物及字画，在选择时必须谨慎，以寓意吉祥的为首选。

③摆放在低组合柜上的鱼缸，面积不宜太大，以

长方形为宜。倘若厅阔而柜短，让组合柜的两旁有太多空位、太过空疏，这并非吉兆。遇到这种情况，可把两盆高壮而叶大的常绿植物，如铁树、发财树等放在空疏处填补空间。

④倘若在小厅中必须采用齐顶的高身柜，灵活变通的方法是改用中空的高身柜，这种柜的特点是下重上轻而中空。所谓"下重"，是指组合柜的下半部较大，"上轻"是指柜的上半部较小，"中空"则是指柜的中部留空。柜的下半部可储放书籍杂物，宜有木门遮掩；上半部的空格可摆放古玩及各式各样的收藏品；中空的部分则可摆放电视机及音响器材。

⑤电视柜不宜过长，否则很浪费空间。有些家庭把电视柜做得很长，把家庭影院的两个主音箱放在上

面，这种方法是不可取的。主音箱的振动对电视机的电路有损伤，所以主音箱应直接放在地上。

（4）电视机风水

从风水角度来看，电视机最好摆放在西方，在看电视的时候，坐东向西，或坐东南向西北，这在风水上都很好。

电视机与沙发正面对放置时，距离一般在2米左右，切忌距离太近。否则，电视机在工作时屏幕发出的X射线对人体会有不好的影响。

电视机旁不宜摆放花卉、盆景。若在电视机旁摆放花卉、盆景，一方面潮气对电视机有影响，另一方面，电视机的辐射会破坏植物生长时细胞的正常分裂，导致花木日渐枯萎、死亡。

另外，电视机不宜与大功率音箱和电风扇放在一起，否则，音箱和风扇在工作时会将震动传给电视机，容易将机内显像管灯丝震断。

（5）音箱风水

音响器材以音箱的摆放最为重要。音箱靠墙放时应特别注意，因为墙角会形成驻波，也就是部分音波（尤其是低频）不断折射，干扰音乐，从致音乐听起来不清晰。如果在墙角堆放一些过期杂志，就能产生吸收驻波的效果。

如果家中是水泥墙和以水泥或瓷砖、水磨石铺就的地板，就更要留心音箱的摆放。因为水泥容易造成音波过度反射或折射，使高音听起来太亮，低音轰隆轰隆吵成一团。这时，就要考虑用吸音材料，窗帘是不错的吸音材料，地毯也可以吸音。

如果房屋的空间条件不允许，只能把音箱一边靠墙放，一边离墙很远，那么就可以采用以下这种权宜之策：把书橱、酒柜等家具放在离墙较远的一边，让那边的音波有"靠山"可以折射。

在一般的居家中，理想的音箱摆放方式是：音箱之间的距离在2米左右，中间没有任何东西，每个音箱和侧墙、背墙的距离在0.5米以上（而且通常距离越远越好），聆听者所坐位置和两个音箱成等边三角形，音箱正面微微朝内，对着聆听者。

（6）钢琴风水

一架钢琴放在家中，也会产生风水，弹钢琴时发出声音，也会产生风水效应。钢琴所发的声音属金，如家中小孩欠金的话，学钢琴是非常好的补运方法。小孩子在成长过程中，接触金属的机会其实不多，父母从安全角度考虑，一般不会让小孩子接触坚硬、锋利的金属用品。那么，在家中放一台钢琴，就可以催旺金的磁场，令小孩子更加精灵活泼。但钢琴也隐藏

着一个风水陷阱。钢琴属金，不弹的钢琴很快便会走音，一走音的话，便没有金，钢琴会变成木。因此，钢琴有时属金，有时属木。钢琴如果不用的话，应该尽快搬离。因为钢琴不用，便成极木之物，除非家族成员要木，否则便不吉利。

（7）靠垫风水

靠垫是实用性的布艺装饰品，可以用来调节人体的坐卧姿势，使人体与家具的接触更为贴切舒适。靠垫的样、图案，色彩等对室内装饰效果可起到调节与强化作用。靠垫造型多样，有方形、圆形、心形、三角形、月牙形以及各种动物和卡通造型；其面料可选择丝绸、灯心绒、锦缎、棉、涤棉；芯常用棉、海棉、涤纶、中空棉、丝绵等；工艺上有提花、印花、喷绘、刺绣和蜡染等。靠垫既可放在沙发上当腰垫，又可放在床上当枕头，还可放在地上当坐垫。深色图案的靠

垫雍容华贵，适合装饰豪华的家居；色彩鲜艳的靠垫，适合现代风格的家居。暖色调的靠垫适合老年人使用；冷色调靠垫多为年轻人采用；卡通图案的靠垫则深受儿童的喜爱。

12.客厅色彩风水

由于生活水平的提高，人们对房屋的选择已经不单单是居住这么简单了，更多的是精神层面的追求，讲究的是档次和品位。所以，居家颜色的选择和搭配越来越重要。

客厅是家人聚集的重要空间，可说是能量最集中的地方，想要开运当然得从客厅开始。想要让家中空间拥有截然不同的感觉吗？教大家一个可以不用大肆变动家中家具就能改变家中感觉的好方法，那就是利用涂料来改变居家的气氛。客厅是家人聚集的重要空间，要想使家人聚集时充满热闹的能量，那就选择活力奔放的红色为主要色调，再搭配相近要色彩，如橘红色、深紫色等。有了提升人气的色彩辅助，定会让居家空间更添活力。

家中的最佳颜色为乳白色、象牙色、白色，这三

风水 知多一点点

※ 红色的属性及作用

红色是一种张扬的色彩，对居室装饰有着很明显的效果，下面对其效果、属性作一个简单介绍：红色、开运色，象征华丽、生命、热情、活力，可鼓舞士气、振奋精神、促进食欲。红色的五行卦象属火，适合南方。据说红色会使人肾上腺素分泌增多，让人感到暖和、冲劲十足、积极主动、性格开朗，变成凡事身体力行的人。

种颜色与人的视觉神经最适合，在风水上，代表着光明、希望。

若家中装饰全部用深蓝色，时间久了，家中会显得阴气沉沉，人也会变得低沉消极，家庭成员的身体也会受到伤害。

橘红色虽然充满生气，也有温暖的感觉，但是过多的橘色也会使人产生厌烦的感觉。

家中用紫色多者也不妥当，虽然经常说紫色是富贵、高雅的象征，但紫色中所含有的红色无形中会发出刺眼的色泽，易使居家的人有一种受伤害的感觉。

家中用粉红色视为凶兆。因为粉红色易使人心情暴躁，发生口角、是非。从心理学角度来看，粉红色对人的精神健康亦不利。

需要注意的是，新婚夫妇为了调节气氛、营造浪漫氛围，经常将家刷成粉红色。殊不知，粉红色容易使人产生莫名其妙的心火，经常会为芝麻绿豆大的小事争吵不休，严重者会恶化到走上离婚的不归路。

家中绿色较多会使人意志消沉。这与通常所说的"眼睛应多接触绿色"不矛盾，因为家中的绿色多为人造色彩，而非自然色彩。

13.客厅的植物花卉风水

在日常家居中，人们都喜欢种植、摆放一些美丽的植物与花卉，因为它们是那么地赏心悦目，又可以怡养心情。实际上，植物、花卉不仅具有观赏的价值，它们还象征着生命和心灵的成长与健康。从科学的角度来分析，植物能够降低人们的压力，提供自然的屏障，让人免受空气与噪音的污染。在特殊的情况下，植物还会产生特殊的能量来与当时的环境状况相配合

或相抗衡。从风水的角度来说，植物是可以提升家居运的。它们能刺激停滞在角落里静止不动的气，使气流活络起来；可以软化有角的物品产生阳气。此外，将植物放置在缺乏能量的地区，可使该方位活跃起来，能量充沛。

今天，在屋内摆设植物已成为一种时尚风气。在工作之余，看见趣意盎然、生机勃勃的植物花卉，生命的张力油然而生，心情也会随之美好起来，生活和工作的种种压力会消失于无形之中。因此，室内植物对于现代人来说是"绿色加油站"。

植物花卉虽美，但也要小心慎重选择，因为有些植物是有毒的，并不适合作为家居摆设，否则，会适得其反。如龙骨和海棠，虽然有些书认为用它们来布宅能起到化煞避邪的作用，但它们对皮肤黏膜有刺激作用，严重者会导致皮肤过敏。在风水学上，家居植物花卉的选择和摆放需要遵从"吉祥、光照、合理和精致"四个原则，只要符合这四大原则，植物花卉必然能够对居住环境、居家风水产生最为强大的影响，发挥其应有的作用。

（1）吉祥

客厅植物花卉的摆放要符合吉祥的原则：第一，

在厅明显的位置应摆放大叶型常绿植物，比如翠竹就是一种寓意吉祥的植物。第二，在客厅不起眼的位置或角落适宜摆放常绿小盆栽，这样既美观又安全，还可以化解客厅角落的煞气。

（2）光照

相对于室外来说，室内的自然光线明显要弱一些，因此，应尽量选择有喜阴、耐阴习性的植物种类，如绿萝、万年青、棕竹、文竹、散尾竹、兰草、巴西木等。如果室内光线确实良好，也可选用喜阳的植物。

（3）合理

要起到最佳的风水效果，客厅植物花卉摆放位置也要讲究，即选择视线的最佳位置来摆放。这样，无论从哪个角度看过来，都会有顺眼、舒适的感觉。一般来说，最佳的视线位置是在离地面2.1～2.3米的位置，摆放在此水平高度的植物花卉最容易被看到，人

们观看时，眼睛也是处于最自然、最舒适的状态。此外，我们还要讲究植物的排列组合，如前低后高，前叶小、色明，后叶大、色淡等，这样一来，展示在我们眼前的就是一道兼具层次美、节奏美、和谐美的迷人风景。

植物花卉的摆放还要考虑室内不同空间的光照条件，枝叶过密的花卉若放置不当，可能会在室内投下大片阴影，造成压抑感。一般来说，高大的宽叶植物宜摆放在墙角或沙发后面，以家具挡住植物的下部，使它们的上部枝叶伸展出来，会起到改变空间的效果。

（4）精致

用于室内装饰的植物宜少而精，切忌摆得太多、太乱，不留余地。同时，花卉植物的造型也需要考虑到家具的造型，应尽量与之相衬相配，如在长沙发后

侧摆放一盆较高、较直的植物，就有助于打破沙发的长条感，产生一种高低变化的节奏美。

14. 客厅织物风水

客厅织物主要包括地毯、窗帘、沙发套、沙发巾、网灯罩、靠垫、壁毯等，品种繁多。

客厅环境是以人为主体，因人而存在的，因此，织物配饰应服从整体环境的要求，不同的室内建筑风格和不同功能的居室对织物的配饰都有不同的要求。由于织物在室内的覆盖面积大，所以能对室内的气氛、格调、意境等起到很大的作用。织物具有柔软、触感舒适的特性，所以又能相当有效地增加居家的舒适感。室内空间只有通过家具和其他设备才能赋予其真正的使用价值，而织物（如沙发面料、靠垫等）则增添了人们使用家具时的舒适感。例如，地毯给人们提供了一个富弹性、防寒、防潮、减少噪声的地面；窗帘可以调节温度和光线、隔声和遮挡视线；配饰覆盖物可以防尘和减少磨损；屏风、帷幔等可以挡风和形成私密空间；墙面和顶棚采用织物可以改善室内音响效果。

织物配饰的设计与选用要根据功能区来选择，如运动、娱乐的房间，其织物配饰应多采用曲线为构成要素，造成一种活泼、跳动的气氛，使之具有轻快感、音乐感和流动感。

很多人喜欢在沙发周围摆放一块华丽缤纷的大地毯，既可增添美感，亦可突出沙发在客厅中的主导地位。从风水角度来说，沙发前有一块地毯，其重要性犹如屋前的一块青草地，亦有如宅前用以纳气的明堂，不可或缺。

沙发周围的地毯颜色宜鲜艳，忌单调。不同的人

有不同的审美意识，有些人喜欢色彩鲜艳的地毯，但也有些人喜欢较素雅的地毯。若从风水角度来看，以选用色彩鲜艳的地毯为宜。因为色彩太单调的地毯不但会令客厅黯然失色，而且也难以发挥生旺的效应。因此，客厅沙发前的地毯宜以红色或金黄色作为主色。

地毯上的图案应寓意吉祥。地毯上的图案千变万化，题材包罗万象，有些以动物为主，有些以人物为主，有些以风景为主，有些则纯粹以图案构成。花多眼乱，到底如何作出抉择呢?其实万变不离其宗，只要记着，务必选取寓意吉祥的图案便可以。那些构图和谐、色彩鲜艳明快的地毯，令人喜气洋洋、赏心悦目，这类地毯便是佳选。

15.客厅艺术品风水

随着生活水平的不断提高,以及审美情趣的不断提升,人们在进行家居装饰时,往往会选择一些艺术品作为装饰品,以此来体现个人的文化修养和艺术品位。这本无可厚非,但需要注意的是,在选择这些艺术品做装饰的同时,要考虑到居家风水的问题,巧妙布置方可收到良好效果,否则,会给自己带来不利影响。

艺术品在客厅的布置最好要有重点，主题突出，能够体现主人的文化品位。不要为了炫耀而把客厅装饰得琳琅满目，这样反而会给人一种很庸俗的感觉。带有"禅"的意境的艺术品是较理想的选择，因为它能启发人去思考，去领悟更多关于人生的真谛。人体方面的作品要尽量选择有实质性的艺术内容的，千万不可收藏骷髅头等具有不利影响的物品，否则会给自己带来精神上的刺激。如果物品很贵重，千万不要放在引人注目的地方，否则，除了会因为担心其失窃而

日夜寝食难安外，还会由于心魔作祟，招来盗贼上门。佛像之类的艺术品应考虑其是否受人供奉过，被人供奉过的佛像最好不要买回来再次供奉，否则会因对神佛不敬而给自己带来无妄之灾。在选择宝剑类的艺术品时，则应该注意剑气是带煞气还是正气，这可以找专业人士进行辨别，若带正气就可收藏，会给奸邪小人以震慑作用，注意悬挂时剑尾朝外。若剑带煞气则要弃之不用，以免给自己带来麻烦。

如果艺术品是老虎、狮子、黑豹、蛇类、鸟类等，应该首先放在屋外，使之沾吸夜间甘露两天两夜，以便将邪灵驱除，第三天用红纸或红布包起来，然后请进家门摆好，这样才能保平安，否则可能会带来不好的家运。

总之，选择艺术品装饰一定要考虑周全，以兼具审美价值与陶冶情操，同时对自己有利而又不损害别人为最佳。

16.客厅挂画风水

现代人讲求细节，布置家居更是一丝不苟。在选择一些吉利的物品（如佛像、陶瓷、花瓶、石龟、金鸡等）做装饰外，还喜欢选择一些挂画来做装饰品，以体现自己的修养和品位。

九鱼图："九"取其"长长久久"之意；"鱼"则寓意"万事如意"、"年年有余"。九条可爱的鱼在嬉戏玩耍，寓意"吉祥如意"。

三羊图："羊"取自"三阳开泰"中的"阳"的谐音，而"泰"则是《易经》中的一个招福卦象。三羊图有招来吉利的意思，可以给人带来好运。

柔美的风景画：如日出、湖光山色、牡丹花等等，挂在大厅之中，当疲倦的你回到家时，它们可给你轻松、舒适的感觉。

虎挂画：一般而言，老虎为凶猛残忍的动物，易伤人，因此在选择是否悬挂老虎图时应慎重，避免给自己带来不利影响。若要悬挂老虎图，应切记，虎头绝不可向屋内，应向屋外或向大门外，如此方可为自己镇宅，从而免受外来侵害。

龙挂图：龙是吉祥物，在道教里，龙代表人之本性。另外，龙又是帝王的象征，富贵之极。龙又分为青龙、金龙、红龙等，在悬挂龙的图画时应注意以下几点：龙头向内，不可向外，向内属朝拜，向外属外奔之兆，即心向外跑；龙应放在龙的旁边，不可放在虎的旁边，若放在虎的旁边，则主龙虎斗不完，家中大吵小闹不断；龙应悬挂在客厅或佛堂之青龙方；龙的图案不可以卷起来收藏，应挂出来；龙的头部及尾

部应该用小圆红纸贴着。

老鹰图：悬老鹰图时，头部应向门外，不可挂在卧室内，否则会多口舌是非；不可挂在书房书桌上方，最好悬挂在客厅之白虎方。废弃不用的老鹰旧图应该用红纱线捆好收藏。

客厅的吉利字画对提振家居气色、营造富贵气息有极为重要的作用。将吉利字画作为家里的中堂悬挂于客厅，可锦上添花，旺上加旺。

象征荣华富贵的牡丹花画、象征年年有余的莲花锦鲤图、象征健康长寿的松鹤延年图、象征福份永存的流云百蝠图等，都可悬挂在客厅中。家中挂画，应以吉祥的内容为宜，避免孤儿之物。如有山水画挂在厅堂上，要观其水势向屋内流，不可向外流，因山主

人丁水管财，水流入乃进财，水流出为丧财。船画要使船头向屋内，忌向屋外，因为向外者损财丁，向内者招财宝。

沙发上的字画宜横不宜直，若沙发与字画形成两条平衡的横线，便可收到相辅相成之效。

17. 居家健康装饰

在居家装饰上，很多方面和人的身体状况息息相关，摆设不当就会埋下隐患。好的摆设不仅有利于健康，还有利于家庭团结、和睦。家里摆放的盆景植物一定要健康美观，不可出现枯萎的情形。木之五行属阳，是五行中唯一具有生命的植物元素，可以生长、

繁殖。屋里不要使用干花，干花会吸收阴气，在风水上是不好的。

在风水学上，正东方属木，同时，正东方也代表健康，它关系着家人的健康，尤其是家长的健康，所以客厅正东方的风水布局就显得尤其重要了。由于正东方是属木的，所以催化客厅这个方位的最好方法就是摆放健康的植物，植物的大小要和房间成比例，但是不能用尖叶植物。

18. 居家增寿装饰

俗话说："家有一老，如有一宝。"家居风水对老人而言，其目的在于使他们尽量减少病痛，即使遇到疾病也能尽早康复，减少其痛苦的程度。

首先，家宅的西北方和西南方不可有缺，缺西北方的住宅对男性长者不利，缺西南方的住宅对女性长者不利。如家宅有以上情况，应马上在长者房间的缺方贴上"福"或"寿"字做补救。

其次，宅中不可有攀藤类植物，尤其是忌讳种植在天花顶上的那种，这会使老人疾病久治不愈。

另外，可在长者的房间摆放些象征长寿的饰物以增加寿气，如福禄寿三星图、松柏画、鹤龟图等。但万万不可摆放牛类的摆设或图画，因牛只会为长者带来操劳。

除此之外，还要注意宅内应阳光充足、空气流通。

客厅方位格局风水之宜

客厅既是家中迎宾待客之地，又是一家大小日常活动中心，所以客厅在家居布局中属于战略重地。不论是为了美化家居，还是为了趋吉避凶，客厅的地位均非常重要，所以在装潢时应将重点摆在客厅的方位格局设计上。

宜 客厅宜设在住宅正中

客厅是增进人生八大欲求的最佳处所，是住宅中所有功能区域的衔接点，所以最好设在住宅的中央。中央是屋宅的中心位，客厅设在此代表房子的心脏，坐在客厅里，能够顾及客人和家人。相反，如果客厅位置很偏的话，则让人感觉家里的生活不规则，没有秩序。若因客厅宽敞而隔出一部分为卧房，则是最不理想的客厅。一进宅门就能见到客厅，也属于吉宅。

宜 客厅宜宽敞

客厅是家人休闲和接待客人来访的地方，要有宽敞的面积才能容纳家人的休闲和接待客人的来访，太狭窄的客厅不能满足人们的日常生活需求。因此，客厅中不宜有过多的家具和摆饰，否则会显得过于拥挤，令人产生压抑感。

宜 客厅门宜开在左边

客厅的门要开在左边，所谓"左青龙右白虎"，青龙在左宜动，白虎在右宜静，所以门从左开为吉，也就是说人由里向外，门把宜设在左侧。当然，如果结构不允许在左边开门的话，就在右边开也无大碍，以顺手为佳。

宜 大面积客厅宜设计半圆形楼梯

如果住宅的面积较大，优雅的半圆形楼梯是最好的选择。因为圆形不但美观大方，还可以化解一些不良的风水，有招财之功效。

宜 楼梯风格宜与客厅风格统一

楼梯的风格还要注意与整个住宅空间环境整体风格相一致，和谐统一是居家风水最主要的原则，如果楼梯的设置过于突兀，装饰过于哗众取宠，必然会让居住其中的人觉得不适。

宜 大门与客厅之间宜设玄关

风水"喜回旋，忌直冲"，大门与客厅设置玄关或矮柜，使内外之气有所缓冲，旺气得以回旋后聚集于客厅，可使家运亨通。

宜 天花板与地板宜符合"天清地浊"的原理

"清气轻而上浮，浊气重而下降"，因此有"天清地浊"的说法。为符合"天清地浊"的原理，在装饰客厅的时候，天花板不论使用何种材料，都务必比地板和墙壁的颜色浅，否则会给人一种头重脚轻的压迫感，久住不宜。

宜 大门直冲卧房宜在通道安门

大门与卧房相对时，会让人一进门就看到卧室。在设计时为了避免这一点，可在通道处安门，这样就可以保证卧室的私密性了。在通道安门，宜下实上虚，下半是实木而上半是玻璃的门最理想。因为它既有坚固的根基，而又不失通透。

宜 客厅家电宜摆放整齐

居家中的电器用品大部分都集中在客厅中，像电话、电视、音响等，因此，要注意摆得整齐，整齐的电器摆放可以让人心情愉快。

客厅方位格局风水之忌

　　客厅最好位于住家的前半部靠近大门的位置，便于气从大门进入。如果必须经过一条走廊才能到达客厅，那么走廊一定要保持干净、整洁，而且光线充足，以免阻碍气的流通。除此以外，客厅的方位格局有哪些忌讳呢，下面为你一一道来。

忌 客厅忌设在住宅的后方

　　进入大门后，首先应见客厅，而卧室、厨房以及其他功能区应设在房子后方。空间运用配置颠倒，误将客厅设置在后方，会造成退财格局，容易令财运走下坡路。

忌 客厅不宜设在地下室

　　客厅是家人休闲和客人来访的地方，光线要充足，空气流通好。而地下室光线明显不足，空气也不够流通，客厅如设在地下室会显得居住者经济上较窘迫，破坏家的温馨氛围，甚至还影响居住者的健康。

忌 客厅电线忌外露

　　居家中的电器用品大部分都集中在客厅中，因此线路会特别多。如果电线都露在外面，会显得凌乱不堪，甚至家人活动时都会被电线绊倒。最好是把这些线路做成隐藏式或处理整齐，才不会让客厅看起来杂乱无章。

忌 客厅忌设在动线内

　　客厅是聚集旺气的地方，要求稳定，不应将客厅设在动线内，即人走动过于频繁的地方。客厅设在通道的动线内，容易使家人聚会或客人来访受到干扰，影响住宅主人的事业和人际关系。

忌 家中电器不宜太多

需要用到电的东西都对人体不太好，一是不天然，二是电磁场的辐射对健康极为不利。人体就如同一个电磁场的导电体，如果家里有太多电器的话，体力通常会较容易流失。要时常保持最佳体力的话，应该把电器尽量往会转移电磁场的墙壁附近移，让电器尽量不要在出入动线和生活起居常经过的地方出现，以避免自己的体力过快散失。

忌 客厅的窗户不宜过多过大

客厅或卧室的窗户过大或数量太多，容易导致亲子关系不和睦，可悬挂百叶窗或窗帘来矫正这个缺失。大型落地窗，夏天会引进过多的阳光和热量，冬天又会使屋内的热气快速流失，所以应加装窗帘或其他遮蔽物。

另外，客厅窗户最好是向外或向侧两推开，以不要干扰到窗户前后区域为原则。向内开的窗户会使居住者变得胆小、退缩。

忌 小面积客厅的楼梯忌有压抑感

在居住面积较小的房间中，一般的楼梯会显得压抑、沉重，室内设计师提倡把楼梯踏板做得具有通透性，以减少空间的压迫感。很多家庭将楼梯做成中空的，内嵌灯管，以特种玻璃做踏板，做成可以发光的楼梯。

风水 知多一点点

※ 不宜居住得太高

不要住得太高，因为这样人可能会吸收不到地球的磁能，又接受过多的太阳能量，容易心情烦躁。"绝岭高处寒风洌，莫居陈楼最上层。"住在最高层，登临绝顶，容易好高骛远、心高气傲，无好风水可言。另外，住得太高会让人神经系统失调并引起失眠。如果你现在住的正好是高楼，解决方法是多种些盆栽和加装窗帘。

※ 休闲椅宜靠窗摆放

　　家居休闲时是最惬意、最放松的时刻，窗户光线充足，通风良好，将休闲椅摆放于此是最好不过的选择了。在摆放时要注意，活动范围尽量靠近窗边，这样可以使看书、看报、闲聊有一个良好、舒适的环境。

忌 客厅窗户太小不宜在通道安门

　　通道装门便会令客厅空气变得呆滞，所以客厅的窗户很小的话，屋外新鲜空气很难进入，若再在通道装门，便会令客厅的空气无法与卧室交流，这当然不理想。

忌 忌房大于厅

　　房大于厅，就是卧室的面积大于客厅的面积。如果不幸碰到这种情形，会给家庭生活带来很多不便，还会使人产生意志消沉、自闭等精神层面上的问题。如果可以，最好重新做隔间，这样才可以彻底化解。如果无法重新做隔间，建议在适当的位置安置一组五帝钱来区隔气场。总之，要设法达到宅内气场的阴阳平衡。

忌 楼梯忌设在房中央

　　设计楼梯时，要绝对避免把楼梯设在居室的中心，在中央穿过的楼梯等于把居室一分为二，这会导致家中多口角、夫妻不和，甚至离散，这在风水学中是很不利的。

　　家居楼梯一般有三种类型：一种是螺旋梯，一种是斜梯，一种是半途有转弯平台的楼梯。斜梯和半途有转弯平台的楼梯，楼梯的第一级台阶位于房屋中心还可以，如果楼梯尽头的平台是房屋中心，就是大凶的格局。楼梯底下不宜做餐厅、厨房、卧室等。楼梯的坡度越大，风水上的负面效果就越强。少用石质与金属材料做楼梯。

客厅装饰布置风水之宜

客厅作为家庭的门面，其装饰的风格已经趋于多元化、个性化。现在，客厅的功能也越来越多，集会客、展示、娱乐、视听功能于一身，所以在布置、设计上要尽量兼顾以上功能，做到物尽其用。

宜 客厅宜用地毯装饰

地毯是改变家居风水最简单的饰品，由于地毯经常覆盖大片面积，在整体效果上占有主导地位，所以，除了利用地毯的花色和图案引进好的气场来提升财气外，对于地毯摆放的方位也要特别讲究。地毯若采用致密厚实的材质，在冬季能减缓空气的流动，调节室内的小气候。地毯的颜色、花样若搭配得宜，会使客厅产生不同的气场与空间上的变化。同时，也可以运用地毯的色彩图案使家宅开运。图案都有自己的五行属性，如波浪形状五行属水，直条纹属木，星状、棱锥状图案属火，格子图案属土，圆形属金，配合好地毯的方位与颜色可带来好的运势。

宜 客厅天花顶宜有天池

现代住宅普遍层高在2.8米左右，相对于国人日益增加的身高，这个标准已经略有压力，如果客厅屋顶再采用假天花来装饰，设计稍有不当，便会有天塌下来的强烈压迫感，居者会压力过大。假天花为迁就屋顶的横梁而压得太低，无论在风水方面还是设计方面均不宜。在这种情况下，可采用四边低而中间高的假天花来布置。这样一来，不但视觉较为舒服，而且天花板中间的凹位犹如聚水的天池，对住宅风水会大有裨益。若在这聚水的天池中央悬挂一盏金碧辉煌的水晶灯，则会有画龙点睛的作用。但勿在天花板上装镜，此乃风水之大忌。另外，吊灯也不宜用有尖锐角钩的形状。

宜 养鱼数目宜与户主的五行配合

客厅里养鱼数目应根据户主的命卦五行而定。《河图洛书》的天地生成数口诀云：天一生水，地六成之；地二生火，天七成之；天三生木，地八成之；地四生金，天九成之；天五生土，地十成之。根据以上推定，只要找出户主的命卦五行，便可查知应该养多少条鱼来配合。

另外，还有特殊情况：按八字命理来讲，出生在夏天的人，不论男女，一般命中都需要水（一、六），因为夏天火炎土燥，要水来调候；而出生在冬天的人，一般命中都需要火（二、七）来调整，因为冬天天寒水冷，要火来温暖。

宜 客厅主题墙宜重点设计

客厅主题墙是客厅的主要组成部分，有诸多的风水因素，切忌随意设计了事。主体墙主要是用来摆放组合柜、电视、音响及各种饰物，其格局直接影响到整个客厅的装饰风格。传统风水学认为，高者为山、低者为水，有山有水可产生风水效应。客厅高的主体墙是"山"，低的沙发是"水"，这是理想的搭配。

宜 客厅适当位置宜摆放镜子

如果在客厅摆设镜子，且方位恰当，便能为家居带来好运，因为镜子能反射出加倍的能量。镜子在风水上具有使能量加倍的功用，可以营造出宽敞的空间感，还可以增添明亮度，但必须让镜子放置在能反映出赏心悦目的影像处。如果在镜子能够反射到的地方摆放绿色植物，在一定程度上也会缓解视觉疲劳。

宜 电视宜摆在方便观看的位置

一家人围坐在客厅的沙发闲聊、看电视是一件非常惬意的事情，电视一定要放在全家人容易观看的位置，这样会增加彼此间的沟通，有助于家庭和睦。电视背景墙要在沙发的正前方，或稍偏移些，这样才便于家人看电视。另外，沙发的摆放又可能会影响电视背景墙的方位，因此沙发一般都要摆放在吉位。

宜 客厅养鱼的水一定要流动

水有"生命之母"之称，是影响风水的重要因素。房子就像人一样，少不了水，因为水可以轻而易举地将气场调顺，让人保持健康的身体。所以，不妨放个水族箱在家里，养几条可爱的鱼，赏心悦目的同时又可以让你事事顺心。但是，水族箱不要放太高，而且水一定要是流动的。

宜 电视柜宜摆在旺方

以客厅而言，电视机的摆设方位十分重要。因其使用频率高，且开机时能量较大，为动态物品，所以应尽量摆设于旺方，这样有利家运。

宜 客厅宜用玻璃艺术品装饰

见识过玻璃艺术品的人都会被它晶莹剔透、光与影的流动所产生的神秘莫测的效果深深吸引，若把它运用在家庭装饰上，会令你的想象变成现实。目前，市场上的玻璃饰品主要有彩绘玻璃、艺术喷砂玻璃、花岗岩玻璃等。纯粹的玻璃没有装饰功能，但经过加热后造形的玻璃饰品多变且优美，极富装饰效果。

宜 客厅装饰品宜精简

现代人对家居装饰精益求精，但家里的装饰品并不是越多越好，应以恰到好处为宜。家里不宜塞满古董、杂物或装饰品，这样容易堆积灰尘，影响气的流通，对居住者的健康不利。

宜 客厅宜养金鱼

金鱼被称为"风水鱼"，不但能弥补家居风水上的某些缺陷，还能令居室充满活力，引发无限生机。现代人在家中摆放鱼缸养金鱼，不仅可以为家居增添生气，而且在茶余饭后观赏它们悠闲的泳姿，能给人赏心悦目的感觉。但在家里养金鱼要注意鱼缸的摆放、鱼的数目和鱼的颜色。

宜 鱼缸宜放在吉方位

生辰八字缺水的人，摆放鱼缸在客厅便会对运程大有帮助，那些忌水的人，若养鱼在客厅中，就很不适宜。但要注意，家中若有鱼缸，鱼缸应放在吉方位。任何住宅都不可能十全十美，总有些瑕疵存在，用鱼缸来化解这些缺陷是一个巧妙的办法。

我们所说的吉方或凶方，是根据住宅的坐向而推定的，东四宅及西四宅各有不同的吉凶方。具体来说，坐东、坐南、坐北及坐东南的东四宅，鱼缸宜摆在客厅的东、东南、北及南这四个吉方；坐西南、西北、东北及西的西四宅，鱼缸宜摆在客厅的西、西南、西北及东北这四个吉方。如果住房是东四宅，鱼缸不应该摆放在客厅的西南、西北、东北及西方这四个方位；而如果是西四宅，鱼缸则不应该摆放在客厅的东、东南、南及北方这四个方位。把鱼缸摆放在吉方，可以起到旺财气之效，又可增加灵气，令家中倍添生机，反之则不吉。

宜 鱼缸大小宜适中

太大的鱼缸会储存太多的水，水太多便会有决堤泛滥之险。从风水学的角度来说，水固然重要，但太多太深则不宜。如果鱼缸高于成人站立的高度，眼睛看鱼缸就会累，因此，客厅中的鱼缸不宜过大过高。当然，鱼缸的大小还是要结合方位和面积的大小来确定，如果客厅较大，而鱼缸过小也不合适。

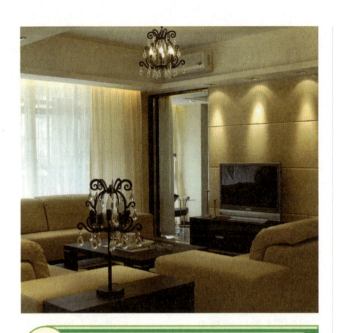

宜 客厅宜摆水晶

水晶是调理风水磁场的最佳物品，它的化学成分主要是二氧化硅。水晶的作用就是储存信息，放大信号，产生共振，所以电子元件中常常用到它。在风水上，水晶可以把负磁场调成正磁场，也就是避免邪气发生。所以，阴气比较重的场所可以放置水晶来进行调理。把水晶放在财位上，可以使主人生财；放在贵人位上，会得到帮助；放在桃花位上，则可招引异性；放在文昌位上，可使人好好读书；放在天医位上，可使病人早日康复。

宜 暗墙上宜挂葵花图

在一梯四户或以上的户型结构中，极易形成暗墙。正因其在暗处，有些缺乏阳光照射的客厅日夜皆昏暗不明，久处其中便容易情绪低落，必须设法加以补救。在家中的暗墙上悬挂葵花图，取其"向阳花木易为春"之意，可弥补采光上的缺陷，也可旺风水。

宜 客厅宜摆佛像

客厅摆放佛像主要是避邪。如果事业不成功、精神不振、食欲欠佳等，可在客厅中摆放佛像或观音像，有佛保佑，心理上有了寄托，容易取得好的效果。当然，也可摆放福禄寿三星，以增添吉祥之气。无论摆什么，都必须保持清洁，切不可任其尘封，否则会给人以败落的感觉。

宜 室内宜有时钟

在中国的传统里，钟是很有意义的，它既有八卦盘的功能，又有风水轮的效应。钟是动的，有转动之意，有去旧迎新之功用，也有反复变动之效应。时钟的摆动和打鸣声可以提振和清新家中的气能。在风水上，时钟有韵律的滴答声会给家庭的成长带来更多的规律和节奏感。因此，厅堂及房间的挂钟是必须的。因为室内无人时，气是静止的，钟的摆动能令室内的气运动起来，使室内充满活力。

宜 客厅宜多用圆形饰物

圆形物品所产生的能量为圆和、融洽、活泼，有利于人与人之间的沟通交流、和睦相处，能引导出温馨热闹的气氛，使亲朋相聚时形成和谐共振的良性场。客厅是家人和亲友相聚的场所，最需要营造出活泼、融洽的气氛。圆形属阳，是动态的象征，所以圆形的灯饰、天花造型以及装饰品具有温馨、热闹的气氛。

宜 客厅宜放无杂枝、叶宽、不攀藤植物

建议在居家内摆放无杂枝、叶宽、不攀藤的植物，会对运势有帮助。但芭蕉例外，因为芭蕉类植物容易招阴。另外，植物摆放的数量不要太多，因为植物晚上会吸收氧气、释放二氧化碳，太多对身体健康反而会有不好的影响。

宜 客厅宜挂风铃

众所周知，朗诵或歌唱均可在人体内达到激活气能的效果。在家居生活里可以使用风铃，因为它悦耳的声音能够震动空气，从而活化和刺激气能，也有助于化解煞气。当然，选择风铃必须注意方位与材质的配合，如在家里的东部和南部宜使用木制的风铃，而北部宜悬挂金属风铃，西部宜悬挂陶瓷风铃。

宜 客厅宜挂凤凰图

凤凰，雄曰凤，雌曰凰，凤凰同飞是夫妻和谐的象征。凤凰作为一种祥瑞之鸟，它的寓意是比较丰富的。凤凰有"鸡"的属性，夏天和秋天出生者家里挂凤凰图较适宜，若生肖属兔、狗者，则不宜挂凤凰图。

宜 客厅茶几宜选用长方形或椭圆形

客厅茶几的形状以长方形或椭圆形最理想，圆形亦可，方与圆是从古至今的吉祥形状。三角形的茶几不可选用，这样的茶几很容易碰伤人，给日常生活带来很多不便。

宜 客厅宜摆放马

马，既不像狮子和龙那样威猛，也不像龟那样懂得躲避危险，但它却有一定的化煞、生旺的作用，因此，可以把马摆放在客厅的旺位，有"捷足先登"、"马到成功"之功效。马应该摆放在南方以及西北方。摆放在南方是因为马在十二地支中属午，而"午宫"是在南方，因此摆放马匹最为适宜。此外，西北方亦适宜摆放马，原因是中国的马匹大多产自西北的新疆和蒙古，那里的草原正是骏马驰骋纵横之地。若想让马在短期内对你的事业及财运有帮助的话，那便要摆放在当旺的财位上。一般来说，摆放马匹的数目以二、三、六、八、九匹较为适宜，其中尤以六匹最为吉利，因为"六"与"禄"古时同音，而六匹马一起奔驰，有"禄马交驰"的好兆头。但家中若有生肖属鼠的人，则不宜有马的装饰物。

宜 客厅宜摆放花瓶

花瓶的"瓶"字与"平安"的"平"字音相同，所以，在家中摆放花瓶寓意希望家人平安、健康。需要注意的是，花瓶摆放的方位是有讲究的，其形状最好是配合主人的五行所属来选取。

客厅装饰布置风水之忌

一个家庭，无论是主人事业的升迁、运数的高低、家人财运的好坏、夫妻缘分的深浅、健康状况的正常与否，均由客厅风水来决定。客厅乃阳宅风水的核心，其设计的重要性自不待言，因此，了解客厅装饰布置的不宜是非常有必要的。

忌 客厅层高过低不宜吊顶

层高过低的客厅不适合吊顶，如果吊顶必然会显得过分压抑，也会影响气的流通，令居住者产生不适的感觉，进而影响到日常生活和工作的情绪。

忌 家中忌有过多的镜子

虽然镜子是家居风水中重要的物品，能改变和加速气的流动，但要注意，家居放的镜子并不是越多越好。镜子在风水学上的功能好坏参半，用得其所自然可以增福，反之则可能损福破财。

忌 家居养花忌枯萎、凋谢

居家中养的鲜花能给家庭营造美好、温馨的氛围，如果插花枯萎或凋谢，就要及时清理，以免破坏家居风水。把盛水的花瓶插上花也可，但是要保持花的新鲜度，枯萎要立即更换。植物最好选用圆形的阔叶常绿植物，如海芋、富贵竹、黄金葛等，一来有助于财气位开运聚财，二来可化解煞气、增添福气。但都需要细心养护，经常擦拭叶面保持干净才是。

忌 客厅忌铺镜面瓷砖

所谓镜面磁砖就是那种能照见人影的光面砖。在地面上照出人和物的影子，会令人产生不适的感觉。还有，客厅的地面不宜太滑，否则，对老人和孩子都不安全。

忌 客厅忌过多的阶梯

客厅地板应平坦，不宜有过多的阶梯或高低不平。有些客厅采用高低层次分区的设计，使地板高低有明显的变化，如此，家运也会因地板的起伏而多坎坷，同时也不便于打扫卫生。但厨房、厕所的地板则可略低于厅室的地面，以防阴气逆流到厅室。

忌 电视背景墙忌位于财位

电视背景墙在客厅布置中占有举足轻重的地位，设置方位的正确与否至关重要，它与住宅门的开启方位、沙发的摆放和窗户的设置有着密切的关系。住家财位主清静、安定，而电视机则是喧闹嘈杂的，容易把财神爷吓跑了，所以电视墙忌设在财位。

忌 电视背景墙忌有尖角

塑造电视背景墙的形式要十分注意，避免有尖角及凸出的设计，特别是三角形，要防止其形成"煞"相。尽量不要对背景墙进行毫无意义的凌乱分割，否则会使家人精神紧张、心神不宁，严重危害其身体健康。宜以圆形、弧形、平直无棱角的线形为主要造型，这些形状都蕴涵着美满之意，能使家庭和睦幸福。

忌 镜子不宜位于使人受惊吓处

镜子能反射空间的能量，也同样能反射人与物品的能量。在风水上，镜子应避免放在人最脆弱或最无意识之处，以免产生惊吓效果。应该避免让镜子对正大门或房门。

忌 客厅中不宜养热带鱼和咸水鱼

如果养的生物死去的话，从风水角度来说不是个好兆头。因为它会给人心理上留下阴影，会影响人体气场的和谐运行，给人带来一些负面的精神影响。咸水鱼要用近似海水的环境来饲养，虽然其颜色会比淡水鱼更鲜艳，但如果照料得不好就会死亡。同时，热带鱼也比较难饲养。所以，在选择鱼的种类时，要考虑到鱼的生命力和日后的照顾。

忌 客厅中鱼缸形状忌与五行相冲

圆形的鱼缸五行属金，可以生旺水，故为吉利之相；长方形的鱼缸五行属木，虽然泄水气，但二者有相生的关系，也可选用；正方形的鱼缸五行属土，土能克水，会出现相克的力量，故鱼缸不宜选择正方形；六角形的鱼缸以六为水数，故五行属水，可以用；三角形或八角形，甚至多角形的鱼缸五行属火，水火驳杂，故不宜用在财位上布局催财。据五行分析，最吉利的鱼缸形状有长方形、圆形和六角形，这三种形状的鱼缸可放在财位上布局作催财用。大家在选择鱼缸时，要多加注意，切忌与五行相冲。

忌 鱼缸忌与炉灶相冲

鱼缸多水，而厨房的炉灶属火，因为水与火相冲，故客厅的鱼缸倘若与厨房的炉灶形成一条直线，这便犯了水火相冲之忌。鱼缸与炉灶对冲，会对家人的健康有损，水火相冲，受害的是属火的炉灶，而靠着炉灶煮食的家人也会因此而受到伤害。此外，因为神台也是火重的家具，所以鱼缸的摆放也应尽量避免与神台成一直线相冲。

知多一点点

※ 有女性的家庭需有抱枕

抱枕是补充每天所失运气的重要物品，特别有助于补充人际关系运的能量。在有女性的家庭最好放置偶数个抱枕，颜色和材料要结合沙发来选择。

忌 时钟不宜挂在厅堂正中

时钟不宜挂在厅堂的正中间，因为"钟"与"终"谐音，若挂在厅堂的正中，则无论何人一进门，抬头就见钟（见终），所以时钟最好挂在侧旁。

忌 家中饰品不宜过多

常有人喜欢在房间里贴很多海报，放很多玩偶或是一大堆杂七杂八的装饰品。殊不知，这些东西久而久之就会对身体产生不良的影响。摆饰过多，除了影响眼睛视力外，也容易引发感冒，原因是气场阻塞，使人抵抗力下降。

忌 组合柜上的鱼缸忌太大

摆放在低组合柜上的鱼缸，面积不宜太大，以长方形为宜。倘若厅阔而柜短，形成组合柜的两旁有太多空位，太过空疏，旺气流到那里便会易泄难聚，并非佳兆。遇到这种情况，可把两盆高壮而叶大的常绿植物，如铁树、发财树等来填补空间。摆在短柜两旁的大叶植物，等于把断臂加长，而在风水学来说，它们成了这短柜的青龙白虎，对纳财纳气均有帮助。

 客厅忌摆不祥饰物

一般来说，如果家中摆设孔雀、骏马之类的动物，即有所谓"孔雀开屏"、"马到功成"之意，这样的好兆头，谁不希望？但是在选择时要选栩栩如生的，如孔雀不开屏，马儿垂头丧气就不宜。名人字画一定要选择一些有生气、欢乐的，而且适合自己身份的才可以悬挂。悲伤的字句或肃杀的图画就不宜悬挂了。牛角适合竞争性强的行业，兽头、龟壳、巨型折扇、刀剑等含有戾气的装饰品，并非每个家庭都适合，悬挂时要加以注意。

忌 家中忌摆放五匹马

居家最忌的是摆放五匹马，因为会有"五马分尸"之忌。还要注意一点，在风水摆设上，马虽然有生旺的作用，可惜对生肖属鼠的人有所冲克。因此，属鼠的人不宜在屋内摆放马的塑像或是悬挂马的图画。对于那些生肖属虎、狗、猪的人来说，摆放马会对他们特别有利。

 古董不宜收藏在家

古董是表现世事无常的最好证明。很多古董是从古墓里挖掘出来的，依附有外灵。如果家里已经收藏了古董，最好用新毛笔将红朱砂点在不影响其美观的地方，并将古董用红绒布或红纸垫底，这样可以保平安。如果要将外面的古董带回家，最好能在屋外阳台或安全的地方用红纸垫底，让太阳暴晒三天，沐浴大自然甘露三夜（最少要露天放置一天一夜），然后拿进家，这样才会平安。

忌 时钟忌放在凶方

家里的钟宜放在吉方，这样它能把对面的凶物挡住或转走，招来好运。反之，则会招来凶物和邪气，不利于居家安全和健康。

忌 客厅忌乱挂猛兽图画

客厅不宜乱挂猛兽图画。客厅如悬挂花草、植物、山水图，或是鱼、鸟、鹤等吉祥动物，通常无禁忌。但如果喜好悬挂龙、虎、鹰等猛兽，则需要特别留意将画中猛兽的头部朝外，以形成防卫的格局，千万不可将猛兽之头向内，这样会威胁自己，属不利。

忌 客厅忌摆麻将桌

客厅勿摆麻将桌，这是众多"麻雀"们应该注意的。想赢钱？千万不要把麻将桌摆在客厅。客厅是招财的地方，如果被麻将桌挡住，加之四五个"麻雀"一吵，搞得乌烟瘴气的，财神都被"闹腾"跑了，还何谈招财？

忌 骏马图不宜挂在北方

挂置骏马图，喻意飞黄腾达。马五行属火，春冬出生者均五行欠火，带有火气的骏马可弥补不足。但骏马装饰画不宜挂在北方，因马的卦象属火，北方位的五行属水，那便是"水火不容"，导致家里容易出现不利的事情。若屋主生肖属鼠和牛者，与马不合，不宜挂骏马图。

忌 客厅不宜挂意境萧条的图画

有些人由于种种原因，把一些意境萧条的图画悬挂在客厅，这从风水角度来说并不适宜。所谓意境萧条的图画，大致包括惊涛骇浪、落叶萧瑟、夕阳残照、孤身上路、隆冬荒野、恶兽相搏、孤藤老树等几类题材。中国人最讲究意念，倘若把以上几类题材的图画挂在客厅上，触目所及皆是不良景象，暮气沉沉，孤高怪僻。以此为客厅中心，艺术效果可能不错，但整屋会显得无精打采、暮气沉沉，居住其中，心情自然会大受影响。因此，客厅还是应悬挂好寓意的图画。

忌 正方形客厅不宜摆放音响

音响一般是放在客厅，客厅如果是长方形，音响的效果最佳。如果客厅较小，并刚好是正方形的，则最好不要摆放音响，否则会使音响的清晰度降低，也会影响音响的低频特性。较大、较高的长方形房间是较理想的音响放置室。

客厅忌用粗糙、劣质的材料

客厅是家庭居住环境中最大的生活空间，也是家庭成员的活动中心，所以在装修客厅时一定不能为了省钱而选用粗糙、劣质的材料。选用粗糙、劣质的材料虽然可以节省一点点费用，但是会给日常生活带来诸多不舒适，也会影响居家心情。

客厅空调不宜直吹主位

客厅的空调如直吹客厅中的主位，即三人坐的沙发，会让坐在这的人很不舒服。在风水上也代表靠山不稳，影响工作、事业运势。

北边窗忌选用深色窗帘

北边窗户不宜选用太深色的窗帘，因北方阴气比较重，且过于潮湿，如果还选择深色窗帘会使人心情烦躁、情绪低落。同样的道理，就西方窗户如果用深红色窗帘，有落日余晖的景象，家庭运气会渐渐衰落。

家中忌摆尖锐物

家里应该避免摆设尖锐物，因为这些东西会产生类似金字塔的"尖端效应"，伤害神经系统和内分泌系统。而且气场的活动会受到阻挠，原因是尖角、棱角的形状会放射出不稳定的能量来。尖锐物也容易对家人造成伤害。

窗帘的花色忌与装饰风格不一

选择窗帘一定要先对房间做一个整体的规划，窗帘要与房间的装修风格相谐调。如果房间属于古典风格，最好选择与家具风格相谐调的花色；欧式风格要选择颜色淡雅、肌理丰富的花布，图案可以选择抽象的古典花纹；现代风格的则可以选择清丽的窗帘，色彩图案可以根据季节变化而变化，比如夏天可以选择淡绿色、淡蓝色的兰花、芙蓉花，以及有清新的线条和色彩的窗帘，这样会给人凉爽的感觉；在天气寒冷的冬天则可以选择暖色调的，如粉色、红色的玫瑰或蔷薇图案的窗帘。

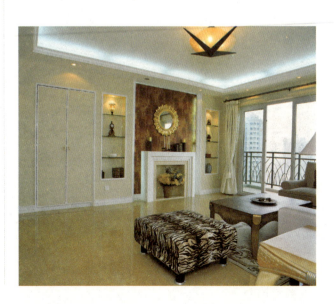

忌 客厅忌用旧木料制造家具

客厅家具用料要尽量使用新木料，不要用老房子的旧木料制造家具，更不能用旧棺木做家具。上个世纪60年代，农村中有些人挖掉大户人家的坟，将其贵重的棺材板改制成大衣橱，结果导致家中夜夜不宁，挖坟者往往惨遭横祸。如果 用旧棺木做家具，家中成员会患上稀奇古怪的病，或者祸及子孙。

忌 客厅忌放假花

一般人家里都会有花瓶，建议放入真花，而且常常换水，保持新鲜，如果任其枯萎，代表可能会有感情结束的事情，或是容易遇到烂桃花。以科学上的角度来看，常换水不容易滋生细菌，鲜花香味也能带给人愉快。但若是为了不让花枯萎或懒得照顾而干脆放假花的话，容易遇到虚情假意的事，同时感情也不会有圆满的结果。另外从科学上的角度来看，假花长期摆放容易因塑胶或铁线氧化释放出有毒物质，使健康受到影响，故不建议使用。

忌 不宜大量使用颜色漆

房间的装饰设计不要为追求色彩而大量使用颜色漆，以防止造成室内铅污染。铅中毒主要损害人体造血、神经系统和肾脏等。血液中的红细胞和血红蛋白减少，引起的贫血是急、慢性铅中毒的早期表现。

忌 客厅的旺位忌挂镜子

住家旺运，严格来说，是要依据主人的命理来计算的。但也有一种粗浅的说法，认为住家旺位在大门的斜对角，通常在客厅，其主要条件为清净、安定，不可以是通道。既然旺位多出现于大门的斜对角，所以不宜悬挂镜子，因为镜子有反射的作用，容易阻碍家人的运势，使财运不济、机会流失。

忌 不宜悬挂大型动物标本

装饰品除了有装饰客厅的功能外，还有一些具有避邪趋吉的作用，例如牛角、佛像等等。客厅最忌悬挂大型动物标本，越凶猛越忌讳，小型昆虫标本则没有什么影响。

忌 客厅不宜大面积使用玻璃

不宜用大面积玻璃来装饰客厅，因为玻璃属易碎危险品，总给人以不安全感。客厅四周的玻璃幕墙不宜太多，虽不影响光线，但阻碍视线，给人以拥堵的感觉。客厅内也不宜使用玻璃制品，尤其是桌子，总会让人感觉心里不塌实。

忌 客厅忌摆杜鹃

杜鹃不宜种在家里，是因为民俗上认为"杜鹃泣血"，摆在家里会导致家运不好。但如果非常喜爱，到了非放不可的地步，建议放在阳台可以晒得到太阳的地方，这样就没什么大问题。

※ 什么样的地脉叫龙脉？

龙脉是指如龙般矫健妖娆、忽隐忽现的地脉。地脉以山川走向为其标志，故风水家称之为"龙脉"，即是随山川行走的气脉。龙行飘忽，即所谓神龙见首不见尾，山脉亦多起伏逶迤，潜藏剥换。郭璞《葬书》所谓"委蛇东西，忽为南北"即是此意。

忌 客厅中心不宜设较高的障碍物

客厅的中心位置不宜设置壁橱或较高的障碍物，否则不仅阻碍了视线，而且当人身临其境时，会感到拘束。客厅的中间应摆放方桌，给人以方正稳重的感觉，但不能摆一些形状不规则的桌椅。

忌 空调最忌吹向财位

空调出风口最忌就是吹向财位，这样会把家中的财运吹走。家中的大门主财，如空调直接面对大门，不但泄财，也象征将人气往外吹，家中不温暖的意思。

忌 属牛、狗、鼠者居室不宜挂三羊图

三羊图蕴涵招来吉利之意，可以带来好运。但如果居住者生肖属牛、狗、鼠，因为与羊不合，所以不宜挂三羊图。

客厅灯光、色彩风水之宜

客厅灯、光、色彩布置中蕴涵着很大的学问，用柔和的色彩、小型的灯饰、布质的装饰品能体现出温馨的感觉；夸张的色彩、新颖的家具、金属的饰物能展示出另类风情；去除所有繁杂装饰，索性只在地上放置几个坐垫，让人席地而坐，另有一种回归自然的别样感觉……不过，从风水的角度来说，首先要知道的是客厅宜使用哪种灯光和色彩。

宜 客厅宜光线充足

客厅是家人活动重要的公共空间，要宽敞舒适，有足够的光线。特别是家中若有年长者，更应该注意到光线充足的重要性。家中如果没有良好的采光和照明，就会形成所谓的阴宅，即阴气较重的宅第，这样的住宅能量不足。如果家里有某个地方常常缺乏灯光或阳光的照射，就会造成居住者身体某部位不适。要改善这种状况，最好的做法就是在固定的时间里保持灯火通明，或安装长明灯，提升地气；还可以用蜡烛来增添浪漫气氛，在风水学上，点燃的蜡烛代表着五行中火的能量。

宜 客厅色彩宜与住宅整体协调

客厅色彩要和整个住宅协调统一，各个功能区域色彩的细部装饰应服从整体的视觉美感。客厅的色彩设计应选择一种颜色作为主色调，具体采用什么样的色彩做主色调，要根据主人的爱好来定。客厅的地板色调与家具色调要协调，这样让人的视觉不会疲劳。特别是大面积色块，一定要和谐，如果色彩深浅相差过大，会影响整体视觉效果。

宜 地毯图案、颜色宜配合方位

如果大门开在南方，开运颜色是红色，因为南方属火，因而在此方摆放直条纹或星状图案的红色地毯可使家人充满干劲，名利双收。

如果大门开在东方、东南方，开运颜色是绿色，因为东方与东南方五行属木，绿色是树木的主颜色，有生气勃勃的意义。在此方铺设波浪图案或直条图案的绿色地毯，对家运与财运有正面的催化作用。

如果大门开在西南方、东北方，开运颜色是黄色，因为西南方、东北方五行属土，黄色在中国代表着尊贵、财富，同时这个方位是主导智慧与婚姻的，若能在此方位放上星状图案的黄地毯，即能带来旺盛的财运，使婚姻和美。

如果大门开在北方，开运颜色是蓝色，因为北方掌管事业，若想找个好工作或想增进事业运，可在客厅的北方放置圆形或波浪圆形的蓝色地毯，有利事业的蓬勃发展。

如果大门开在西方、西北方，开运颜色是白色、金色，因为白色与金色象征高贵与纯洁，若能在此方位铺放格子图纹的白色或金色地毯，可带来好的贵人运与财运，也可增加小孩的读书运。

宜 昏暗客厅宜设暗藏光

暗藏光的光线从天花板折射出来，既不刺眼，又能提供照明，还能营造温馨的气氛。有些缺乏阳光照射的客厅，日夜皆昏暗不明，暮气沉沉，久处其中便容易情绪低落。针对这种情况，最好是选用日光灯照明，因为日光灯发出的光与太阳光有点接近，可弥补光照不足的缺陷。客厅也可日光灯与水晶灯同时使用，白昼用日光灯来照明，晚间则点亮金碧辉煌的水晶灯。

宜 客厅地面颜色宜偏深

客厅地面相对天花而言，颜色应该偏深，意为大地。大地承载万物，因此颜色以厚重为佳。如果地面颜色偏轻，可以用颜色较深的踢脚线分割，这样浅色的地面也可以用。

宜 电视背景墙的颜色宜按方位来定

电视背景墙作为客厅装饰的一部分，在色彩的把握上一定要与整个空间的色调一致，因为这不但会影响观感，也会影响情绪。设置背景墙的颜色必须要考虑整个客厅的方向，而客厅的方位主要是以客厅窗户的面向而定。窗户若向南，便是属于向南的客厅；窗户若向北，便是属于向北的客厅。正东、正南、正西及正北在方位学上被称为"四正"，而东南、西南、西北、东北则被称为"四隅"。只有认准方位，才可为背景墙选择合适的颜色。

宜 北向客厅宜以红色作为主色

北方五行属水，乃水气当旺之地，而水克火为财，因此，若要催旺向北客厅的财气，便应选用似火的红色、紫色及粉红色。无论客厅内的墙纸、沙发椅以及地毯，均以这三种颜色为首选。从地理角度来考虑，冬天北风凛冽，向北的客厅较为寒冷，故不宜用蓝色、灰色及白色等冷色调。如果采用似火的红紫色，则可增添温暖的感觉。

宜 东向客厅宜以黄色作主色

东方五行属木，乃木气当旺之地。按照五行生克理论，木克土为财，即是说土乃木之财。黄色是土的代表色，因此，如客厅若是向东，在选择客厅用的油漆、墙纸、沙发时，宜选用黄色系列的颜色。深浅均可，只要采用这种颜色，可收旺财之效。

宜 西向客厅宜以绿色作主色

西方五行属金，乃金气当旺之地，金克木为财，这即是说木乃金之财，而绿色乃是木的代表色，故向西的客厅若是用这种颜色作布置，可收旺财之效。并且，向西的客厅下午西照的阳光甚为强烈，不但酷热，而且刺眼，所以用较清淡的绿色十分适宜。

宜 南向客厅宜以白色作主色

南方五行属火，乃火气当旺之地，按照五行生克理论，火克金为财，故若要催旺向南客厅的财气，选用的油漆、墙纸及沙发均以白色为首选，因为白色是金的代表色。南窗虽有南风吹拂而较清凉，但因南方始终乃火旺之地，若是采用白色这类冷色来布置，则可有效消减燥热的火气。

宜 客厅灯光宜和谐

灯光服务于环境就是协调人与环境的关系，故要强调用光的协调性。如白炽灯和卤钨灯，能强化红、橙、黄等暖色饰物，并使之更鲜艳，同时也能淡化几乎所有的淡色和冷色，使其变暗及带灰。再如，日光色的荧光灯能淡化红、橙、黄等暖色，使一般淡浅色和黄色略带黄绿色，也能使冷色带灰，但能强化其中的绿色成分。

宜 客厅空气湿度宜适宜

一般来说，空气湿度高会增加机体的传导而流散热量，引起体温下降，神经系统和其他系统的机能活动也会随之降低，出现一系列病症。如长期生活在寒冷污浊的环境中，就容易患感冒、冻疮、风湿病等。相反，太干燥的空气也不利于人体健康，从医学角度来看，干燥和喉咙的炎症与空气有一定的关系。居室内的相对湿度一般要求为30％～65％。

客厅灯光、色彩 风水之忌

客厅灯的数目应以单数为佳，灯平行排列时，应该注意不宜有三盏灯并列。客厅不宜采用直接照明，这样产生的光较强烈，且有一定热量散发，会令居住者不适。客厅用色偏差太大、色彩过渡太大，会给人的视觉带来较大的冲击，而或浓或淡的色彩也会在无形中阻碍气流，影响家运……所以了解客厅灯光、色彩风水之忌非常有必要。

忌 客厅暗色调忌超过四分之三

如果客厅的暗色调超过总面积的四分之三，从传统居住风水习俗来讲，则会使居住的人反应变慢，影响日常工作和生活，特别对男人不利。

忌 昏暗的客厅忌置之不理

有些缺乏阳光照射的客厅，日夜皆阴暗不明，暮气沉沉。如果置之不理，久处其中便容易情绪低落。如有这样的情况，则最好在天花板的四边木槽中暗藏日光灯来加以弥补。光线从天花板折射出来，既不刺眼，且日光灯所发出的光线最接近太阳光，对于缺乏天然光的客厅最为适宜。如果日光灯与水晶灯可并行不悖，那么白天可用日光灯来照明，晚间则点亮金碧辉煌的水晶灯。

风水 知多一点点

※ "风水"一词最早出自哪本古籍？

"葬者乘生气也。气乘风则散，界水则止。古人聚之使不散，行之使有止，故谓之风水。"这段话出自晋人郭璞所著的《葬书》，这是"风水"这个词第一次出现在古代的文献中。

忌 客厅的颜色忌单调

单调的色彩会令人心情沉闷，缺乏积极性。客厅是家人看电视、闲聊的主要场所，一定要注意色彩的搭配。现在住宅的面积都在逐渐扩大，家具的尺寸也在随之扩大，家里放一种颜色的家具就显得有些单调了。新潮的家具常以两种颜色的搭配来体现它的秀丽活泼，如白色的家具配以天蓝色的条块或粉色的条块等，这种巧妙的彩色搭配会给人一种赏心悦目的视觉效果。如白色沙发与米黄色墙衬托，宜加点淡蓝色，会形成花团锦簇般的格调。

忌 室内颜色忌超过四种

室内装饰色彩既不要对立（黑、白色除外），也不要纷杂。在装饰色彩中，基本色彩以不超过三种比较适宜。儿童房的色彩可以相对丰富一些，可以根据具体情况因地制宜。

忌 客厅忌直射照明

客厅宜设计成漫射照明，不宜采用直射照明。直射照明产生的光较强烈，且有一定热量散发，会令居住者不适。漫射照明是一种将光源装设在壁橱或天花板上，使灯光朝上，先照到天花板，再利用其反射光来照明。这种光看起来具有温暖、欢乐、活跃的气氛，同时，亮度适中，也较柔和。

忌 客厅内忌用纯黑色装饰

有些人出于个人的爱好，在装修、装饰客厅时，喜用黑色来装饰、点缀墙身、地板、门窗，甚至于连沙发、椅子、桌子等家具也选用黑色的。这些人认为这样装点客厅，可以表现出自己与众不同的品味。

然而，在风水学中，这种纯黑的装点是非常不可取的，一般人是不宜居住在这种环境里的。因为室内黑色太多，就会破坏室内的阴阳平衡，从而影响到居住者的生活和健康状况。

阴阳五行是古人的宇宙观，也是堪舆学和中医学的理论基础。古人认为，五行（金、木、水、火、土）是构成世界所有事物的基础元素，五行之间的相生相克是自然界保持平衡的必要条件。五行一旦失衡，就会导致灾难发生。中医学认为，人体是一个小宇宙，也有阴阳五行之分，肾主水、心属火、肺属金、脾胃属土，体内五行之气保持平衡，人体才健康。而颜色也有五行之分，黑色属水，红色属火，白色属金，黄色属土，绿色属木。

居住环境对人的影响，堪舆学认为主要体现在阴阳五行方面。住宅的阴阳五行平衡，才会对人体产生有益的作用。所以，住宅中任何一种颜色过分或不及，都是不适宜的。

忌 室内忌受甲醛污染

甲醛对人体的影响主要表现为嗅觉异常、刺激、过敏，肺功能、肝功能、免疫功能异常等，个体差异很大。甲醛对皮肤和黏膜有强烈的刺激作用，可使细胞中的蛋白质凝固变性，抑制细胞功能。甲醛在体内生成的甲醇对人的视力也有害。

忌 朝北房间忌深色调家具

北方的采光相对其他方向要差一些，所以，朝向为北或面积过小的房间不宜摆放深色的家具，否则影响光线。风水上认为，光线不好会带来不好的运气。因此，朝北的房间或者小面积居室不要选用深色调的家具，尽量做到让空间宽敞明亮、空气流通。

忌 客厅温度忌过高或过低

适宜住宅的小气候要能保证居住者机体温热的大致平衡，不使体温调节机能长期处于紧张状态，能有良好的温热感觉、正常的工作效率和睡眠休息。保持温热平衡或体温调节机能状态正常是指在住宅内，人们正常衣着，在安静或中度劳动的情况下，机体的产热量、体温、皮肤温度、皮肤发汗量、散热量、温热感觉以及其他的有关生理指标（呼吸、脉搏等）的变化范围不超过正常的限度。因此，住宅小气候的各种因素都必须保持在一定的范围内，在时间和空间上保持相对的稳定性。

客厅吉祥物

前面已经系统地介绍了客厅的方位、布局、色彩、宜忌等风水要素，并对一些客厅可能存在的风水缺陷提出了改进之法。接下来介绍的是跟客厅有关的吉祥物。当你为了打造客厅好风水而努力时，千万别忘了客厅吉祥物的力量。改善客厅风水的吉祥物有哪些呢？下面为你简单介绍一下。

合式八卦镜

台式八卦镜的直径约32厘米，由纯桃木所制，是化解房屋缺角的吉祥物之一。八卦镜专为房子缺角设计，可解决房屋缺东北角、西北角、吉祥位缺角等系列风水问题。

房屋若遇到缺角，有凹入的部分，主人的运势就会变差。安放台式八卦镜可解决房屋缺东北角、西北角、吉祥位置缺角等风水问题。另外，台式八卦镜还可以化解外部环境的各种风水煞。

泰山石敢当

石敢当亦名泰山石敢当、石将军、石神等，四川人称之为吞口，是我国民间常见的一种风水吉祥物。石敢当的作用有三：一是辟邪，二是镇鬼，三是祛除不祥之气。在山东一带，还传说石敢当有"能暮夜至人家医病"的神通，所以又称其为石大夫。

如果客厅出现缺角，放置以朱砂书写的"泰山石敢当"，有镇宅、化煞之功效。安放时要注意，泰山石要用干净的清水清洗，并让它自然晾干，再将其摆放在正对着缺角的地方，摆放的时间以早上9点以后为好。

文财神——财帛星君

财帛星君直径约32厘米，用挖掘出来后不经过深加工、保留原始地气和磁场的原始纯铜制成。财帛星君经过正规开光后具有较强的能量。

财帛星君是中国最常见的财神之一，南北各地均可供奉。因为是天上之神，所以必须开光才有效。可将其对着主卧室门安放，切勿正对房屋大门，这样才可以引财入屋，增添家庭的财运。

屏风

屏风能阻隔秽气、阻挡不良的气场。屏风最好是选用木质的屏风。从五行来分析，竹屏风和纸屏风都属于木质屏风。塑料和金属材质的屏风效果则比较差，尤其是金属的屏风，其本身的磁场就不稳定，而且还会干扰到人体的磁场，建议少用。

安装屏风既不用大幅度改变居家格局，又可化解风水问题。如大门直冲阳台、卫浴间、炉灶或者冲床时，都宜安装屏风来化解。

Part 5

卧房风水

温暖爱意的流淌

在传统的风水文化中，卧房风水是家居风水的第一大要素，主宰着夫妻感情、家庭关系、财运官运、身体状况等；卧房同时还左右着整个家居的气场。对于注重居家生活品质的现代人而言，卧房的布局特别要注意其安定性与隐密性，我们应仔细考虑卧房坐落的位置、格局、通风、采光、床位、色彩、装饰等。卧房是我们在家中唯一可以独享的私密空间，要尽量做到温馨、恬美、休闲与舒适。

卧房风水概述

阳宅三要：门、房、灶。卧房的重要性仅次于大门，是家中最重要的空间之一。人生约三分之一的时光都要在卧房度过，卧房是我们的避风港、加油站、休养生息之所，卧房的风水好坏会直接影响到我们的身心健康。从风水上说，卧房风水主宰着家庭关系、家人财运官运等，同时还左右着整个家居的气场。

1.卧房方位和布局解析

卧房宜安排在朝阳的方向，卧房门不宜与卫浴间门相对。现代家庭设计中经常将卫浴间安排在卧房内，这样虽然方便而且时尚，但是却容易使水气进入睡眠空间，影响房间空气的清新度。这种情况下一定要注意用各种设计手段做好卫浴间的防水工作，使卧房内干湿分离。此外，卧房门不能面对厨房门，以免受到油烟的污染。

图4

卧房天花板太低，对健康有害（如图4）。

西南方位 图5

性情较为强悍的主妇不妨睡在西南方位的卧房（如图5）。

图1

卧房隔墙并排时，床位不能排成十字形（如图1）。

图2

以钢筋水泥建筑的房子，应选择通风良好的房间当作卧房（如图2）。

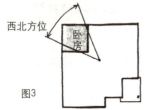
西北方位 卧房 图3

如果男主人的性情较暴躁，应睡在西北方位的卧房（如图3）。

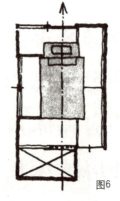
图6

床铺面向北方较为理想（如图6）。

图7

卧房的天花板过分花哨，易对该卧房主人性格产生不良影响（如图7）。

2.主卧房的吉方

根据九宫飞星及紫微斗数原理，结合阴阳五行及

八宅流年法，现将主卧房的八种方向与户主农历出生年对照关系及吉凶祸福的影响列出。适当调配吉利的卧房方向，以期做到"卧房向吉方，发财又健康"。

[甲子年]

东：	子孙昌盛
南：	先泰后否
西：	长女运滞
北：	家业平平
东南：	诸事吉祥
西南：	心胃有疾
西北：	肺部不妥
东北：	注意眼目

[乙丑年]

东：	子贵孙荣
南：	先泰后否
西：	不利长男
北：	宅运无常
东南：	四季如意
西南：	阴盛阳衰
西北：	不利咽喉
东北：	是非缠身

[丙寅年]

东：	身心欠佳
南：	宅运平平
西：	女掌男权
北：	驿马星动
东南：	皮肤有疾
西南：	不利母亲
西北：	业务停滞
东北：	胃口欠佳

[丁卯年]

东：	子息旺盛
南：	不利中女
西：	人口平安
北：	家业凋零
东南：	财运兴隆
西南：	子孙外散
西北：	子女忠孝
东北：	注意保健

[戊辰年]

东：	事业兴盛
南：	次女欠安
西：	妇女血疾
北：	次男不利
东南：	人丁迁徙
西南：	子孙兴旺
西北：	家道中落
东北：	人口平安

[己巳年]

东：	身体欠佳
南：	家业不振
西：	大旺女性
北：	腹胃小疾
东南：	财源广进
西南：	不利父母
西北：	生意退败
东北：	操劳过度

[庚午年]

东：	妇人当家
南：	子运不济
西：	人口平安
北：	事业坎坷
东南：	肝火过旺
西南：	财运亨通
西北：	事业有成
东北：	子荣孙贵

[辛未年]

东：	运气反复
南：	不利宅主
西：	贵人有力
北：	人口迁徙
东南：	破财免灾
西南：	生活平淡
西北：	男弱女强
东北：	一帆风顺

[壬申年]	
东：	身体欠佳
南：	家业凋零
西：	贵人有力
北：	不利女性
东南：	易感风寒
西南：	母亲多病
西北：	事业平稳
东北：	疾病丛生

[癸酉年]	
东：	子孙兴旺
南：	易惹是非
西：	宅运平安
北：	家宅无主
东南：	百事大吉
西南：	事业稳健
西北：	心肺衰弱
东北：	人丁单薄

[甲戌年]	
东：	人丁兴旺
南：	祸从口出
西：	长子不利
北：	事业吉祥
东南：	诸事顺利
西南：	守成之宅
西北：	养身有道
东北：	安闲度日

[乙亥年]	
东：	血光之灾
南：	起落不定
西：	平安进步
北：	不利女性
东南：	体弱多病
西南：	水肿之疾
西北：	功败垂成
东北：	主人不利

[丙子年]

东：	子女吉祥
南：	亲戚拖累
西：	人口平安
北：	家业渐衰
东南：	财源广进
西南：	人丁不旺
西北：	万事如意
东北：	身体欠安

[丁丑年]

东：	事业大盛
南：	不利远行
西：	女性多疾
北：	次男不利
东南：	人丁不旺
西南：	子孙兴旺
西北：	家业渐衰
东北：	人口平安

[戊寅年]

东：	守成之宅
南：	宅运无常
西：	家业兴旺
北：	女主有恙
东南：	胃部之疾
西南：	不利女性
西北：	多子多福
东北：	注意腹病

[己卯年]

东：	女掌男权
南：	小女不利
西：	万事如意
北：	事业坎坷
东南：	留意心脏
西南：	诸事吉祥
西北：	人丁兴旺
东北：	岁岁平安

[庚辰年]

东：	宅运无常
南：	不利主人
西：	常有是非
北：	事务多变
东南：	兴旺持久
西南：	守成之业
西北：	女掌男权
东北：	警惕小人

[辛巳年]

东：	宅运无常
南：	小有损伤
西：	岁岁平安
北：	不利女性
东南：	小病不断
西南：	不利长子
西北：	常守孤寂
东北：	血光之灾

[壬午年]

东：	子孙兴旺
南：	不利置业
西：	长女欠佳
北：	事业吉祥
东南：	宅兴人和
西南：	留意心胃
西北：	眼目有疾
东北：	事业平平

[癸未年]

东：	诸事顺利
南：	祸从口出
西：	不利次女
北：	事事如意
东南：	身体健康
西南：	守成之宅
西北：	肺目有疾
东北：	发展欠佳

[甲申年]	
东：	身体欠佳
南：	居安思危
西：	守成之宅
北：	难成大业
东南：	事业大吉
西南：	不利女性
西北：	志在四方
东北：	家业兴旺

[乙酉年]	
东：	不利子孙
南：	次女运佳
西：	人口平安
北：	事业渐衰
东南：	宅兴人和
西南：	家业大吉
西北：	事事平淡
东北：	心胃有疾

[丙戌年]	
东：	家业大吉
南：	不利女性
西：	守成之业
北：	不利次男
东南：	人丁外散
西南：	万事胜意
西北：	女性血疾
东北：	人丁兴旺

[丁亥年]	
东：	事业守成
南：	横财就手
西：	家业兴旺
北：	破财消灾
东南：	女人当权
西南：	财运亨通
西北：	事业平平
东北：	人口平安

[戊子年]

东：	女掌男权
南：	略有是非
西：	宅运平安
北：	不利女性
东南：	财源大旺
西南：	不利女性
西北：	事业守成
东北：	人口平安

己丑年

东：	宅运无常
南：	不利主人
西：	女人当权
北：	财源广进
东南：	吉祥如意
西南：	事业平安
西北：	吉中有逆
东北：	提防小人

庚寅年

东：	事业可守
南：	多路求财
西：	事业平安
北：	时时迁徙
东南：	注意保健
西南：	不利女性
西北：	平安度日
东北：	事业平常

辛卯年

东：	人口平安
南：	置业坎坷
西：	家业可守
北：	宅运无常
东南：	诸事吉祥
西南：	事业守成
西北：	注意胸肺
东北：	心胃有疾

[壬辰年]

东：	子媳吉祥
南：	时有是非
西：	不利长子
北：	事业如意
东南：	家业兴旺
西南：	业务平稳
西北：	筋骨之疾
东北：	人口外散

[癸巳年]

东：	业务可守
南：	身心健康
西：	守成之宅
北：	不利女性
东南：	注意身体
西南：	事业大吉
西北：	子孙平安
东北：	不利母亲

[甲午年]

东：	儿孙满堂
南：	不利次女
西：	人口平安
北：	事业渐退
东南：	财源茂盛
西南：	宅运守成
西北：	产业可守
东北：	注意健康

[乙未年]

东：	事业顺利
南：	女人当权
西：	事业有成
北：	家业兴旺
东南：	人丁不旺
西南：	宅运吉祥
西北：	女性血疾
东北：	诸事大吉

[丙申年]

东：	守成之业
南：	大器晚成
西：	家宅兴旺
北：	人口迁徙
东南：	胃脾之疾
西南：	宅兴人和
西北：	子孙不和
东北：	幼儿不利

[丁酉年]

东：	女人当权
南：	人口平安
西：	合家欢乐
北：	多路求财
东南：	注意心脏
西南：	财源兴旺
西北：	事业发达
东北：	吉祥如意

[戊戌年]

东：	宅运无常
南：	宅主不利
西：	警惕小人
北：	人丁不旺
东南：	宅兴人和
西南：	守成之宅
西北：	女人当权
东北：	警惕小人

己亥年

东：	宅兴人和
南：	宅运无常
西：	事业有成
北：	不利女性
东南：	留意保健
西南：	平安如意
西北：	平平淡淡
东北：	人口平安

[庚子年]

东：	人丁兴旺
南：	宅运无常
西：	不利宅主
北：	事业平平
东南：	诸事吉祥
西南：	事业平安
西北：	留意肺部
东北：	近视眼疾

[辛丑年]

东：	产业吉祥
南：	平安之宅
西：	子运不济
北：	男弱女强
东南：	安居乐业
西南：	人财两空
西北：	事业平稳
东北：	守成之业

[壬寅年]

东：	宅内平安
南：	志在四方
西：	不利经商
北：	多有迁徙
东南：	略带小疾
西南：	如意平安
西北：	艺文俱佳
东北：	人口吉祥

[癸卯年]

东：	子孙有成
南：	不利次女
西：	平安人旺
北：	宅运无常
东南：	事业亨通
西南：	宅业尚佳
西北：	事业有成
东北：	家境不安

[甲辰年]

东：	财运亨通
南：	守成之宅
西：	家业难守
北：	红鸾星动
东南：	人丁单薄
西南：	守成之宅
西北：	妇人血疾
东北：	可守旧业

[乙巳年]

东：	家宅兴旺
南：	宅运无常
西：	鹏程万里
北：	不利女性
东南：	注意健康
西南：	平安如意
西北：	人丁亦佳
东北：	守成之宅

[丙午年]

东：	事业吉祥
南：	守成之宅
西：	宅兴人和
北：	女性多病
东南：	阴盛阳衰
西南：	鹏程万里
西北：	人口安康
东北：	家宅平安

[丁未年]

东：	先吉后凶
南：	不利宅主
西：	多有烦事
北：	人口有疾
东南：	家运破败
西南：	守成之宅
西北：	持家有道
东北：	提防小人

[戊申年]	
东：	安祥如意
南：	时好时坏
西：	守成之宅
北：	不利女性
东南：	留意保健
西南：	人财俱吉
西北：	岁月安康
工东北：	诸事吉祥

己酉年	
东：	人丁兴旺
南：	不利次女
西：	不利长女
北：	日渐消退
东南：	兴旺之宅
西南：	事业如意
西北：	留意眼疾
东北：	人丁不利

[庚戌年]	
东：	家业大成
南：	守成之宅
西：	事业有成
北：	财运吉祥
东南：	财运吉祥
西南：	事业平淡
西北：	留意肺部
东北：	事业吉祥

[辛亥年]	
东：	宅可守成
南：	福禄不全
西：	不利经商
北：	出外求财
东南：	留心保健
西南：	人财两空
西北：	艺文俱成
东北：	安身利命

[壬子年]

东：	循序渐进
南：	次女不利
西：	家境平稳
北：	事业有成
东南：	吉庆有余
西南：	先人余荫
西北：	事业如意
东北：	勤勉度日

[癸丑年]

东：	如日中天
南：	家有贤妻
西：	家业亨通
北：	不利次男
东南：	人丁渐稀
西南：	满门吉庆
西北：	命带桃花
东北：	事业兴旺

[甲庚年]

东：	守业有成
南：	次女体弱
西：	家业兴旺
北：	事业勉强
东南：	脾胃有疾
西南：	事业吉祥
西北：	双妻之格
东北：	人丁欠佳

[乙卯年]

东：	妇女主事
南：	守业之宅
西：	万事如意
北：	是非不断
东南：	小病常患
西南：	横财就手
西北：	人丁欠佳
东北：	生活平安

[丙辰年]

东：	先福后祸
南：	不利宅主
西：	女人当权
北：	略有是非
东南：	出国之运
西南：	守成之宅
西北：	勤勉度日
东北：	筋骨有病

[丁巳年]

东：	事业不前
南：	宅运反复
西：	守成之宅
北：	家门不幸
东南：	身体欠安
西南：	事事如意
西北：	金榜题名
东北：	贵人相助

[戊午年]

东：	福星高照
南：	先苦后甜
西：	长子不利
北：	盛极必衰
东南：	多元发展
西南：	守成之宅
西北：	留意眼疾
东北：	心胃之病

己未年

东：	诸事吉祥
南：	先吉后凶
西：	守业有成
北：	妇人当权
东南：	岁月安康
西南：	碌碌无为
西北：	勤勉度日
东北：	身心疲惫

[庚申年]

东：	事业平凡
南：	时好时坏
西：	安度岁月
北：	劳碌奔波
东南：	双喜临门
西南：	吉祥如意
西北：	德才兼备
东北：	大吉大利

[辛酉年]

东：	五子登科
南：	次女不利
西：	事业平常
北：	众叛亲离
东南：	财源茂盛
西南：	守成之宅
西北：	添丁旺财
东北：	家庭平安

[壬戌年]

东：	事业大兴
南：	阴盛阳衰
西：	家业守成
北：	次男不利
东南：	家境没落
西南：	富贵之居
西北：	红颜薄命
东北：	事事如意

[癸亥年]

东：	人丁稀少
南：	家运不稳
西：	家业兴旺
北：	奔波劳碌
东南：	事业有成
西南：	心想事成
西北：	四方大利
东北：	财运亨通

3. 卧房的方位与格局

在一般情况下，卧房的好方位有以下几种：最有利于成人的卧房位置是在住宅的西南方与西北方，这两个方位能够提升人的成熟度与责任感，使人在工作与生活中更易得到他人的尊重；位于住宅北方的卧房则比较平静，这对失眠者特别有效果；位于住宅西方的卧房特别有利于促进夫妇感情与提高夫妻生活的质量；住宅的东方或东南方则对刚步入社会的年轻人有益。

卧房的规划和设计最基本原则是选择自己的吉方位，若是夫妻房，则以先生的吉方位为主。如果方位选对了，则可提高睡眠质量，使身体健康，同时心情也会愉快；如果方位不好，就会令人精神恍惚，注意力不能集中，身体、学业、事业也随之每况愈下。还要注意卧房一定要保持干净、明亮，如果卧房里东西太多，衣服到处都是，书本、杂志随意乱放，风水也会受到影响。

如果是复式或别墅户型，要注意卧房不可设在厕所的下方，也不宜设在车库的上方，并且不可把改建后的阳台设计成卧房。卧房的形状最好方正，不宜狭长，这样才有利于通风。卧房门不可正对厨房门，要防厨房其湿热之气与卧房内气流对流。卧房门不可正对厕所，因为厕所的秽气与水气极易扩散到卧房中，而卧房中多为吸湿的棉布制品，会令卧房环境更加潮湿。卧房门也不宜两两相对，此谓"相骂门"，会导致家里多口角。卧房里的入墙柜或横跨整幅墙的大柜应能够储存所有的衣物，有助于卧房的整齐有序，符合"归藏于密"的原理。

卧房的墙体、家具等不宜选用太多的圆形。古代风水认为"方"代表稳定；从心理角度看，方比圆要稳重。风水学认为，圆形主"动"，卧房若以圆形为主，会给人不稳定、不安宁的感觉，对居住者的心理健康尤为不利。

4. 主卧房布局

(1) 带卫生间的主卧房布局

现代家庭设计中经常将卫浴空间安排在主卧房内，这样虽然方便、时尚，但从生活环境学的角度讲，这并不一定是好设计。现在的卫生间大多具有两种功能：洗浴和排泄。即使卫生间中有高质量的抽水马桶和完善的洗浴设施，卫生间的功能也并没有改变，因此，在这种情况下一定要注意采用各种设计手段做好卫生间的防水工作和干湿分离处理。

卫生间里常常会使用到水，从而会产生很多湿气。我们有这样的经验，在冬天洗浴的时候，会发现卫生间里雾气腾腾，这里的湿气很容易进入到卧房中，使床褥变得潮湿。长时间睡在潮湿的床褥上，会使人容易疲倦、腰背酸疼，严重的还会引发疾病。

现在的主卧房里一般都带有卫生间，这是无法改变的格局，但也不是绝对无法改善，还是有办法可以化解的。床应远离卫生间摆放，不宜正对着卫生间的门口。如果主卧房有足够的空间，就可在卫生间的门口摆放屏风，并且尽可能在不使用卫生间时关上门。还可以在卫生间里放上两盆泥栽的观叶植物，它们能吸收一部分湿气，使卫生间更干爽一些。这些方法的目的都是尽量减少卫生间里的湿气进入到卧房中，保持卫生间的干爽，有利于实现这个目的的方法都可以尝试一下。

（2）带阳台或落地窗的主卧房布局

睡在带有阳台或落地窗的卧房中，会使人觉得睡眠不足，早晨醒来会感觉很疲倦，这是由于能量散失过多造成的。有些人睡在这样的房间里还容易出现失眠的情况。曾有科学家通过特殊的摄影方法拍下人体的能量场光谱，发现睡在带有阳台的卧房里的人能量场要弱一些，而睡在不带阳台的卧房里的人能量场要强一些。原因在于，带有阳台或落地窗的卧房聚集能量的能力弱，在此种卧房中睡觉的人就会消耗掉更多的能量，因此早晨醒来会觉得很累，失眠的原因也在于此，也因为这样的房间隔音效果相对差一些。

5.卧房方位与男性的命运

有人说，男人只要一外出，便危机四伏。在竞争激烈的现代社会，男人的敌人可以说是相当多。所以，对男性来说，家是可以松一口气的休息场所。假如把男性比喻为飞机的话，家便相当于机棚，机棚维护不好是发生空难的原因之一。在家是否睡得好和第二天有无活力有很重要的关系，如果让热量长年地聚积，对成功运和事业运会有很大的有利影响。躺下休息的

姿势，可以说是最能够吸收大地热量的形态。

（1）西北卧房——男性顽固却有才能

朝西北的卧房，会使男性"自我的程度"更为显著，男性会有独裁的性格，而且相当顽固。表面上看起来，这种人对一些小事似乎漫不经心，其实他们中间很多人都很细心。

男人长久浸泡在西北的热量中，不久即会有实绩出现，而且有担任高位的可能。同时，因为他们颇有男子气概，所以很得部属的信赖，晚年会散发一股很成熟的味道。朝西北时，卧房有一种职业上的特征，即自营业（例如律师、医生、会计师等）或公司经营者居多，而且业绩都相当稳定。西北的方位比较适合作卧房，因为这一方位能够充分吸收大地的热量，同时和夕阳也比较调和。

总之，朝西北的卧房特点是会使人性格独裁和顽固，西北的方位非常适合男性，但必须注意，不要让人有"老顽固"的印象。

（2）北卧房——努力便有大成就

在北卧房休息的男人，容易受到人际关系的摆布，

而且不太会表达自己的意思。在这种方位休息的人，虽然不够聪明，但无须因此而气馁，平常应该多反省，检讨自己的行为是否有什么缺失。

一般来说，住朝北方位的人有学者的气质。换句话说，卧房在这种方位的人，比较会埋首于个人的研究工作。不必埋怨了解自己的人太少，只要努力工作，一定会有很大的成就。

在北卧房休息的男人，从事的职业以学者、作家、技术人员比较合适，此外，经营酒吧或俱乐部也是不错的选择。

在北卧房休息的男人，多半属于大器晚成型，所以不要因为目前不如意的状况暗自着急。关于人际关系方面，只要稍微留意一下，应该很容易就能应对。

（3）东北卧房——喜欢照顾他人

在这个方位休息的男性，大部分都富有侠义心，但是人生的起伏却很大。对于上班族来说，可能会经

常调职；对于从事自营业的人，或许有一两次，甚至三次的失败经验。不过因为本人并不在意，所以也不必担心。

东北是黎明前最暗的方位，有时候难免会感到人生的严酷。卧房在这个方位的人，喜欢照顾他人，所以有些在这个方位休息的男性经常受骗。

东北寒冷，可以激发男性潜在的热情。在别人眼中，卧房在东北方的男人是天下第一大好人，他们自己也以这点感到自豪。总而言之，肚量大是他们的特点，另一方面，因为极度热心，他们对他人经常伸出援手。

大致上来说，在这方位休息的人多半是"很有血性"的人，比较适合从事和土木建筑相关的行业。应该特别注意的是，这类人要避免乱发脾气，以免吃亏或受到伤害。

（4）东卧房——年轻的成功者，有着跃动感

这个方位容易造就年轻的成功者。东方飘着"新鲜""发展"的气息，所以适合从事走在时代尖端的行业，例如电脑、广播、音乐创作、著作、服饰业等。

虽然有人因为职业上的关系过着夜生活，但是他们仍然会早起慢跑，这亦是受到东方的"跃动感"的影响。由于充满了活力，所以只要是善变的人，即可发挥实力。与其带领一大批从业员，不如担任具有决策力、以数十人为单位的领导者，这更能发挥自己的能力。能和朝阳一起活动，便可受到上升运的照拂，而一旦进入中年以后的安定期，最好把卧房移到西侧。

无论做什么事，都要有不慌不忙的态度，千万不要草率地下任何决定。

（5）东南卧房——有良好的人际关系

这种方位有能使人生一帆风顺的天地热量。卧房在这个方位的人，做事顺利，而且很快便能升迁，有

着令人羡慕的幸福人生。同时，他们能够充分得到朋友或亲戚的帮助。

卧房在这个方位的人，观察力相当敏锐，有勇于挑战的胆量。但凡事太顺利了，会让人怀疑其成功的可能性，因此，和周围的人和睦相处是非常重要的。做任何事都不如意的人，不妨把卧房移至东南的方位，或许会有令人意想不到的结果。从事服饰业、设计、电台或电视制作、食品业、餐饮业的人，卧房多半在这个方位。

卧房在这个方位的人，不论做哪一种行业，总是被好运笼罩着，所以，只要努力，一定可以成功。

(6) 南卧房——富有灵感的夜猫子

卧房在南方的人，某个方面的观察力特别强，可以练成具有创造性的才能。然而这种人容易有睡眠不足的倾向，易造成感情起伏、激烈的性格，以从事广播、电视制作的人居多。

有人认为，这是一种不好的方位，其实不然，南方的太阳有很多的热量，只要把这种热量贯注到性格上即可。

上班族或工作枯燥的人，不适合把卧房设在这个方位，但是对需要灵感的人来说，这是一个很好的方位。如果演艺人员把卧房设在这个方位，就有希望成名，不过要注意睡眠不足的问题。

(7) 西南卧房——性格良好的父亲

似乎有很多人的卧房都在这个方位。卧房在西南方的男性通常能把事情做得很好，所以很受公司的重视，而且在上司与下属之间有很高的评价。这个方位人的特点是"有耐心，不会乱发脾气"，基于这种特性，所以经常扮演沟通者的角色。卧房在这个方位的男性，多半是公务员、教职员。此外，居住在郊外的人，卧房也以西南方位居多。

(8) 西卧房——能营造出良好的气氛

西的方位有促进睡眠与使人感觉安稳的力量。这个方位有使人巧妙使用职能的根基，因此，只要默默地努力，一定能如愿以偿。这是适合中小企业家或商店老板的方位，也就是说，卧房在这种方位的男人，可以过着满足的人生。

必须特别注意的是，要避免处事"草率"。本来这就是一个运气很好的方位，如果再加上有良好的人际关系，一定能够踏上成功的道路。此外，为了改变气氛，服装最好穿得华丽一点。从事和饮食、服饰相关的行业，雇佣女性或以女性为顾客会有好的前途。

(9) 中央卧房——有培养大人物的热量

历史上有许多有名的人物都很喜欢这个方位。因为隔间的问题，现在几乎已经没有人睡在中央的位置。但毫无疑问，中央的运气是造就大人物不可或缺的要素之一，如果将来想成为领导者或大人物，更应该在中央卧房休息。

6. 卧房颜色的选择

卧房的墙面尽可能不用玻璃、金属与大理石等材料，而使用油漆砖墙，这样既能避免睡觉时能量被反射，又利于墙体呼吸。墙的颜色应以柔和为主，使人感觉平静，有助于休息。卧房地面也不宜采用白色大理石，否则会有空虚和不实在的感觉，也会令人产生寒冷的感觉。未婚女性的卧房，以清爽的暖色系（粉红、鹅黄、橙、浅咖啡）为佳，如果选用冷色调（白、黑、蓝），就会降低桃花运。

根据五行的原理，卧房方位与颜色有以下的对应：东与东南：绿、蓝色；南：淡紫色、黄色、黑色；西：粉红、白、米色、灰；北：灰白、米色、粉红与红色；西北：灰、白、粉红、黄、棕、黑；东北：淡黄、铁锈色；西南：黄、棕色。

7. 卧房家具颜色的选择

卧房的家具种类繁多，从大的分类看，一般有单件家具、折叠式家具、组合式家具、多功能家具等。单件家具虽有很大的灵活性，但不利于室内空间的利用，与其他家具放在一起也很难协调，所以，近年来有很多人采用折叠式、组合式、多功能家具。

家具的色彩在整个卧房色调中的地位很重要，对卧房的装饰效果起着决定性作用，因此不能忽视。家具色彩一般既要符合个人喜好，又要注意与房间的大小、室内光线的明暗结合，并且要与墙、地面的色彩协调，但又不能与墙面、地面颜色太相近，否则不但不能相互衬托，还可能产生单调乏味的效果。对于较小的、光线差的房间，不宜选择太冷的色调；大房间和朝阳的房间，可以有比较多的选择。另外，应考虑

到不同面积、不同功能的房间色彩不同，所产生的效果也不同。如浅色家具（包括浅灰、浅米黄、浅褐色等）可使房间产生宁静、典雅、清幽的气氛，且能扩大室内空间感，使房间明亮爽洁；而中等深色家具（包括中黄色、橙色等）色彩较鲜艳，可使房间显得活泼明快。

8. 卧房中的壁柜、衣柜和床头柜

许多家庭的卧房都设有壁柜或衣柜，部分家庭甚至二者均有，这里就存在一个收纳物品方法的问题。传统的风水观点认为，物品的收纳影响着运气的好坏，

所以合理地收纳物品相当重要。

如果将棉被收在壁柜里，那么壁柜里就不要再收其他东西了，将衣类和生活用品收纳在一起，会降低运气。只收纳棉被，壁柜的通风条件会好一些。鞋子也一样，在收纳前就利用阳光充分晒干，而不是在使用前才做这些事情。现在还有很多家庭喜欢用真空袋收棉被，但要知道，越蓬松的棉被越容易吸收幸运，塑胶袋只会将幸运关在外面。因此，用真空袋收棉被的确是个储存物品的好点子，但是从风水学的角度来看却是必须避免的行为。

衣柜等家具最好靠西边或北边的墙壁，让门扇或抽屉朝东或南开，从东边或南边来的日晒含有好的气息，可给穿衣服的人好心情和活力。现代生活处处以方便为原则，为了争取时效，现代住宅大部分把衣柜、化妆台、婴儿摇篮等放在同一室内，但放置时要尽可能将衣柜、化妆台等排成一列，这样既有效利用了空间，也符合风水原则。在收纳衣服时，套装或夹克等挂入衣橱时，基本上是色彩较淡的挂在右边，颜色由右向左渐深。当然，也可以按衣服的价格来收纳衣服。衬衫类等衣服收入抽屉时也一样，抽屉的右边或上层放白色衬衫，左边或下层收入有色彩花纹的衬衫。这个方法同样也可应用在领带或是手帕上。依季节分类时，夏天衣物如T恤等放在上层，冬天的毛衣等放在下层。当然，最好将衬衫类挂起来，这样会比较容易拿取，即使是不会皱的衬衫，也应挂起。

墙壁在夏天会吸收水气，冬天则会放出寒气，可以用床头板、床头柜或抱枕来隔离水气和寒气。床头柜要定期打开透透气，因为它虽然兼具隔离与收纳的功能，但如果长期不打开透气，空气得不到流通，就会有一股怪味，久而久之反而对身体不好。

9.卧房的梳妆台与衣帽间

梳妆台是供家庭成员整理仪容、梳妆打扮的家具。在小居室里，梳妆台若能设计得当，它也能兼具写字台、床头柜和茶几的功能。同时，它那独特的造型、大块的镜面及台上陈列的五彩缤纷的化妆品，都能使室内环境更为丰富绚丽。尽管这样，梳妆台的一些风水方面的事项也得注意。

梳妆台是女性"扮靓"的地方，究竟要如何摆放才符合风水原则呢？详述如下：梳妆的镜不宜冲门，因为人在进入卧房时容易被镜子的反影吓坏；梳妆镜不要照床头，否则容易做恶梦或精神欠佳；某些梳妆台在镜子部分有两扇门作装饰，在不需要使用镜子时可将其关闭，使用时才打开，使用这种镜子，无论怎样安放也不怕冲门或照在床头了。按梳妆台的功能和布置方式，可将之分为独立式和组合式两种。独立式即将梳妆台单独设立，这样做比较灵活随意，装饰效果往往更为突出；组合式是将梳妆台与其他家具组合设置，这种方式适宜于空间不多的小家庭。梳妆台一般由梳妆镜、梳妆台面、梳妆品柜、梳妆椅及相应的灯具组成。梳妆镜一般很大，而且经常呈现折面设计，这样可使梳妆者清楚地看到自己面部的各个部位。梳妆台专用的照明灯具最好装在镜子两侧，这样光线能均匀地照在人的面部，若将灯具装在镜子上方，则会在人眼框处留下阴影，影响化妆效果。

梳妆台的尺寸一般可分为两类。第一类梳妆台梳妆者可将腿放入台面下，它的优点是人离镜面近，面部看得清晰，便于化妆，平时还可将梳妆凳放入台下，不占空间。这类梳妆台高度为70～74厘米，台面为35～55厘米。第二类梳妆台采用大面积镜面，使梳妆者可大部分显现于镜中，并能增添室内的宽敞感。这类梳妆台高45～60厘米，宽度为40～50厘米。梳妆凳可做成圆形、方形、长方形等多种形式，高度可根据梳妆台尺度而定，一般在35～45厘米之间。

衣帽间通常设置在卧房内，也可设在卧房旁边，但面积不宜超过卧房面积。风水学上认为衣帽间从属于卧房，"附属"不宜超过"主要"。另外还要注意，衣帽间必须有良好的照明和通风，最好配置通风换气设备。而且衣帽间内要摆放整齐，注意清洁卫生，不可杂乱无章或满地灰尘，否则对人的心理、健康都会产生极大的负面影响，从而影响居住者的日常生活。

10. 卧房的床位

床是卧房内最重要的器具，是人们休息睡眠的场所，而且与子孙繁衍息息相关。李笠翁在《闲情偶寄》里说过一段很精辟的话："人生百年所历之时，日居其半，夜居其半。日间所处之地，或堂或庑，或舟或车，总无一定所在，而夜间所处，则止有一床。是床也者，乃我半生相共之物，较之结发糟糠犹分先后者也，人之待物其最厚者莫过此。"现代床的种类很多，有沙发床、弹簧床、绷子床、竹床、木板床，近年来还出现了水床、消声床、气垫床、音乐床、按摩保健床、风调环境床等。床作为传统的单一型休息工具，现在已向着集休息、享受与理疗保健于一体的多功能卧具方向发展。

由于床在人的一生中占有重要的地位，因此床位的摆放极其重要。具体来说，卧房安床有以下十大讲究。

(1) 床的长度

对于床本身，要考虑的是其长度、宽度是否足够，床体是否平整，并且是否具有良好的支撑性和舒适性。

至于床的高低，一般以略高于就寝者的膝盖为宜，太高则上下吃力，太低则总是弯腰不方便。切记床不可贴地，床底宜空，勿堆放杂物，否则不通风，易藏湿气，会导致腰酸背痛。

（2）安床位置

床不管安于何处，关键在于应该让卧者可以自床上看见卧房的门与窗，并且在黎明时分会有阳光照射到床上，这样有助于卧者吸收大自然的能量。

（3）床头不能靠门

如果迁就卧房有限的空间而把床位放在房门口，就犯了卧房风水的大忌。

（4）床位最好选择南北朝向，顺应地磁引力

头朝南或北睡眠，有益于健康，因为人体的血液循环系统中，主动脉和大静脉最为重要，其走向与人体的头脚方向一致，人体处于南北向睡时，主动脉和大静脉朝向、人体睡向和地球南北的磁力线方向三者一致，这时人就最容易入睡，睡眠质量也最高，因此南北睡向具有一定的防病和保健功能。床头不可朝西，因为地球由东向西自转，头若朝西，血液会经常向头顶直冲，睡眠会不安稳；如果头朝东睡，就会有一种安宁的感觉。

（5）床头宜实不宜虚，床头应该靠墙，不可靠窗

床如果不靠墙的话，床头必须有床头板，令头部不至于悬空。并且，床头后面不可是厕所或厨房。

（6）床不可对门

床不要对着门，以免被外人一览无遗，毫无私密性和安全感，也影响休息。如果遇房门相冲，可以用屏风来挡门，不仅阻隔了床门相冲，同时也维护了卧房的私密性。

（7）不可有横梁压床

横梁压床会对人造成压抑感，也有损人的身心健康。此类情况还包括不可有横梁压卧房门，分体空调室内机不可悬挂于枕头位上方，卧床正上方不可悬挂吊灯。

（8）床不可对镜

床不能对着镜子，因为人在半梦半醒之间，夜半起床容易被镜中影像所惊吓，精神不安宁而导致头晕目眩。另外，人在入睡时气能最弱，而镜子是反射力极强的物体，易将人体的能量反射出去，特别是年轻夫妇，如果卧房镜对床，长此以往易患不育症。如果卧房中有镜子对床，可在晚上盖住它或把它转向墙壁，当然最好的办法是将镜子镶嵌在卧房衣柜内部，照镜时打开，平时不用将门合上。

（9）床头柜应高于床

床头柜高于床可提升睡眠者之智慧，并提高睡眠质量。

（10）床头忌尖角、直角冲射

床头不可被柜角或橱角、书桌、梳妆台冲射，否则易使人患偏头痛。叶子尖长的植物、方形或长方形的家具不能太靠近睡床。

175

11.卧房的装饰与照明

　　装饰卧房要避免悬挂能反射的东西，且不宜摆放刀剑、神像、神位等。床头所挂书画，以山水花草为佳，忌以老虎、虫兽为背景。床的上方忌吊兰花、缎带花及大吊灯，否则会影响居住者的健康。

　　卧房光线不宜太强，因为床是静息之所，强光会使人心境不宁，室内最好用柔和的白炽灯来照明，少用日光灯。卧房照明最好采用天花板半间接和间接照明，这种装饰在天花板上的照明灯，其背面的上方会有一圈较明亮的地方，愈往下愈暗，这种照明非常柔和，有利于休息，同时也比较省电。

　　卧房不宜有尖锐的墙角、柜角和其他的尖角，特别是尖角不宜正对床，所以要避免使用有尖角的灯罩，建议用圆形的灯罩。如卧房有尖角，就要考虑在家具的摆设上下工夫，同时可用盆栽植物或较厚的窗帘来缓和。

　　水晶是所有天然矿石中磁场最纯正的一种，可称

之为地球上的"精灵"，与红宝石、蓝宝石、钻石等同为宝石家族的成员，具有一定的市场价值。水晶是极有能量的宝石，任何光或能量透过水晶发散出来后能量都变得无限大，因此水晶对我们的身体健康、住宅风水及运气都有很大的帮助。

　　水晶是天然矿物，切割后原石的功能有二：一可以辅助改善疾病，二可以催动财气以增财运。水晶与人体的联系很强，因为其矿物成分是二氧化硅，最易与人体产生交流，可以调节及修补人体气场，令人体质转佳，故水晶有一定的健康作用。水晶含有放射性的物质，磁场很强，一条水晶柱的晶体上部为六角形，能量会从柱底不断地作螺旋状上升，绕着六边形直达柱的尖顶，因此，水晶具有吸收、集中及发放电磁的特性，能将方位财气的气场能量完整地发放到人身上，所以柱状水晶物品较为普遍地被风水家所采用。

　　其实水晶就是石英，它汲取了岩石的精华，并且能够改变光线的方向，折射出多种颜色的气能，因此更可改善运势。不过切勿将水晶当作点石成金的工具，因为它在风水的应用上不会无中生有，只会起辅助的作用。

（1）水晶能辅助改善疾病

　　白晶：可改善肠胃炎、头痛和偏头痛。

　　粉晶：可调节心跳，平衡情绪、血气的运行，有松弛、安眠、均衡血气之效。

　　金发晶：含二氧化钛，能改善坐骨神经痛、鼻敏感、支气管炎、肺弱等疾病。

　　玛瑙：可改善皮肤病、头发稀疏及心脏虚弱等症。

　　红玛瑙：能改善便秘、腹泻、经痛、大小肠功能失常等症。

　　东陵玉：能平衡内分泌。

（2）水晶应用于风水

子母水晶：其能量较大，通常是2～3种水晶连在一起，可以放置在厅中或房中的吉位上。

水晶柱：其形状是一条柱形，但必须配合风水星体及卦位方可采用。此类水晶最宜作催动风水财位之用，如黄晶球有助扩大财运，特别是在股票及地产方面；绿幽灵石则有助于积聚正财及遇见贵人；若家中有漏财现象，如有财位偏斜之类的情形，则摆放紫晶山有助凝聚财气；玛瑙洞亦有它的功效，男女双方各放一瓣在床头，一定程度上有助加深两人感情。

12.卧房的植物

卧房追求雅洁、宁静、舒适的气氛，内部放置植物有助于提高睡眠的质量。由于卧房中摆放了床铺，余下的面积往往有限，所以植物摆设应以中小盆或吊盆植物为主。在宽敞的卧房里，可选用站立式的大型盆栽；小一点的卧房，则可选择吊挂式的盆栽，或将

植物套上精美的套盆后摆放在窗台或梳妆台上。茉莉花、风信子等能散发香甜气味的植物，可令人在自然的芬芳气息中酣然入睡；而君子兰、黄金葛、文竹等植物具有柔软感，能松弛神经。卧房植物的培养可用水苔取代土壤，以保持室内清洁。但要注意，卧房不宜摆放有刺的植物，如仙人掌、玫瑰等。

13.卧房的窗帘

卧房中窗帘为单层布者，此屋居住人的运气可能会明显地往下降，出人头地更是无望。另外，使用褶皱少的窗帘者，情况亦相同。大窗应使用二层布的窗帘，小窗同样地应使用有内里之窗帘。

单以一层里衬蕾丝作为窗帘者，居住者会因赶不上时代而被时代遗忘，而且在事业及人际关系方面皆倍感吃力，运气方面也无转好之可能。而单单用一层布当作窗帘的人，对自己之所为毫无自信，因诸事力不从心而变得卑屈、乖僻，居于此种卧房的人，可能没有大梦或理想实现的一天。

总之，窗帘一定要使用里衬加布二层制成之物。订制品较现成品更能招运。使用便宜窗帘者，运势会日益转坏。

（1）花边窗帘

窗帘材质全为花边蕾丝者，使用者易成为以有色眼光看待他人之人。若想得到他人的真情实意并获取幸福，应避免使用大花边蕾丝窗帘。

使用淡绿色系蕾丝边窗帘的人，思想较易淫乱，应尽可能使用浅灰黄色、米白色等色的窗帘。

（2）布艺窗帘

棉绒或灯心绒等厚质感的材质及一般家庭经常可见之薄材质，这两种窗帘皆可使用，最重要之差别在

于其花纹、色纹。

（3）斜纹窗帘

由室内往外看，窗帘为右高左低之斜纹窗帘者，居住者易患酸痛症。左高右低时，居住者也易患有身体酸痛或头痛等毛病，另外可能会睡眠不足。

横纹窗帘，而且是大横纹者，容易使人心焦不安，或是情绪起伏不定。纵纹窗帘易使人事业不顺阻扰多，对事耐心不足易心焦。纵纹窗帘对考生却非常适合，理由是纵纹仿如学校中的科目区分，能令考生的紧张情绪调和而努力用功（小孩房间中，很适合使用纵纹窗帘）。

有强烈结婚念头的女性，最好使用有花纹的窗帘，但是必须配上素色床罩。单纯地只考虑恋爱或结婚者，可同时使用花边窗帘及同色系床罩，如此一来，更能增加其运气。

使用花纹以外的可爱图案作窗帘者，很可能成为满怀希望与梦想、却往往无法实现之人。此点必须加以注意。

使用几何模样窗帘者，稍带自愎卑气息，不相信

自己。此种情况，应尽可能在室内摆设方面加入其他阳气较强的物品，以求取平衡。

（4）不带花、朴素的窗帘

白色、象牙白色、米色等淡色窗帘，使用者的人生可能将没有任何的高低起伏。如怀有大志愿者，应改用色系较浓的窗帘。

如果窗户位于南侧，则使用绿色系窗帘；若位于西侧，则使用稍浓的茶色系窗帘；若位于北侧，则使用灰色系窗帘；若位于东侧，则以蓝色系窗帘较好。使用上述的颜色，可以让使用者之社会地位、事业运、人际关系更上一层。

黑色或浓灰色等单调色系窗帘的使用者，易满足于现状，此后之人生亦无大变动；使用明亮色系之窗帘者，强烈希望发展自我。

窗帘，特别是卧房中的窗帘，和床一样皆对开运有十足的影响。夏季仍使用冬天用品之无季节感的人或使用褪色窗帘者，皆为不会享受人生之人。

窗帘最好是2～3年更换一次。另外，应每年清洗，创造一个崭新的寝室空间。

婚房风水概述

结婚，是人生中的一件大喜事，新房自然要能够充分体现这种喜庆。中国民间传统是很讲究婚房的布置的，现代人的生活与以往相比虽然有了很大的改变，但是在新婚筹办上依然不离传统。作为别具内涵的卧房——婚房的布置，除了要注意一般卧房的相关事项之外，还要特别讲究。

1.婚房装饰要喜庆

在选择家具时，以中性色或浅色为宜，应避免深色调家具进入新房，这样可增加室内亮度，给人以明快、欢乐、温暖感。

剪一个大红的"囍"字贴在窗户或墙上，表示喜庆，象征幸福美满。这种美好而纯朴的古老形式无损于新居淡雅高洁的格调，反而可以在反差中取得突出的效果，给人留下强烈印象。

可在新房拉起五颜六色的纸制花环，有条件的还可充分利用现代灯具的装饰效果，挂五彩缤纷的彩灯，烘托室内的热烈气氛和喜庆之情。床上用品及其他室内装饰物应特别选用暖色调的、艳丽的，比如放置大红玫瑰等也能衬托出新婚美景。还可以预备两座烛台和大红蜡烛，于夜深人静时点燃于卧房中，体味一下"银镜台前人似玉，金莺枕侧语如花"的美妙感受，特别能渲染新婚之气氛。

2.婚房位置与色调

婚房的位置最好在阳光充足的地方，并且空气要畅通。婚房墙壁及家具、窗帘尽可能不要用粉红色，否则会使人神经衰弱、心绪不宁，夫妻吵架之事也必然常常发生。婚房色调如果太阴暗，如深蓝、深绿、深红、深灰色等，容易使夫妻心情不佳。婚房地板颜色不要太黑暗或是大红、粉红色，否则易使人脾气暴躁、与人口角多。

3.婚房的布置

在新房的房门上宜挂上用圆珠串起来的门帘，这样能激发夫妻相恋的能量，并且可避免夫妻间感情相互不忠的厄运。夫妻卧房门上挂珠帘产生的能量，还会给夫妻带来彼此相互关爱的感觉。

在新房的装饰中，蜡烛的巧妙点缀往往能取得意想不到的效果。玫瑰花朵形的高脚杯，红蜡烛的热烈瑰丽，置于床前，充满温情、神秘与唯美。精致可人、晶莹剔透的心形花烛，有着水果颜色的果形花烛，或温暖亲切，或清凉宜人。

富有传统意味的一对红色丝绸抱枕，也可以为婚房起到点睛的作用。鲜花对新房的装饰作用不可忽视，百合不仅色彩、花形大方典雅，她的名字更给人一种吉祥祝福；勿忘我则表达了"爱你一万年"的决心。花卉在修饰上，无论是整束还是单枝，随意地放入花器摆放，不管是在新房的哪个角落出现，都能彰显出

以防脑神经衰弱；婚房的床头上方，最好不要悬挂新婚大照片，以免压迫感过重；婚房的床位脚部侧面，不可对厕所门。

由于是新婚，夫妇均会尽情享受鱼水之欢，在床位上的讲究可以参考《洞玄子》的意见：交接所向，时日吉利，益损顺时，效此大吉，春首向东，夏首向南，秋首向西，冬首向北。

床单、床罩的选择应结合床的款式。席梦思床可选大尺寸的西式床单；如果两边有床头的，还是应选中式床单。床单的质地以纯棉的最好，柔软舒适，吸湿性强。不宜用太粗厚的布料，睡时既有粗糙感，洗涤也比较困难；太疏松的布料也不宜选用，尘土会通过织眼沉积在褥垫上。

如今床罩的款式和品种相当多，花色也越来越美丽，选购时主要应考虑它的装饰效果，并要和居室的整体布置、色调一致，尽可能与家具、帐幔、窗帘、

祥和的幸福感。

要想现代风情浓一点，婚房布置可以花篮、花瓶为主，选择款型美丽的花篮和花瓶，插上象征爱情、婚姻美满的百合、玫瑰、红掌、蝴蝶兰等鲜花，会使婚房内充满甜蜜和温馨。还可以挂一些千纸鹤，渲染一股浪漫的情调，再在醒目的地方放上一对玩具新郎和新娘，并在一些器物上贴上小小的"囍"字，这样结婚的喜气就无处不在了。

4.床上用品

婚房床位的左边即青龙方如果紧靠墙壁或近墙，则妻子易生男孩；而床位右边即白虎方不可过于逼仄，否则易致夫妻失和，并且床位右边不可放置音响，以免夫妻有口舌之争。婚房的床前不可被电视机正冲，

桌布等的色彩和风格相协调，在和谐中体现美。但需注意，婚房地毯、床单、窗帘如果都是红色的，则妻子生女孩的机会较多。被子，民间称"喜被"，一般都是购买好被面、被套和被里自行缝制，但现代人大多喜欢购买现成的羽绒被和踏花被。既是新婚用的，被面自然以绸缎为好，显得富贵华丽，也更喜庆。绸缎被面品种很多，主要有提花、印花、绣花三大类，花色图案也很丰富，像"二龙戏珠"、"喜鹊登梅"、"龙凤朝阳"，以及一些大花和带有"囍"字的，喜庆气氛都很浓郁。被里应以吸湿性好的棉织品为首选。

枕头一般由枕芯和枕套组成，过去用的枕芯多是谷壳、荞麦皮、芦花枕芯，现在多为泡沫塑料、木棉、羽绒枕芯等。枕套的种类很多，材料上可分为的确良枕套、尼龙纱枕套、绸缎枕套、棉布枕套等，式样和花色也很多，可根据自己的喜好结合其他物品选择。不过枕套以及枕巾均以棉制品为好，这样使用起来枕巾不至于老是滑落。枕头有一对的，也有"连枕"，新婚者选购一套"连枕"较好，有永结同心的好意头。

5.床上饰物

现代人生活比较讲究系列配套，那么在床头柜上可放置夫妻双方的生肖水晶或音乐盒，有助于夫妻感情融洽，但切记生肖不可相克；在婚房中放置成双成对的图画、蜡烛与柜灯，象征亲密；帐内悬挂葫芦、连心结等饰品，象征夫妻同心，早得贵子。在婚床上如能适当地增置小饰物，既可增加舒适感，更多了几许情趣，比如可在床上放置两个温馨典雅的靠垫或放上一只玩具毛绒狗，都会使房间生动活泼起来，并且可产生浓郁的新婚生活气氛。

6.婚房风水

有情人终成眷属，这是天地间之大喜事。而当两个人共同走到红地毯的彼端，建立一个温暖的新家之时，经过精心设计的婚房就是每一对伴侣心灵的归宿。婚房不仅是睡眠、休息的私密空间，更是一对新人培养感情的场所，所以一定要精心布置。好的婚房风水能让新婚夫妇生活得幸福、甜蜜，为以后的婚姻生活打下坚实的基础。以下介绍如何让婚房有个好风水。

婚房的位置要选择阳光充足的方位，光线太暗的房间容易使两人心情烦闷。

婚房空气要畅通，以免新家具及装潢木材的油漆味熏塞人的呼吸系统，影响新婚夫妇的身体健康。

婚房的装潢木材忌用黑檀木，因为黑色会影响到婚房喜庆的气氛。

婚房色调不宜太阴暗，深蓝、深绿、深红、深灰色等颜色容易使新婚夫妻心情不爽快。

婚房床不可有任何一面向着卫浴间的门，因为卫浴间有较重的湿气，潮湿的气体一旦进入卧房，会使床铺变得潮湿，使人睡起来觉得很不舒服。久而久之，会让人感觉身体疲乏、腰酸背疼，但具体又检查不出是什么原因造成的。

婚房的床前不可放电视机。如果一定要在卧房内安放电视机，可选用可移动电视柜来放置电视机，或者将电视机与床放置成斜角，减少辐射。

婚房的床前及左右最好不要放置大镜子，以免夜间被镜子中的自己吓着。

婚房的床头柜上不可放音响，否则会严重影响睡眠质量。

婚房的床头两侧不可被柜角或橱角、书桌、梳妆台冲射。"角"容易让人撞到而伤害到人；梳妆镜则会令人睡得不安稳。

婚房天花板不可五光十色、奇形怪状，谨防其成八卦、天罗地网之形状，以突出喜庆气氛为佳。

婚房床位不可被梁压，如果天花板有装潢则无妨。

婚房床位不要靠在落地窗边，阳光太强烈，夫妻的心情会浮躁。

婚房床头两边千万不可冲门，否则会使居住者心神不安。

卧房是家中最重要的房间之一，承载了主人最隐私的部分，也是主人休息最重要的场所。良好的卧房风水可为居住者带来健康的身心和美满的婚姻，在这里可以享受最放松的个人时光。因此，维持卧房赏心悦目与整洁干净是非常必要的。面对卧房里繁多的小东西，首先必须做好分类，再利用空间分割，将大盒收小盒、大箱藏小箱，大的收纳空间里再分成小格利用，如此才能让卧房给人有条不紊的感觉。

卧房方位格局风水之宜

主人房应该居于西北方位，这个方位能够凸显主人的成熟度与责任感，使主人在工作与生活中更易得到他人的尊重。位于住宅北面的卧房会比较平静，对于失眠者有特别的效果；位于住宅西部的卧房有利于提高夫妻生活的质量；而住宅的东或东南部对刚步入社会的年轻人有益。

宜 卧房宜在住宅西南方或西北方

卧房最有利的位置应是住宅的西南方与西北方，这两个方位均能提高居住者的成熟度和责任感，从而使其得到他人的尊重。

宜 卧房面积宜适中

现代人都以住大宅、居大屋为荣，但卧房面积过大也不宜。人体是一个能量体，无时无刻不在向外散发能量，就像工作中的空调，房屋面积越大所耗损的能量就越多。因此，卧房面积过大容易导致人体耗能过多，不适宜居住。卧房面积控制在10～20平方米较为理想。

宜 卧房方位宜根据家庭各成员来定

理想的卧房吉相，乃是家庭成员各自拥有适合自己方位的卧房。具体来说，主人夫妇应该居于西北方位（从屋子中心看）的房间，长男居于东方，长女居于东南。卧房是吉相的话，居住者的疲劳就能够充分地消除，很容易就能够恢复活力。

宜 卧房面积宜小于客厅面积

现在的户型设计很流行大客厅、小卧房，这种设计不仅从风水学理论来看有道理，在现代养生学中也得到了认可。客厅是家人活动的公共区域，还要作接待客人之用，所以尽可能大一些为好；而卧房是一个私密空间，只要方便使用就可以了，面积过大的卧房不宜居住。

宜 老人宜选择较小的卧房

现在一些新兴的公寓住宅，尤其是三室一厅以上的套宅，往往把老人房设计得比较大，有些还配有非常宽大的玻璃窗，使之成为一间宽敞亮堂的豪华大卧房，殊不知这正是"家相学"所忌。根据中医和气功理论，人体在白天体内能量和外部空间能量是一个内外交换的过程，人体通过呼吸、吸收阳光、摄入食物等等，随时补充运动、用脑所消耗的能量，而一旦当人体进入睡眠状态，则只有通过呼吸摄入能量，但人体在睡眠状态中只是减少了体力活动，大脑因为不停地做梦并不能得到充分的休息，因此，在睡眠过程中，人体能量是付出的多，吸收的少。所以建议给老人选择较小的卧房作为睡眠的安乐窝。

宜 老人房宜设在南方或东南方

老人房宜设于住宅南方或东南方，这两个方位容易受到太阳光的照射，太阳光对老年人的健康有很好的作用，甚至比许多医药效果都好，所以老年人的房间要选择采光最好的方位。老人在家里的时间也最多，要特别注意防寒、防暑、通风，这样老人长期留在家里就不会因为空气流通不好而中暑或受风寒而伤及身体。

宜 卧房窗户宜大小适中

如果窗户过大并在朝东或朝西的房间，早上或下午强烈的阳光就会透过窗户照射到室内，导致卧房内光线过强而影响休息；窗户太小又会影响采光和空气的流通。建议选择窗户大小适中的房间作为卧房，如果窗户过大无法改变，最好是采用较厚的落地窗帘进行遮挡。

宜 卧房空气宜流通

卧房内的空气一定要流通。很多人为了减少尘埃而长期关闭卧房的窗户，其实这样做很不利于身体健康。如果空气不流通的话，新家具及装潢之木材、油漆味会熏塞人的呼吸系统。特别是老人房更要注意空气的流通，因老人待在房中的机会比较多，房间最忌潮湿，应常保干燥，房中冷暖设备也要周全。

宜 老人房的格局宜考虑老人的特殊情况

人到晚年，生活方式相对稳定且节奏放慢，老人卧室在格局上应重视行动便利、减少障碍。床的规格应大方，以便于休息。老人卧室除了考虑以上因素之外，还要考虑个人嗜好的需要，布置在有户外景观的位置，并离卫生间比较近；床头要有良好的照明且方便放物品。一般老年人行动不便，所以在居室格局上要留出宽敞、通畅的通道，出入方便，活动自如，防止出现意外事故。

宜 卧房格局宜方正整齐

方正的格局给人一种四平八稳、不偏不倚的感觉。多少年来，中国人深受"天圆地方"观念的影响，在建造住宅时，无论是外墙还是内部厅房，大多是方形的。方正的住宅可使气的能量平衡地循环流动，从而给居住者的身心健康带来很好的影响。以现代观念来看，方正的房子实用性强，摆放家具也非常方便，并且容易满足通风、采光等各方面的要求，居住其中自然会感觉舒畅、心平气和。不过同时也要注意，衣柜、电视、书桌、梳妆台摆放须整齐，千万不要给人混乱的感觉。

宜 老人房宜在温度适宜、通风的方位

当太阳出来后，浑浊的空气消散了，此时很适合打开窗户，使新鲜空气流进房间，多呼吸新鲜空气对健康很有帮助。老人房的温度对健康的影响是很明显的，在寒冷的冬天和炎热的夏天，人体将消耗大量的能量用来弥补温度带来的消耗。老人房的温度应尽量达到冬暖夏凉，冬天时，老人房的温度应在16～20℃；夏天时，老人房的温度在22～28℃这个温度范围内比较合适。

老人卧房所在的方位、窗户开的大小，以及地板材质的选用均会影响室内气流的速度。空气流动速度过快对人也不好，如一个人睡觉休息时，血液流速很慢，汗毛孔张开，过快的空气流动会使人中风、感冒；当空气不流动时，外面新鲜的空气进不来，长时间的空气淤积，会使空气变污浊，也会影响人的健康。如果遇到位置和角度不同的建筑物，户外风进入室内便会形成旋转气流或分流，这些均要列入老人房方位选择的考虑因素中。

卧房方位格局风水之忌

在卧房方位风水中，主人房设在西方大不宜，因为夕照留下的暑气，会使房间内温度升高，使人健康状况不佳。卧房的方位格局风水会对人的健康和运势产生相当大的影响，因此要格外注意卧房方位格局风水的禁忌。

忌 老人房忌设大落地窗

落地窗的卧房会显得气派，但老人较年轻人体质会差一些，卧房如果带有落地窗，就会增加睡眠过程中的能量消耗，容易使人疲劳、失眠。因为玻璃结构无法保存人体能量，这和露天睡觉易生病是一样的道理。如果老人房设有落地窗，就要挂深色的厚窗帘遮挡。

忌 卧房面积忌过小

大面积卧房会过多地消耗人体能量，但万事得有个度，卧房太小也未必理想。那么，一个卧房究竟多大面积才适宜呢？建议在15平方米左右，不超过20平方米为佳，这样才有利于我们人体与周围环境气脉相通，以达到休养生息的目的。

忌 忌主卧房面积小于次卧房

居室中卧房有大有小，那么大间的卧房宜作主卧房，相对小一点的作客卧房或儿童房。如果将小面积卧房作主卧房的话，就会很不方便主人的生活，而且有主次不分、喧宾夺主之嫌。

忌 老人房忌离家人卧房太远

在选择老人房位置的时候，要注意老人房不可离其他家庭成员的卧房太远，否则不方便照顾老人。其他卧房也不可太吵闹，以免影响老人休息。如果是别墅或者复式楼，最好是将老人房安置于楼下，以免老人上下楼不方便。

忌 卧房方位忌主次颠倒

主人夫妇的卧房与孩子、老人卧房的方位忌颠倒，比如孩子睡于西北方，主人夫妇睡于东方，这种情形就不太好，会给人家庭成员主次不分的感觉。如果出现这种情况，建议按正确的方位更换房间。

忌 地下室忌做卧房

地下室的房间一般很阴寒、阴冷的房间不宜做卧房。因为这样的房间很容易潮湿，空气也不流通，住在其中很不利于健康。同时，从风水的角度来看，在这种地方住久了，人会自然而然地变得孤僻，性格会变得暴躁，还会影响夫妻感情或恋人间的关系。

忌 不规则房屋忌做卧房

奇形怪状和损位缺角的住宅，其内部之气会停滞或流动无规律，能量场的分布也很不均衡，会对人的身心健康及日常生活造成影响。如果卧房窄长，则可在房间的中央增加间隔或摆放家具，把房间分成两个部分，这样便可解决问题。

忌 卫浴间忌改造成卧房

现代大楼实施管线整体施工，所以整栋大楼浴厕都设在同一地方。如果将浴厕改为卧房，势必造成夹在楼上和楼下两层浴厕之中，而浴厕本为潮湿、不洁之所，长期睡在当中必然对身体健康有所影响。另外，楼上、楼下马桶、水管一开动就会发出噪音，会影响休息，久而久之对人的身心健康亦会造成伤害。

忌 卧房的厕所门忌常开

套房式卧房的厕所门要常关，或用屏风遮挡。因为沐浴后的水气与厕所的氨气极易扩散至卧房，而卧房中又多为吸湿气的布品，将令卧房环境更为潮湿。厕所里令人不舒服的味道也对健康不利。

忌 老人房忌设在住宅中央

老年人的精神较弱，需要较安静的环境才能休养身心。因此老人房最好不要设在住宅中央，也不宜设在家人走动频繁及噪音过大的地方。如果老人房很嘈杂的话，最好是重新调换房间。

忌 骑楼上方不宜当卧房

有些大楼的一楼是骑楼。骑楼上方的二楼空间，最好不要当卧房，因为中国人最讲究睡觉时要有安稳的磁场，像这种卧房下方是骑楼的房子，因为下方是空的，有气流和人潮流来流去，人在上面睡久了会破坏身上的稳定磁场，因此，这属于磁场不稳定的不利之宅，最好不要把卧房安排在骑楼上方。当然了，骑楼上方当作起居室或工作室，就没有什么大碍了。

卧房装饰布置风水之宜

卧房的装饰很大程度取决于色彩的搭配，若将软、硬板块的色彩有机地结合，便能取得相应的装饰效果。卧房内的光线必须适中，柔和的光线能使居住者的身体和精神均保持良好的状态。卧房内放置绿色植物或鲜花可以增加室内温馨和谐的气氛与幽静浪漫的情调。

宜 卧房宜使用环保家具

卧房宜使用不散发有害物质的天然家具，如原木系列，不上漆，仅以天然蜡质抛光，既保留了天然纹理又不污染环境；科技木家具、高纤板家具、纸家具系列不含损害人体的有毒成分；未经漂染的牛、羊、猪等皮制作的家具以及藤类、竹类等天然材料制作的家具能帮助我们回归自然、返璞归真，有益健康。卧房家具应沿墙摆放，这样有利于房间采光和通风。

宜 卧房宜有"鱼"

鱼，寓意为年年有"余"，鱼与水有财源滚滚之意，是人类对居住和生存状态最美好的祝福与期望。人类进化到今天，当温饱已不再是人们对生活的祈求时，鱼的图形或雕塑便成了具有美好象征的卧房装饰。

风水 知多一点点

※ 老人房宜邻近厕所

多半老人膀胱无力，或较易患泌尿系统的疾病，如果老人上卫生间不方便，就会给他们的生活带来诸多不便。若老人房邻近厕所，则能方便他们的日常生活。

宜 卧房宜挂吉祥物

挂吉祥饰物会增添喜气和带来财运。一般来说，福禄寿三星、九鱼图、牡丹花、孔雀开屏等吉祥饰物或图画是适合每个家庭的。吉祥物栩栩如生的造型，不但可为住所带来吉祥之气，还可以点缀家居环境。

宜 卧房的木器宜多于铁器

人类生来就与树木为伍，甚至可以说树木是人类的摇篮，而铁器是伴随人类劳动生产和武装斗争的进程而发展的，所以木器家具更具有人文气息，铁器冰冷而缺乏关怀感。因此，卧房中的木器要多于铁器才更符合自然之理。装修时家装的木制品部分应尽量保持颜色单一、品种单一，这样不仅可产生浑然一体的效果，还能利用实木的特有纹理拼出别致的花纹。

宜 斜顶的卧房宜用竹藤家具

斜顶房间一般尽量不作卧房使用，如果一定要设计成卧房，最好选用竹藤家具。桌布、椅套等都可以用粗织棉布或麻布制品，这种以自然材料渲染出的环境具有浓厚的乡村气息，也是目前流行的装饰手法。乡村风格是斜顶和矮天花卧房的首选。如果房间的天花板偏低，墙面的花纹就要以直线条为主，室内家具也要低矮一些。

宜 卧房宜摆放常绿植物

随着人们生活品位的提高，用绿色植物装点室内空间已成时尚。常青盆栽是很好的选择，但务必选择常绿、生命力强、不易凋谢和不落叶的植物。宽敞的卧房，可选用立式的大型盆栽花卉，以显示主人的气度；面积小一点的卧房，可选择吊挂式的盆栽植物，或将植物套上精美的套盆后，摆放在窗台或梳妆台上，在点缀空间的同时，也可使人修身养性。卧房宜摆放的植物有茉莉花、风信子等能散发出轻微香味的植物，以及君子兰、文竹、吊兰等常绿植物。

宜 卧房宜放置花瓶

在卧房摆放鲜花，可以兼具开运与显示品位的双重效果。比如香水百合散发出的香气代表好运，能增进夫妻感情，让未婚者迎接好的缘分。花瓶属静，在卧房摆一个漂亮的花瓶，再插上美丽的鲜花，对人的心理、生理都大有裨益。从风水学上说，花瓶可提运，插满鲜花的花瓶更可增加居住者的人缘和活力。

宜 卧房宜挂朴素、高雅的画

卧房内的挂画布置力求朴素、高雅，尽量不要挂艺术照片及另类的挂画等。另外，太过萧条的字画、猛兽图画、神像、圣像、经书等也不宜放置在卧房内。

风水知多一点点

※ 榴开百子

在北方还保留着订婚下聘或迎娶送嫁时都互赠石榴的风俗。因为石榴里面"籽"比较多，所以引申为多子多福，生活中绘入吉祥图案称作"榴开百子"。常见的"榴开百子"图主要有两种，一种是切开的石榴果连着枝叶，另一种是群婴嬉戏于石榴树旁，或以石榴花果为周边装饰。

宜 卧房镜子宜隐藏

如果因为某方面的需要，非得在卧房安放镜子不可，那就得将镜子遮起来，或是把镜子摆在远离床的地方，以你在床上时不会在任何一面镜子的任何角度看见自己为宜。

宜 肖鼠者卧房宜布旺鼠之局

肖鼠者卧房需要悬挂一些旺鼠的五行画卷，才会对主人有利。从五行来说，鼠属水，宜摆设猪或鼠的图片或饰物，因为猪与鼠都属水，水水比和能旺主。如果有猴、公鸡或凤凰的图片或饰物，则为金生水之局，因为猴与鸡五行属金。肖鼠者最吉利的饰物是猴，因为猴与鼠是三合的格局。牛、龙、猴的图画及饰物也能促进夫妻和合，并能加强人缘。在《周易》干支组合里，鼠与牛成六合，鼠、猴、龙成三合之格局。

宜 肖牛者卧房宜挂草木之画

肖牛者的卧房，如果挂上一些与本身相旺的图画与装饰物，会增加主人的运气。生肖属牛的人宜在卧房挂青草图或水、木之类的图画，最好是挂一幅可补旺五行的"春耕图"，则大利命主。此外，卧房挂一些龙、牛、羊的图画也会旺主人。有人认为，肖牛者挂羊的图画会相冲，其实不然。牛属土，而土是越冲越旺的，生肖属牛的人是不怕龙、狗、羊相冲的。还有挂蛇、马也会旺主人，蛇、马属火，火可以生土。另外，挂鸡的图画对主人婚姻感情大有帮助，对财运、事业运也有帮扶的作用。

宜 肖虎者卧房宜有兔和猪的饰物

肖虎者的卧房，如果挂上一些兔、猪的饰物或图画，会增加主人运气。因为老虎在五行里属木，兔也属木，并列一起是互相生旺的；而虎与猪是六合的格局，六合之局大利姻缘、财运、人缘。如果布局得好，一般主人财运会明显增强。

宜 肖兔者卧房宜有兔、猪和羊的饰物

肖兔者的卧房，如果挂上兔、猪、羊的图画或饰物是非常吉利的。兔、羊和猪构成三合之格局，会令主人人缘好、家庭和睦、财运亨通。另外，摆设狗的装饰物也不错，狗和兔是六合格局，与三合具有一样的效果，利财运、旺家庭。

宜 肖龙者卧房宜有龙与凤的饰物

肖龙者的卧房，宜有龙、凤的挂画或装饰物，寓意"龙凤呈祥"。另外，龙加龙是旺主人命运的，龙凤相合可使家人团结、婚姻美满、如意吉祥。此外，属龙者的卧房挂一些画有广阔无垠的草原、天空或大海的挂画，可以增强主人财运。

宜 肖羊者卧房宜有属土的饰物

肖羊者的卧房，挂上属土的画，如龙、狗、牛、羊，是很吉利的，这是土土比和之格局，是相旺主人的风水。如果挂马或蛇的饰物与图画，也会生旺主人。它们均属于对主人有利的图画，因为马、蛇属火，羊属土，火土相生，且火能生土。另外挂一些有青草之类的图画、摆设一些小植物，对财运也有一定的帮助。

宜 肖蛇者卧房宜有龙、鸡和牛的饰物

肖蛇者的卧房挂上龙的话，可以使蛇变龙，龙是吉祥的象征。另外，在周易里，蛇、牛、鸡是三合的格局，三合之画有风水的潜力，可以增强主人的运气，促进家庭和谐。

宜 肖马者卧房宜有龙和马的饰物

肖马者的卧房，挂上龙和马的饰物与图画是十分吉利的，寓意"龙马精神"、"马到成功"，一般可选择龙凤图或双龙戏珠的图画、装饰物。另外，要是挂上骏马图效果更佳，挂羊的图画也不错，因为马羊相合，成六合风水，大利人缘，可以促进人际关系和家庭和谐。

宜 肖猴者卧房宜有龙和鼠的饰物

猴、龙、鼠能构成三合的格局，如果肖猴者卧房挂上有鼠、龙图案之图画，则非常吉利。三合格局的风水，动静和谐，主家庭团结、婚姻美满、居家吉祥。另外，在肖猴者房间里，挂一些桃树之类的饰物与图画可保平安、吉祥。

宜 肖鸡者卧房宜有龙和鸡的饰物

龙和鸡是六合之格局，所以肖鸡者在自己卧房挂上龙的饰物与图画，可以加旺本身的运气。五行里，金金比和，肖鸡的人卧房挂五行为金的饰物或图画，对改善风水有很大的帮助，主家庭幸福、事业有成。

宜 肖狗者卧房宜有虎、马和兔的饰物

肖狗者卧房里，如果挂上兔的饰物或图画，是最吉利的，有道是狗、兔六合，六合风水格局有利家庭和谐、事业兴旺。若挂上虎与马的饰物或图画，主三合，也有利于人际关系，并多贵人相助，事业运、家庭运都会很好。另外，肖狗者卧房也可挂一些粮食丰收的图画，以增强财运。

宜 肖猪者卧房宜有兔、羊的饰物

肖猪者的卧房，挂上羊与兔的饰物或图画，形成三合风水格局，能增强人际关系，并能使家里的积蓄大幅度增长。

宜 卧房光线应柔和

卧房内的光线必须适中谐和。在日间，阳光不能长时间地照射室内，否则会令室内温度上升；但室内也不能长期不见阳光，否则会使人意志消沉，也会影响身体的健康。柔和的光线才能使居住者的身体和精神均保持良好的状态。

宜 夫妻卧房宜用黄色调

卧房装饰成黄色调能增进夫妻感情。夫妻之间若想拥有良好的沟通，可在床的任何一边摆上一对玻璃烛台的粉红色蜡烛，也可在卧房的门上挂上珠帘。

宜 床头宜有明亮的灯光

虽然在睡觉时会将灯熄灭，但床头要保证能随时提供照明。这样不仅能满足阅读等的需求，还能营造卧房的氛围，局部的光照往往能产生温馨的氛围。

宜 卧房色调宜柔和

卧房的颜色应柔和、具有温馨感，绿色是稳定而均衡的颜色，男女老少皆宜。卧房的墙壁选用暖色调有助促进姻缘和增进夫妻感情。卧房整体色彩的选择还要依卧房门的方位而定，根据五行的原理，卧房门方位与颜色有以下对应关系：

东与东南：绿、蓝色

南：淡紫、黄、黑色

西：粉红、白与米色、灰色

北：灰白、米色、粉红与红色

西北：灰、白、粉红、黄、棕、黑色

东北：淡黄、铁锈色

西南：黄、棕色

宜 卧房色调宜符合主人的风水命

住在适合自己风水命色调的卧房，有利于事业和财运，同时也有利于身体健康，以下介绍不同风水命宜对应的颜色。

一白命宜白色：一白命五行属水，住在白色调的卧房，成金生水，对居住者很有利，会令其才华出众、精神饱满。

二黑命宜红色：二黑命五行属土，住在以红色为主色调的卧房，成火生土，会给居住者带来许多意想不到的收获，同时对居住者的事业也有帮助。

三碧命宜蓝色：三碧命五行属木，如果住在蓝色调卧房的话，成水生木，大利命主，使其事业有成。

四绿命宜紫色：四绿命五行属木，如果住在紫色为主色的卧房的话，成水生木，有利于居住者的事业和财运。

五黄命宜红色：五黄命五行属土，如果住在红色为主色的卧房，成火生土，会给居住者带来意料之外的财物。与此同时，也能有利于其事业的发展。

六白命宜浅黄色：六白命五行属金，如果住在浅黄色为主色的卧房的话，土生金，大利命主，富贵双全。

七赤命宜土黄：七赤命五行属金，如果住在土黄色为主色的卧房的话，土生金，大利命主，富贵双全。

八白命宜黄色：八白命五行属土，如果住在黄色为主色的卧房的话，成土比和，大利命主，多不动产，招财运。

九紫命宜绿色：九紫命五行属火，如果住在绿色为主色的卧房的话，成木生火，大利命主，中年会有好的财运。

宜 卧房色彩宜自然协调

卧房的装饰很大程度上取决于色彩的搭配，一般居室大致可分为5大色彩块：窗帘、墙面、地板、家具与床上用品。若将软、硬板块的色彩有机地结合，便能取得相应的装饰效果。回归大自然已成为现代人普遍的向往，故追求自然本色的装饰效果也成了时尚。浅雅的床上用品与本色为主的硬装潢结合，能给人清新朴实的感受，将喧嚣拒之门外。

宜 卧房内宜摆放梳妆台

在卧房内最好摆一张梳妆台，整齐干净，隐秘又采光良好，并且具备较大的镜子和放杂物的柜面与抽屉，不一直线正对或紧贴任何门窗，不在横梁正下方，不紧贴柱，镜面不一直线自床脚正射床面，不一直线正对侧面的床头，就是梳妆台的好风水，对于个人存私房钱或理财有好的运势协助。梳妆台应尽量个人使用，若与他人合用或是兼做书桌、工作桌的话，私房钱易被人发现。

没有梳妆台，而以厕所洗脸柜取代的话，易因不名誉的事或健康问题而破财。

梳妆台位于更衣室内，空气不流通会造成存不了私房钱，或是手边有钱就拿去买名牌衣饰、精品皮包。

梳妆台贴紧厕所门，一直线正对或背对厕所门，整理私房钱时容易脑筋不清楚，或被人诈骗，或因男女桃花而破财。

梳妆台上有冷气口、横梁或靠柱，会导致存不了钱或存钱存得很有压力。

梳妆台紧贴房门或一直线正对、背对房门，容易导致私房钱被迫拿出来解家人的燃眉之急。

梳妆台贴窗户、一直线正对或背对窗户，则易导致私房钱因外界的人、事、物而损失，或是被人骗财，或是因受不了外界的诱惑而破财。

宜 老人房布置宜考虑老人的安全因素

老人房的门宜易开易关，并应便于使用轮椅及其他器械的老人通过。不应设门槛，有高差时用坡道过渡，而且在材质色彩上应有变化。门拉手宜选用旋转臂较长的，避免采用球形拉手，拉手高度宜在900～1000毫米之间。根据老人的身高，居室窗台尽量放低，最好在750毫米左右，窗台适当加宽，一般不少于250～300毫米，便于放置花盆物品或扶靠观看窗外景色，条件许可时窗台内可设置安全栏杆。

老人房所用的家具应是简单、稍低、柔软的，如转椅、安乐椅、软皮矮沙发、矮床，还可设置写字台、电视柜、茶几。电风扇、电暖炉宜放置在房间角落，不要影响老人起居活动。电器开关安装位置应以方便实用、安全有效为原则。至于一些保健设施，可为老年人配备专用药柜或药箱，也可把常用药放在写字台前或床头柜上备用。健身器、按摩器需使用方便，注意保管和安全。

宜 老人房照明光线宜柔和

老人房最好能有充足的阳光，这样白天的采光就很充足。夜晚时，老人房应像主卧房一样，采用柔和光线的照明灯具。由于老人的视力一般不是很好，最好能有明亮的日光灯与柔和光线的灯具相互补充，这样搭配比较理想。日光灯作为房间的基本照明，尤其在阴雨天，可以作为房间的主要照明灯具。另外，最好在床头柜上或者写字台上摆放一盏能调节亮度的台灯，当老人在夜晚阅读时，可以用它来提供明亮的灯光；当老人躺在床上休息时，将台灯的灯光调暗些，昏暗的灯光将有助于老人安稳地入睡。

宜 老人房陈设宜利睡眠、休闲

老年人的睡眠质量一般不太高，为了能使他们有高质量的睡眠，床应尽量以最佳的方式来摆设，在老人房内设置衣柜，会使房间显得拥挤，衣柜不适合摆在床头，尤其是紧挨床头，那样会给老人造成压迫感，影响睡眠。建议尽量避免在老人房间里放置太多的金属类物品，因为金属类的东西色调较冷，不适合老人房温馨的氛围。

有时老人房在一定程度上也充当书房，因此，写字台在老人房中也是很重要的家具。为有阅读、学习习惯的老人准备一张大小适中的写字台是很有必要的。在房间面积有限的情况下，写字台的摆放不容易达到最理想的状态，但应在有限的空间里，满足实际生活中的使用需要。很多老人并不会整天坐在写字台前阅读、书写，所以，可以将写字台与床头摆放在同一方向。在写字台上不应摆放超过两层高的小书架，如果有很多书需要摆放，可以在写字台的侧面设置一个书架。如果这些书并不是在阅读的，最好选择一款带有轮子的小型书柜，将它们收藏起来，放在床下或者写字台下，既节约空间又使房间看起来简洁、整齐。如果老人房面积允许的话，最好摆放一张双人沙发，方便老人之间聊天。

宜 老人房宜添置藤制家具

由于藤制家具给人以返璞归真的感觉，所以深得老年人的喜爱，一些藤制摇椅、藤制沙发、藤制休闲桌等，都可以为家中的老年人配备一两件，让他们更充分地接近自然，尽享晚年生活的愉悦。藤制家具多以来自东南亚的天然藤制成，加入了新的技术含量，使它们基本避免了干燥开裂的可能。

宜 老人房色彩宜淡雅、柔和

老人房不宜用太鲜艳的红色来装饰，过多鲜艳的红色装饰，会令人精神亢奋，并会导致老人患神经衰弱，长期下来会导致精神不济，心情烦闷。老人房适于营造和缓放松的气氛，使用能令老人平静、舒适的颜色最恰当。

老人房的色调应以淡雅为首选。老年人在晚年时都希望过上平静的生活，房间的淡雅色调刚好符合他们此时的心情。过于鲜艳的颜色会刺激老人的神经，使他们在自己的房间中享受不到安静，这样会损害老人的健康。过于阴冷的颜色也不适合老人房，因为在阴冷色调的房间中生活，会加深老人心中的孤独感，长时间在这样孤独抑郁的心理状态中生活，会严重影响老人的健康。老人房色彩宜柔和，能够令人感觉平静，有助于老人休息。

宜 老人房宜选用福寿类的装饰画

健康长寿而能享清福，是每一位老人的心愿。所以，老人房的挂画最适宜选用"平安益寿类"和"招福纳祥类"的装饰画。

老人房的装饰画，宜挂在房间的吉利方位，使装饰画的灵动力更好地体现，从而使老人得到良好的吉利能量。或挂在老人属相的三合、六合方位上，增进老人的福寿康宁。

老人房不宜挂镶嵌画、丙烯画、玻璃画，因这些画颜色鲜艳而刺激，对于老人的视觉系统是一种负担，会造成一种紧张情绪，不利于老人休息调养。

老年人最大的特点是喜欢回忆过去的事情，所以老人房的装饰画颜色宜选用朴素而深沉、高雅而宁静的色彩，以便契合老人的怀旧心理。

宜 老人房宜选用古朴、平和的室内装饰色

老年人喜欢怀旧，所以在居室色彩的选择上，应偏重于古朴、平和、沉着的室内装饰色，以契合他们的怀旧心理。老人房要的是踏实和稳重的感觉，与儿童房的色彩斑斓相比，老人房要求更多的是一些稳重的色彩。

由于老人的眼睛对颜色的敏感性减弱，如果色彩太轻，则会让他们产生轻飘、看物体不准确等感觉。令人觉得稳重、沉着、典雅的深咖啡色、深橄榄色，让人感觉单纯平和的茶色系与奶色系，让人觉得雅致清爽的淡茶色系与灰色系都比较适用于老人房。但另一方面，如果老人的心情有些郁闷，则可考虑用少量橘黄色作为点缀，帮助老人调节心情。老人房照明要营造出宁静、温馨的气氛，使人有一种安全感。卧房的主体照明可选用乳白色白炽吊灯，安装在卧房的中央，另在床头距地约1.8米的墙上安装一盏壁灯，如果不装壁灯，利用床头柜灯照明也可以。灯具的金属部分不宜有太强的反光，灯光也不需太强，以营造一种平和的气氛。

宜 老人房宜设置安全扶手和淋浴座椅

为老人做再多的安全保障措施都不为过。随着年事渐高，许多老人开始行动不便，起身、坐下、弯腰都成为困难的动作。除了家人适当的搀扶外，设置于墙壁的辅助扶手更是他们的好帮手。选用防水材质的扶手装置在浴缸边、马桶与洗面盆两侧，可令行动不便的老人生活更自如。此外，在马桶上装置自动冲洗设备，可免除老人回身擦拭的麻烦，对老人来说十分实用。另外，老人大多不能久站，因此在淋浴区沿墙设置可折叠的座椅既能节省老人体力，不用时收起又可节省空间。

宜 老人房宜选择防滑地材

老人身体状况再好，若发生摔倒等情况，对于他们来说都是非常危险的。而浴室是最容易发生意外的地方，水气造成的地面湿滑，会令老人跌倒从而造成非常严重的损伤的几率提高。因此浴室的地板一定要选择防滑材料，对于老人来说，小块的马赛克铺贴的浴室地面比其他材料更防滑，可将其铺设在浴室门口、浴缸内外侧及洗面盆下方等处。老人也应该穿具有防滑作用的拖鞋，以防不小心滑倒。另外，卧房的地板也最好选择防滑材质的，光滑的地砖或木地板一旦不小心洒上了水，就极容易令老人滑倒。对于已铺设了一般地砖或木地板的家庭，可以再选购几块装饰地毯铺在老人房，既美化空间，又保证老人的安全。

宜 老人房宜栽培观叶植物

老人居室以栽培观叶植物为好，这些植物不必吸收大量水分，可省却不少劳力。如可放些万年青、蜘蛛叶兰、宝珠百合等常青植物，象征老人长寿。

绿色植物宜摆放在窗边阳光充足的地方，也可用吊盆悬挂。桌上可放置季节性的球类及适宜于水栽培的植物，能够观察其发根生长，可使老人在关心植物生长中打发空闲时间。还可从医药卫生和心理学角度出发，恰当摆放有益于人体身心健康的花卉。如仙人球、令箭荷花和兰科花卉等，在夜间能吸收二氧化碳，释放出大量氧气；米兰、茉莉、月季等则有净化空气的功效；秋海棠能除去家具和绝缘物品散发的挥发油和甲醛；兰花的香气沁人心脾，能迅速消除疲劳；茉莉和菊花的香气可使人头晕、感冒、鼻塞等症状减轻。

卧房装饰布置风水之忌

卧房里，繁杂的家具和其他繁琐的布置会影响人们的正常休息，还会给生活带来许多麻烦。卧房应该是阳光和通风情况较好、气流畅通的地方，装饰的主调应是舒适、宁静、平和的，要利于养息，所以室内墙上不宜挂有过多的装饰品，不宜有冷、硬、怪、尖之物，以免干扰居住者的心绪。

忌 卧房家具不宜繁杂

卧房是供人们休息、睡眠的地方，其家具主要由睡具、梳妆台、贮藏柜及桌椅四部分组成。其中，睡具包括床和床头柜两部分。繁杂的家具布置会影响人们的正常休息。卧房家具的布置取决于房间门与窗的位置，习惯上以站在门外不能直视到床体的陈设为佳，而窗户与床体成平行方向较适宜。

忌 卧房电器不宜过多

卧房里电器过多会影响人的健康。现代医学理论也指出，电器辐射确实会损害人体健康。脚是人的第二心脏，处于待机状态的电视若正对双脚，其辐射更容易影响双脚的经络运行及血液循环。如果电视机非正对床前不可，建议改为侧向或改置抽取式的电视柜。建议尽量少在卧房摆放电器，不使用时要拔掉电源。

忌 卧房忌放过多的物品

卧房应该是阳光和通风情况较好、气流畅通的地方，卧房内的衣物、家具和摆设必须整齐，不可凌乱；过期的报纸或杂志、多余的小饰物都应尽量清理放好。卧房如果过于凌乱，不仅会影响人的休息睡眠，而且还会给生活带来许多麻烦，会让人感受到超负荷的压力从而影响到工作和生活的质量。

忌 床头、床尾忌摆放电视机

现代人的生活水准高，物质享受丰富，家中有多部电视机实不为奇。放一部在卧房内，躺在床上慢慢看也是很惬意的一件事。但一般的卧房面积都不是很大，让人的身体如此近距离对着一部有电流辐射的物体不太好。卧房内摆电视机时，要留意床头、床尾均不宜摆放。既然床头、床尾皆不宜摆放电视机，那么剩下来的位置就只有床两边，或是床头、床尾的侧面位置了。电视机摆放位置和床的距离当然是愈远愈好，如果能够摆在吉位则最佳。不看电视时，最好罩上电视罩或将电视遮藏。

忌 卧房忌有冷、硬、怪、尖之物

卧房设计的主调应是舒适、宁静、平和，利于养息。所以，室内墙上不宜挂有过多的装饰品，不宜有冷、硬、怪、尖之物，诸如刀、剑、骷髅头、奇形怪状的工艺品等。这些东西放置室内，会无形中干扰居住者的心绪，让人不得安宁。另外，尖锐的东西易聚凶气，不吉利的摆饰放在卧房里也很怪异，令人不能放松心情。

忌 卧房不宜有裸像图片

在房间挂裸像图画或摆性感雕塑等会影响夫妻之间的感情，因为很容易让另一半产生不好的联想，或者是让夫妻之间不满意对方的身材，从而影响夫妻之间的感情。

忌 卧房忌摆放玫瑰花

玫瑰花在花语中代表爱情，但它多刺，放在卧房里虽能代表内心十分渴望爱情，但会让人内心空虚。所以，卧房最好不要放玫瑰花，有小孩的家庭尤为不宜，以免小孩被扎伤。

忌 卧房不宜摆放的植物

在居室适当的位置摆放一些鲜花，会给人带来温馨浪漫的感觉。从风水的角度来看，盛开的鲜花象征富贵，所谓"花开富贵"。但过多的花草植物容易聚集阴气，并且大多植物在晚间吸收氧气，释放二氧化碳，容易影响居住者的身体健康。下面介绍八种不宜在卧房摆放的植物，它们会影响人的健康、性格以及家运。

月季花：月季花所散发的浓郁香味，会使过敏体质者感到胸闷不适，喘不过气来。

兰花：兰花散发的香气如果闻得太久，会让人过度兴奋并引起失眠。

夹竹桃：夹竹桃散发出的气体会使人心郁、气喘，且易引发疾病，经常闻其味甚至可使人智力下降。

紫荆花：人如果长时间接触紫荆花的花粉，会诱发呼吸道疾病。

夜来香：夜来香晚上能散发强烈刺激嗅觉的微粒，不宜久闻，有高血压或心脏病病史的人更要特别注意。

洋绣球花：人如果长时间接触洋绣球花散发出的微粒，会出现皮肤过敏或发生皮肤瘙痒。

松柏：松柏类花木散发出的气味对人体的肠胃有刺激作用，久闻会影响人的食欲，对孕妇的刺激则更为明显。

仙人掌：仙人掌类带刺的植物放在卧房很容易伤害到人，尤其是儿童。

忌 卧房的灯光忌偏暗或刺眼

床头灯集普通照明、局部照明、装饰照明三种功能于一身，灯光要柔和。但并不是说要把亮度降到最低，偏暗的灯光会给人造成压抑感，而且对于有睡前阅读习惯的人来说，还会影响视力。为了符合人们夜间的心理需求，灯光也不宜太刺眼，否则会打消人的睡意，令眼睛感到不适。所以，卧房的灯光以柔和为宜，忌偏暗或刺眼。

忌 镜子忌对着床摆放

镜子有反射物像的作用，易让人产生错觉，特别是睡眠中的人朦胧醒来或噩梦惊醒时，在光线较暗的地方看到镜中的自己或他人的影像，容易受惊吓。而且镜子的水银对环境磁场有很强的破坏作用，人不宜长期受到这样的刺激。

忌 卧房镜子不宜多

一般的情况下，镜子对人是没有多大伤害的，但每当我们遇到不愉快的事情，又或因种种挫败而失去信心的时候，镜子对我们就会造成一种间接的伤害，正所谓"顾影自怜"。尤其是上了年纪的老人家，不适宜住在有许多镜子的卧房。

忌 卧房忌反光之物正对床

卧房内不能有反光之物体直接对着床，包括电视机的荧幕等，这会使人心绪不宁，不能安睡，且易产生幻觉。如果有此类反光之物正对床，则应将之移至别处或想办法将之遮挡。

忌 卧房忌置鱼缸

鱼缸应该放在客厅，放在卧房会导致卧房变得很阴寒、阴冷，不利于居住者身体健康。睡眠的空间要温暖才能更舒适，所以卧房尽量不要摆放这些寒冷的东西。

忌 肖龙者卧房忌有坑洼的风景图

肖龙者的卧房切忌挂低洼山地的图画，因为龙需要飞腾，需要上升，需要广阔空间，坑坑洼洼的环境制约了龙的发展。肖龙者卧房一般需要有水火或雾气升腾的图画。另外，肖龙者卧房不能挂刀、剑，否则不利财运。

忌 肖虎者卧房忌有猴与蛇的饰物

肖虎者的卧房，如果挂上猴子或蛇的图画，是风水格局中的大禁忌。因为这样构成了寅、巳、申三刑的格局，且是三刑中最凶的局面，这样的格局通常会导致车祸、伤灾等意外的发生，还会造成家庭不团结、人缘不好、财来财去。

忌 肖兔者卧房忌有鸡与鼠的饰物

肖兔者的卧房，如果挂上鸡的图画或摆设鸡的装饰品，会对主人不利。因为鸡是酉，兔是卯，卯酉相冲，财物耗散。如果有鼠的图画或饰物，鼠为子，子卯相刑，主官非与破财。

忌 肖马者卧房忌有鼠的饰物

肖马者的卧房，如果有老鼠的饰物或图画，不吉。因为马跟鼠是六冲的，并且冲中有克，马为午，属火，鼠为子，属水，水克火也。如果是挂马的图画，一定要马的精神状态很好，切忌垂头丧气或是困于山中的马，还要避免马的头向内等不利因素。

忌 肖蛇者卧房忌有虎、猴和猪的饰物

肖蛇者的卧房如果有虎、猴的饰物与图画，就成三刑风水，易发生灾伤、意外等事故，对主人十分不利。如果有猪的饰物与图画，会构成六冲风水，与主人相冲，钱财易散，特别易出现感情风波。

忌 肖猴者卧房忌有虎和马的饰物

猴与虎是六冲的格局，风水讲气聚，六冲的格局会把肖猴者的卧房风水气场冲散，造成不吉的场面。猴的五行属金，火克金，因此，马的饰物与图案也不宜出现在肖猴者的卧房里，否则会使主人事业受阻，造成财运不佳。

忌 肖羊者卧房忌有鼠的饰物

肖羊者的卧房，挂上属水的画是不吉利的，因为这是水土相克的格局，对主人不利。其次，老鼠也不利于羊，在肖羊者房间里挂老鼠的图案或饰物不吉利，会不利感情，还会使事业受阻。

忌 肖鼠者卧房忌有虎、兔或马的饰物

　　如果在肖鼠者卧房挂上一些与老鼠相冲的饰物或图画，对主人是十分不利的。在五行中，鼠属水，大忌五行属土的画，如高山风水图等，否则会受到克制。另外，肖鼠者千万不要养猫，因为猫克鼠，对主人很不利。同时也不宜挂马或兔的图画与饰物，因为马冲老鼠，老鼠与兔也是相克的。肖鼠者卧房尤忌虎的图画或装饰品，因为老虎有煞鼠的作用。若挂有此类饰物将会有一些麻烦的事情始终无法化解，如夫妻感情不和、人缘不佳、财运不好、命运坎坷等。

忌 肖鸡者卧房忌有兔的饰物

　　鸡和兔是六冲之格局，所以肖鸡者的卧房挂上兔的饰物或图画，不但不能加旺本身的运气，反会冲散肖鸡者的财气，尤其对财运不利。

忌 肖猪者卧房忌有蛇的饰物

　　在肖猪者卧房里挂上蛇的饰物或图画，是六冲之格局，主财冲气散，不利财富。另外，肖猪者卧房里特别不宜挂刀剑之类的饰物与图画，否则凶险多灾。

忌 肖狗者卧房忌有牛羊并列的饰物

　　肖狗者的卧房里如果有羊和牛并列的生肖饰物或图画，是不吉利的。因为狗、羊、牛形成三刑，风水中的刑克是不吉的，不利婚姻，不利家庭团结，易出现官非、破财等不利事件，甚至会出现犯罪的可能。有书云："刑也，罚也"，就是指违反原则和规矩会受到惩罚的意思。

忌 肖牛者卧房忌有狗和羊的饰物

　　肖牛者的卧房，如果挂上狗和羊的图画是不太吉利的。在《周易》的干支、刑、冲、克、害中，牛、狗与羊是三刑的格局。风水学认为，三刑风水会出现官非、矛盾和破财等事情。在生肖属牛者卧房里，不能将羊与狗的装饰物摆放在一起，可以分开挂，切忌将二者汇聚在同一个方位。

忌 卧房忌色调浓艳的灯

　　床头照明除了要便于人度过睡前的时光外，还要方便夜间起床。人们在半夜醒来时，往往对光很敏感，在白天看来很暗的光线，夜里都会让人觉得光线充足。因此，床头灯的造型应以舒适、流畅、简洁为宜，色调要淡雅、温和。切莫选择造型夸张、奇特的灯具，色调也不宜选择浓烈鲜艳、五颜六色的。

忌 卧房忌冷色调

　　中国家庭讲求夫妻生活美满、团圆和幸福，而色彩可以影响人的情绪。卧房要避免采用冷色调的颜色，因为没有人会喜欢住在一个寒冷阴森的房间里。也不宜将墙粉刷成深蓝、黑色，做出一副很"艺术"的样子，这样会缺乏活力。

忌 卧房色调忌与主人的风水命相冲

住在不适合自己风水命色调的卧房，会阻碍事业和财运，同时也有损身体健康，以下介绍风水命忌对应的颜色。

一白命忌黄色：一白命五行属水，如果住在以黄色为主色调的卧房，就会成土克水，对居住者很不利，容易破财，还对身体健康不太利。

二黑命忌绿色：二黑命五行属土，如果住在绿色调的卧房，成木克土，不利命主，有损财运。

三碧命忌白色：三碧命五行属木，如果住在白色调的卧房，成金克木，不利命主，容易发生意外。

四绿命忌银色：四绿命五行属木，如果住在银色调卧房的话，成金克木，不利命主。

五黄命忌绿色：五黄命五行属土，如果住在绿色调卧房的话，成木克土，不利命主。

六白命忌红色：六白命五行为金，如果住在红色调卧房的话，火克金，不利命主。

七赤命忌粉红色：七赤命五行为金，如果住在粉红色的卧房的话，火克金，不利命主。

八白命忌绿色：八白命五行属土，如果住在绿色调卧房的话，成木克土，不利命主，可能会有损身体健康。

九紫命忌黑色：九紫命五行属火，如果住在黑色的卧房里，成水克火，对居住者耳朵、眼睛不利。

忌 卧房家具颜色忌缺乏整体感

卧房家具的色彩在整个房间色调中占有很重要的位置，其一定要与整体风格配合得相得益彰。浅色家具包括浅灰、浅米黄、浅褐色等，可使房间产生宁静、典雅、清幽的气氛，且能扩大空间感，使房间明亮爽洁；而中等深色的家具包括中黄色、橙色等，色彩较鲜艳，可使房间显得活泼明快。家具的色彩一般既要符合个人喜好，又要与房间的面积及光线搭配合理。若卧房家具颜色杂乱，则会影响睡眠，使人变得烦躁与不安。

忌 卧房忌采光不足

一般来说，楼房之间的距离越小，楼层越低，采光就越差。太阳光含有紫外线，紫外线有杀菌的作用，如果人的身体抵抗力较弱，加上采光不足，病菌便有机会乘虚而入。而且采光不足的居室，往往阴气过重，对人的身心健康十分不利。

忌 夫妻卧房忌用粉红色

粉红色用得过多的卧房，不利家庭和睦。因为粉红色易使人脾气暴躁，容易与他人发生口角是非，而且不利于夫妻身体健康。

忌 婚房不宜挂具有催旺桃花功能的装饰画

夫妻房中，在两人的桃花位上都不适宜挂具有催旺桃花功能的装饰画，挂其他的吉祥装饰画，则有利于双方感情的发展。

相传若夫妻双方有一方桃花泛滥，则在卧房的东南方挂一幅公鸡画，便可斩除桃花。

夫妻房中，最适宜挂一些有夫妻恩爱、白头偕老、双宿双飞寓意的装饰画，诸如龙凤图、鸳鸯戏水图、双飞燕图等等，且最适宜挂在人躺在床上而能望得到的吉利方位。

卧房挂画的最佳位置是床头上方，床头上方挂画易使空间具有温馨感和美感。但床头上方是不可以挂婚纱照的。

忌 卧房切勿放置"香熏"

最近，一种名为"香熏"的新型用品已悄然进入不少家庭的主卧房。所谓的"香熏"是一种多孔透气陶瓷制成的特殊香味散发器，只要打开其盖子后注入天然香精油即可使室内充满幽香。

据研究，来自植物的天然香精油化学成分非常复杂，尤其是香精油的挥发性有机物并非百分之百对人体安全。

家庭购买"香熏"应将其放置于大客厅中，这样既可使香熏发挥空气消毒作用，又能使来访客人觉得环境幽香。但主卧房之内切勿放置香熏，因为晚上主卧房的门窗通常是关闭的，香熏的香味挥发物浓度太高，人长时间吸入过浓的香味不利于身体健康。

忌 主卧房中不宜放樟木家具

樟木木质坚韧，气味芳香，制成衣橱贮藏衣裳等物品，可防蛀、防霉和杀菌。但若把它长期放在卧房里，则对身体也不利。

樟木除了含有樟脑外，还含有烷烃类、酚类和樟醚等有机成分，它们对人体均有不同程度的毒副作用。当它制成家具后，摆放在不通风的卧房里，散发出的芳香气味，可通过呼吸、粘膜、皮下等途径进入体内，导致慢性中毒，引发头晕、浑身无力、腿软、食欲减退、咽干口渴、喉咙发痒、咳嗽、失眠多梦等。

樟脑还有活血化淤、抗早孕的作用，孕妇若长期与樟木家具接触，较易流产；婴幼儿若长期受到樟木气味的刺激，亦会出现不良反应。

因此，家中若有樟木家具，切忌放在不通风的卧房里。

忌 过敏者卧房不宜用胶粘地毯

过敏者及哮喘患者应尽量避免在主卧房使用粘合的方法固定地毯，粘和材料中的有害物质会大大加重病情。为使地毯"服帖"在地面上，许多人在装修时喜欢采用胶粘的方法固定地毯，而大多数粘和剂中含有甲醛等被视为过敏者及哮喘患者"天敌"的有害物质，会导致患者病情进一步恶化。建议那些敏感人士在购买新地毯时，先将所选地毯的一块样料带回家中，用真空容器或塑料袋密封24小时后，吸入其中的空气，以检验自己是否有过敏反应。此外，尽量采用非胶粘的办法固定地毯，以防不测。

卧房睡床风水之宜

睡床不仅是休息的场所，更是个人私密生活的地方，所以床必须置于房内最安稳、最隐密且能纵观全室的位置。对于床本身，床位以向窗为佳，这样有较好的光线且空气流通，有助于人吸收大自然的能量。床的样式要方正，采用天然材质制作的为好，天然的清香会提高睡眠质量，同时还可减少室内环境污染。

宜 宜把床加高离地

床面离地面的距离在50厘米为宜，床底必须保持清洁，不宜堆积杂物。

宜 睡床宜置于安稳、隐密处

睡床不仅是休息的场所，更是个人私密生活的地方，所以床必须置于房内最安稳、最隐密且能纵观全室的位置。如果床背门的话，就很容易受到干扰，若实在无法移动床的位置，则可用橱柜或屏风阻挡在床、门之间来化解。

宜 床下宜通透、卫生

床下面的空间不得堆放杂物，应保持空气流通。不宜将床底下当成垃圾堆的储藏空间，这样床下面不能经常打扫，无法长久保持清洁。可以想象，每天晚上睡在一堆垃圾上面，身体怎么会好呢？

宜 床宜靠墙摆放

床头有靠暗示着主人事业有好的根基和靠山，事业有贵人相助，易成功，诸事顺利。床头应该靠墙，但不可靠窗。床如果不靠墙的话，床头必须有床头板，令头部不至于悬空。另外，床头后面不可是厕所或厨房。

宜 床位宜向窗

床位向窗，并不是把床放在窗口下面，而是说床头以向窗为佳。这样有较好的光线和空气流通，并且在黎明时分，太阳光照射到床上，有助于人吸收大自然的能量。但卧房的窗帘应加层遮光布，以便遮住强烈的光线。

宜 床的上方宜开阔

睡眠者睡觉时抬头就望着床的上方，所以床的上方要开阔、轻松，这样睡眠者才会有好的心情进入梦乡。如果床的上方有横梁或刺眼的吊灯等，不但会影响睡眠者的心情，也会降低其睡眠质量。

宜 老人房床位宜远离窗户

目前有一些新式的套宅，卧房的窗户开得很大，而且很低，如果把卧床靠近窗户的话，床面和窗台几乎是平行的，也就是说，躺在床上可以眺望窗外的风景。如果选择了这样的套宅，建议最好将老人的床放置得离窗户远一点，不然的话失眠和心悸多梦将成为老人的伴侣。另外，即便卧房中没有低矮的大窗户，但如果这面墙恰好是大楼的外墙的话，也请不要将老人的卧床放置在这堵墙下，这也是病症的诱发因素之一。

宜 床上用品的颜色宜按方位来选择

当卧房门开在东侧时，床单或床罩以蓝色或绿色为佳；当卧房门开在南侧时，床单或床罩应选用绿色；当卧房门开在西侧时，床单或床罩以鹅黄色或白色为佳；当卧房门开在北侧时，床单、枕头套、窗帘以花草颜色为最佳的选择。

宜 天花板与床宜平行

睡床与天花板应呈平行面，墙面应与床垂直，令人躺下后心绪平静，没有压抑感，不宜采用斜线或者是古怪的形状。同时，过多、过厚的天花也会令人产生压抑感，而且还浪费金钱。还要注意，卧房的天花灯应尽量离开床的范围，意思是灯不可压床。如果灯离床的距离太近，就会让人有被压迫的感觉；同时，灯所散发的热量和过强的灯光会让人产生不适感。

宜 床头柜宜高过床

床头柜高过床是为了方便睡觉前的阅读、拿东西等日常活动，这样有利于提高居住者睡眠质量，保持身心健康。

宜 床的长宽高低要适中

对于床本身，要考虑的是其长度、宽度是否足够，床体是否平整，并且是否具有良好的支撑性和舒适性。至于床的高低，一般以略高于就寝者的膝盖为宜，太高则上下吃力，太低则总是弯腰不方便。

卧房睡床风水之忌

卧房光线不宜太强，床不可临近强光，因为床是静息之所，强光易使人心境不宁。床头正对房门是不吉利的，这会导致一个人的健康及事业走下坡路，所以应该尽量避免。床头不可朝西，因为地球由东向西自转，头若朝西，血液经常向头顶直冲，会使睡眠不安稳。

忌 楼梯之下忌放床

楼梯下面的空间是不宜放床的，但如果实在是条件有限，只能把床放在楼梯下面，那么，暂住可以，如久住就会对身体及精神不利。化解的办法就是搬出来，住到合适的房间去。

忌 床忌正对房门

人正对着房门睡觉，会产生什么感觉？这就涉及到一个心理安全感的问题，与我们拿一张凳子背对大门坐着是同一个道理。睡觉时最讲求的就是安全、安静和稳定。房门是进出房间必经之所，房门不可正对睡床或床头，否则人睡在床上容易缺乏安全感，时间久了对健康不利。

忌 床头忌靠卫浴间墙

因为卫浴间有较重的湿气，潮湿的气体一旦进入卧房，会使床铺变得潮湿，使人睡起来觉得很不舒服。久而久之，它会让人感觉身体疲乏、腰酸背疼，但具体又检查不出是什么原因造成的。所以忌将床靠在卫浴间和卧房的公共墙上。

忌 睡床忌高低不平

现代人用弹簧床垫的多，如果床垫质量不好，弹簧发生变形，就会影响居住者的身体健康。所以床垫选择也十分重要，不宜选太硬或太软的，否则睡久了脊柱长期弯曲，影响血液循环，使人疲劳而容易生病。

忌 床头忌无靠

床头要紧贴着墙或实物，不可有空隙，风水学上称之为"靠山"。"床后有靠"是摆床的基本要求，床后有靠才能让人睡得安稳。床头最好靠着墙，否则人睡在床上缺乏安全感，会精神不佳。

风水 知多一点点

※ 枕头的方位

在卧房中，枕头也是一个重要的物品。睡觉时人具有水气，而且会从头顶吸收气，所以，睡觉时一般都让头朝向具有水气的北方，脚朝向具有火气的南方，这样气流就会顺畅。如果方便的话，可以将枕头的方向定位在北方，或是定位在具有朝气和木气的东方。枕头放在西方适合老年人和睡眠不好的人，但切忌放置在南方。

忌 洗手间的门忌对床

风水理论认为，洗手间在五行中属水，阴气较重，容易引起身体不适。如果卧房带洗手间，或者是洗手间离卧房只有一门之隔的话，一定要注意洗手间的门不要正对着床。再好的洗手间，也改变不了其排污的本质，空气质量不佳，沐浴后更会产生较多湿气，不好的空气和湿气会穿过门流入卧房，对人很不利。如果在洗手间放上几盆泥栽植物，这样有利于让绿色植物多吸收一些秽气，或在床和洗手间门之间加屏风或者衣柜作为遮挡，以减少湿气和秽气。

忌 横梁忌压床

横梁压床会给人压抑感，也有损人的身心健康，此类情况还包括横梁压卧房门、分体空调室内机悬挂于枕头位的上方、卧床正上方悬挂吊灯等情况，这些都属于横梁压床的范畴。如实在无法避免，则要设计天花板将之挡住。同时要注意，睡床不宜摆放在顶柜之下。尤其是身体虚弱的人，更应避免横梁压床。

忌 床正上方忌有吊灯

床正上方的屋顶装有吊灯的话不利健康。现代心理学研究发现，床正上方的屋顶若装有吊灯，确实会给人以心理暗示，增加人心理上的压力。建议保持床正上方天花板的空旷，在床边使用光线柔和的落地灯或台灯，忌选用吊灯。

忌 床头不宜放音响

音响发声时会震动，还会产生辐射，因此不宜放在床头。已经有科学家证实，电器辐射会破坏脑细胞的生长。每个人一天平均睡6~8个小时，如果你的床头放着音响的话，代表它也在你身旁陪你睡了6~8个小时，当然会干扰你的休息。

忌 床头忌摆放空调

若床头安放在空调下面，空调吹出来的暖风或者冷风就会破坏人体"气场"的平衡，使人的新陈代谢功能受到影响，进而导致人体免疫力的下降，往往容易引发感冒或关节炎等疾病。空调的高度不能低于地面以下120厘米，太靠近地面会有电气感应。

忌 床头形状忌与居住者五行不符

目前的床头靠板均有其形状，其形状如果与居住者的五行属性不相符，则不利于居住者的运气。在五行的形状属性上，金为圆形、半圆形、弧形；木为长方形；水为波浪形；火为尖形，多棱角形；土为方形。

忌 床上用品忌有三角形或箭头图案

床单和枕头套应避免使用三角形或箭头图案。因为三角形和箭头的图案阳气过盛，会给人视觉上带来不舒适的感觉，破坏祥和的气氛，令居住者缺乏安全感。

忌 床头忌在窗下

床头在窗下会使人睡眠时产生不安全的感觉，如遇大风、雷雨天，这种感觉更是强烈。再者，窗户是通风的地方，人们在睡眠时稍有不慎就会感冒。而且如果家中有儿童，儿童天性好动，容易借床爬窗发生危险。床头接近窗户，还会有两个问题：一是窗户的隔音性能比砖墙低，晚上睡眠时听到的噪音会比离窗户远的大；另外，窗口是一个气流和光线最强的地方，动向很大，对睡眠影响也很大。如果不能变换床的朝向，最好能用厚窗帘加遮光布加以遮挡，这是退而求其次的方法，最好的方法还是变换床头方向。

忌 窗台忌做床使用

由于居住环境问题，许多住宅都将窗台用做睡床，以增加睡床的宽度，达到物尽其用的效果。虽然这些方法可以充分利用窗台的面积，但睡觉时一不小心，便会弄破玻璃而对居住者不利。而且睡床近窗口，如果窗户与街道很近，睡眠时就像睡在街道上，感觉很吵闹。遇到打雷闪电或灯光照射，也会导致睡眠不足或心理恐惧。尤其是儿童的床不应该太靠近窗台，因为他们好奇心重，往往会被窗外事物所吸引，儿童的睡床最好摆放于靠近墙角位。同时，屋内的窗不要太多或太低，以保持室内空气流通为宜。

忌 床头不宜挂巨画

床头挂画可以增加卧房"雅"的气氛，但画以轻薄短小为宜，忌挂厚重巨框之大画。否则，一旦挂钩脱落，就会对居住者造成一定的伤害，不可不慎。

风水 知多一点点

※ 和合二仙

和合二仙的外形为一仙手持一枝荷花，一仙手捧一只竹盒。"荷盒"即为合作的意思。

和合二仙可用于促进婚姻，增强夫妻感情，还可以令工作、事业上的合作更加顺利、愉快。和合二仙可摆放在主卧房，也可摆放在办公室。在单身男女的卧房摆放和合二仙则不太合适，不但起不到什么作用，还会带来不好的运势。

忌 床不宜用圆形

卧房家具均不宜选用圆形。圆主动，会给人不宁静的感觉，而直线条的家具却会给人稳定、平和、安静的感觉。所以应避免使用水床或圆形床，这样的床睡起来缺乏安全感，从风水的角度来看也不适宜。

忌 大门不宜正对睡床

一进大门就可以看见睡床，即大门与睡床在同一直线上，这样完全失去了隐密性的情况通常叫"门冲床"，不吉。要改用较为隐蔽的房间作为卧房，也可利用屏风阻隔。

忌 床头两侧忌有柜角或橱角

新婚婚房的床头枕头两侧，不可被柜角或橱角、书桌角、梳妆台角冲射，否则易使人受伤。

忌 床位不宜在早晨被阳光直射

床位的摆放尽量避免早晨阳光的直射，以免影响清晨的睡眠质量。床头可采用一些内藏的床头灯或是别致的射灯，令整个床位在柔和灯光的照射下成为聚焦中心，营造一种温馨、浪漫的气氛。

忌 卧房床头不宜放电话

电话表面上与风水无关，但事实上，自从手提电话与室内无线电话普及之后，每个家庭都会将手提电话或室内无线电话放在一个充电器上。这个充电器源源不绝地生"火"，在家中形成风水。手提电话当然也极多火，每个家庭成员每晚将自己的手提电话放在充电器上，这位置成为火的集中地。要留意，大多数人利用睡眠时间为电话充电，换句话说，当晚上所有灯火都熄灭，所有人酣睡之际，家中的充电器却在不停地工作，所产生的电波会直接影响人的大脑神经细胞。因此，无论您要火还是忌火，充电器都不适宜放于睡房内，尤其忌放在床头，宜放于大厅或其他地方。

忌 床上方不宜安装吊扇

床上方安装吊扇，容易导致居住者神经衰弱，主犯小人，百事不顺。这种情况要调整床向。

忌 床脚不宜安装镜子

床脚安装镜子主犯桃花及灾祸，会使人精神恍惚等，在风水上属不利。必须把镜子移开放置在适当的地方，或以布帘遮盖为妙。

  风水知多一点点

※ 花好月圆

花好月圆最大直径约30厘米，为桃木底座精致摆件，经道教开光文化特殊处理。花好月圆代表夫妻甜甜美美、团团圆圆，最适合新婚者摆放在新房。建议将花好月圆摆放在床头左边，即喜庆吉祥位置，不要放在右边，以免引起不好的煞气。

卧房吉祥物

前面已经系统地介绍了卧房的方位、布局、色彩、宜忌等风水要素，并对一些卧房可能存在的风水缺陷提出了改进之法。接下来介绍的是跟卧房有关的吉祥物。当你为了打造卧房好风水而努力时，千万别忘了卧房吉祥物的力量。不同的卧房吉祥物有不同的功效，有的可挡桃花劫或桃花煞，有的可增进夫妻感情，有的能提高睡眠质量……你可以根据自己的需要选择合适的吉祥物。

如意玉瓶

如意玉瓶最大高度约25厘米，为汗白玉瓶体、桃木底座、精致摆件，经道教开光文化特殊处理。如意玉瓶是专门为家庭设计的维系家庭和睦、夫妻感情和谐的专用吉祥法器。

如意玉瓶家庭使用为好，可使合家欢乐、情意融融，主要是用于增进夫妻感情。在卧房床头摆放如意玉瓶，会增进夫妻感情；在客厅摆放如意玉瓶，能促进家庭和睦、吉祥如意。

玉竹笔筒

玉竹笔筒的最大直径约为18厘米，属精致摆件，是一款有助提升运气的笔筒，经道教开光文化特殊处理。

玉竹笔筒专门针对艺术类、体育类专业的学生及相关人员设计，意义为多方面发展，增加知识，有助于学习。可将其安放于办公桌、书桌、床柜，推荐艺体类学生或相关人员使用。

天长地久

鸳鸯戏水、仙鹤同舞于莲花池中。《禽经》载："鸳鸯，朝倚而暮偶，爱其类。"鸳鸯为水鸟名，其羽毛颜色美丽，形状像凫，但比凫小，雄鸟翼上有扇状羽饰。雌雄常在一起，旧时文艺作品中常用来比喻夫妻恩爱。

据说鸳鸯白天成对游弋，夜晚雌雄翼相合、颈相交，若其偶死，则永不再配。莲实、莲子，比喻连生贵子。一般可摆放在主卧房，婚房摆放最佳，可增进夫妻感情。

紫檀鸾凤

鸾凤为传说中的仙鸟，日日相伴、永不分开，如有一方死亡，另一方也会殉情。但一定要找到对方的尸身才会殉情，否则会一直苦苦等候，继续寻找下去。

紫檀鸾凤置于卧房、新房最佳，可促进夫妻和睦、白头偕老、忠贞不渝，代表爱情的忠贞、纯洁。

Part 6

儿童房风水

传承美好未来

"望子成龙、望女成凤"，这是每一位父母的心愿。要做到这一点，首先就要给子女创造一个安静舒适的睡眠空间。

儿童房应该是一个集玩耍、学习和休息为一体的地方。对孩子们来说，这里是沉睡时静静的港湾，是嬉笑玩耍的快乐天地，又是静心阅读和思考的世界。儿童房的风格对孩子们的成长有很大的影响：简洁的卧房能够让他们纯真；质朴的卧房能让他们待人真诚；新颖的卧房能不断激发他们的想象力，发展他们的创造性思维。而每个小孩的喜好、个性不同，对房子的摆设要求也存在差异，布置儿童房的时候不妨让孩子们参与进来。选择柔软自然的材料、柔和的色调，可提高安全系数，让房间温暖。不限制孩子们的发挥空间，在房间里放置涂鸦板，满足他们的成就感。

现在就与孩子们一起动手，给他们布置属于他们的温暖小窝吧，让他们聪明快乐地成长！

儿童房风水概述

作为家长，都想给自己的子女创造一个安静、舒适的睡眠和读书空间，因此，对儿童房的风水布置无不讲求尽善尽美。儿童房的最重要功能就是让孩子有一个自由安全的小天地，其颜色、布置等因素对孩子的成长影响很大。在风水布局上必须充分考虑儿童房的独特要求，适当借助于装修的技巧和各种能量的支援，使孩子有个舒适的居住空间。

1.儿童房方位和布局解析

将孩子的房间设于何处，应该按照其年龄做决定。在孩子年纪尚小时，儿童房应紧邻父母的房间；等到孩子10岁以后，房间最好与父母的卧房保持一定的距离，以便各自拥有独立的生活空间。另外，儿童房不宜设在房屋中心，因为房屋中心是住宅的重点所在，倘若将一屋的重点用作儿童房，便有轻重失调之弊。

位于南方位的儿童房，门扉上方应加设气窗（如图1）。

儿童房的吉相方位是东方（如图2）。

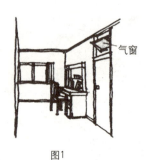

图1

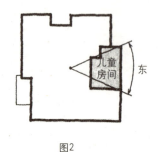

图2

为了使子女学习成绩进步，最好让他／她朝东睡觉（如图3）。

图3

儿童房的桌子最好面对墙壁（如图4）。

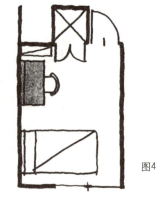

图4

儿童房的下方不宜设置车库（如图5）。

图5

216

若儿童房内的窗户被树木遮盖，则对儿童房的采光有影响（如图6）。

图6

儿童房天花板的颜色最好采用素色（如图7）。

图7

2.儿童房的位置

在中国，孩子被称作是早晨七、八点钟的太阳，在黎明时能最早接受阳光能量的房间是最理想的儿童房。所以儿童房首选设在住宅的东部或东南部，选择这两个方向能促进孩子的健康发展，预示着儿童天天向上、活泼可爱、稳步成长。而住宅的西部五行属金，下午会接收阳光，也可以用作儿童房，但是此方位更适合于儿童睡眠，不利于儿童房的游戏功能。

3.儿童房方位、采光不佳的改进之道

房屋的西北方位，是一家之主的位置。在这一方位设置儿童房间的话，会使孩子早熟，不利学业。

西北的方位象征权威、稳重等。住在这个方位的孩子，会变得过于老成，喜欢跟别人讲道理，丧失小孩应有的纯真。在这种情形之下，他的同龄朋友会一个个地离开他，对他的未来有害无益。

如果能够更换的话，男孩子最好住在东方位的房间，女孩子最好住在南或东南方位的房间。如果没有这个方位的房间，那么就让孩子住在属于他的十二地支方位的房间，因为这也是吉相。龙年生的孩子可以住东方位的房间，鼠年生的孩子则可住北方位的房间。

如果因为空间有限而影响了儿童房的气氛，可以在色彩上补救。儿童房常用乳酪色、粉红色或者骆驼色的暖色系，而灰色和蓝色有一种阴冷的感觉，不大适合用于孩子的房间。

对于二楼西北方位采光较差的孩子房间，经过了空间色彩的改良以后，还可以在天花板挂一些灯饰以增加亮度，如此一来，效果会更好。

4.儿童房的内部布局与布置

儿童房因为其特殊的功能，所以在布局方面除了有和成人卧房一样要注意的问题，如床不可摆放横梁之下、不可床头靠窗等，另外儿童房亦要远离厨厕，以免受油烟、污秽之气的干扰，更不应有穿堂风，否则孩子易着凉感冒。儿童房需要空间，不可装潢得太复杂，家具也不宜太庞大，房间应无阻塞与局促之感。

儿童房是儿童私有的空间，要令儿童健康成长且能够独立，减少依赖性，则可在房间里设一张小桌子或小储藏柜，让他们自由组织内部的物品，培养他们的动手能力，作家长的不要去干预，但要切记家具尽量多用圆形，忌用玻璃用品，以避免尖角和降低磕碰的危险。家长还要教导他们玩耍后能够立即将玩具等物品自己收拾好，培养他们有始有终的习惯。

(1) 儿童房的天花板

天花板的造型应有些变化，让小孩子多体会大自然的气息，充分发挥想象力。

(2) 儿童房的地面

儿童房的地面铺设天然的木地板最佳，既安全又易清洁。避免用石材铺地，因为石材性质较为冰冷且石材或多或少含有一些放射性元素，不利于儿童的成长。儿童房也不宜铺设地毯，虽然地毯的安全性较高，可降低小孩跌倒摔伤的几率，但由于地毯容易附着大量粉尘，若长期使用会导致儿童患支气管炎或呼吸系统疾病。

(3) 儿童房的墙壁

儿童的房间一般会挂几幅画，所挂的图画内容一定要谨慎选择。儿童的心志还未成熟，不会辨别善恶美丑，但他们的模仿能力很强，长时间在这些图画的耳濡目染下，必定会形成与图画所传达的意境相似的

性格。因此，所挂的图画寓意应积极向上、颜色柔美、风格欢快活泼。比较合适的选择是一些显示旺盛生命力的植物或圆润饱满的水果，这种题材的挂图给人勃勃生机之感，让人联想到积极健康的生活，并且此类挂图颜色柔美，画面生动逼真，能够给儿童一些积极有益的熏陶。

孩子卧房墙壁不可张贴太花俏的壁纸，以免造成孩子心乱、烦躁；不可贴奇形怪状的动物画像，以免孩子行为怪异，因有形必有灵，物以类聚；不可贴武士战斗之图，以免孩子产生好勇斗狠之心态。

(4) 儿童房的挂画

儿童房宜挂小幅画，画框也宜轻巧可爱，不宜用太粗的框。用太大的画或太粗的画框，将失去小巧可爱的特性，从而破坏童真的趣味。

儿童画的图案宜选用卡通类、儿童人物类等为主

题。这些图案轻松明快、纯真可爱，符合儿童的心理，能够给孩子们带来艺术的启蒙及感性的培养。

儿童画的排列宜按儿童的想象，采取非对称形式布局，可高低错落、成三角形或菱形排列，使空间活泼起来。

儿童画最适宜挂的位置是小孩的个人文昌位。挂在文昌位上的儿童画，有助于孩子的读书升学，可激发孩子的学习兴趣，提高孩子的学习成绩。

（5）儿童房的家具

儿童房家具的选购也是不容忽视的。应以圆形无角为主，尽量避免室内有较尖锐的物品出现，这也是从安全方面来考虑。

（6）儿童房的书桌

适宜的书桌能给儿童一种浓郁的学习氛围。学习区域的书桌摆放应该注意下面几点。

①书桌大小要合适。书桌过大会使儿童感到学习有压力，甚至会觉得学习是一种负担，即使对成人来讲也会如此；书桌过小，容易使儿童产生学习不重要的心理暗示，轻视学习或忽视学习的重要作用。通常书桌以长方形为首选，正方形和圆形也可，但其他的多角形状的书桌不宜选用。书桌上不宜放过高的书架，如果摆放了书架，最好不要超过三本书的高度，否则会给使用这书桌学习的儿童一种压抑的感觉。

②书桌最适合摆放在面前空旷而侧面靠墙的位置。面前是一处空白，可以给人遐想的空间，激发人的创造力，而侧面靠墙则给人安稳的感觉，很适合专心读书。书桌不宜面向卫浴间、厨房的灶台，这两处都是不利于专心学习的方位。窗口冲着巷口、路口时，书桌不宜摆在窗口下。从窗口看到路人频繁走动，看到车水马龙，这些运动的景物会使在窗口学习的儿童分散注意力，不利于培养儿童专心致志学习的习惯。

③书桌摆放不好，会给孩子带来负面效应：

孩子书桌不可正向屋外屋脊或电杆、壁刀角，否则孩子易头痛或开刀；

孩子书桌不可面向屋外巷冲路或冲水塔，否则孩子读书不专心；

孩子书桌不可在水塔之下方，否则孩子好动，待不住；

孩子之书桌椅子的坐位不可靠在厕所马桶前后，否则孩子易多梦；

孩子之书桌前最好不要有高物压迫，否则孩子易头痛；

孩子书桌、床位不可在马达机器转动之处，否则孩子易头痛、没精神；

孩子书桌背后及左右不可冲门，否则孩子不爱读书；

孩子书桌不可面向厕所，否则孩子书读不下去。

5.儿童房的装修

儿童房的地面地板材质最好有温暖的触感,并且能够适应孩子从婴幼期到青少年成长过程中的需要。铺以天然的木地板最佳,既安全又方便清洁。因为孩子离开摇篮后,地板自然就成了他们接触最多的地方,是他们最自由的空间。即使家长为他们提供了座椅,但他们仍然喜欢在地板上摸、爬、滚、打。要尽可能避免用石材铺地,减少含有放射性的材料所带来的不利影响。

儿童房墙面处理方法有很多,常见的是用多乐士五合一刷成五彩缤纷的墙漆。背景可以采用优雅温馨的墙纸、壁布。屋顶天花板的造型应有所变化,让他们体会到大自然的气息,充分发挥他们的想象力。儿童喜欢在墙面涂鸦,因此可以在活动区域挂一块白板,让孩子有一处可任意描绘、自由张贴的天地,这样不会破坏整体空间,又能激发孩子的创造力。孩子的美术作品或手工作品,也可利用展示板或在空间的一隅加设层板摆放,既满足孩子的成就感,也达到了趣味展示的作用。

6.儿童房的颜色

儿童房家具的色彩应鲜艳且富有生命力,以丰富孩子的想象力,增添情趣。儿童房在空间色彩搭配上最好以明亮、轻松、愉悦为首选,不妨多些对比色。橙色及黄色带来欢乐和谐,粉红色带来安静,绿色与大自然最为接近,海蓝系列可以让孩子的心更加自由、开阔,而红、棕等暖色调则给人热情、时尚、有效率的感觉。儿童家具的颜色可以夸张一些,为激发孩子的想象力,可以选用鲜亮的色彩,让房间看上去活泼有趣。

儿童房的最大特色是拥有艳丽多变的色彩和生动活泼的造型。鲜艳的色彩能吸引儿童的目光,还能刺激儿童视觉的发育,训练儿童对于色彩的敏锐度,并提高儿童的创造力。儿童房一般都会有挂画,图画对孩子成长的影响很大。墙壁上的图画应以自然正面的内容为主,不宜挂浓妆重彩的明星图画,也不要挂神像等,因为这些图画容易使孩子自小耳濡目染,造成孩子性格多变,容易早熟,不利其自然、健康成长。

7.儿童房的床位

儿童床的摆放位置很重要，除了要参考成人卧房的相关宜忌，另有一些特殊的事项需要加以注意。

如果孩子是家中的独生子女，儿童床的床位应与父母的床位放在同一方向，这会有助于父母与孩子感情的融洽；如果家中有两个或几个小孩共用一个房间，将他们的床朝着同一方向，有助于减少他们之间的摩擦和矛盾。

儿童床的床头朝向东以及东南位较好。因为东及东南位五行属木，利于成长，对小孩的身高和健康很有益处。但如果小孩夜间难以入眠，则可选择较为平静的西部及北部。床头朝向南部会导致儿童脾气急躁，向东北部会导致儿童粗心大意，向西南部会导致儿童形成胆小拘束的性格，向西北部会导致儿童过于早熟，最好要谨慎选择，因为这几个位置对于儿童的成长都不利。

此外还应注意：床位面向窗户的，阳光不宜太强（易心烦）；床位不可在阳台上（即私自扩建后，小孩床位全部或一部分位于阳台上），更不宜靠近阳台的落地窗；也不可在厨房灶台上下、厕所上下（易患皮肤病、心烦）；床头不可以放录音机（会导致脑神经衰弱）；床头乃至床位、书桌右方均不可有马达转动；床位脚部不可正对门和马桶；头部不可正对房门，头上不可有冷气机、抽风机转动。

8.儿童房的照明

儿童房的照明最好使用柔和的壁灯来代替柜灯或地灯，既温馨体贴，又能避免儿童玩耍时拖出电线及接触插头，造成危险。

倘若孩子怕黑无法入眠，或天黑就显得拘束，在儿童房里的高处放上一盏小烛灯，会有利于改善孩子怕黑的问题。

9.儿童房的绿化

儿童房的绿化要有新颖的布局，除通常摆设的盆栽花草外，还可采用悬挂、壁插、瓶花等多种园艺布置手法。

花草尽量要取其形态或色彩之奇，如叶片色彩有斑块或条纹的竹芋、花叶芋，叶片上有洞的仙洞万年青，叶片会变色的花叶景天，有热带风光的青锁龙、玉米石等，这样会促使孩子对植物的多样性产生强烈的兴趣。

儿童房的绿化还要符合孩子独特的审美情趣，如用椰壳、竹筒、金鱼缸等作为器皿来摆投各种瓶景、缸景。在家里养上一缸金鱼或几只鸣虫，也会为这绿色世界增添几分乐趣。

10.儿童房的安全事项

意外跌伤一直是儿童中发生率最高的一种损伤。大部分家庭在装潢、设计房子时，都是以大人的需求进行的，当宝宝降临时，家中的环境不一定具有足够的安全性能，孩子们没有足够的自我保护能力，因此大人有义务为他们营造一个安全的环境，从安全方面来看我们要考虑：

地板不要打蜡，以免滑倒，最好铺设安全地垫（PVC材质），这样即使孩子不小心跌倒，也不会受伤。

铺设地板的材质要避免使用石材，可以选择弹性塑胶地砖。

尽量将高桌子、高椅子收到孩子们不会去的地方，无法避免时，也不要让他们单独爬到高桌子、高椅子上。 家具的边缘、尖角均应加装防护设施（圆弧角防护棉垫），以免孩子们跌倒时撞到受伤。

经常将房间的家具指给孩子看，让他们熟悉环境。被单裙摆不要过长，以免孩子绊倒。玩具、衣物要收拾整齐，以免绊倒。

被电击中的后果是不堪设想的，所以在儿童房的设计中关于插座和灯具的设计至关重要。电路插座：2～3岁的儿童会对钥匙孔、螺丝、纽扣等小突起或小凹陷表现出强烈的兴趣，当然电路插板也在其中，而且小孩的小指头也刚好能够伸进去，所以采用安全插座是非常必要的。电线：房间中最好不要有裸露的电线，防止儿童绊倒和触电，非用不可的地方比如电视和电脑等也应尽量保持最短，尽量隐蔽或设在儿童不易碰到的地方。用壁灯代替台灯也是减少隐患的一个方法，尽量保证小孩接触不到有电线的设备。

11. 儿童房还要注意的其他事项

（1）不能让成人床代替儿童床

这里既有风水上的长幼有序的讲究，亦可防止小孩睡觉时倒卧而发生危险。

（2）儿童房门夜晚应紧闭

儿童房的门在晚上要保持关闭。而窗户要安上窗帘，白天卷起，使窗户外的新鲜空气和阳光能进入到房中；晚上则要拉上帘子，这会有利于阻隔外界声、光、电的影响，使孩子易于入睡。

（3）应降低辐射

为了减低电子辐射及用电危险，在儿童睡房最好不要放电视机、录影机与电脑等电器。

(4) 儿童房的物品摆放应该合理

儿童房不要放置镜子和悬挂太多风铃，避免小孩因容易分心而导致神经衰弱。儿童玩具应以钢琴、汽车或积木等有利于启迪智力的玩具为主，而洋娃娃、动物玩具等在任何情况下均不要关、锁起来，免得孩子从小有不良倾向。玩具的材料以木造最理想，因为其取材天然而且坚固耐用。

12. 婴儿房的位置

婴儿一出世，其实就已经与风水结下了不解之缘，因为婴儿房的位置和布局，会对婴儿的健康成长产生很大的影响。除了普通卧房的相关忌讳外，婴儿房还有诸多讲究，因此，婴儿房的选择必须慎之又慎。

由于婴儿一出生后几乎都在睡觉，并且婴儿的身体和身体机能均很稚嫩，因此绝对不能让婴儿住在刚刚装修好的房子里。婴儿房应尽量避免外人来往，更不要在屋里吸烟，以减少空气污染。还要避免油烟，婴儿房绝不能与厨房相对，以免受冲。

婴儿的居室及周围应避免噪音。因为婴儿的耳膜十分脆弱，持续的噪音会破坏婴儿的听力，而且严重的还会影响婴儿的智力发育。

婴儿房内必须保持良好的光线与通风，而房间的方位在东方为好，这样光的能量能够充分进入室内，白昼与黑夜的体现较为完善。婴儿的房间向阳，阳光中的紫外线可以促进维生素D的形成，防止婴儿患小儿佝偻病，但应注意避免阳光直接照射婴儿脸面。如果在室内，则不要隔着玻璃晒太阳，因为玻璃能够阻挡紫外线，起不到促进钙质吸收的作用。此外，婴儿和母亲的被褥要经常在阳光下翻晒，这样可以杀菌，以防止婴儿皮肤和呼吸道发炎。

13. 婴儿房的床位

婴儿床应该是独立的，放置在房间的中央，体现以其为尊的思想，也利于大人在周围呵护，这样有利于婴儿的成长与自我意识的形成。头北脚南的位置特别适合初生婴儿。

婴儿居住环境不一定非是高级住宅，只要用心布置，因陋就简，同样会使小宝宝有一个良好的环境。房间要保持恒定的温度和湿度，夏季室温在24℃～28℃为宜，冬季在18℃～22℃为宜，湿度均应在40%～50%左右。冬天可用暖气、红外线炉取暖，但一定要经常通风，保持室内空气新鲜，通风时注意风不要直接吹着婴儿，外面风太大时应暂不开窗。为了保持居室空气新鲜，应用湿布擦桌面，用拖把拖地，不要干扫，以免尘土飞扬。

14. 婴儿房的颜色

婴儿的房间颜色以浅淡、柔和为宜，特别是淡蓝色对婴儿的中枢神经系统有良好的镇定作用。

儿童房风水之宜

儿童处在生长发育的旺盛阶段，需要吸收来自于各个方面的能量，黎明时分能最早接受阳光能量的房间即是最理想的儿童房，所以儿童房首选住宅的东部或东南部。另外，儿童房最好选择通风比较好、阳光充足、周围环境安静的房间。从色调上说，应以清新、亮丽为主，可使孩子性格开朗、思维开阔。

宜 儿童房宜选择向阳的方位

向阳的房间，光的能量能够充分进入室内，使白昼与黑夜体现得较为明显，空气流通亦较好，也有助于保持房间的干燥，对儿童的身心健康有利。儿童房的最佳位置为住宅的东部或东南部，因为这两个方位是最早接受阳光能量的地方。除此之外，儿童房的位置应当考虑孩子的年龄及双亲的想法来决定。

宜 儿童房的格局宜方正

方正的儿童房，可以引导孩子堂堂正正、规规矩矩做人。现在家长在布置儿童房时，都应保留儿童房方正的户型，这个很重要。儿童房的格局对孩子未来影响相当大，选择正方形的房间，并注意在装修时保持户型的方正。

宜 儿童房宜挂简约、活泼的几何图案

儿童大部分的时间都在睡房中，房间扮演着卧房和游戏区的双重角色。墙壁上如果布置一些简单的几何图块或连续图案，可以启发孩子的灵感，促进儿童大脑发育，令孩子心情明朗、心无杂念。

宜 儿童房的地板宜平整防滑

儿童房地板平整固然重要，但要注意不能太光滑。平整又防滑的地板令孩子活动自如，不用担心滑倒。较硬材质的地板对小孩来说未必是好事情，因为这样的地板不但在视觉上给人冷硬的感觉，还会对刚学步的儿童造成潜在的伤害。具有良好的防滑性和耐磨性的地板才是儿童房装修时的首选。

宜 儿童房的规划宜合理

对学龄前儿童来说，玩耍是生活中不可缺少的部分。空间的规划必须具有启发性，能让他们在游戏中健康成长。可以把儿童房的家具尽量靠墙壁摆放，书桌安排在光线充足的地方，床和窗户间保持一段距离，墙上挂上孩子感兴趣的画或挂件等。

宜 儿童床垫宜顺应人体曲线

儿童床的床垫应能顺应人体曲线，并均匀承载人体的重量，使人不会产生压迫感。很多家长一味地花高价购买漂亮床罩，而忽视床垫的透气性，这对小孩的身体发育是不利的。儿童的床垫应具有坚固的承托力，避免久睡下陷引起孩子的脊柱弯曲。

宜 儿童房家具的转角宜圆滑

小孩子都好动，因此儿童房家具一定要边角圆滑。但这个小细节常常会被粗心的家长所忽视。注重儿童家具设计的小细节，能避免孩子发生一些不必要的意外。同时还要注意儿童发育快，桌椅最好能自由升降、调节高度，尤其是桌面的高度一定要恰到好处，以免造成儿童近视或驼背。

风水 知多一点点

※ 儿童房的教育功能

儿童房要有较好的教育功能。设计师在设计儿童房时不但要考虑色彩和实用功能，也要考虑如何以环境形式来教育孩子，培养其独立性。比如，设置符合儿童特点的上下滑梯床、卡通式的玩具柜，这些孩子喜欢的家具有助于培养孩子独立睡觉、整理收拾玩具的生活习惯。

宜 儿童家具宜简洁、新颖

儿童家具宜小巧、简洁、质朴、新颖，同时也要考虑孩子的审美品位。小巧适合儿童身体的特点，也为儿童多留出一些活动空间；简洁符合儿童的纯真性格；质朴能培育孩子真诚朴实的性格；而新颖则可激发孩子的想象力，让他们的创造性思维能力在潜移默化中得到发展。孩子不断成长，空间要能随之灵活变化，让房间和孩子一起"成长"。选用看似简单但别具匠心的家具，是保证儿童房间不断"长大"的最为经济、有效的办法。

宜 儿童房宜摆放时钟

时钟的摆动和打鸣声会提醒小主人生命的活力，也方便他们知道时间。有韵律的滴答声，会为儿童的成长带来更多的规律和节奏感，也让儿童知道，时间就在这样的"滴答滴答"声中从身边溜走，让他们懂得珍惜时间。

宜 儿童房宜有适当的装饰品

装饰品的主要作用是填补空间、调整构图、营造视觉中心和体现空间特色。儿童房装饰品要体现出儿童的特性，如可爱的小公仔、玩具、溜冰鞋、碟片、运动用品、飞机模型等可以摆在儿童房，供儿童娱乐之用。而挂画、雕品、盆景等这些与儿童主题不相干的欣赏性工艺品，则不适宜摆放在儿童房。

宜 儿童房里宜摆放的植物

儿童房里摆放一些可以吸收室内空气中污染物的花卉，不仅可以净化空气，还有美化居室的作用。芦荟、吊兰、虎尾兰、非洲菊、金绿萝、紫菀属、鸡冠花、常青藤、蔷薇、万年青、铁树、菊花、龙舌兰、桉树、天门冬、无花果、蓬莱蕉、龟背竹等都很适宜摆放于儿童房。

宜 儿童玩具的颜色宜与生肖相宜

在选择儿童玩具时，要注意玩具的颜色是否与孩子的本命生肖相宜，选择相宜的颜色可给孩子带来健康、平安，还会令孩子的智力得到开发。

生肖属鼠、猪的儿童，与之相宜的玩具颜色是白色、蓝色、黑色。

生肖属猴、鸡的儿童，与之相宜的玩具颜色是黑色、蓝色、白色。

生肖属蛇、马的儿童，与之相宜的玩具颜色是红色、绿色、黄色。

生肖属虎、兔的儿童，与之相宜的玩具颜色是黑色、蓝色、绿色。

生肖属龙、狗、牛、羊的儿童，与之相宜的玩具颜色是红色、黄色、咖啡色。

风水 知多一点点

※ 色调体现性格特征

对于年龄大一些的少男少女房间，就需要开辟学习区，保证子女有安静的学习环境。室内色彩也要符合少男少女的成长特点，并注意性别区分，如男孩房要以自然色调为主，体现男孩子潇洒和明朗的个性；女孩房要营造浪漫温柔的情调，要色彩丰富，表现出女孩子爱幻想的天性。

宜 儿童房灯光宜协调

儿童房的灯光要与房间的整体风格相协调，同一房间的多种灯具，其色彩和款式应保持一致。儿童房是一个丰富多彩的空间，宜选用色彩艳丽、款式富于变化的灯具，才能与整体风格相协调。昏暗和冷色调的灯光，最好不要用于儿童房。

宜 儿童房色调宜清新亮丽

从色调上说，儿童房应以清新、亮丽为主，明快的色彩可以使孩子性格开朗、思维开阔。从光线上来说，合适且充足的光照能让房间温暖、有安全感，有助于消除儿童独处时的恐惧感。一般带阳台的房间会比较明亮，可以作为儿童房的首选。

宜 儿童房的颜色宜按个性设定

环境的颜色对于孩子成长具有深远的影响，如蓝色、紫色可塑造孩子安静的性格；粉色、淡黄色可以塑造女孩温柔、乖巧的性格；橙色及黄色带来欢乐和谐；而粉红色则带来安静；绿色与海蓝系列最为接近大自然，能让人拥有自由、开阔的心灵空间，且绿色对儿童的视力有益；红、棕等暖色调能让人变得热情、时尚、有效率。在选择儿童房色彩时，要根据孩子的性格来定，如孩子很好动，就可选用蓝色或紫色，这样能使孩子变得安静些。

宜 儿童房宜注意储藏空间的预留

青少年时期的孩子已慢慢长大成人了，他们也有了空间领域的意识，他们只想做自己想做的事，也想要保留自己的秘密，所以他们也希望自己来安排房间里的陈设细节。做父母的不能因为看不惯他们房间的凌乱，就随意进去整理、打扫，否则容易使孩子感到"领域被侵犯"，给孩子造成不必要的伤害，并使家庭关系紧张。这个阶段的青少年的卧房，充满了他们那个年代的物品，这时重要的是告诉他们如何收拾自己的东西。儿童房应该给他们准备足够的储藏空间。

宜 儿童房的玩具宜与五行相生

现代的玩具五花八门。玩具放在家庭内，最容易制造风水陷阱。玩具最安全的摆法是，将所有玩具用储物柜或储物箱摆放好。如将玩具散满全屋，不仅不美观，而且有使小孩子容易绊倒的危险。另外，玩具的五行还可能对风水造成不良效应。因此，玩具要经常收拾好，千万不要堆置在小孩子的书桌及睡床上，这样会导致小孩子读书时不专心，也会影响睡眠、健康，这是很多家庭经常犯的毛病。儿童房中也不宜有过多的阶梯或高低起伏的坡度，这种装修都有可能造成意外。

宜 儿童房宜选择合适的床上用品、窗帘

孩子会像大人一样对某些颜色情有独钟。可以选择颜色素淡或简单的条纹、方格图案的布料来作床罩，然后用色彩斑斓的长枕、垫子、玩具或毯子去搭配装饰素淡的床、椅子和地面。长枕、垫子等的外套可以备有多种颜色，可以在不同季节、不同年龄时更换枕套和垫子的颜色，这样比较经济、实用。窗帘的颜色可以选择浅色或带有一些卡通图案的面料，材质不宜过厚，这样在春、夏两季，白天阳光很强的时候，即使拉上窗帘，孩子仍然可以在光线柔和的房间里玩耍。

儿童房风水之忌

儿童房如果设在北方的话，北方是阴的一极，寒气太重，冷空气会直接进入儿童房，导致儿童易患病，对儿童健康不利。不宜将临街嘈杂的房间作为儿童房，以免把户外环境的脏、乱带进室内。儿童有丰富的想象力，各种不同的颜色可以刺激儿童的视觉神经，千变万化的图案则可激发儿童对整个世界的想象，这些是儿童成长中不可或缺的环节。

忌 儿童房的位置忌与儿童年龄不符

孩子一天天长大，需要父母照顾的程度也随着年龄增长而变化。将儿童房设于何处，应该按照其年龄来做决定。孩子年纪尚小时，儿童房最好是紧邻父母的房间；等他们到10岁之后，房间最好能和父母的卧房保持一定的距离，以便拥有各自独立的生活空间。如果儿童房不根据年龄设置，将需要格外照顾的小孩房间设置得离父母房很远，将不便父母对小孩进行照顾。

忌 儿童房不宜有过多的植物

有些人喜欢在儿童房内摆放过多的植物，这是不适宜的。原因有两点：一是从风水学的观点来说，儿童是成长中的幼苗，如果把过多植物放在他们的房内，植物会跟儿童争抢空气，不利儿童成长；二是从生理卫生方面来说，植物的花粉可能会刺激儿童稚嫩的皮肤以及呼吸系统的器官，易使儿童产生过敏反应。另外，植物的泥土及枝叶容易滋生蚊虫，对儿童的健康也不利。而带刺的植物如仙人掌、玫瑰等，绝不适宜摆放在儿童房中，这无论在风水方面或是家居安全方面均是要注意的。

忌 儿童房色彩忌单调

儿童有丰富的想象力，各种不同的颜色可以刺激儿童的视觉神经，而千变万化的图案则可激发儿童对整个世界的想象，这些可以说是儿童成长中不可缺少的环节。鲜艳的色彩除了能吸引儿童的目光外，还能刺激儿童视觉发育，激发儿童的创造力，训练儿童对色彩的敏感度。而单调的灰色、蓝色、黑色、深咖啡色等，均不适宜用作儿童房的主色。家长平时要多留心孩子对色彩的不同反应，选择孩子感到平静、舒适的色彩。单调深沉的色彩易让孩子变得孤僻、反应迟钝；对于性格软弱、内向的儿童，宜采用对比强烈的颜色，刺激神经的发育；性格暴躁的儿童宜选用淡雅的色调，这样有助于塑造孩子健康的心态。

忌 儿童房窗帘颜色忌深沉

儿童房的装饰要力求明快、活泼，窗帘款式要简洁而不显单调。帘布的花、样、式之间的对比，以突出明显为佳。儿童房的窗帘要给人生机盎然的感觉，但也不能过于热烈和刺眼。古旧成熟、深沉色调的窗帘，是不适用于儿童房的，它容易促使孩子早熟，使孩子变得忧郁、深沉。

忌 不规则房间忌做儿童房

儿童房的形状忌奇形怪状，如呈三角形或菱形等不规则形状，这会影响到儿童的人格发展。长期居住在这样的房间，容易使孩子脾气暴躁、性格偏激。如果已经选用了不规则形状的房间做儿童房，化解的方法就是将该房间改作其他功能区域，或者采用装修的办法，将其改成方正的空间。

忌 儿童床垫忌太过柔软

很多家长为了让孩子睡得舒服，选择床垫时，认为越软越好，其实这是错误的。太硬的床垫固然不可取，太软的床垫也不利于儿童健康。由于孩子正处在成长发育期，骨骼和脊椎都没有完全发育成熟，睡床过软容易造成骨骼变形。同时，太舒适柔软的床也会让孩子养成爱享受、缺乏斗志的坏习惯。

忌 儿童房色彩忌与性别不搭配

儿童房色彩和性别有很大的关系，男孩房的色彩要男子气，女孩的色彩要淑女化。一般男孩子喜欢的色彩是青色系列（青绿、青、青紫），女孩子喜欢的色彩是红色系列（红、紫红、橙），无色、黄色系列的色彩则不拘性别，男孩和女孩都能接受。

忌 儿童房忌镶大镜子

儿童房的书桌要避免对着镜子。如果书桌的灯与镜子太接近，会产生灯光从头顶直射下来的感觉，令人情绪紧张，头昏目眩。同时，镜子里照射出的影像还会分散儿童注意力。在晚上，镜子里的影像容易使儿童受惊吓。另外，镜子还会反射能量，影响房间的风水。有的设计师或家长为了让儿童房看起来显得更通透宽敞，会在墙壁上镶上一面大镜子，甚至在房间的入口处挂一面镜子，这种设计很不适合儿童房。

忌 儿童房忌用深沉凝重的油画

深沉凝重的油画容易让孩子心情忧郁，影响整个空间的气氛，并且油画都极具艺术性，不适合孩子的欣赏水平。对他们来说，鲜艳的色彩最能吸引眼球，从而刺激他们对色彩的辨认。同时，儿童房的墙壁不可张贴奇形怪状的动物画像，也不宜张贴武士、星战士一类的图片。

忌 儿童房忌摆不吉饰物

一般家长都喜欢在儿童房摆设类似于孔雀、骏马等饰物，寓意"孔雀开屏"和"马到功成"。这类造型以栩栩如生、充满活力、富于积极向上精神主题的为首选；反之，如敛屏孔雀、低头马儿等意志消沉的则不宜选用。此外，悲伤的字句或萧条的图画也不宜悬挂，而牛角、兽头、龟壳、巨型折扇、刀剑等装饰品也不适合在儿童房陈设。

忌 儿童房忌直射照明

灯光对发育时期孩子眼睛的影响尤其重大，直射照明容易刺激孩子的眼睛，影响孩子视力健康，最好采用漫射照明。漫射照明是一种将光源安装在壁橱或天花板上，使灯光朝上照到天花板，再利用天花板反射光的照明方法。这种光给人温暖、欢乐、祥和的感觉，同时亮度适中，比较柔和，适宜儿童房使用。还可以在书桌上放置不闪烁的护眼台灯，这样不仅可以降低孩子视力变弱的可能性，更能让孩子集中精力学习，达到事半功倍的效果。

忌 儿童房里忌摆放的植物

在儿童房适量摆放一两盆花卉，可以使空间充满生机，增添自然、亲切的氛围，还可以在一定程度上净化空气。但要注意，并不是每一种花卉都适合摆放在儿童房中，如兰花、紫荆花、含羞草、月季花、百合花、夜来香、松柏、仙人掌、仙人球、洋绣球花、郁金香、黄花杜鹃等皆不适宜。

忌 儿童玩具的颜色忌与儿童生肖相冲

如果选择的儿童玩具颜色与孩子的本命生肖相冲的话，会给孩子带来一些不利的因素，应尽快更换。

生肖属鼠、猪的儿童，与之相冲的玩具颜色是：红色、黄色、咖啡色。

生肖属猴、鸡的儿童，与之相冲的玩具颜色是：黑色、蓝色、绿色。

生肖属蛇、马的儿童，与之相冲的玩具颜色是：黑色、蓝色、白色。

生肖属虎、兔的儿童，与之相冲的玩具颜色是：白色、蓝色、黑色。

生肖属龙、狗、牛、羊的儿童，与之相冲的玩具颜色是：红色、绿色、黄色。

忌 儿童家具款式忌成人化

儿童房的家具功能上可以模仿成人家具，但款式风格不宜成人化。儿童有模仿成人的欲望，家具外形可带有启发孩子想象力的属性，如床像汽车，写字桌像积木等。稍大一些的孩子，需要较大空间发挥他们天马行空的奇思妙想，让他们探索周围的小小世界，若摆放按比例缩小尺寸的家具，如伸手可及的搁物架和茶几等小家具，能给他们把握一切、控制一切的感觉。

Part 7

书房风水

运筹帷幄的智慧空间

社会变更，万象更新。随着时代的进步，有很多人已经跳出了每天朝九晚五的上班生活，而在寻求一种自我独立的办公方式——做SOHO一族。家居办公（SOHO）不仅时髦，而且实用，它代表着时代的进步，更体现了对人的尊重。在家办公，必须既要注重家宅风水，又要讲究写字楼格局，方能既保事业蒸蒸日上、生意兴旺发达，又能家庭幸福安康、乐观向前。

正所谓"仁者乐山，智者乐水"，书房的使用者必须后有靠山前有水，其中乐山是指书桌的座位背后有靠墙。这样既有安全感，又不易受扰，但凡成功出人头地的人士，均是与人交往有贵人相助的人。作为开启智慧、凝神静气的书房，就更要占据有利位置，从而既彰显主人的文化与气质，又给家人带来好的运势。

书房风水概述

　　书房相当于家居中的办公室，但与普通的办公室相比，它又更具私密性，是学习、思考、运筹帷幄的场所。作为开启智慧、凝神静气的重要空间，书房一定要占据良好的位置。书房的风水宜体现"明、静、雅、序"这种幽雅的书香境界。

1.书房方位和布局解析

　　书房的理想位置是在住宅的东部或东南方，这两个方位能使人更自信、活跃，有助于事业和谐有序成长。书房也可在住宅的南方，该方位能帮助办公者吸引客户对其经营业务的注意力，并且能令业务受到欢迎。书房在住宅的西北部，该方位有益于领导、组织与协调他人，巩固事业，并维持他人对自己的尊敬。

不常用的书房应设在住宅东北方位（如图1）。

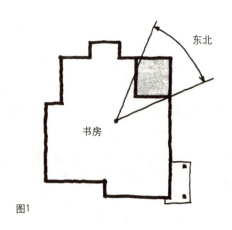

图1

书房中的正中线与四角线上，不能放置暖炉器具（如图2）。

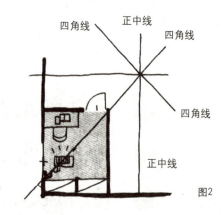

图2

书房不宜设在车库上方（如图3）。

书房的位置应远离马路（如图4）。

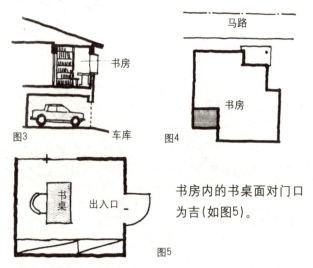

图3

图4

书房内的书桌面对门口为吉（如图5）。

图5

2. 文昌位的选择

书房最重要的是选择好文昌位。"文昌"是天上二十八星宿之一，又称文曲星，与人间关系密切，专司天下读书人的功名利禄。文昌位即是文昌星飞临入宅的方位，只要是书房或书桌设于文昌位，则对于读书考试、写作、筹划均会有所裨益。住宅的文昌位该如何界定？这要由住宅的坐向来确定，还要考虑文昌位亦会随流年而变化。

如果由于房子的先天结构问题，文昌位不能做书房，则只能退而求其次，将书桌的位置放于书房的文昌位，亦可收效。如果正好文昌位在原先格局中是厨厕位，则须在此处多放置水种植物，以化解文昌位受冲。

文昌位格局表

宅卦	坐向	文昌位方向
震宅	坐东朝西	西北位
巽宅	坐东南朝西北	正南位
离宅	坐南朝北	东南位
坤宅	坐西南朝东北	正西位
兑宅	坐西朝东	西南位
乾宅	坐西北朝东南	正东位
坎宅	坐北朝南	东北位
艮宅	坐东北朝西南	正北位

3. 仁智之局

书房的格局最能体现主人的个性和内涵，最有学问可谈。书房的墙面、天花板的色调应选用典雅、明净、柔和的浅色，如淡蓝色、浅米色、浅绿色。地面应选用木地板或地毯等材料，而墙面的材料最好选用壁纸、板材等吸音比较好的材料，以取得书房宁静的效果。

书房是陶冶情操、修身养性的"幽谷"，一般陈设有写字台、电脑操作台、书柜、座椅等。写字台和座椅形状要精心设计，做到合理舒适，操作方便自然。

面积充裕的居室中，可以独立布置一间书房。面积较小的居室可以辟出一个区域作为学习和工作的地方，可用书柜、柜子、布幔隔开形成独立空间。

书房的家具除了书柜、书桌、椅子外，兼会客用的书房还可配备沙发、茶几等。书柜应靠近书桌以方便存取书本；书柜还可留出空格放置一些工艺品，以活跃书房的气氛。书桌应置于窗前或窗户右侧，以保证看书、工作时有足够的光线，避免在桌面上留下阴影。书桌上的台灯应灵活、可调，以确保光线的角度、亮度。书房还可适当布置一些盆景、字画以体现书房的文化氛围。

书房的规模与投资一般根据房间大小和主人职业、身份、藏书多少来考虑，如果房间面积有限，可以在空间上延伸。书房的规模与投资还要根据主人的经济承受能力来选择，一般情况下，书房追求的是实用、简洁，并不一定要投资很多。书中自有"黄金屋"，对于一个爱书的人来说，有一间安静、雅致的书房，是再好不过的事了。

4.书房的设计

（1）个性色彩的书房

暗红或者纯红色的典雅高贵、粉色的娇嫩、粉绿的清爽甜涩等，进门第一眼，书房的色彩就可以让您多多少少了解主人的喜好。

（2）理性与感性兼具的书房

书房中用淡黄的墙色与深色家具配合会觉得轻重适宜。摒弃传统厚实严肃的刻板形象，以创新手法将书柜与书桌做整体造型设计，呈现出理性与感性兼具的视觉情境。

（3）沉稳的书房

暗色调的木质家具配上深色的地面，自成一格，形成沉稳与理性的空间。

（4）单纯统一的搭配

暖色的木地板使书房内的墙面与地面形成呼应与衬托，使得书房格局单纯统一，不失庄重。

（5）浓郁书香的搭配

书房简单的陈设再加上简洁优雅的原木书桌，相映成趣，衬托出浓郁的书香气息，昭示屋主以简养德的坚强意志。

（6）舒适简洁的搭配

墙壁用大理石铺平，光滑而明亮的质感给人一种舒适的感觉。一张红木书桌上摆放着一台电话机，墙上挂几张挂画，再在靠墙角的位置放置一个小木箱用来放书籍。在这个陈设可以说简单的书房内，没有电脑，没有太多的现代化设备，你可以感受到这个静谧的环境中散发着的书香味。

5.书房的布置

书房的使用者必须"后有靠山前有水"，其中"靠山"是指书桌的座位应背后有靠。背后靠墙，既有安全感，又不易背后受扰，因为人耳能听八方，但眼只观六路。背后有靠，即谓有靠山，但凡能够出人头地的人士，除了自己的努力、智慧、机遇外，万万不可没有靠山。背后有靠，则读书考试、与人交往均能得贵人相助，打工一族则可得上级赏识、提拔。古代从事文书类办公工作的人员除了讲究靠山之外，为了避免终日案牍劳形而一无所获，还在座椅后背镶上天然呈群山状的大理石为靠背，以加强倚靠的效果，美其名曰：乐山。所以书桌的座位后背应以不靠窗、不靠门等虚空为要。这种说法，除了风水上的讲究之外，也缘于办公桌背后若有人来回走动，则坐不安稳，难以集中注意力。

在书房的案头前方可以摆上富贵竹之类的水种植物，支数以单支，如三、五、七枝为佳，以达到生机盎然、赏心悦目的效果，还利于启迪智慧。

除了以上几点，书房还有诸多的讲究，做到了才能够壮旺文昌，并且配合文昌的力量，达到读书、考试胜人一筹的效果。

首先，书桌前面应尽量有空间，面对的明堂要宽广。有人说一般书房的位置本来就不太宽敞，如何能够有明堂？其实以门口为向，向外部就可成明堂，这样则前途宽敞，易于纳气入局，令头脑思路敏捷，宽阔无碍，能成大器。另外也可选择面窗而坐，以窗外宽阔空间为明堂，能够观赏外部景观以养眼，也可收到较好的功效。但窗外不可正对旗杆或电线杆、烟囱等，如果正好面对旗杆或电线杆、烟囱等不利之物无法避免，则可在书桌上放置一块稳稳当当的镇纸（压尺），来对外部的不利因素进行化解。

其次，书桌不能摆放在房间正中位。因为这是四方孤立无援格，前后左右均无依无靠，主学业、事业都孤独，很难得到发展。

再者，书房的门向也要注意，不能正对厕所、厨房，否则会令文昌受水火冲击，导致主人精神不佳。

除此之外，座椅不要被横梁压顶，避免类似横梁的物件，如空调、吊灯等压在头上，如有这样的情形，则会处处受制，难求发展。

6.书房的四要素

随着人们生活品位的提高，书房已经是许多家庭居室中的一个重要组成部分，越来越多的人开始重视书房的装修。在装修书房时，我们可以从这几个字上得到一定的启发，即"明"、"静"、"雅"、"序"。

(1) 明：书房的照明与采光

书房作为主人读书写字的场所，对于照明和采光的要求很高。因为人眼在过强或过弱的光线中工作，都会对视力产生很大的影响，所以写字台最好放在阳光充足，但不受直射的窗边。这样，在工作疲倦时可从窗远眺，休憩养神。书房内一定要设有台灯和书柜专用射灯，便于主人阅读和查找书籍。台灯的光线要均匀地照射在读书写字的地方，不宜离人太近，以免强光刺眼。长臂台灯特别适合用于书房照明。

(2) 静：修身养性之必需

安静对于书房来讲是十分必要的，因为人在嘈杂环境中的工作效率要比在安静的环境中低得多。所以，在装修书房时要选用那些隔音、吸音效果好的装饰材料。天棚可采用吸音石膏板吊顶；墙壁可采用PVC吸音板或软包装饰布等装饰；地面可采用吸音效果佳的地毯；窗帘要选择较厚的材料，以阻隔窗外的噪音。

（3）雅：清新淡雅以怡情

在您的书房中，不要只是一组大书柜，加一张大写字台、一把椅子，而要把情趣充分融入书房的装饰中。一件艺术收藏品、几幅钟爱的绘画或照片、几幅亲手写的墨宝，哪怕是几个古朴简单的工艺品，都可以为您的书房增添几分淡雅、几分清新。

（4）序：工作效率的保证

书房，顾名思义是藏书、读书的房间。在种类繁多的书籍中，有常看、不常看和藏书之分，应将书进行一定的分类。如分书写区、查阅区、储存区等加以分别存放，这样会使书房井然有序，有利于提高工作的效率。

7.书房的挂画

在合适的位置挂一些图画，可以避免墙壁太单调，又可以增加美感，同时亦可表现出主人的心境和格调。图画的选择与摆放是否合适还将暗喻一家人的运气。

水最宜在屋前，也就是要在朱雀明堂见水。如果书桌是对房门的话，房门左右的位置以及门外的走道就是明堂了。挂山水画对运势及工作会有一些帮助，但又因为是假山假水，所以其作用自然远不及真山真水的效果那么好。例如，可以挂"九如鱼图"，九条红鱼取"鱼"与如意的"如"字的谐音，九则是"久"谐音，是长久的意思，释为长时间的如意称心，具有很好的意念。还有"年年有余"图也是好的选择。

瀑布图为许多人所喜欢，不过瀑布虽有气势，但来水过急，不可以挂在书房及卧房内，可以挂在客厅，

水流向内，同时宜在图下摆一个聚宝盆，意在装水接财。

一些波涛汹涌、湍流激射的海浪图画被认为是凶像，不宜挂在住宅内。而那些河流、湖海画，如溪水曲折、弯曲有情，湖水平静、微波荡漾，则主事业顺利、钱财积聚，是非常适合挂在宅内的吉祥图画。

字画悬挂要高度适中，不能过高或过低。人的正常视觉区域是在头不转动时与眼睛水平视线成60°角的范围内，平视线约为1.7～1.8米。因此挂画的高度也以在距地面1.5～2.0米处为宜。

字画悬挂位置宜选在室内与窗成90°角的墙壁处，这样可使自然光源与画面和谐统一，真实感强。挂字画宜疏不宜密，同一室中的字画应保持在同一水平高度。画框可平贴墙，也可稍前倾（一般前倾15°～30°）。

8.办公桌摆放方位的利弊

家居办公桌摆放坐向的八个方位，均有利弊，现将其利弊分析如下：

(1)坐西朝东

利于进取，并且能够更加细心、自信、乐观。

弊处是会导致野心太大，好高骛远。

(2)坐东朝西

利于积蓄财富，生活满足，且能增加浪漫感。

弊处是易大手大脚，惰性增加，并且容易招惹桃花。

(3)坐北向南

利于激情四溢、引人注目，社交活跃。

弊处是压力增大，感情波折，口角是非增多。

(4)坐南向北

利于成熟稳重，创造潜能，独立自主。

弊处是落落寡合，提心吊胆，事业趋于平凡。

(5)坐西北朝东南

利于增强领导能力，拓展才能与责任感，也能增强尊贵与信用。

弊处是易刚愎自用，疲劳过度。

(6)坐东南朝西北

利于增强领导能力，易博得信任和尊敬。

弊处是我行我素，傲慢虚伪，干涉他人。

(7)坐西南朝东北

利于自我提升，目标明确，勤奋工作。

弊处是贪婪自私，过分紧张，鲁莽行事。

(8)坐东北朝西南

利于家庭和谐，节约开支，贵人相助。

弊处是依赖他人，首鼠两端，过分小气。

家庭办公室的理想位置是住宅东、东南、南与西北部。而根据业务的类型和事业的发展阶段，要善于利用每一个特殊的方位，才能使事业受益。

事业初期：宜在住宅的东部或东南部办公。该二方位能使人变得更忙碌、更活跃、更引人注意，更能使好主意转化为现实，有利于事业的成长。

事业发展期：宜在住宅的南部办公。该方位能帮助办公者吸引客户对其经营业务的注意，并且能令业务受到普遍的欢迎，特别是对公关性质的工作有极大的帮助。

事业飞跃期：宜在住宅的西北部办公。该方位有利于领导、组织与协调他人，巩固事业，并获得他人的尊敬。

9. 生肖与书桌吉方对应关系

现以十二生肖分类，只要知道自己的生肖，便可对照着将个人的书桌坐向吉方。

(1) 生肖为鼠

1912年出生宜坐东南向西北；1924年出生宜坐东南向西北；1936年出生宜坐西向东；1948年出生宜坐北向南；1960年出生宜坐东向西；1972年出生宜坐东南向西北；1984年出生宜坐东南向西北。

(2) 生肖为牛

1913年出生宜坐南向北；1925年出生宜坐东南向西北；1937年出生宜坐西向东；1949年出生宜坐北向南；1961年出生宜坐东北向西南；1973年出生宜坐南向北；1985年出生宜坐东南向西北。

(3) 生肖为虎

1914年出生宜坐东南向西北；1926年出生宜坐西向东；1938年出生宜坐东向西；1950年出生宜坐东南向西北；1962年出生宜坐西向东；1974年出生宜坐东南向西北；1986年出生宜坐西向东。

(4) 生肖为兔

1915年出生宜坐东南向西北；1927年出生宜坐西南向东北；1939年出生宜坐东北向西南；1951年出生宜坐东向西；1963年出生宜坐南向北；1975年出生宜坐东南向西北；1987年出生宜坐西南向东北。

(5) 生肖为龙

1916年出生宜坐北向南；1928年出生宜坐北向南；1940年出生宜坐东向南；1952年出生宜坐东南向

西北；1964年出生宜坐东向西；1976年出生宜坐北向南；1988年出生宜坐北向南。

(6) 生肖为蛇

1917年出生宜坐西向东；1929年出生宜坐北向南；1941年出生宜坐东南向西北；1953年出生宜坐南向北；1965年出生宜坐东南向西北；1977年出生宜坐西向东；1989年出生宜坐北向南。

(7) 生肖为马

1918年出生宜坐北向南；1930年出生宜坐东向西；1942年出生宜坐南向北；1954年出生宜坐东南向西北；1966年出生宜坐西向东；1978年出生宜坐北向南；1990年出生宜坐东向西。

(8) 生肖为羊

1919年出生宜坐东向西；1931年出生宜坐东南向西北；1943年出生宜坐南向北；1955年出生宜坐东南向西北；1967年出生宜坐西北向东南；1979年出生宜坐北向南；1991年出生宜坐南向北。

(9) 生肖为猴

1920年出生宜坐东向西；1932年出生宜坐东南向西北；1944年出生宜坐东南向西北；1956年出生宜坐西向东；1968年出生宜坐北向南；1980年出生宜坐东向西；1992年出生宜坐东南向西北。

(10) 生肖为鸡

1921年出生宜坐东南向西北；1933年出生宜坐南向北；1945年出生宜坐东南向西北；1957年出生宜坐西向东；1969年出生宜坐北向南；1981年出生宜坐东南朝西北；1993年出生宜坐南向北。

(11) 生肖属狗

1922年出生宜坐南向北；1934年出生宜坐东南向西北；1946年出生宜坐西向东；1958年出生宜坐北向南；1970年出生宜坐东南向西北；1982年出生宜坐南

向北；1994年出生宜坐南向北。

（12）生肖属猪

1911年出生宜坐东向西；1923年出生宜坐东南向西北；1935年出生宜坐东南向西北；1947年出生宜坐西北向东南；1959年出生宜坐北向南；1971年出生宜坐东向西；1983年出生宜坐南向北；1995年出生宜坐东南向西北。

10.办公桌面的布局

办公环境不仅受桌子方位的影响，也与办公桌面上的摆设有着莫大的关系。如果桌面上物品摆设正确，五行相生，会产生强烈的创造力；而如摆设错误，则会让工作陷入困境。对于一个四方形的办公桌而言，当其取基本的坐西向东方向时，其上八个方向已经形成一个八卦形状，那么如下摆设，有助于将家庭、事业照顾得面面俱到。

东面：金钱	东南：电话
西面：印章	西南：台历
南面：台灯	正北：笔记
北面：植物	西北：笔墨

11.办公用品的摆放

书桌上的用品摆放也各有讲究，其与条理、思路的关系均很密切。书桌上一定要有山高水低的格局。书桌两头的用品不能都摆放得高过于头，使用者不能够伸展出头，这是大忌，必须有高有低进行配置。具体来说，男性用者，左手青龙位宜高宜动，右手白虎位宜低宜静，而重要的、有能量通过的物品，如电话、传真机、电灯等均应放置左方，才较为有利。如是女性用者，则应加强右方白虎位，重要的物品可放置于右方。

书桌宜保持整齐、清洁，每一次工作后或读书完毕不要嫌麻烦，要把书桌收拾干净整齐，尽量把垃圾清除，这样才有利于下次读书、学习。每一次均由整齐开始，由整齐结束，有始有终，可迅速开动大脑，使思维灵活清晰。养成这个习惯，可使其积极效应保持得以周而复始。

书房中的家具宜用深色，如栗色、深褐色、铁红色等端庄、凝练、厚重、质朴的颜色，有利于思考而不流于世俗花哨。

书房中的书桌摆放还要注意的是，书桌不可面对主人房的卫生间或公共卫生间，也不能背靠卫生间的墙壁。

12.书柜的收纳

书桌应该是属阳的，而放置书籍的书柜则是静的，属阴。古人讲求阴阳平衡，并且认为阴阳是宇宙的规律所在，万事万物都可分出阴阳来。所以，按照以上的规则摆好了书桌之后，就可在与之相协调、相对应的方位收纳书柜。

如果书桌放置在中间，那么书柜收纳的自由度就大一些，基本上可以随意放置。如果书桌靠左，那么书柜就要靠右一些，以免使房间产生紧逼感。书柜也不能放置在阳光照射的地方，因为不合书柜的阴性，不利于书本的保存。

当然，依据"左青龙、右白虎"的规则来看，主人是男性的话，书柜最好放置在左边的墙侧，而书桌的右方则放置客椅，利于主人与客人交流沟通。

另外，书柜忌满塞图书，最好留出一些空格，以作"透气"之用。

书柜的尺寸有标准，国标规定调板的层间高度不应小于220毫米，小于这个尺寸，就放不进32开本的普通书籍。考虑到还可能摆放杂志、影集等规格较大的物品，搁板层间高一般选择在300～350毫米之间。

13.电脑的风水及电脑周边环境的收纳

风水学认为，电脑属火。因此，在家庭中，电脑尤如一火物，会影响每位家庭成员，放置的时候要分外小心。首先要留意，坏掉的电脑绝不适宜放在家中，因为坏的电脑会放射辐射磁场，干扰及影响家人健康，所以不用或坏的电脑不要放在家中。

电脑旁边摆放什么东西也是大家关心的问题，那么摆放什么东西最好呢？根据专业人员建议，电脑旁边可以摆放以下物件：

用玻璃碗或玻璃瓶盛载清水，每天更换，放在电脑旁边。

在电脑上放石春，以8粒为数，即放8、16或24粒，或摆放白色圆形水晶，亦以8粒为数。

挂一铜钟或海洋画于电脑附近，或用水养一缸鱼，可减少电脑的火性。

还要注意的是：科学研究证实，电脑的荧屏能产生一种叫溴化二苯并呋喃的致癌物质。所以，放置电脑的房间最好能安装换气扇，倘若没有，上网时尤其要注意通风。

现代人离不开电脑，电脑承载着人们越来越多的活动。相应地，电脑桌旁摆放了越来越多的杂物，刚刚好不容易收拾干净的电脑桌，一下子又变得凌乱不堪。想改变这个困境，就要善用电脑周边的小工具。

置物架：在电脑屏幕上方争取一个收纳的空间，做一个置物架。为了避免对屏幕压迫过重和引起散热不良，架子不能太大，可能只是两层，但在这小小的房间里却可以整齐地摆放您经常用的CD、磁盘、光盘、书本、笔记本等，还可以摆放小巧可爱的装饰。

金属架：电脑桌下的空间当然不能随便放过，在那里放上一个金属架子，把打印机和扫描仪等较重的物品有条不紊地摆放进去，这样一来，桌面看起来自然清爽。

键盘架：在电脑桌下附带一个可以抽拉的键盘架，用的时候轻轻一拉，不用时轻轻一推即可将键盘收回桌子下方，既可防尘，又可使桌子表面的空间更加有序。现在不少电脑桌是这样的，有的甚至在放主机的位置也附带了活动滚轮，方便人们随意移动主机。

14.书架风水

书架之与主人，有如衣服之于女人。如今的书架不仅仅局限在书房的空间里，也不再局限于简单的几个格子里了。居室里各个空间都可以根据个人需要与喜好，放置各色各异的书架，于是，书架中也掀起一场"秀"。

(1) 书架的布置

书架是书房的焦点，书架的布置主要根据主人的职业及喜好而定。比如，在音乐家的书房中，音响设备及弹奏的乐器应占据最佳位置，书架中唱片、磁带、乐谱的特点也不同于一般书籍的摆放，应做特别设计；作家的藏书量大，书架往往会占据整面墙，显得庄重而气派；科技工作者有一些特别的设备，在布置书房时，首先要将制图机、小型工具架、简易的实验设备等安置妥当。如果常用的书刊数量不多，可购买一个方形带滚轮的多层活动小书架，根据需要在房间内自由移动，不常用的书就用箱子装起来，放在不显眼的地方。

(2) 书架的设计

都市人的居室一般都不大，有人感叹"小得连书都放不下"。下面介绍几款适合用于小居室的书架设

计，以供小居室住户参考。

滚轮式书架：如上所说，如果常用的书刊数量不多时，可以制作一个方形带滚轮的多层小书架，它可以根据需要在房间内自由移动。既可以做书架，又可以当茶几使用。至于那些不常用的书则"束之高阁"。

屏风式书架：对于厅房一体户，还可以利用书架代替屏风将居室一分为二，外为厅，里为房。书架上再巧妙地摆设几个小盆景、艺术品之类，有较好的美化效果。

床头式书架：将靠墙的床头改做书架，并装上带罩的灯，既可放置长用书籍，又便于睡前阅读。

连体式书架：把两个敞开式书架叠放，背部都朝向书桌，再把一个敞开式书架放在书桌上，并使其背面与叠放的书桌背部相依靠，就可形成一个多用途的立体书架。这个书架既可供孩子使用，又可供大人工作书写使用。

敞开式书架：对于房间较小而书籍很多的情况，

243

可充分利用墙壁配置成敞开式书架，这样会方便取、放书籍。所配置书架的色彩应同室内装饰的色调一致，以免像阅览室。

装饰性书架：在室内窗户两侧配置敞开式书架，既可以合理利用空间，又可以增添室内装饰美感，为避免阳光晒到书籍，应挂卷帘式窗帘，这样既不会影响窗帘收放，又有艺术韵味，较适合厅房一体的家庭。

15.书房的椅子

选用舒适的椅子也很重要。椅子应该高度适宜，使膝盖微微弯曲，而脚很自然、舒适地放在地板上，同时，使用键盘时，应保持手、腕和小手臂处于同一高度。椅子还应有一定的灵活性，可在一定范围内根据我们的需要调节其高度和转向，这样身体既可以前倾来取、放桌面上的物品，又可以后仰让身体自由伸展放松。

什么样的椅子最舒服？椅子的局部形态和尺度对使用有很大影响。从人体解剖特点考虑，人的臀部跟足跟一样厚，而且肌肉丰厚坚实，是人体最耐压的部位之一。所以，合适的坐椅应该设计成使上体的重心落在臀部的骨骼上。

椅子舒适程度要看如下几点：

(1)是否坐面过高

坐面太高会导致双腿悬空，不但腿部肌肉受压，而且大腿、小腿和背部肌肉均呈受拉状态，人体易疲劳。

(2)是否坐面过低

当坐面低至膝盖和小腿，或小于90°时，腹部肌肉就会产生挤压，不能保证人的腰部、骶部椎骨的舒适状态，并且增大了背部肌肉的负荷程度，会使人产生不适感，导致疲劳。

(3)坐面的宽度

坐面的宽度过窄，除了感到拘谨外，身体两侧的肌肉均会有受到挤压的感觉；坐面的宽度过宽，两臂必然向外伸张，从而使背阔肌和肩膀三角肌等肌腱组织受到拉伸。这两种情况都容易让人疲劳。

(4)靠背的高度

动态活动范围较大，可不设靠背。靠背的设计应以动态工作和静态休息能获得相应的支撑，而不妨碍工作和活动为宜。动态工作时靠背高度可由较低的第一、二腰椎开始逐渐增加，最高可达到肩胛骨、颈部；而静态休息则可以要求靠背的长度能够支撑头部。

(5)靠背的倾斜度

靠背的倾斜度是随着休息程度的加大和靠肩长度的加长而增加的，它与坐面的高度、深度、倾斜度和靠背长度的变化是分不开的。随着各种休息功能的增加，靠背倾斜角度向后逐渐增加，支撑点逐渐向上转移，同时支撑点和支撑角度由一个增加到两个，夹角越大，休息功能越好。

16.书籍与报纸杂志的风水

（1）书籍风水

喜欢读书的人，大多都有理性的一面，讲究秩序。需要花些时间来读的书，通常都具有收藏价值。面对众多的藏书，如何做到藏而不乱，最有效的方法是将书柜分成很多个格子，将所有的藏书分门别类，然后各归其位，待要看的时候就可以依据分类进行查找，这样就省去了到处找书的时间。如果藏书比较多，不妨将书柜做得高一些，高处的书可以借助小扶梯拿取。不过要注意的是，应将常看的书放在伸手可及的地方，不常看的书则安排在高处或偏远一点的位置。

家中书房毕竟不是图书馆，所以美观与风格都不容忽视。现在开放式的大连体书柜占据一面墙的方式比较盛行，看起来既气派，又有书香气息。但倘若一面墙上全都是书本，看起来也未免过于单调。所以在书的摆放形式上，不妨活泼生动一些，不拘一格，可为书房增添生气。而且书格里也不一定都得放书，可以间或穿插一些富有情趣的小饰品，调节一下气氛，也实现了居家环境装修对美观的追求。

（2）报纸杂志风水

风水学中，报纸和杂志属木。在家中堆放报纸杂志，等于在家中堆木；每天订报纸，等于每天有人将木送到您家中。从家居风水论，不宜将每天"采"回来的"木"堆放在家中西南方，因为西南方代表胃功能，将大量书报放在西南方，木克土，胃功能马上受克。凡西南方出现大量报纸和杂志，家人的胃功能一般都会特别差。假如欠木的人要在家中摆放旧书报，放在哪个位置最好？当然最好放在木最旺的地方，即东方或东南方，但还要视流年的方位来摆木。可以的话，放在东方或东南方最有木运，反之，如家庭不要

木，报纸杂志要经常清理，否则会影响全家人的胃，也会影响居住环境和空气流通。

17.书房中的植物

书房中需要绿色的植物，尤其在工作和学习之余，绿色能让眼睛得到休息，对于保护视力有很大的帮助。如果在书架上或书柜上摆放一两盆盆景，还能增加书房的宁静氛围。

书房与卧房不同，一般情况下，在夜间没有人在此睡觉，因此在书房中摆放一两盆观叶的绿色植物，不会影响家人的健康。在白天时，由于这些植物进行光合作用，吸入二氧化碳释放氧气，还能令在书房中工作、学习的人有充足的氧气，感到脑清目明。要注意的是，书房一般都有大量的书，书架和书柜也相对较大，因此所选的植物最好是矮小、短枝的，以盆景这样的小规格形式摆放为最佳。比较合适的选择是仙人掌、君子兰等植物。

在摆放植物时应注意，不宜选择那些有刺激性气味的花。虽然它们颜色艳丽、花香甜美，但长时间闻这些花的香味，会影响人学习和工作时的情绪，并可能引发很多呼吸系统的疾病。

18.书房的灯光照明

书房的灯光照明以日光灯和白炽灯交织布局为佳，可收到动静自如之效。不能用过于花哨的彩灯，因其易令人眼花缭乱，顿生疲惫。还要避免用落地大灯直照后脑勺。

19.书房的采光与通风

在设计书房时，除了要合理划分出书写、电脑操作、藏书以及小憩区域以保证书房的功能性、营造书香与艺术氛围外，还有很重要的一点是要保持书房良好的通风与采光。

书房应该尽量占据朝向好的房间，相对于卧房，它的自然采光更重要。读书是怡情养性的事情，能与自然合二为一，头脑会更为清醒、通畅。

长时间读书需要保持头脑的清醒、清晰，因而保持空气的新鲜十分重要，所以书房要选择通风良好的房间，而且要经常开门、开窗通风换气。流动的空气也利于书籍的保存。

如果通风不畅，将不利于房间内电脑、打印机等办公设备的散热，而这些办公设备所产生的热量和辐射，会污染室内的空气，长时间在有辐射和空气质量不好的房间中工作和学习，对健康极为不利。

20.不同职业人的书房风水

（1）营销、企划人员的书房

营销、企划、规划设计方面的才能喜欢停留在阳光充足之处，若室内摆设、装潢不佳，好不容易拥有的才能亦有被埋没的可能。

书房最好用木制书桌和布制沙发、椅子，绿色系、茶色系或灰棕色系比蓝色系佳。

大家具要靠墙摆好，电视、音响、扬声器、书籍、陈设品等可收入其中，尽量别直接放在外面。

若为大窗户，窗帘的色调应与地板搭配，但要深些，营业者窗帘采用蓝色系，技术业者采用绿色系。窗户附近宜摆植物。书桌面东或面南。

（2）财务人员的书房

无法照到阳光或受夕阳直射的书房可使人发挥组织会议方面或处理电脑等方面的才能，对财务人员参加财务考试有一定帮助。

书房整体应采用浅色调。地面、墙壁、天花板使用具有褪色感的色调对主人发挥才能有帮助。地面铺地毯，墙壁、天花板贴布制壁纸。

可用白色花朵、以白色为基调的图画等装饰，森林或湖的图画亦能帮助发挥才能。

选购鲜艳、华丽的家具，松木制家具上一层保护膜，白木质地椅子配橙色或花纹图案椅垫。书桌面北或面东。

（3）文艺工作者的书房

日照不佳的书房可能将埋没主人音乐、绘画等艺术或运动方面的才能，因此书房照明亮度要强。将书桌移到日照佳的场所，电视、音响等摆北侧。窗帘选用纵条纹图案。房间内须挂镜子及黄色、蓝色的漂亮小饰物，如花朵、图画等。

书房要常保清洁有序，报纸、杂志、衣服等若随意摆放，恐养成怠惰的习惯。

（4）适合资格考试参加者的书房

书房除了电脑外，其他电器皆不可进入。采用木制书桌，钢铁制的则不行。书柜摆背后，书桌摆放在书房的北方位，书桌面北，椅子摆南侧，桌上摆黑色座灯。椅垫或椅靠选黑色或茶色，色调不可过于鲜艳，还适合偏浓的蓝色系或绿色系。

21.主人办公室风水禁忌

主人的办公桌之桌位不可太凌乱；

主人办公桌上方的天花板应清爽舒畅；

主人办公桌前不要有屏风、酒橱；

主人办公桌前不可安挂镜子反照自己，否则会心神不宁；

主人办公室开门正对处不可安镜子照门，否则是非多；

主人办公桌右方尽量不插旗子；

主人办公室或办公桌不可在厕所或厨灶之下方；

主人办公室或办公桌左右前方不可有巷路冲身；

主人办公室或办公桌不可在垃圾焚化场旁边；

主人办公室或办公桌不可在公厕旁边；

主人办公室之白虎方不可有震动之机器或马达；

主人办公室之顶上不可有水池；

主人办公桌右方不可安水族箱；

主人办公桌右方不可放影印机；

主人办公室内不要放藤类盆景；

主人办公桌右方不可安冷气机或抽风机；

主人办公室图像不可挂得太多而导致有凌乱之感；

主人办公桌正前的沙发桌不可直冲座位；

主人办公桌正前的窗外不可正对旗杆或电杆；

主人办公桌背后不可有人来来去去地走动；

主人办公桌左右不可冲厕所门；

主人办公桌不可面对套房或公寓之墙壁；

主人办公桌不可背靠厕所；

主人办公桌或座位不可压梁；

主人办公桌位或座位不可前后左右冲柜角；

主人办公桌前后不可冲屋外他人之屋角；

主人办公桌之前面应尽量有空间——明堂要宽广。

书房风水之宜

在书房的风水中，最重要的是要保持书房良好的通风与采光。人们长时间地读书需要保持头脑的清醒，新鲜的空气十分重要，所以书房要选择通风良好的房间，而且要经常开门、开窗通风换气。另外，流动的空气也更利于书籍的保护。

宜 书房宜选在远离客厅的位置

书房应选择在远离客厅的位置，不宜紧靠客厅，否则客厅里的声音会干扰书房中人的学习和工作。

宜 书房宜为独立的空间

如果家中有一间独立的书房，那最理想不过。若居室面积够大的话，最好能单独开辟出一块空间作为书房，并做好书房与其他空间的隔断，做到互不影响。独立的书房在布置的时候，要充分体现主人的个性和内涵。

宜 学生的书房宜清爽明朗

一般书房设计以米色为主要色彩，简洁、明朗的色彩给人温馨自在的感觉。学生书房必须考虑安静、采光充足的因素，可用色彩、照明、饰物来营造。色彩上以白色墙面和灰棕色书柜、书桌、椅子的搭配为主，再通过少量的饰品对书房进行点缀，使书房简单而又不会显得沉闷。避免摆放过多的装饰品，以免分散孩子注意力。装饰盆景不宜选用大盆的鲜花，而以矮小、常绿的叶类观赏植物为好。

宜 书房座椅宜选转椅或藤椅

坐在写字台前学习、工作时，常常要从书柜中找一些相关书籍，此时带轮子的转椅或可移动的轻便藤椅就可以给您节约不少时间，为您带来很多方便。根据人体工程学设计的转椅能有效承托背部曲线，应为首选。

宜 书桌宜放置在屋角

从总体上说，书桌应摆放在光线充足、空气清新的地方。从风水角度来讲，书桌宜放置在屋角，这样桌前就有一个比较宽阔的空间，能让人胸襟开阔。

宜 宽敞书房宜配有健身器材

若书房宽敞，女士可添置一些健身器材，劳逸结合，更有利于身体健康。男士则可配备沙袋、镖盘等富有阳刚之气的健身器材，读书之余锻炼身体不失为一种生活享受。

宜 书房宜设在主卧房之外

书房不可以设置于主卧房内部，以免犯胎神之位。将书房设置于主卧房内，会造成看书和休息、睡眠错位，职能的区分不明显，将使书房不能很好地发挥作用。如果有深夜看书工作的情况，还会影响到别人的睡眠。

宜 书房中宜悬挂字画

书房悬挂字画有补壁的装饰作用，字画的内容和类别应根据主人的文化修养与情趣来选择。中国画、装饰画、书法、油画、木刻以及重彩、磨漆画等作品都可用于装饰墙面，但应与家具的配置协调一致。字画不仅能显示主人的文化品位，还可以渲染居室内的气氛，陶冶性情、愉悦身心。如果是一幅山水作品，则宜与室内盆景互相呼应，相映成趣。字画挂在射灯上方，可因灯光照射而更具清新感。在字画的一侧放一株万年青，可使字画的格调更为高雅。

宜 书房的光线宜充足

书房作为主人读书写字的场所，对于照明和采光的要求很高，书房应有充足的照明与采光。因为在过强或过弱的光线中工作，都会对视力产生很大的影响，所以写字台最好放在阳光充足但不直射的窗边。

宜 书房主色宜用绿色和浅蓝色

书房属木，壁面色彩以绿色、浅蓝色为佳，切忌花花绿绿、杂乱无章。其中浅蓝色给人以清爽、开阔的感觉，是一种令人舒适的色彩，也是相当严肃的色彩。蓝色在某种程度上可隐藏其他色彩的不足，是一种方便搭配的颜色。蓝色还具有调节神经、镇静安神的作用，蓝色的灯光在改善失眠、降低血压和预防感冒中有明显作用，但患有忧郁症的人则不宜接触蓝色。

宜 书房的窗帘宜选择浅色纱帘

书房的窗帘一般选用既能遮光，又具通透感的浅色纱帘比较合适，高级柔和的百叶帘效果更佳。强烈的日照经过窗幔折射会变得温暖而舒适。

宜 书房的颜色宜与五行协调

在家居环境里，颜色的运用也会对工作和学习的效率产生很大的影响。在工作比较紧张的环境里，宜采用浅色调来缓和压力；而在工作比较平淡的环境里，宜采用强烈的色彩以振奋精神。具体而言，颜色应与五行相协调，以提高效率。如书房在住宅东部，宜用绿色与蓝色作为主色调；南部的书房宜用紫色；西北方位宜用灰色或浅咖啡色。

书房的颜色应该按照各人不同的命卦和每个居室不同的宅相来具体分析，但颜色应以浅绿色为主。这主要是因为文昌星五行属木，应该采用木的颜色（即绿色），这样会扶旺文昌星。另外，撇开风水不谈，单从生理角度讲，绿色可以保护眼睛，有"养眼"的作用；绿色还有助于人的心境平稳、气血通畅，容易激发人的灵感与智慧。

宜 书房宜温度适宜

如果书房配有电脑、打印机、扫描仪等设备，就会使室内温度大大升高，应该安装空调来调节室内温度。还要注意，不宜将这些设备放在空调的风口下，也不宜将其放在阳光直射的窗口旁和取暖器旁边。从另一个角度说，保持适宜的书房温度，也会使人感到舒适，从而提高学习与工作效率。

宜 书房的装潢线条宜简洁明朗

书房的装潢线条宜简洁明朗，不宜有太多的弧线。最好不用吊灯，并避免对天花板进行过多地装饰，否则会给人意乱神迷的感觉。书柜的装饰线条也不宜过粗，否则有失"文雅"。

宜 艺术家书房宜用冷色调

对从事美术、音乐、写作等职业的人来说，书房布置应以最大程度地方便工作为出发点。所以，书房的布置要保持相对的独立性，并配以相应的工作室家具设备，诸如电脑、绘图桌等，以满足使用要求。很多设计师认为，设计室应以舒适宁静为原则，在色彩方面使用冷色调为宜，将有助于人的心境平稳、气血通畅。

知多一点点

※ 书房大小要适中

房间宁可小而雅致，不可大而无当。有些家庭面积较大，就将书房布置得很大，这样虽然看起来很气派，但是在这种大面积的书房里学习和工作，会难以集中精神。因为"聚气"是风水学中最基本的原理之一，在这样的大书房里很难达到"聚气"的效果，因此难免会分散精神。

书房风水之忌

书桌不可背向书房门，背向书房门为缺靠山之格，象征上学者得不到老师的宠爱，上班的人士较难得到上司的赏识与提携。书房的主要功能是用来看书，花样复杂的窗帘会分散看书者的注意力，而且与书房应有的典雅、明净、高雅、脱俗的气氛不相宜，窗帘应以素雅为佳。

忌 书桌座位忌背对门

人不宜背门而坐。门是气口，既纳入清新的气，同时也会纳入浊气。如果人背门而坐，座后没有依托，空荡荡一片，会使人缺乏安全感，总感觉背后会受袭击，同时也会有一种背后受风寒的感觉。另外，经常背门而坐，会陷入担心背后会发生不测的紧张状态之中，很不利于学习和工作。传统居住风水讲究"书桌坐吉，书柜坐凶"，就是将书桌摆放在吉利的方位，而书柜则刚好相反，可以将其摆在不吉利的方位。

忌 书桌忌位于横梁下

横梁压顶是一大忌，书桌和座椅也不能位于横梁下方，否则会令人有被压迫的感觉，无法集中精力学习和工作。同时，家人的官运和财运也会因此受到影响，特别是对从政人士的仕途影响较大。如实在无法避免，可设计假天花将横梁挡住。

忌 不规则房间不宜做书房

书房是家居环境的一部分，它要与其他居室融为一体，透出浓浓的生活气息。不规则的房间会产生煞气，给人造成心理上的压制感，而书房作为办公和学习的空间，是要让人在轻松自如的气氛中更投入地工作和学习，并让人能自由地休息的，所以不规则的房间尽量不要做书房。

书桌忌正对窗户

书桌不要正对窗户，这样会给人一种"望空"的感觉。而且书桌正对窗户，人便容易被窗外的景物吸引，或被外面的事物干扰而分神，难以专心致志地学习，这对需要安心学习的人来讲，影响很大。因此，为了提高工作和学习的效率，摆放书桌时应该避免将书桌正对窗户，如果无法避免，就摆放在离窗户稍偏一点的位置。

书桌正面忌镶镜子

书桌忌正对镜子，因为书桌上一般都放有台灯，如果灯与镜子太接近，会使人产生灯光从头顶直射下来的感觉，令人情绪紧张、头昏目眩。同时，镜子里照射出的影像还会分散人的注意力，影响人的工作和学习。儿童的书桌尤其要避免正对着镜子。

书房悬挂字画忌阴阳失衡

书房的挂画讲究一种平衡，也就是风水中所讲到的"阴"与"阳"的平衡，这就要结合主人的秉性来判断。如果主人是一个积极好动的人，风水上认为这种性格属"阳"，想一进书房就获得一种安宁的气氛，可以选择一些属"阴"的字画，如色调比较沉稳的；对于一个性格比较安静的人来说，就可以选择画面比较"热烈"的偏阳的装饰字画。"阴阳"平衡既能起到较好的装饰效果，又能提高人的工作、学习效率，还能带来好运与健康。

书房的窗帘忌用复杂的花帘

书房的主要功能是用来看书，花样复杂的窗帘会分散看书者的注意力，且与书房应有的典雅、明净、高雅、脱俗的气氛不相宜，应以素雅为佳。

书桌忌设在书房中央

书桌忌设在书房的中央，此为四方无靠、孤立无援的格局，无论精神、学业、事业都会受影响。

忌 书房植物忌枯萎、凋谢

在书房放置植物或鲜花，能营造轻松的学习和工作氛围。如果插花枯萎或凋谢，就要及时清理，以免破坏家居风水，影响运气与健康。在盛水的花瓶中插上花也可，但是要保持花的新鲜度，枯萎即换。植物最好是圆形的阔叶常绿植物，比如海芋、富贵竹、黄金葛等。

忌 书房的色彩忌过多

书房是长时间使用的场所，应避免强烈的色彩刺激眼睛，宜多用灰棕色等中性色。为了达到统一，家具和摆设的颜色可以与墙壁的颜色使用同一个色调，并在其中点缀一些其他色彩的装饰，如书柜里的小工艺品、墙上的装饰画等。在购买装饰画时，要注意它在色彩上是起点缀作用的，在形式上要与整体布局协调。总而言之，各种色调不可过多，以恰到好处为原则。

一般书房的地面颜色较深，所以地毯也应选择一些亮度较低、彩度较高的色彩。天花板颜色的选择应考虑室内的照明效果，一般用白色，以便通过反光使四壁明亮。门窗的色彩要在室内整体色彩的基础上稍加突出，让其成为室内的亮点。

忌 书房忌使用粉红色调

粉红色是红与白混合的色彩，明朗亮丽，孤独症患者、精神压抑者不妨经常接触粉红色。但书房是让人看书、思考问题的特殊场所，粉红色的优点在书房就成了缺点，这是因为粉红色会使人的肾上腺激素分泌减少，从而使人产生脑神经衰弱、惶恐、不安、易发脾气等症状。

忌 书房照明忌刺眼或昏暗

书房作为主人读书写字的场所，对于照明和采光的要求很高，因为人眼在过强或弱的光线中工作，对视力影响都很大。书房照明主要以满足阅读、写作和学习之用为主，应以明亮、均匀、自然、柔和为原则，不加任何色彩可以减少疲劳。看书的时候，灯光太刺眼或太昏暗都会对眼睛造成伤害。落地大灯要避免直照后脑勺，台灯要光线均匀地照射在读书写字的地方。由于日光灯明亮、价格便宜、用电节省，因此办公室内多半使用日光灯照明，但日光灯有肉眼看不见的闪烁，会造成慢性视力损伤，所以最好多盏日光灯同时使用，以减少对眼睛的伤害。

忌 书房墙面不宜乱贴画像

书房墙面不可乱贴画像，否则可能导致书房中人精神错乱、做噩梦、患疑心病。

忌 书房不宜用毛玻璃幕墙

书房最好不要用毛玻璃幕墙，因为毛玻璃不仅寒气太重，而且会令人视觉模糊，使人昏沉欲睡。

忌 不宜在书房内摆放睡椅

不宜在书房内摆放睡椅，因为在睡椅上看书，不仅不利于身体健康，而且也会降低学习效率。

忌 书房空调出风口忌朝人脸或头部

在夏天空调让人感觉凉爽，有凝聚思考、提高人的读书专心度的功能。若能将书房的空调机移于北方，利用空调运转的能量，将带动文昌好运，必能利于考生或研究学问的人。当然切记勿将出风口朝脸或头部吹，免得读书者书还没读完，头就已经痛得受不了了。

忌 书房不宜没有窗户

有的人一味追求安静，而将书房安置在一个密不透风的空间，这样做固然带来了安静，但也给人的心理造成了压力。在封闭空间里学习，只会使人的思维越来越僵化，人也会变得越来越孤僻、愚笨。

忌 成人书房忌安插多种电器

成人书房忌安插多种电器，因为电器都有自己的磁场，这些磁场会对人体内的磁场产生一定的干扰，引起头痛、心神不宁。

忌 成人书房忌放藤类植物

成人书房忌放藤类植物，因为藤类植物易使房间潮湿，使人思路紊乱。

忌 学生书房的装饰不宜古板

学生书房装饰不宜古板，要符合年轻人的特点。书架可以做成楼梯形，取民间"脚踏楼梯步步高"之意。儿童书房不可摆置高大的书柜，更不宜让书架闲置，可设计成书架和衣橱两用款式，这样既可合理利用空间，又不会因为儿童用书少而显得室内空泛。儿童书房可以张贴一些富有生气的动物图画，但不宜有老虎、狮子、豹子等猛兽的图案，否则会给孩子带来精神压力。

书房吉祥物

前面已经系统地介绍了书房的方位、布局、色彩、宜忌等风水要素，并对一些书房可能存在的风水缺陷提出了改进之法。接下来介绍的是跟书房有关的吉祥物。当你为了打造书房好风水而努力时，千万别忘了书房吉祥物的力量。打造吉祥的书房风水布局，除了考虑风水原则外，还可以通过风水吉祥物来化解风水熬气、增强有利能量。

鲤鱼跳龙门

明代李时珍的《本草纲目》里记载："鲤为诸鱼之长。形状可爱，能神变，常飞跃江湖"。因此，鲤鱼跳龙门，常作为古时平民通过科举而高升的比喻，被视为幸运的象征。跳龙门寓意事业有成和梦想的实现，"鱼"还有吉庆有余、年年有余的蕴涵。

鲤鱼跳龙门可摆放在学生、想当官、想晋升的人的书房或办公桌，有利学业、催功名之功效。

寿星笔筒

寿星又称南极仙翁，经常以一个慈祥老翁的形象出现。在各种吉祥图案中，南极仙翁身材不高、弯背弓腰，一手拄着龙头拐杖，一手托着仙桃，慈眉悦目，笑逐颜开，白须飘逸，长过腰际，最突出的是他有一个凸出的大脑门儿。他为天上的神仙，不属佛、菩萨类。寿星笔筒象征延年益寿、智慧，一般可摆放在办公室、书房。

寿星代表着生命，人们向他献祭，祈求他赐予健康、长寿。寿星笔筒可以增加人的智慧，让人思维敏捷，产生良好的工作和学习效果。年长的男士用此笔筒效果更佳，一般可摆放在办公室、书房的办公桌或书桌上。

文昌塔

　　古代中国的道教寺院在建九层文昌塔前都要先选定好文昌方位，而诸多的文人墨客都喜欢在塔里学习研究、著书立撰。文昌方位是精神集中的地方，是专为做学问而设立的方位。如果实在难以将书房设在文昌方位的话，可以在自己的桌子上放一座风水文昌塔以提高注意力，开发想象力，提高工作效率。

　　文昌塔可增添学习氛围，提高学习和工作效率。一般摆放在办公室区域或书桌上，文昌塔的能量可以给做计划、创造等研究工作的人给予支持。建议想成为董事长、总经理、创业家以及从事技术开发、文学、艺术等创造性工作的人们使用文昌塔。另外，接受种种考试的学生们为了提高考试成绩，也可将其放在自己的书桌上和水晶龙一起使用。

揭玉之龙

　　龙是我国古代传说中的神异动物，龙也是中华民族最为古老的图腾，华夏子孙皆是"龙子龙孙"，自称为"龙的传人"。龙文化在中国文化中占据着极其重要的地位。古人把龙分为四类：天龙代表天的更新力量，神龙能够兴云布雨，地龙掌管地上的泉水和水源，护藏龙看守着天下的宝藏。属龙之人把龙视为自己生命中最重要的吉祥物，拿着玉的龙会给人带来好运。

　　揭玉之龙象征着好运长伴、开运吉祥。如果想开运、改运、吉祥，可在办公室、居家空间摆放揭玉之龙。

Part 8

厨房风水

尽享烹饪带来的幸福味道

厨房的主题是烹饪，厨房是创作美食的小天地，同时也是传达爱意的地方，这里还涵盖着友情，传递着亲情，酝酿着爱情。总之，厨房是居家生活中不可缺少的部分，担当着居家"心脏"的角色，把握着饮食与健康的"脉搏"。

家庭是一个整体，只有分工合作、互相配合，才能创造出和谐美满的家庭环境。家中任何一个人都可能出现在任何一个生活细节上，无论男女老少都可能有下厨的时候。在厨房里做出的食物是一家人共同享用的，厨具、环境等都可能影响到烹饪的质量，从而影响到一家人的健康状况和生活质量。有人说厨房风水只会影响女人，这是很浅薄的说法。

作为家庭中的一员，我们每个人都应该关心厨的环境和风水。风水学认为，要做出美味健康的食品需要新鲜的材料、精细的做工、整洁明亮的环境以及吉利的厨房风水。

厨房风水概述

　　厨房是烹调食物的场所，既用火又用水，水、火关系处理得好则吉，处理不好则凶。厨房是以"火"为其表征的，厨房方位的吉凶也是用这个标准来衡量的，根据方位五行与火的生克关系而定。

1.厨房与方位的关系

　　厨房是人间烟火的代表，五行属火。火的本位为南方。如果把厨房设置在南方，有一触即发之意，对家人的名声和财运都十分有利，并且可以使家人富有上进心；若厨房布局在东方，东方属木，为木生火，火势得到木的不断支持而持续燃烧，是吉利之象。厨房在屋内的东方或东南方，这两个方位五行属木，这是木火通明之格局。从环境卫生的角度而言，东南方最好，四季都有充足的光线，冬天不会太冷，且早晨气温低，可享受阳光的照射，中午气温高时却又变成阴凉的地方，食物的新鲜度可以保持较久，不易腐烂，对家人健康有利。

　　如果厨房设置在五行属土的辰、戌、丑、未方位（东北30°，东南120°，西北300°，西南210°），是火土相生的格局，主家人比较有爱心、人缘和谐、事业有成，是稳重踏实的位置。假如厨房在西方，西方属金，成火克金，家人容易得肺病，还会对少女不利，因为西方被克，西方在八卦中属兑卦，兑主少女。厨房在屋内的北方，北方属水，水火不容，不吉利。如果厨房设置在住宅的西北区315°的位置，很不吉利。因为西北属于八卦中的乾卦（《周易》乾代表天门，巽是地户），为火照天门之格，乾中属金，也是为火克金，不利。玄空风水也认为，火照天门之格是

十分不利的。书云："火照天门，必当吐血。"又云："火烧天门，张牙舞爪，家庭反目，家生骂父之儿。"总之，会使家庭不睦，不利家运。厨房在屋内的西南方222°～245°位置的时候，因西南方气流容易形成对流，不宜；从卫生角度而言，厨房是煮食的地方，用水量多，容易潮湿。虽然位于西南方采光条件好，但夏季吹南风就会使厨房里烹煮的油烟和蒸气弥漫住宅，容易发生火灾，且使房子脏乱、潮湿。

　　总之，厨房的位置，从环境卫生方面来说，依据传统建筑的格局东南方朝向最好，四季都有充足的阳光，通风亦佳，还能提供健康新鲜的食物；西南方因空气流通不顺畅，通风不良，而且靠西边的方位下午阳光太过猛烈，"西晒"极易使食物腐烂，所以不吉。

2.厨房方位和布局解析

位于东方位的厨房是吉相，因为东方为木，木生火，且太阳在东方出，易照到厨房，合乎卫生。位于东南方位的厨房也是吉相，阳光充足。从环境卫生学的立场而言，东南方最好，四季都有充足的光线，空气新鲜，通风也极佳，食物的新鲜度可以保持较久。

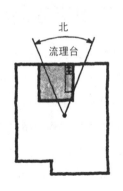

流理台不宜设在住宅北方（如图3）。

图3

厨房内不宜放置容易腐烂的东西（如图1）。

图1

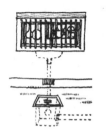

流理台下方的污水槽位置应多加注意（如图4）。

图4

流理台不能设在厨房的正中线与四角线上（如图2）。

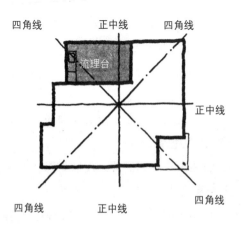

图2

地板下的储藏柜不宜太大（如图5）。

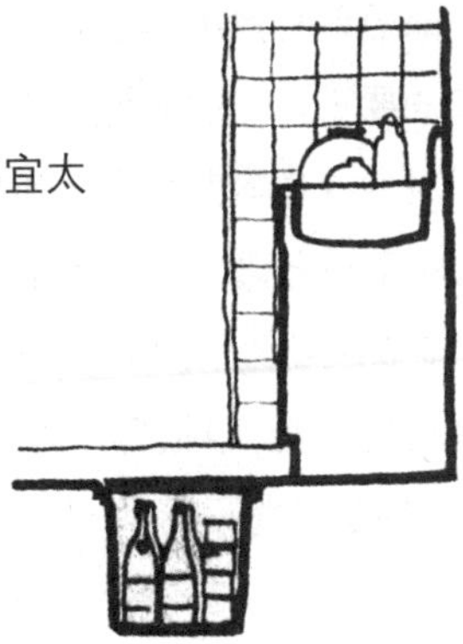

图5

流理台不宜设在住宅西方（如图6）。

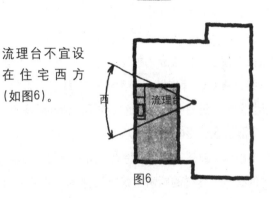

图6

3.厨房的格局

随着社会的发展、科技的进步，厨房用品也在不断更新换代。如今，厨房的概念正被重新诠释，其功能也在不断增加，不同设计风格的多功能厨房已成为居室中的时尚风景，如根据个人需要订做的橱柜、整体化厨房、智能化厨房等。日常生活中，家居的卫生尤以厨房的卫生为重，因为厨房的卫生关系着全家人的健康。

在风水环境调和学里，厨房最重要的就是整洁卫生、光线充足、通风良好，避免存在淤积秽气的死角。水盆应选择能与地柜相结合的款式；厨房水龙头最好采用有冷热水功能的专用龙头；地面可选用防滑地砖；墙面则以光洁度高、易清洁的瓷砖为宜；色彩应采用冷色调，忌用过深颜色；厨房内一般用吸顶灯作为照明，局部照明可用小灯嵌入吊柜以照亮工作台；厨房器皿清洗要干净，摆放要有序；厨房家具的种类要根据烹饪时的操作需要来定，还要根据相关器具的配套和摆放位置进行确定，一般应该有膳食烹饪工作台、锅碗、盘碟及铲勺的贮藏柜或吊橱。

对风水格局而言，根据每个地方的特色和空间位置的大小，厨房尽量摆设得美观、大方、整洁、明亮才吉利，橱柜之类的东西不能太高或太大。另外，不要把菜刀之类的利器放在显眼的位置，并且注意刀刃不要外露，厨房中的各种菜刀或水果刀不应悬挂在墙上或插在刀架上，应该放入抽屉收好。厨房内也不应悬挂蒜头、洋葱、辣椒等，因为这些东西带有杀气，还会吸收阴气。过期或已坏了的食物不能留在厨房里，因 为发霉了就会影响宅运。总之，厨房的整体格局应该突出整洁、自然、明亮的特点，给人舒适、温馨、有活力的感觉。这样的厨房不仅象征健康，还可以给

家人带来好运。

理想的厨房大体应该如下：

光线一定要明亮，空气要流通；餐具与调味料、食品要分开放置；烹饪用具摆放得当，锅应清洗擦拭干净后放入厨柜内；冰箱门应保持整洁、干净，因为门是运气的入口，贴上多余的东西，好运就会减少。

4.厨房的格局与五行的关系

风水是讲究气场的学问，严格来说，每一种有形体的东西都是有内在之气的，我们把它看作"阴阳五行"。厨房里的物品以不同组合、不同的布局出现时，就会构成不同的阴阳五行格局，"合理收纳"就是为了达到风水学上所说的"阴阳二气之调和"。一个空间内所有物件的摆设，如果体现出整体感、美观，且彼此协调，则称作五行平衡、二气调和。从中医的角度来讲，阴阳二气代表人的体内之气与体外之气，心、肝、脾、肺、肾五脏分别代表金、木、水、火、土五行，只有阴阳二气调和，才能使人的呼吸正常；五行的平衡是人类健康的保证，如果五行失调，五脏就会失调，接着人就会生病。

根据五行的特性，我国《相术》把人的长相分为金、木、水、火、土五种相形。

金形：头圆、脸圆、身圆、皮肤白腻、骨架硬朗、结实。

木形：头长、脸长、身长、腿长、腰长、手长、头发长、胡子长、脸色青。

水形：头圆头大、脸圆而浮、皮肤带黑、肥大、肉厚骨细、不结实。

火形：头尖、额尖、下巴尖、骨小、苗条、匀称、皮肤带红。

土形：头大、头扁、额宽额方、方脸（国字脸、田字脸等）、黄皮肤、结实、脸短、身短、腿短。

同样的道理，厨房的整体形象也可根据五行的特性归纳为以下五局：

金局：厨房的空间为圆形，门或窗为半圆或圆形，橱柜为椭圆或半圆形，整体色调为白色或银白色。

木局：厨房的空间为长形，门或窗为长形，橱柜为长形，整体色调为青色、绿色、浅绿、草绿等。

水局：厨房的空间为扇形或山字形，门或窗为扇形或多面圆型的组合，橱柜为多面扇形或圆形组合，整体色调为黑色、蓝色。

火局：厨房空间为尖形或三角形，门或窗为尖形或三角形，整体色调为红色、粉红。

土局：厨房空间为方形，门或窗为方形，整体色调为黄色。

五行相生相克是风水学法则，如果风水五行之局与宅主人五行相克，则主人运气被克，多阻滞，也会影响全家人的健康和运气。风水五行与人类生活息息相关，研习周易玄空风水的时候把风水学的五行结合中医学之五行，往往能够提前诊断出个人疾病；把五行相生相克之理应用在行为学里，用环境调和学能预知人的吉凶祸福，只要察看家宅即可以未卜先知。《中医》把五行对应人体的构造关系归纳如下：金为大肠和肺，也代表胸口和筋骨；木主肝胆，也代表头和肩膀；水为膀胱和肾脏，也代表胫和足；火主小肠和心，也代表额头和齿舌；土为脾胃，也代表鼻子和脸。

当风水之局的力量过大，明显地克制人相五形的时候，我们就可判断谁的运气不好，谁的工作或生活会出问题，谁的身体某个部位将会因风水所害而生病等，如金局厨房克了木形相的宅主，即可知其家人的

肝胆、头部和肩膀有"危险讯号"，其余可类推。据此提前采取相应措施的话，就有可能减少麻烦，乃至避免灾害，甚至能够迎来好运。当风水之局的力量强大而协助人相五形的时候，我们也可以得知谁在冥冥之中生活如鱼得水、幸福、健康、事业成功。

讲住宅、谈养生、论生活等都离不开"人如何才能生活得更好"的问题。因此，多了解一些环境对人自身的影响的各个方面的知识是很有必要的。只有充分地了解自身和联系着自己生活的人生规律，才可以在那些自然灾祸来临之前做出果断的处理，能避则避，应制则制。

人的本能欲望都是希望通过自己的努力而获得成功，成功通常需要很强的行动力，但环境不宜时是决不可以盲目行动的。对现代人而言，厨房风水的布局设计应犹如人生设计一般，需慎重、合理、科学。

5.厨房的内部布局与动线

厨房是整个住宅重要的组成部分，从它为我们提供营养和能量的角度而言，它的地位就更加重要。为

烹饪者营造一个独立的、不受打扰的环境是很关键的，这就要求厨房不要成为过道，应有独立的空间；并且厨房中的过道也应顺畅，走道部分不可弯弯曲曲，这样能使厨房在视觉感官上有流畅性，使人感到舒适。

厨房一般布置成U型、L型和岛型，这几种布置方法能使厨房看起来更整齐。

（1）U型的厨房

U型的厨房适合宽度2.2米以上的接近正方形的空间采用，可以将储藏柜摆放在厨房四周，炉灶摆放在其中的一面，与它相对的另一面摆放餐具。烹饪区、配餐区、洗涤区沿U型的一边展开，注意不应使炉灶正对着洗涤区。

（2）L型的厨房

L型厨房的布置比较常见，并且对面积的要求也不高。一般这类厨房的布置是将烹饪区、配餐区、洗涤区设在L型的较长的一边，而将冰箱等电器摆在L型的较短的一边。

（3）岛型厨房

岛型设计适用于面积特别大的厨房，将全家人认为比较重要的区域设在中间的一个岛上。例如可以将配餐区设在中间位置，使之成为岛，可以为家人提供一个在厨房交流的平台。在配餐时，夫妻可以聊聊工作中的趣事，父母可以和孩子谈谈心，这样能使家庭气氛融洽，增进家人之间的感情。

6.厨房环境空间感的营造

现代家庭厨房因受居住空间的限制普遍偏小，所以厨房环境产生的视觉心理很重要。狭长的空间应该寻求节奏起伏的韵律感；既方又小的空间应该谋求比例、尺寸的适称感；不规则的空间应该追求形态、整

齐的秩序感。通过家具、地瓷砖的横线造成室内的宽度感；通过竖线增加室内的高度感；通过淡色调的选用扩张室内空间；通过多光源的调配增添室内的空间层次。总之，可以通过造型、材料、色彩等不同的组合方式在视觉上所呈现的多姿多彩的状态来弥补厨房条件的不足。

7.创造诱导食欲的环境

如果厨房兼有餐厅功能，就应该创造一个整洁、优雅、能诱导食欲的环境。例如，在照明上选用造型雅致、灯光柔和的升降式餐灯；色调上选用橘黄色、乳黄色或柠檬色；织物台布之类选用条纹或活泼的富有乡土气息的图案；装饰上可挂一至三幅食品、花卉静物摄影作品，配上吊兰、秋棠之类绿色植物以协调水火；家具选用简洁、明快、舒适的造型，如能再配上音乐的烘托，更能令人胃口大开。

8.厨房应避免死角

厨房中往往有不少死角，例如吊橱的顶部、墙的转角处、水池的下面等。这些是平时视力所难及的地方，也是风水上的重点，在厨房装修时，常常被忽视，不仅积灰，而且容易隐藏、滋生虫类。所以，在厨房的设计中，应尽可能采用封闭式柜体设计，如吊橱封到顶，煤气柜、水池下部也最好落地封实。这样不但利用了空间、节省了材料，而且避免了死角，既能防止藏污纳垢，同时也使厨房显得卫生又美观。

9.厨房空间要重视人体尺度

厨房案台的高度、柜橱或其他设备相互之间的通行间距、头顶上或案台下的储存柜高低以及适当的光线等都是厨房空间布置要考虑的问题。这些距离尺寸必须与人体尺寸相联系，才能保证使用时操作方便。

在设计厨房时，有一个很重要的人体尺寸往往被忽视，那就是人的眼睛高度。关于这一点要注意的是，在确定炉灶面的排烟罩底边的高度时，要保证使用者能看到炉灶后部的火眼。

10.厨房的色彩

五行颜色是：金是白色，木是绿色，水是黑色，火是红色，土是黄色。我们把这五种颜色拿来调配就可以得到很多种不同的色彩，这些颜色根据不同作用的相互协调，加上光线的作用，会呈现出多彩多姿的色彩。

对于厨房色彩庄重或浪漫的选择，每个人都有着自己的认识。作为影响自己心理和生理的色彩，它直接左右着你在厨房的心情是压抑还是轻松，是悲伤还是快乐。选择适合自己心境的厨房色彩，让自己有一个健康快乐的生活表演空间，这是所有热爱生活的人对厨房美食制作空间的最大愿望。

在确定厨房总体色调的基础之上，应把握厨房色调几大部分的亮度比例。顶棚、墙面宜浅而淡，地面要比顶棚和墙面深，这样有整体的协调感。家具的色泽可以比墙面稍重或等同于墙面，从而使整个空间环境产生和谐生动的气氛。目前，厨房流行以下四种经典配色法：

(1) 黄色+绿色＝清新自然

体现自然、清新、鲜嫩。鹅黄色代表着新生命的喜悦，果绿色让人内心感觉平静，还能中和黄色的轻快感，这样的配色方法十分适合年轻夫妻使用。

(2) 黑+白+灰＝永恒经典

黑、白可以营造出强烈的视觉效果，再把近年来流行的灰色融入其中，缓和黑与白的视觉冲突感，这种空间设计充满冷调的现代与未来感，成为现代厨房的流行主色系。

(3) 蓝+白＝浪漫温情

蓝色和白色的清凉与无瑕令人感到十分自由与心胸开阔，从而让厨房空间像海天一色的大自然一样开阔自在。

(4) 银蓝+敦煌橘＝现代+传统

这种搭配是以蓝色系与橘色系为主的色彩搭配。色彩的明暗对比程度可以左右家人的食欲和情绪。总的来说，厨房色彩要尽量表现出整洁、干净、亮丽，从而起到刺激食欲和使人愉悦的效果。

11. 厨房的照明

厨房里的照明一般要尽量增强亮度，来消除灯光所产生的阴影，以免妨碍工作。灯光首先是对整个厨房的照明，其次是对洗涤区及操作台面的照明。要使整体和局部的光亮协调，前者宜用可调式的吸顶灯照明，后者可在厨柜与工作台上方安装集中式光源，这样使用既方便又安全。在一些玻璃储藏柜内可加装投射灯，特别是在内部放有一些具有色彩的餐具时，能衬托出温馨感。若光线有主有次，整个厨房的空间感、烹调的愉悦感也会随之增强。灯光也会影响食物的外观，左右人的食欲。由于下厨者在厨房中度过的时间较长，所以灯光应惬意而有吸引力，这样能提高下厨者制作食物的热情。一般厨房照明，在操作台的上方设置嵌入式或半嵌入式散光型吸顶灯，这样的顶灯实用、简洁，易于清理。另外，灶台上方的抽油烟机机罩内应有隐形小白炽灯，供灶台照明。只有这样，整个厨房的灯光布局才合理，才符合居家风水阴阳调和的原则，如此全家人的好运自然水到渠成、节节升高。

12. 厨房的家具与用品

厨房里的食物柜、层架与工作桌面应尽量多安装圆角与圆边的，避免尖角，以保安全。

必须安排好储物空间，并保持清洁与整齐，不要让各类用具、小装置、器皿等使厨房变得杂乱无章。水龙头要维护良好，并要保持下水道不堵塞、厨房井井有条。

（1）抽油烟机的安装、使用和清洁

每天下厨房都要使用抽油烟机，它是厨房设施的重要部件。抽油烟机关乎我们的健康，也关乎厨房的风水，所以我们要对它有所了解，要知道如何正确安装、使用和清洁它。

安装时，一般来讲要注意选择适当的高度、角度

及排风管走向。抽油烟机的中心应对准灶具中心,左右在同一水平线上,吸量孔以正对下方炉眼为最佳。抽油烟机的高度不宜过高,以不妨碍人活动操作为标准,一般在灶上65厘米~75厘米即可。为使排放的污油流进集油杯中,安装时前后要有一个仰角,即面对操作者的机体前端要上仰3°~5°。当抽油烟机必须安装在窗户上或其他支撑脚无法发挥作用时,尤其要注意这个问题。抽油烟机的排气管道要尽量短,避免过多转弯,而且最好是将蛇形管直接拉到室外,因为对于楼房居民来说,若接到烟道中,则经常会产生别家抽出的油烟倒灌进来的现象。

抽油烟机扇叶空隙小,手伸不进去,油烟污染后清洗很不方便,往往在清洗时,还会把扇叶碰变形,造成其重心不平衡。有一绝招不妨一试:将刷洗好的扇叶(新的效果更好)晾干后,涂上一层办公用胶水,使用数月后就将风扇叶油污成片取下来,即方便又干净,若再涂上一层胶水又可以用数月。

清理抽油烟机集油盒也是一件很不容易的事情,若烹饪多用动物油时更甚。为解决倒油难的问题,再换一新薄膜即可,既方便又卫生。

合理使用抽油烟机是能否达到最佳排油烟效果的关键之一。使用抽油烟机要选择适当的转速,如烹煮油烟大的菜肴时,应选用较高的转速。烹煮完毕后,保持扇叶继续转动至少3分钟,让油烟彻底排除干净,然后再关机。抽油烟机也需不断维护和保养,其中定期清洗非常重要。在清洗时,一定要注意卸装叶轮时不可使其变形,以免运转时因平衡遭到破坏而造成抖动和噪音增大等现象。压紧固定叶轮的螺母是反螺纹,右旋为松,左旋为紧,这在装卸时一定要注意。

抽油烟机清洁保养很重要,以下清洁方法只适用于外部(包括叶轮)清洁,如需内部清洗,就要请专业人员了。

①高压锅蒸汽冲洗法:把高压锅内的冷水烧沸,待有蒸汽不断排出时取下限压阀,打开抽油烟机,将蒸汽水柱对准旋转扇,由于高热水蒸气不断冲入扇叶等部件,油污水就会循道流入废油杯里。

②洗洁精、食醋浸泡法:将抽油烟机的叶轮拆下,浸泡在用3~5滴洗洁精和50毫升食醋混合的一盆温水中,浸泡10~20分钟后,再用干净的抹布擦洗。外壳及其他部件也可用此溶液清洗。此法对人的皮肤无损伤,对器件无腐蚀,清洗后表面仍保持原有光泽。

③肥皂液表面涂抹法:将肥皂制成糊状,然后涂抹在叶轮等器件表面,抽油烟机用过一段时间后,拆下叶轮等器件,用抹布一擦,油污就掉了。

需要注意的是,在清洗时先要断开电源;外壳和面板应经常用洗洁精加温水擦拭,不要用汽油等化学溶剂擦洗,以免影响表面油漆质量;集油盒中的废油应定时倒掉,以免溢出弄脏厨具;严禁用水直接冲洗抽油烟机,以防电气部件进水。

(2)电饭煲的吉凶论

电饭煲所产生的蒸汽和热气,会产生气场。在厨房内,除煮菜时产生的大量油烟,电饭煲所散发的蒸汽,也会改变家中磁场,从而影响家居风水吉凶。那么,究竟电饭煲放在哪个位置最好?

在方位上,电饭煲有几种不同摆法:第一种是根据流年的摆法,找出流年最旺方位,于该方位放一电饭煲的"向"位,向位向着财位;第二种便是将电饭煲放于家族成员所属之方位,催旺该成员的健康和运气,这也是最有效的电饭煲摆法。另外,电饭煲会喷出强大的蒸汽,不适宜摆放于厨架或厨柜之下。

电饭煲的按掣方向也决定了吉凶:

按掣向北——北方属水,与火相遇是"水火相济"，吉利之象，主人口平安；

按掣向东或东南——此两方属木，与火成木火相生之象，亦属吉利，主家人常得贵人的照护；

按掣向东北——此方五行属土，与火相遇，是火土相生之象，是随和中吉之算；

按掣向南——南方属火，与电饭煲之火相遇却变成火气太盛，只可做小吉之论；

按掣向西或西北——此两方五行属金，与火成相克之象，小凶，主家人运气反复；

按掣向西南——作凶论，因西南方属土，卦为阴卦，星曜为病符，电饭煲之火把它"生旺"增加了其凶性，主家人多病。

（3）碗、筷的摆放

厨房里还有一个风水因子——碗、筷，它们关系着家里成员的职业运。有句话说：求得好职业就是求得好饭碗。所以洗碗机、碗柜等都关系着职业运，不能放在"破财位"或者是"损坏位"。破损位和厨房门有相对关系，在罗盘24方相对位不宜摆碗柜。

厨门：	子、辰、申	巳、酉、丑
	寅、午、戌	亥、卯、末
碗柜：	午、巳、寅	辰、卯、末
	申、子、亥	戌、酉、丑

厨门：	甲、乙、巽	丙、丁、坤
	庚、辛、乾	壬、癸、艮
碗柜：	庚、辛、乾	壬、癸、艮
	甲、乙、巽	丙、丁、坤

（4）刀的收纳

厨房里的刀是切菜的工具，代表家中争执，所以在收纳的时候也要注意风水。首先要注意的是不能"明摆"，很多厨房就将刀挂在墙上，这是相当不妥的摆法。刀具最好是悬吊在柜子里，因为刀具平放久而久之会产生不锐利的现象，无法发挥好切、削的功能。而收纳刀具的柜应在煤气炉的下面，因为上面有火，而刀具属金，"火来克金"，会让刀具便于使用。

如习惯将刀具挂于墙上，除了有掉下来的危险外，如家中犯了贼盗，刀也容易成为贼盗用来攻击的利器，或者是家人会将它拿来当作争执的凶器，这就成了很不好的风水。

（5）干粮柜的摆放

厨房中有必要摆设干粮储柜。在风水上这代表着，帮助这一家人储蓄、聚宝一样，在紧急时候有所备用。而摆放的位置，如能在厨房开门对角收纳、收气的位置是最好的。冰箱也有储藏食物的功能，所以跟干粮柜一样都不能摆在厨房门开后的对口，这样会有食物外泄的表征。

（6）置物柜、收纳柜的收纳

规划收纳空间时，应考虑物品的使用频率，将较常使用的物品放置在显眼、顺手的地方，这样物品放在置物架、收纳柜上就可以一目了然了。

厨房中所有空白墙面和橱柜外壁都可以装置层架、杯架或吊篮。比如将电饭煲等放在固定的置物板上，就可让台面的可用"地盘"更大；如果厨房有足够的空间，可以充分利用所有可利用的角落，比如设在墙壁上的吊柜，如果可能最好做满墙面，这样空间利用率将大大提升。

简单的置物柜架其实可以自己做，找几块好看的小木板钉在墙上就可以了。收纳柜的款式、材质有很多，可以根据自己的需要灵活选择。

厨房里的收纳柜除了要考虑它的实用价值外，色彩也相当重要，因为它直接影响到人们用餐时的心情。

木本色是一种返璞归真的田园色彩，置身于纯朴的实木构建出来的空间里，会让生活更具乡村气息，有益身心健康。

蓝色是一种梦幻般的色彩，给人清澈、浪漫的感觉。蓝色若在白色的映衬下会显得更加清新淡雅，富于装饰味道。

绿色轻松舒爽、赏心悦目，是它给人的第一印象。淡绿与淡蓝的配合，能让厨房充满盎然生机。

银灰的色彩似从太空而来，它是现代文明都市的产物，象征着效率、健康、积极。银灰在质朴中显出厚重，可使人恢复平和的心态。

白色纯洁无瑕、一尘不染。以白色为主色调的橱柜呈现朴素、淡雅、干净的感觉，对于喜欢洁净、安静的人，白色无疑是最好的选择。再者，白色与任何颜色搭配都会很和谐。

（7）调味瓶分隔架的收纳

分类清楚的调味瓶分隔架，让种类众多的调味料都能各得其所，使厨房更加整洁干净。在收纳上，买一套图腾画案的密封罐，将易受潮的食材安放在密封罐中，即可避免食材受潮，同时也能显出自己的独特品位。

（8）冰箱的风水

冰箱是用来储藏食物的家用电器，是每个家庭中不可缺少的工具。从风水角度来看，冰箱究竟摆放在哪里较为适宜呢？

在摆放冰箱时，一定要事先设计好冰箱的位置，注意不要让冰箱紧挨着水槽，以免溅上水。不宜用磁铁将照片、广告贴在冰箱门上，按传统风水观念，门是幸运的入口，门上贴多余的东西，幸运就会避开。当然，冰箱门也不要正对厨房门和炉灶，因为这样不利于食品储存。

除此之外，还得注意不宜在冰箱上放置微波炉、电烤炉等。因为冰箱属"水"，电烤箱、微波炉等电器属火，水火相克，属不利。一周应检查冰箱一次，将腐烂或过期食物处理掉，并用抗菌抹布等将脏污擦拭干净。

13.灶合与炉具的位置

灶台在家居风水占有极其重要的地位，安置正确则可有利于健康、婚姻和功名。《解凶灶法》指出："灶乃养命之原，万病皆由饮食而得，灶宜安生气、天医、延年三吉之方，不宜凶方。"在坐北朝南的住宅中，生气即指东南方，称之为上吉；天医即指东方，称之为中吉；延年即指正南方，也称之为上吉。这三个方位都是吉方，故利于安置厨灶。

虽然生气、天医、延年三个方位都是吉方，但如何安灶还应该按照住宅主人的不同情况去具体实施。如功名不利，则宜安生气灶；若健康不佳，则宜安延年灶；如婚姻不顺，则宜安天医灶。

炉具是厨房最重要的器具，因为它代表了创造和贡献的能力，所以最好选择使用自然明火的炉具如煤气炉，尽量避免使用会释出磁力的电炉和微波炉作为主炉。炉具以放在厨房中央的灶台上最佳，而炉具的表面材料是不锈钢的较好。炉具的使用有三不宜：

（1）炉具须避水

这有两层含意：首先因为炉具与洗碗池各自代表了五行中的火和水，勿把它们紧贴而放，中间要隔切菜台等缓冲带，以避免不协调，如可能，也应令其他水性的用具，如冰箱、洗碗碟机与洗衣机等不紧临炉具。其次，炉具不要坐南向北，由于北面属水，应避

免水火攻心。

（2）炉具也须避风

炉具不宜正对门口和窗口，如在风口上，易引起火势逆流而导致家居危险。

（3）炉具不可设在下水道上方

排水系统要由住宅的前方排向后方，厕所污水不可从厨房下方流过。

14. 炉灶风水防病法

在家宅的布局中，对健康疾病有影响的是大门、炉灶及睡床的风水。在古代相传下来的风水学里认为炉灶摆设对健康影响最深。户主的命卦必须与炉灶坐向相配，否则，全家健康都会受到不同程度的影响。

坎卦：灶口朝西南，易生脾胃疾病、泌尿系统毛病；朝西北、朝东北，也是易得泌尿系统毛病；朝西，易得肺病、泌尿系统毛病；朝东可防止或减轻疾病。

离卦：灶口朝西北，易得呼吸系统或循环系统的毛病，或眼疾；朝西，有心脏及肺部疾病；朝东北、朝西南，消化系统易出毛病；朝东南，有病治病，无病则防病。

震卦：灶口朝东北，易得皮肤病、消化系统疾病；朝西北、朝西，易得呼吸系统毛病；朝西南，易生脾胃方面的病；朝北，可防止或减轻疾病。

巽卦：灶口朝西，易得失眠、精神衰弱及胸肺疾病；朝东北，易得疮毒、糖尿病；朝西南，肠胃或肝病；朝西北，易生呼吸系统疾病；朝南，少疾延寿。

乾卦：灶口朝北，易有泌尿系统的毛病；朝东、东南，易得肝胆、中风等疾病；朝南，易生心脏、高血压、肺结核等病；朝东北可防止或减轻疾病。

兑卦：灶口朝南，易得烫伤、烧伤及眼病；朝东、

易生手脚的损伤；朝北，易得泌尿系统疾病；朝东南，易得情绪问题；朝西南，可防止或减轻疾病。

艮卦：灶口朝东南、东面，易生损伤、肠胃病等；朝南，肠胃方面疾病；朝北，易生泌尿系统方面的疾病；朝西北，没病防病。

坤卦：灶口朝南，易得胸肺的疾病；朝东，多得皮肤、呼吸系统的毛病；朝北，易生重病；朝东南，多得肠胃病；朝西，有病治病，无病则防病。

其实影响健康的因数甚多，包括先天的体质、后天的生活习惯，选择出一个好的灶口方位，虽然不能使病人马上痊愈，起码可以减轻病症或者防病。

15.厨房的绿化

居家风水除了讲究"藏风聚气"之外，还有就是要如何把环境调整得活起来，这时绿化就显得尤为重

要。厨房若适当点缀一些绿色植物，给人带来的不仅是美的享受，更多的是对生活的希望，它不仅关系到家居设计的完整，还关系到烹饪者的健康。在厨房的绿化过程中，实景植物要讲究阳光与水分，假景则可借用各种建材、厨具的色彩进行装饰。另外，也可以种些水种蔬菜，许多色彩鲜绿的青菜亦可插水养殖，以供欣赏。为了除去厨房阴暗、潮湿的呆板印象，还可以在厨房开扇窗，让阳光进入，然后再选一对盆栽为厨房提供持久的绿意，而插花可为厨房增添绚丽缤纷的色彩。凡此种种，除了使用有机绿色外，还可使用装饰的元素，例如瓷砖的图案、漆料的颜色等都可用来绿化厨房。

16.避免夫妻吵架的厨房风水

厨房是屋子的重要部分，要经常收拾干净，这些细节不可忽略。能做得夫妻，是百世缘分，因此住在一起要注意家里的各种环节。从风水角度来看，要避免夫妻吵架，厨房的用具要经常清洗干净，几个要点是：

（1）锅和铲

使用后不要放在一起，这两种用具平时用来炒菜吱吱喳喳响已够吵了，如果用过后不清洗或是清洗后放在一起，是不吉利的，最好分开放，锅也应挂起来。

（2）刀和砧板

用刀切东西，一刀又一刀都斩在砧板上，用过后也应分开放，不要"砰"一声就把刀插在砧板上，很凶很煞。

（3）臼和棒

臼不能够连棒仰着放，否则会令家人大小事情都吵闹一番。正确的方法是把臼倒盖，然后臼棒置放在

上面。总的来说，一公一母的器皿最好不要一起放，否则夫妻容易动干戈。

17.布置厨房宜了解的风水命卦

风水学里把个人的年命（出生年）分成飞星一白、二黑、三碧、四绿、五黄、六白、七赤、八白、九紫，再把这9个飞星依次代入八卦就可以得到自身的本命位，即本命卦（如一白居坎、二黑和五黄共居于坤、三碧居震、四绿居巽、六白居乾、七赤居兑、八白居艮、九紫居离）。求出自身命卦之后，可以根据自身命卦的五行属性对比住宅厨房各位置的利害关系：若方位八卦之五行克宅主之五行，则全家不顺；若方位八卦之五行生宅主之五行，则全家得福。

(1) 风水命的求法

男命：（100－出生年份的最后两位数）÷9所得的余数就是风水命。例：求1921年出生的男人之风水命。100－21＝79—79÷9＝8余7—风水命则为7，赤命，命卦为兑。

女命：（出生年份的最后两个数字－4）÷9所得的余数就是风水命。例：求1945年出生的女人之风水命。45－4＝41—41÷9＝4余5—风水命就是5，黄命，命卦为坤。

注意：如果按以上公式计算，能够除尽的话，就作9算。

(2) 厨房吉凶位

厨房吉凶方位具体得从方向（八卦）来推算，也就是以房子后面方向（八卦）为中心来推演吉凶位。伏位、生气、延年和天医为吉；祸害、五鬼、绝命和六煞为凶。如乾宅（坐西北朝东南的房屋）的乾、兑、坤、艮分别为伏位、生气、延年和天医，为吉位；巽、震、离、坎分别为祸害、五鬼、绝命和六煞，为凶位。

(3) 四吉四凶方位详解

厨房八卦吉凶方位可以通过四吉四凶来区分，伏位、生气、延年和天医，为四吉；祸害、五鬼、绝命和六煞，为四凶。

生气：生机勃勃之象，主旺丁、显贵、生生不息、男性声名。忌在生气方作厕浴和鞋柜，犯之会引起失职、多病痛、女性小产。

五鬼：指无端惹祸，亦有转祸为福之能力，宜作厕所浴室，忌作厨房，犯之则意外横生、生病、癌症、手术等。

延年：主和睦、主寿、利外交事业，有夫妻和睦之意。忌作厕所浴室，忌放鞋柜、废物、垃圾等，犯之则招是非，家宅不宁。

六煞：乃宅之桃花位，已婚的婚姻反复，有令宅内人思想不正确之力，宜摆放鞋柜、垃圾桶，忌作厨房或灶位，犯之则家宅人口不宁，夫妻纷争。

祸害：会令宅内人不和，宜作厕浴和摆鞋柜，不宜作厨房或灶，犯之则宅内人易闹矛盾、意见纷争、遇小人、生口舌是非。

天医：主健康、主富、利女性、旺财，有精神焕发之象，忌放鞋柜，犯之则多疾病，有奇难杂症。

绝命：主身体不健康，有奇难杂症，有杀伤之力，有令人受害之力，忌作厨房和灶位，犯之则容易引起手术之伤、车祸、贼劫等。

伏位：主平安、利主人、催官，有镇压之力，宜作神位厨房，忌作厕所浴室和摆鞋柜，犯之则令人心境烦躁、不安于位。

18.打造个性的开放式厨房

很多家庭可能还没有打造开放式厨房这方面的考虑，然而对于钟情于饮食文化的家庭来说这是很有必要的。尤其是随着中西方饮食的交流融合，在家中制作西餐已经不是件新鲜事了。由于中西方的烹饪习惯不同，厨具、电器的使用，甚至是餐具的选用方面，也有很多不同。因此，在条件允许的情况下，应将中西餐的制作分开，使厨房的功能更趋合理与便利，这样还能使烹制食物时更加得心应手。

西餐的制作相对中餐的制作会少很多的油烟，因此不会有很多烟熏火燎的情况出现。这样，对厨房方位的要求就低很多。在住宅中靠近餐厅的一处空置的地方，也许仅仅是一块面积很小的地方，还不能称其

为房间，就可以打造出富有个性的开放式厨房。开放式厨房主要是用于制作西餐，因此可以仅设置配餐区和洗涤区，夏天时能在此为家人调制爽口的饮料，冬天时能为家人冲上一杯暖暖的咖啡，有闲情逸致时还能为家人制作具有别样风味的西餐，这些都将是开放式厨房带给您的便利。

开放式厨房的通风状况很重要，最好能有一扇窗户以方便通风，如果由于住宅格局的原因没有窗户，那么最好在开放式厨房附近有窗户，只要具有同样的通风效果就可以。另外，所选用的橱柜、厨具等也应参照厨房的要求来布置，应保持厨房的卫生水平，这有利于家人的健康。开放式厨房的色调宜清新，给人舒适放松的感觉，这样能够使人们在厨房中更多地享受制作美食的过程，而不是感受痛苦的劳动过程。

厨房方位格局风水之宜

理想的厨房方位是在东方和东南方。东方是日出的方位，空气新鲜，也是一天里阳气出发的方位，从风水学上说，这个方位的厨房，能使一家人健康、勤勉而有活力。东南方与东方一样有新鲜干爽的空气，对喜爱清洁卫生的人来说这是做厨房的好方位，会给全家人带来好运。

宜 餐厅宜与厨房相邻

餐厅和厨房的位置相邻是最理想的选择，这样方便家人的日常生活。餐厅和厨房的位置如果距离过远，首先不方便生活，饭菜会因为距离过远而变凉；其次餐厅和厨房两者本是同根，若相距太远，"气"会连接不畅，代表家中运气会时好时坏。

宜 厨房宜设在住宅后方

厨房宜设在住宅的后半部，不可设在住宅的最前方，且应尽量远离大门。因为厨房是烹调食物的地方，会产生一定的油烟和热气，如果一进门就是厨房，不但不方便日常生活，而且也不卫生。厨房和餐厅的距离不宜太远，为了使视觉具有流畅性，过道切记不可弯弯曲曲，以直畅为佳。通常建议将厨房安置在主人本命卦的四个凶方，这样有助于压制不利家宅的有害之气，因为炉火所产生的阳气可调和这些不利的秽气，有效改善其风水。

宜 厨房宜在东或东南方

厨房位于东方或东南方是大吉。因为东方是日出的方向，能给厨房制造出一种温馨的感觉。厨房本是烟火之地，属火；东为八卦的震卦，震属木；东南为八卦的巽卦，巽也属木，木火相生，有利家人健康和财运。厨房若在其他方位，可在冰箱或其他电器上摆放红花来化煞。

宜 厨房门的开度要适中

厨房门的开度是住宅装修重要的一环。厨房门的开度是指门口完成之后的最窄距离，也就是门框完成后的最窄距离。许多门口的净宽是0.7米~0.8米，这种净宽度最不宜用在厨房门上，必须设法调整。如果有条件，可以考虑将厨房门加宽到0.8米~0.9米，厨房门的最佳高度为1.98米。

宜 炉灶宜有依靠

炉灶也是需要有靠山的，这靠山便是墙壁。炉灶如果设在中央，四面无依无靠，则不宜。因为墙壁可以挡住四面吹来的风，同时也可避免烹饪时产生的油渍溅出而影响居室卫生；另外，如果后面有靠墙，等于风水学所说的有靠山，家人会有贵人相助。

宜 炉口宜朝主人的生气方

所谓炉口，原本是指炉灶的柴薪入口，以现代煤气炉而言，则是指煤气的进气口，位于点火开关的后方。炉口应尽可能朝男主人或女主人的生气方。如果因厨房设计上的限制，无法将炉口朝向家的任何一个吉方，则应设法将炉口朝向母亲的延年方，这样可增进家庭关系的和谐。

宜 厨房宜四方规正

不规则的屋子不仅不可用来做客厅、卧房，也不可用来做厨房，这一点往往没引起我们足够的重视，人们习惯于把厨房安排在狭小空间。

厨房是为一家人加工食物的地方，是家人补充营养和精气的关键之所，所以厨房尤其要注意聚风蓄气，需要四方规正。不规则屋如用来做厨房，会影响家人健康。

宜 厨房宜依照"黄金三角"摆设

厨房内有一个"黄金三角"：第一角是灶台。灶作为烹调饮食的地方，也就是人的养命之源，它的设置摆放当然是最重要的。其次是水池。无水不可烹饪食物，无水也不能洗碗锅，所以水池为第二重要。第三则是冰箱，冰箱是储藏食物之地，也就是仓库。这个"黄金三角"要按什么位置摆放为好？

按三角摆放最好：冰箱置于三角形的角顶，左为灶台，右为水池。这样一来，冰箱将灶台与水池分割开来了，使水火互不相扰，各安其位，各尽其职，就是好的格局了。

宜 厨房门宜远离卧房门

在设计厨房和卧房的门时，要尽量做到两者的距离远一些，特别是不宜两门相对。如果厨房和卧房之间只有一条走廊之隔，厨房的污秽之气就会不断地冲到卧房，对人的身体造成伤害。同时，炉灶会产生大量的热量，尤其是在夏天做饭的时候，靠近厨房的区域热量很高，可以说，厨房就是一个高温热源。所以炉灶的安放应该遵循一定的原则，特别是不宜靠近卧房的床，否则不利居住者的健康。

宜 微波炉或电锅的开关宜置于吉方

关于厨具摆放，一般人会考虑到美食制作的方便，多认为这些细节不会影响到家居风水。但其实厨具的摆放也关系着您的运道。比较适宜的办法是：如果有用到微波炉或电锅，应置于您的四个吉方之一，电锅和微波炉的开关也应位于吉方。同样的原则也适用于烤面包机和焖烧锅等。

宜 厨房格局设计宜方便使用

厨房的空间有限，做饭、做菜需要统筹安排。在厨房设计上，应按流程的顺序排列，注意灶台高低、吊柜的位置，以及食品、原料的合理摆放。如果不注意，使用过程中会有诸多的不便。

厨房方位格局风水之忌

厨房切忌完全封闭，切忌设置在屋子中央，至少要有一面对着空旷处（如阳台、天井、后院等）。厨房应远离卧房，主要是因为厨房油烟甚多，非常容易入侵到休息之所，居住在容易被油烟入侵房间的人，脾气暴躁易怒，会经常感冒，肠胃也容易不适。厨房也不宜与卫生间相邻。

忌 厨房门忌正对大门

厨房为一家财富之所在；大门为理气的入口，是家人、朋友进出的地方。大门正对厨房门时，会使厨房里一切一览无遗，财气尽露，对家庭财运不利。

忌 厨房炉灶忌"背宅反向"

厨房最重要的家具就是炉灶了，一般来说，炉灶的朝向不能和住宅的朝向相反。炉灶的朝向即是炉灶开关的方向，住宅的朝向一般指住宅大门的方向。何谓"背宅反向"？如门向北，炉灶朝向南，南与北是相反的，就犯了"背宅反向"的忌讳。

风水知多一点点

※ 如何避免"水火不容"

水槽具有水气，与此相反，作为人的生命能源的固体食物具有的是火气。如果将固体食物放在水槽下，水气就会消灭火气，人就不能充分地吸收到食物的能量。所以，可以在水槽下放置锅、盆等用具，但不可放置固体食物。放置固体食物的最好地方是炉具下，在这里不用担心食物的能量消失。米、面、调味料等不是液体的食物也都不可以收藏在水槽下。液体食物是具有水气的，所以不要放在炉具下，若放在水槽下会更好。

忌 厨房忌设在宅中央

在住宅中心位置设置厨房，这样于风水上不合适。因为用油炸食物时会产生大量油烟，如果厨房设在住宅的中心位置，一来油烟难以散去，二来油烟散发到客厅或卧房中，整个屋子就会充溢着一股浓浓的油烟味，影响家人健康。

忌 厨房忌与卧房相邻

卧房是睡觉休息的私密空间，环境比较安静，不宜有污秽之气。而厨房因为白天烹饪食物往往会留下污秽之气和烧菜时的油烟味，若与卧房相邻这些气会严重影响卧房的环境和人的睡眠质量，容易对身体健康造成损害。厨房也不可设在两个卧房之间，若犯此忌，同样对居住在两边卧房中的人不利。

忌 厨房忌设在浴厕下方

灶台若位于上一层楼的厕所下方，做饭时听到楼上厕所的冲水声，会破坏一家人用餐的心情，很不吉利。因为灶台是烹饪食物的地方，而厕所是承受污秽的地方，不宜上下相对。如果煤气炉正对厕所，则厕所门一定要关上。

忌 厨卫忌同门出入

有些住宅因为面积较小，便将厨房与厕所用一扇门进出，无论是先经厨房到厕所，还是先经厕所到厨房都不妥当。因为厨房是烹饪食物的空间，而厕所是排污之处，这样的格局，会把厕所里的秽气携带进厨房。若厨房的大门与厕所相对，厕所的秽气就会直入厨房。再高明的厨师做出的食物也会让人大倒胃口。如果住在这种房子里，而炉灶又正对卫生间的话，一定要记住卫生间门要常关。

忌 厨房忌水火对立

水槽所产生的水气，与灶台的火气是相冲的。所以灶台不可与水槽或冰箱对冲。灶台既不可紧邻水槽，也不宜独立设在厨房中央，因为厨房中心位置火气过旺的话，不利家庭和睦。金鱼缸也不能放在厨房，因为金鱼缸五行属水，而且还是水性很高的物品，将其对着炉灶则会构成水火相战的局面。

忌 厨房门忌与卫浴间门相对

厨房是人体养分的补充场所，在五行上属火，而卫浴间阴气较重，在五行中属水，水火是不相容的。如果厨房的大门与卫浴间门相对，卫浴间的秽气就会冲入厨房，影响人的食欲；水火对攻，从风水角度来分析，也是不利的。良好的化解方法除了加强厨房与卫浴间的通风，尽量保持两者的干燥外，两边的门也应经常关闭，如果挂上门帘的话，效果会更好。

风水 知多一点点

※ 厨房方位与家运

厨房位于南方会受到强烈的太阳光线照射，令家人潜意识里有乱花钱的倾向，而观叶值物可以缓和过强的太阳光线，消除家人的心理依赖，改掉乱花钱的毛病，有助储蓄；厨房位于东方是大吉，若在其他方向，可在桌上、电冰箱附近摆放红花，这样有利于保护家人身体健康；厨房位于西方的，可在窗边摆放金黄的花、水仙及三色紫罗兰，它们不仅可以挡住夕晒的恶气，同时也能为家里带来意外的财运；厨房位于北方的，要在桌上或者橱柜上摆放粉红、橙色的花，这样可为居室增添活力。

忌 厨房门忌与灶口相对

灶是烹制食物时用来加热的设备，而厨房的门会有风进入，如果厨房门正对灶口的话，就会影响到炉火的燃烧，进而影响饭菜的质量。风水学认为这种格局会带来不好的风水，也会影响运气。从家居安全角度来说，炉灶也不宜正对门口，因为会有大量的风吹向炉灶，现在大部分家庭都使用煤气作燃料，如果火被风吹熄，便会有漏气的危险。同时，如果炉灶的火受到风吹，也会影响火力。不论是为了风水的吉利，还是为了居家安全，都应该尽量避免把炉灶放在迎风的地方。

忌 炉灶忌靠近西斜的窗口

炉灶要远离窗口，尤其不能靠近西斜的窗口。放置炉灶时要注意，若在厨房中有窗户是面向西的，当太阳下山时便会出现西斜现象，若西斜的阳光能透过窗子射到炉灶上，那就要把窗户封掉一部分，直至西斜的阳光不能照射在炉灶上为止，以避免风水上的禁忌。

忌 炉灶忌悬空

由于使用空间不足，常有人将炉灶置于外飘窗窗台或防盗网上，灶成悬空状，风水上称其为"无根灶"，实属不宜。于传统上讲，最好能使炉灶"落地"，古人认为这样善得地气，能避免破财、漏财和招惹是非。对现代人来说，避免"无根灶"可以避免许多安全隐患。

忌 忌神桌背后为厨房

神桌背后为厨房，将会导致神明犹如坐在火炉上烤，这样神明就会坐不稳，神明坐不稳家运就会不稳，严重的会导致退神，家运渐衰。

建议在神桌和厨房间再隔出一道空间来化解，或是另觅他处安置神桌。

忌 炉灶上方忌有横梁

厨房内如果有横梁，原则上不会构成威胁，但要记住的是：横梁不宜压灶。风水学上有"横梁压顶"的不吉利说法。书曰"栋下有灶，主阴劳怯"，意思就是说，灶上有横梁压顶，对妇女健康有害。这主要是因为以前家务多是妇女来承担，灶上有横梁压顶，易对妇女生理及心理带来不利影响。所以在进行厨房装修时，切忌横梁压灶。如果无法改变横梁压灶，可在梁上用红绳悬挂两支竹箫来化解煞气。

忌 炊具忌靠近窗户

厨房讲究有依有靠，当炊具放在窗前或窗下时，就象征家庭无依无靠，如果无法改变炉位，就要尽量避开这一点。因为如果炊具离窗户太近，风会从窗户吹进厨房进而影响到火势，且容易带来安全隐患。

忌 楼梯忌冲煤气炉

若楼梯下冲之气直接冲到煤气炉，会造成煤气炉外围的气场不稳，易导致人精神紧张、工作不专心等。

最彻底的化解方式就是将煤气炉移位。如果无法移位，可以用屏风做阻隔；如果无空间可以放置屏风，建议在楼梯口安置一组五帝钱来化解。

忌 门和壁刀忌切煤气炉

有门切到煤气炉或是有壁刀对煤气炉之情形，这不符合风水之道，易对人的身体及精神带来一些负面影响。建议在炉灶上方被切到之处挂一只麒麟踩八卦正对门或壁刀来化解。

忌 炉灶忌在两个水性物中间

洗菜盆、冰箱及洗衣机等均属于"水性"的物件，炉灶不宜夹在这些物件之间。厨房中的炉灶不可与水太接近，炉灶和洗碗盆之间要留一块缓冲地带，尤其要避免两水夹一火，比如炉灶夹在洗碗盆和洗衣机之间，否则会造成两水克一火的局面，于主人不利。

忌 厨房忌开两扇窗

古谚有云："厨房属阴，是女性主控的地方；客厅属阳，是男人的地盘。"厨房面积的大小与婆媳的关系紧张与否，并无直接关系，但是，如果开了两扇小窗户，就大有问题了。要注意，为避免婆媳不和，厨房只能开一扇窗户，万一两个窗户难封掉其一，可将玉洞萧挂在窗上方化解。

忌 厨房忌过小

厨房不要过小。在国内大部分家庭对厨房不够重视，往往将厨房安排在阳台上，或是厨房所分配的面积和区域比较小。

饮食和睡眠是滋养我们身体的重要因素，厨房是食物加工储藏的场所，这个部分设施太弱或过于简陋，那么我们身体所得到的补充和给养也就少，久而久之必定产生不良的影响。不仅如此，还不利于家人感情的沟通，易造成家人感情的疏离。

忌 炉灶背后忌空旷

炉灶背后应靠墙，不宜空旷。倘若背后无遮挡，则火势及油烟均不易控制，也不安全。即使背后用玻璃遮挡，亦不吉，因为这正如古书所言："凡灶门，忌窗光射之，大凶。"从实用和现代心理学两方面考虑，炉灶背后不靠墙，也是不适宜的。

忌 煤气炉忌设于阳台

现今住宅，为了增加使用面积而将阳台外推，这会严重影响家运。如果将煤气炉摆于阳台上，则更为不妙，这既不合乎风水之道，也不安全。一则会使家宅的气场变弱，二则阳台的承重量是有限度的，万一坍塌可能导致严重的事故发生。

如果可以，最好将煤气炉移于室内，而不要摆于阳台上。如果一定要摆设于阳台上，暂时无法更改，可以先在阳台周边平均安置36枚古钱来稳住气场，并且阳台一定要少放重物。

厨房装饰布置风水之宜

厨房是居室的一部分，也是烹饪食物的地方，关系到家庭中每个成员的身体健康，因此一定要注意厨房的清洁卫生。厨房内光线充足代表着财气充足，光线不足的厨房不利家人运气，从厨房风水的角度来说，保证厨房的采光才利于家庭聚集财气。

宜 厨房布置宜整齐、清洁

一般来说，中国人非常注意饮食，但却不注重厨房的环境卫生，往往把很多不必要的杂物堆放在厨房中，以致厨房变得狭窄、昏暗、阴湿等。这样的环境最易滋生蚊虫鼠蚁，对全家人的健康有很大的威胁。除此之外，厨房的卫生环境若不理想，还会影响炒菜煮饭时人的情绪与心情，这样做出来的食物，色、香、味都会大打折扣，当然会影响全家人的食欲和健康。

宜 厨房宜开窗户保证采光

厨房内光线充足代表着家中财气充足，光线不足的厨房不利家人运气。厨房内应该开个窗户让阳光进入，从厨房风水的角度来说，阳光就是希望。开个窗户的话，既能保证厨房的采光，又利于家庭聚集财气，可谓一举两得。

宜 厨房宜用白色和绿色

白色与绿色是代表洁净与希望的颜色，用于厨房会为阴气潮湿的环境增添许多生气，令烹饪者在烹饪时心情舒畅、愉快。最好的做法是将两种颜色结合使用，以白色为主、绿色为辅是最合理的搭配。

宜 厨房家具宜方便实用

进行厨房改造时，除了要看厨房新的布局是否与整个房间相协调外，还应该充分考虑厨房的洗刷、料理、烹饪、储藏物品这四大基本功能。注意操作台的宽度、高度以及吊柜的进深、高度等因素，以保证家人在厨房中操作、活动的方便性。

宜 厨房宜用容易清洁的装修材料

厨房宜铺设瓷砖、铝塑板、不锈钢板等。因为厨房油烟甚大，尤其是中国人喜欢用煎、炒等烹饪方式，厨房的油烟污渍相当厉害，所以四面的墙壁宜铺设光滑的瓷砖、铝塑板、不锈钢板等，主要是因为这样较易抹除油烟污渍，能够保持清洁卫生。目前市场上瓷砖花色众多，要选择易清洁、好保养的种类作为厨房墙面较常使用的材料，这种材料不怕酸碱的侵蚀，平时只要清水洗涤擦干即可，唯有瓷砖需注意沟缝里容易遗留污垢。

宜 厨房宜铺设防滑地砖

厨房地面宜铺设防滑地砖或抗渗透性好的石材，既安全又耐用，又容易清洗，同时也暗示着好的家运。因为厨房多水，而且还有油渍，如果不用防滑、抗渗透性好的地砖，很容易使人滑倒，存在安全的隐患。

宜 厨房灶君应安放在吉位

中国人的宗教信仰是比较强烈的，很多人都认为厨房必须要供奉灶君。其实，厨房未必一定要供奉灶君，一些没有宗教信仰的人不在厨房供奉灶君，不见得就会导致灾祸。

如果供奉灶君，因为供奉灶君必须敬香，而香枝在燃烧时会产生气流及热能，这些动力会影响风水，故灶君必须安放于吉位，如聚气位。

聚气位便是门的对角线，如果灶君安放在吉位，则家人的身体会比较健康。所以，除非不供奉灶君，否则必须安放于吉位。

宜 厨具的摆设宜讲究

关于厨具摆设，一般人只会考虑到美食制作的方便与否，多认为细节问题不会影响到家居的吉祥风水。其实，恰恰相反，厨具的摆设也会牵制家人的运气，所以合适的东西应该放在合适的位置。如果有微波炉或电锅，应把它安置在厨房四个吉方位的一方。同样，电锅和微波炉的插座也应位于吉方，包括烤面包机和焖烧锅等，也应置于吉方位上。

宜 垃圾桶应放在方便倾倒又隐蔽的地方

厨房里垃圾量较大，气味也大，垃圾桶应放在方便倾倒又隐蔽的地方，比如可在洗漱池下的矮柜上设一个垃圾桶或可推拉式的垃圾抽屉。如果后阳台或屋外有空间，可将垃圾桶移到屋外；如果没有，记得将垃圾桶加盖。造型优雅的垃圾桶为首选。

宜 厨房里宜考虑孩子的安全防护

厨房里很多地方要考虑到防止孩子发生危险，如炉台上设置必要的护栏，防止锅碗滑落；各种洗涤制品应放在矮柜下（洗涤池）专门的柜子里；尖刀等器具应摆在有安全开启开关的抽屉里。

宜 厨房的天花板宜选择平板型

厨房的天花板装饰要选择平板型，一是颜色上有可挑选的余地，能使自己的厨房有着别具一格的魅力，还能给自己一个好心情；二是好清洁，这是最重要的。厨房中不可避免油烟会很多，就算你做饭的次数再少，一两年之后也会明显地发现厨房天花板的颜色暗淡了不少。做清洁的时候，天花板是一项很重要的工程，因为几乎有70％～80％的油烟会在天花板上。综合考虑以上各方面因素，天花板装修宜用平板型的。

宜 厨房宜陈设中国瓷器等装饰品

在厨房陈列中国瓷器、玻璃器皿、盆子、盘子等一些美丽的装饰品，可为家人带来好运。

厨房装饰布置风水之忌

厨房是油盐酱醋、锅碗瓢盆汇聚的地方，是居室不可缺少的部分。当今，人们的住房条件日益改善，厨房设备品种日渐齐全，对厨房的合理布局更要讲究。除此之外，厨房的卫生环境若不理想，会影响家人的食欲，同时也会对家人的身体健康不利。

忌 厨房忌照明不足

厨房是一个对光线要求很高的空间。由于人们烹饪美食都要在厨房进行，所以厨房光线要有吸引力，这样能提高制作食物者的热情。炉灶、炉架、洗涤盆、操作台都要有足够的照明，使备菜、洗菜、炒菜都能有良好的光线。

忌 忌家设两灶

家中如果设两灶（煤气炉），这不但会严重影响家人的团结，也会导致夫妻外遇等情事发生。这种格局下别无他法，只能速将其中一炉灶移除来化解。

忌 厨房忌使用马赛克铺地

马赛克耐水防滑，是以往厨房里使用较多的铺地材料，但是马赛克块面积小、缝隙多、易藏污垢，且又不易清洁，使用久了还容易产生局部块面脱落，难以修补，因此厨房里最好还是不要使用马赛克铺地。

厨房的装饰材料忌色彩清淡

厨房装饰材料的色彩不宜过于清淡，要选用易于清洁的颜色，这点是由厨房的特殊功能决定的。厨房的墙面装饰主要是通过厨房的基本设施来体现的，装饰要服务于这些基本设施的功能需要。

 ## 厨房忌用易燃的装修材料

厨房是居室中唯一使用明火的地方，因此厨房设备的材料要求格外讲究，因为它决定着厨房甚至整个家庭的安全。如果厨房用易燃材料装修，很容易引起火灾，给居家安全带来威胁。厨具也应全部选用由防燃和不燃材质做成的。

 ## 厨房地砖忌接口过大

地板适用防滑及厚材质的地砖，但忌接口过大，否则容易积藏污垢，不方便打扫。材质方面可根据设计者及业主的个人喜好进行选择。釉面砖、人造石材、瓷砖、大理石等材料都不失为上选，因为它们具有易清洗、平整光滑的特性，并具有一定的防水、防腐蚀性。

厨房不宜只用抽油烟机排气

厨房的抽油烟机如果持续使用太长时间，就会影响其工作，最好是采用以抽油烟机为主、换气扇为辅的排烟、排味、通风换气的方式。中国菜烹饪时会产生较多的油烟，所以在炉灶之上应该安装抽油烟机。同时，在棚顶或窗上安装换气扇，协助换气，以便把油烟尽快抽到窗外，保持厨房的清洁。

 ## 厨房炉灶忌"水"

风水学认为炉灶火势的"火"气，与湿凉的"水"气并不协调。正所谓"水火不相容"，水多会对煮食的炉灶有所冲克，间接地影响全家人的食欲。其实这个说法的原理是很简单的：生火的地方水气太重会产生潮气，潮气又会影响火的燃烧，从而影响烹调出的食物的口味。

厨房忌阴暗潮湿

如果没有很好地打理厨房的卫生，使厨房有水淤积，易造成厨房阴暗潮湿，这样既不卫生，还会散发出难闻的气味，并漫延到整个居室，会很容易影响到家人的健康。

厨房不宜有卫生死角

厨房是最容易堆积灰尘、污垢和滋生细菌的地方，在设计厨房时，应尽可能采用封闭式柜体，如吊橱封到顶，煤气柜、水池下部也最好落地封实。这样不但节省了材料，最重要的是减少了卫生死角。在打扫厨房时一定要将一些边角位置都清理干净，避免出现卫生死角。

抽油烟机忌选用噪音过大的

在选用抽油烟机时，要注意选用隐藏式、低噪音的。过大的噪音不但影响人的心情，而且容易损坏抽油烟机。抽油烟机沾染上油脂、灰尘后，也会发出噪音，要注意经常清洁。

 厨房的镜子忌照炉火

镜子在厨房风水中的运用有正反两面的效果，镜子正确摆设可改善或增进风水状况，但若摆设不当，则会给居住者造成很大的伤害。厨房悬挂镜子的禁忌之一就是镜子忌直照炉火，镜子若悬挂在炉灶后面的墙上，又照到锅中的食物，伤害更大，这种"天门火"的格局，从居住风水上讲会使住宅遭受火灾或不幸。相反，若是在进餐区内悬挂镜子映照着桌上的食物，则既会刺激家人食欲，又会增加家中的财富。

 冰箱忌靠近灶台、洗菜池

冰箱是厨房中不可或缺的一部分，但它的位置不宜靠近灶台，因为灶台经常产生热量，会影响冰箱内的温度。冰箱也不宜太接近洗菜池，因为洗菜池中溅出来的水可能会导致冰箱漏电。

 厨房装饰材料忌不耐水

厨房是个潮湿易积水的场所，所以表面装饰用材都应选择防水耐水的性能优良的材料。地面、操作台面的材料应不漏水、不渗水；墙面、顶棚材料应耐水并可用水擦洗。

 厨房忌用镂空型天花板

如果装修厨房时你选择了镂空花型天花板，那就等于无法清洁了，因为油烟都会渗入到镂空花里，很难清洗。平板型天花板就不存在这个问题，它可以用布擦或用刷子刷。不少清洗过厨房天花板的人都有这种感觉：平板型天花板在同质材料中同时段的清洗效果比镂空型天花板要好得多。

冰箱忌放于阳台上

将冰箱设置于开放之阳台上，是为不吉。且不说冰箱在风水学上为财库，此为财库外露之格，更重要的是这会给生活带来很多不便，甚至可能导致危险的发生。

将冰箱移到室内适当的位置上，这是化解之唯一方法。

洗衣机不宜放置在厨房中

有些人在安排卫生间的时候，把在卫生间中放不下的洗衣机移到厨房中，而平时为了方便，便在厨房里洗涤衣服。

其实这是不好的，因为古人认为厨房是灶君之所在，十分神圣，在其间洗涤不洁的衣服，会影响运气。如果您实在无法将洗衣机放在厨房以外的地方，那就请您在洗涤衣物时，辛苦一下，把洗衣机挪到厨房外使用吧。

在厨房内晾衣服也会使运气变差。虽然玄学的这种推断是有些以偏概全，但烹饪料理五行为火，洗衣五行属水，水火相克，不吉。另外厨房内多多少少会有一些油烟味，衣服晾在厨房自然就会沾上油烟的味道，穿在身上就会对人本身的气场造成一定的不良影响，使运气阻滞，不利健康。

炉灶忌黑、红二色

在选择煮食炉或在建造灶座时，有些颜色是不宜采用的。炉灶五行中属火，用红色不宜，因为红色也属火；另从色彩心理学上分析，红色容易使人脾气暴躁。而黑色则会使本就阴暗的厨房显得更加压抑，且让人不易察觉卫生死角。所以在选购炉灶或是设灶时，最好避免使用这两种颜色。

 厨房炉灶忌漏气

如果炉灶损坏后漏煤气，就会出现危险，伤及家人。所以，炉灶一定要定期检查、检修，防患于未然。另外，厨房是一个"水火交融"的地方，若厨房家具出现故障或者损坏，一定要及时处理，否则会影响家人的运气。

 厨房不宜缺少进风口

强排风的装置（抽油烟机）是中式厨房中必不可少的，但是，大家经常忽略进风口。在空气流动力学中，空气被强制排出时，必须设置相应的进风口，否则就会导致空气供求不平衡。

 餐具忌暴露在外

厨房里锅、碗、瓢、盆、瓶瓶罐罐等物品既多又杂，如果暴露在外，易沾油污又难清洗。因此，厨房里的家具应尽量采用封闭形式，将各种用具、物品分门别类储藏于柜内，既卫生又整齐。

 冰箱门不宜正对灶口

现代住宅常见的问题之一是因居家空间不足，而发生冰箱门正对灶口的情况。冰箱受油烟所污，其内食品易受污染、变质，其外油烟熏燎，易脏，冰箱使用寿命也会大大缩短。同时，于风水而言，冰箱为水、炉灶为火，二者相对会水火相冲，人夹在其中烹饪，容易影响身体健康。

冰箱忌放置在南方

冰箱属水，南方属火，水火相克，容易导致家人运气不好。从生活角度来说，南方接受阳光照射的时间比较多，温度也相对高，而冰箱是制冷电器，要尽量避免高温，所以最好不要将冰箱放置在南方。

厨房橱柜不宜摆得太多

一些人惟恐厨房的存储空间不够，所以喜欢选择柜体较多的橱柜。橱柜的选择不是多多益善，而应该合理有效。过多的橱柜不但占去了部分活动区域，而且易使厨房显得沉重、压抑，并会造成光照死角。

空调不宜直对灶火

厨房的炉灶是全家人填饱肚子的炊具，若空调直接对灶火，会让灶火不旺，间接地破坏烹饪中食物的能量，进而影响居住者的身体健康。另外，灶火也代表性，空调对灶火对夫妻性生活也很有影响。

厨房吉祥物

前面已经系统地介绍了厨房的方位、布局、色彩、宜忌等风水要素，并对一些厨房可能存在的风水缺陷提出了改进之法。接下来介绍的是跟厨房有关的吉祥物。当你为了打造厨房好风水而努力时，千万别忘了厨房吉祥物的力量。前面说过，厨房是事关家庭成员健康和财运的重要场所。如果厨房处于凶位，或者厕所正对厨房，可以摆放一些吉祥物来化解这些不利的格局，达到趋吉避凶的目的。

三羊开泰

阳与羊同音。"三阳"依照字面意思来分析，解释为三个太阳，比较直观，即早阳、正阳、晚阳。朝阳启明，其台光荧；正阳中天，其台宣朗；夕阳辉照，其台腾射，均含勃勃生机之意。"泰"是卦名，乾上坤下，天地交而万物通也，见到"泰"，总是大吉大利之兆。开泰以"求财"来卜，就是大开财路；以"求婚"来卜，就是大开爱门。

平安瓶

平安瓶直径约为28厘米，纯桃木所制，是厨房和次卧专用的吉祥物。如果出现事业动荡不安、是非较多、遇事受阻的情况，可用平安瓶化解。平安瓶若使用得当，还有招财、利婚姻、开运之功效。

平安瓶专为厨房和次卧房设计，可解决厨房位于凶位、大门正对厨房以及厕所正对厨房所引起的健康问题。另外，如果次卧（主要是老人房或儿童房）位于凶位或者风水不佳，也可用平安瓶为之化解。一般可将其正对厨房或者次卧房门安放。平安瓶为纯桃木制品，五行属木，一般来说平安瓶在摆放时，其下方不可有金属类物品，以免形成金克木的格局，使得平安瓶起不到相应的作用。最好将其放置于厨房，因厨房属火，而"木生火"，即可起到使家人吉祥平安的健康功效。

水晶吊坠

　　水晶吊坠的上部是多切面水晶球，可以根据水晶有缓和光的作用的原理，使从梁上照下来的具有攻击性的煞气变得柔和，并在广阔的范围里扩散。本来水晶吊坠应该在梁的两端各挂一个，从而在整个空间里制造出八卦的阵势，但如果受到条件限制，在梁的中央挂一个水晶吊坠也可以起到一定的化解作用。

　　现在的公寓及住宅多见梁，挡梁的角落容易给空间带来许多风水上的问题，特别是在睡床、饭桌以及煤气炉上方的梁对健康有很大的负面影响。最好的解决办法是将睡床等从梁下方移开，如果实在无法移开的话，就要使用水晶吊坠来化解。水晶吊坠能够克制一些风水问题，但在使用时也要注意，它不可以正对床头，否则容易引起其他一些风水问题，带来不好的煞气。

招财金翅鸟

　　金翅鸟是法力无边的护法神，传说龙的神通虽然很广，但是碰到金翅鸟，就神通全无，只等金翅鸟来食。

　　招财金翅鸟的聚财效果比龙族的招财瑞兽（如辟邪、天禄）更为厉害，堪称招财第一神兽。住宅、商业空间、办公场所均可摆放金翅鸟招财。在摆放金翅鸟时应注意头朝外、不可朝内，否则象征将家里的钱财招到外面。一般将其摆放在门口，放于门口正中间，但是不应正对门口，应该斜放，这样容易招偏财。

Part 9

餐厅风水

共享口福之乐

　　餐饮是我国传统文化的一个重要组成部分，中国餐厅的策划和布局之法与餐饮文化一样源远流长。餐厅除了追求自然、高雅、朴实、个性之外，更要符合地理气场的风水。相同的餐厅，不同的布局会产生不同的风水，从而让住家拥有不同的命运。

　　餐厅是住宅中重要的生活空间，温馨、舒适的就餐环境不仅能增强食欲、使家人充分吸收食物提供的能量，而且能让家人疲惫的身心在这里得到彻底的放松，使生活充满浪漫与温情。营造符合风水要求的就餐环境还能促进家人和睦相处，增进彼此的感情，使家人享受到居家生活带来的幸福和快乐。

餐厅风水概述

餐厅风水中，餐厅的方位和格局是重点。如果能把餐厅区域设计在住宅的生旺方，使餐厅吸入生旺之气，就可以使家人的运气顺畅、吉祥如意，反之则诸事不顺。俗话说"家和万事兴"，餐厅风水是促进家庭成员和睦相处的关键。布置良好的餐厅可使家庭和睦、家人身体健康、财源广进。

1.餐厅与方位的关系

四方是指东、南、西、北，八方是指东、东南、南、西南、西、西北、北、东北。在风水上，八方与八卦分别对应为：东为震卦，东南为巽卦，东北为艮卦，北为坎卦，西北为乾卦，西为兑卦，西南为坤卦，南为离卦。风水学认为，从整个住宅到餐厅，再到餐桌和每把椅子，乃至餐厅内每个位置，其"气场"都隐藏在八卦内。八卦其实是东南西北四方之角度的进一步精密测算，它涵盖一年四季不同地方的气候温差、气流的强弱、冷暖等各种对应关系。罗盘亦称"八卦"，是研究餐厅具体吉凶方位时不可或缺的设备。

餐厅的方位可以用八卦来推算，即把八卦纳入八个方向得出八宅，然后用八卦来推演各方的吉和凶，这是八卦"理气"的基础。《餐厅吉凶方位演算表》用最通俗的方法说明了八卦与八方的关系。

好的餐厅方位能给家庭带来财运。餐厅和厨房的位置最好相邻，要避免距离过远，一出厨房就是餐厅为最佳。一般住宅中的餐厅不宜设在厨房中，因厨房中油烟及热气较大，身在其中无法轻松地用餐。设置餐厅有以下几个吉方，即住宅的东、东南、南与北方。

餐厅的方位只有根据具体的情况进行选择，才能营造出良好的餐厅风水。

2.餐厅方位的选择

餐厅位置最好是设在住宅东南方,因为此方位空气足、光线好,比较容易营造出温馨的就餐氛围,有益家人健康。餐厅也适合设在住宅的东方,这个方向是太阳升起后最早照射到的地方,能给人勃勃生机和活力,如果在此方位吃早餐,更能激发家人积极向上的进取心。

(1) 餐厅宜朝向正南方

餐厅自身的方向最好朝向正南方,如此一来,在充足日照之下就餐,有利于家人健康(如图1)。

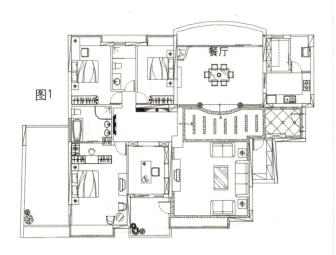

图1

图2

(2) 冰箱宜朝北

若在餐厅内摆放冰箱的话,则冰箱的方位以朝北为佳,不宜朝南(如图2)。

图3

(3) 餐厅格局要方正

餐厅和其他房间一样,格局要方正,不可有缺角或凸出的角落。长方形或正方形的格局最佳,也最容易装潢(如图3)。

(4) 餐桌不可正对大门

大门是纳气的地方,气流较强,所以餐桌不可正对大门(如图4)。

改进之法

◎若真的无法避免,可利用屏风挡住,以免视觉过于通透(如图5)。

图4

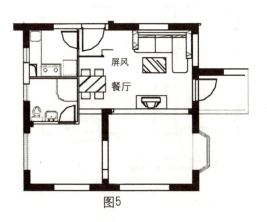

图5

（5）餐厅和厨房避免距离过远

餐厅和厨房的位置最好邻近，要避免距离过远，因为距离远会耗费过多的置餐时间（如图6）。

改进之法

◎一般厨房的位置是不能改变的，所以最好重新调整餐厅位置，将客厅与餐厅位置对调（如图7）。

（6）餐厅不宜设在通道上

通常客厅与餐厅之间有个通道，餐厅不宜设在通道上（如图8）。

改进之法

◎改移餐厅位置（如图9）。

图6

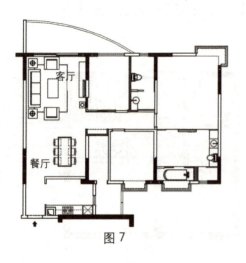

图7

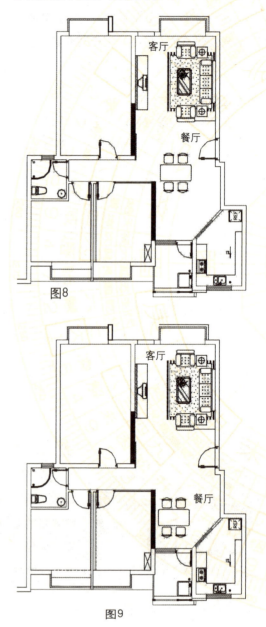

图8

图9

3.餐厅的格局

　　合理的餐厅格局既能体现家人的品位，也会为家人带来好的运气。从风水角度而言，餐厅和其他房间一样，格局要方正，不可有缺角或凸出的角。通常方方正正的空间格局寓意做人堂堂正正，如果再搭配上方形餐桌或圆椅子，方圆组合，就会别有韵味。合理摆放几株小巧玲珑的绿色植物或一盆花卉，也可为餐厅增色不少。

　　目前，餐厅设计的形式主要有厨房兼餐厅、客厅兼餐厅、独立餐厅三种。从餐厅风水来讲，客厅兼餐厅的格局在空间上应该有所分隔（可以用矮柜、组合柜或软装饰作半开放式或封闭式分隔）。独立餐厅应安排在厨房与客厅之间，以尽可能节省食品从厨房到餐桌以及人们从客厅到餐厅所耗费的时间。对于一些较大的客厅，可以划出一部分作为餐区。可以通过家具的摆放来区分空间，也可以利用玄关、屏风将区域划分得更明显一些，并借助天花板、地面、灯光的变

化达到理想的划分效果。

　　餐厅的格局讲究方正，这样不仅在吃饭的时候起坐舒适，使人能在身心放松的情况下愉快地就餐，而且比较容易接收到好的运气。餐厅若有缺角或凸出的角落，表示运气会缺损或多麻烦小节；如果有尖角，则坐起来不舒服，影响就餐心情，甚至连胃口也会受到影响。在风水上，尖锐的屋角和梁柱是不利的风水，长期居于这样的房子中对身体健康极为不利，而且还会营造不和睦的家庭气氛。

　　如果因为一些原因不得不选择餐厅有尖角的房子，那么可以考虑用橱柜来弥补缺憾。此外，要避免坐在梁下，如果无法避免，可用红绳在梁上悬挂两支竹箫，竹箫呈45°相对，箫口朝下，这样即可化解；另一个方法是装设仰角照明灯，让灯光直射屋梁；也可以在梁下悬挂葫芦（葫芦属水，尖煞属火，水可克火而制煞，因此葫芦可起到化解煞气之功效）。

4.餐厅的布置

　　餐厅的设计风格，不论是欧陆风情还是乡村风味，不论是传统简洁还是豪华气派，其风水研究都以餐厅的"气场"为根据。风水之气发于阴阳五行，藏于形而行于天地间。餐厅的形离不开室内空间的立体结构，离不开桌、椅、柜等实物，因此，空间的合理布局、家具的科学摆设、光线的相互调和等都是餐厅风水的重点。厨房中餐厅的装饰应注意与厨房内的设施相协调。设置在客厅中的餐厅，其装饰应注意与客厅的功能和格调相统一。若餐厅为独立型，则可按照居室整体格局设计得轻松浪漫一些。相对来说，装饰独立型餐厅时自由度较大。

　　餐厅内部家具主要是餐桌、椅和餐饮柜等，摆放

与布置它们时必须为人们在室内的活动留出合理的空间。这方面的设计要依据居室的平面特点、结合餐厅家具的形状合理进行。狭长的餐厅可以靠墙或靠窗放一张长桌，将一条长凳依靠窗边摆放，桌子另一侧则摆上椅子，这样看上去地面空间会大一些。如有必要，还可安放抽拉式餐桌和折叠椅。

餐厅的家具中，餐桌、餐椅是必不可少的。除此之外，还应配酒柜用以存放部分餐具，如酒杯、起盖器以及酒、饮料、餐巾纸等就餐辅助用品。酒柜大多高而长，是山的象征；矮而平的餐桌则是水的象征，有山有水，风水才好。

在没有人喜欢饮酒的家庭，通常不会在餐厅中摆放装酒的酒柜，可以装放杯碟的杯柜代替，这种情况下杯柜就不宜太大。餐厅里，如以杯柜填满整面墙壁，全无空白的余地，就会造成视觉欠佳。如果杯柜与墙壁等长，则可以改用矮柜，这样能够改善餐厅风水。

另外，餐厅还可以考虑设置临时存放食品的用具，如锅、饮料罐、酒瓶、碗碟等。餐厅的陈设应尽量整齐、美观、实用，不同的摆设会给居家带来不同的影响。在设计餐厅时对以上因素都应有所考虑，这样才能给你带来方便、惬意的生活。

餐厅的空间绿化宜用垂直型设计，在竖向空间上以垂吊或挂灯等形式点缀绿色植物。灯具造型不宜太繁琐，以方便实用的上下拉动式灯具为佳。也可以采用发光孔，它散发出的柔和光线，既能美化空间，又能够营造亲切的光感。在隐蔽的角落最好能安放一只音箱，就餐时适时播放一首轻柔美妙的背景乐曲，医学上认为这样可促进人体内消化酶的分泌，促进胃的蠕动，有利于食物消化。其他的软装饰品不宜过多，应该以简洁幽雅为主，环境气氛的营造应以"和"与"福"为主题。同时，应尽量保留足够的活动空间，在风水学上，这叫"运气的空间"。

如果餐厅和厨房之间有门廊，只要有足够的摇摆空间，门朝两个方向开都是合理的，但门上需要装一扇窗户，否则很容易跟门另一侧的人撞上。垂直折叠的百叶窗式的门所需的空间较少，水平分隔开来的门则可很好地保护隐私。

5.餐厅的餐具风水

中国人习惯用筷子和汤匙进食，如果是吃西餐的话，要尽量避免使用尖锐的刀叉。现在许多人已经开始关注家居生活细微的地方了，选择配合家居氛围的餐具时应注意的是，餐具的风格要和餐厅的设计相得益彰。一套形态美观且工艺考究的餐具可以调节人们进餐时的心情，促进食欲。如今家居餐厅流行的餐具造型设计趋向"简约主义"，具体来说，有实用性、艺术性、家庭性、个性化、自然化五个特点。

（1）实用性

随着现代都市人生活节奏的加快，人们对餐具的要求也相应提高，越来越重视餐具的实用功能。现在最流行的一类餐具就是在功能设计上讲求"实用"的，这类餐具着重突出自身的功能性，并以"使用为主、装饰为辅"的原则进行设计，简洁的造型颇受一些工作繁忙的消费者尤其是白领阶层的喜爱。

（2）艺术性

餐具的艺术性综合考虑产品、操作模式和材料使用这三个方面，使整套餐具能和使用者建立起一种心灵上的交流关系。艺术性餐具有不锈钢和塑料两种材质，使用时会有很舒适的手感，而手柄的鲜艳色彩也能迎合时尚追求者的消费心理。

（3）家庭性

这类餐具在颜色设计上很有特点，能与不同色调

的家居环境相协调，年轻的夫妇可以选购一套色彩明快的餐具，它可以给生活增添一份温馨和浪漫。

（4）个性化

随着生活水准的提高，人们对生活情趣的追求更趋多样化、个性化。不同消费者需要不同风格的产品，能够满足所有人需要的餐具是不存在的。一些餐具在造型和颜色上对比强烈，很有时代感，而且形态独特，颇有些另类的风味，这些餐具类型适合追求个性的青年人使用。

（5）自然化

崇尚自然、回归自然在家居餐厅装修、装饰中已成为一种潮流和风尚，而餐具的"自然化"又使家居餐厅多出许多别样的风情。自然餐具多是自然材质和自然物的集合，如玻璃材料的贝壳平碟，用贝壳材料制成的贝壳勺、花朵碟、珊瑚果盘，玻璃材料的花朵碗，黄瓜形橄榄架，用自然椰壳材料制作的椰壳烛台，用铝合金镀银材料制成的银叶小碟，用铁、钢材料制成的铁制扭纹刀叉等，都能表现回归自然的家居气息。

自然界中的万事万物经常能给设计师带来灵感，这种灵感所产生的效果能给城市里生活在"钢筋水泥森林"中的人们带来自然的气息、灵动的力量。用自然材料制作成的餐具与自然气息浓郁的餐厅家具搭配起来，会有非常浓郁的自然效果。一般来说，木制餐厅家具颜色都较深，想突出它的话，宜选择颜色较明亮的餐具一起使用。但深色调的餐厅家具不宜和颜色艳丽的餐具配套使用，否则会产生不协调的效果。

标准的餐厅布置是一张桌子、几把椅子和一个餐具架。

现在餐桌的颜色可以说是五彩缤纷，各种色调都有。选择颜色方面，最好配合主人五行，以具有生旺作用的颜色为宜，附下表方便查询：

后天五行	配合色	灰色生旺色		
木	绿色	青色	黑色	灰色
火	红色	紫色	绿色	青色
土	啡色	黄色	红色	紫色
金	白色	银色	啡色	黄色
水	黑色	灰色	白色	银色

　　餐桌的形状各有不同，因此餐桌的尺寸不能一概而定，而应根据餐桌的具体形状来确定。餐桌可分为方桌、圆桌、开合桌等形状。

　　760毫米×760毫米的方桌和1070毫米×760毫米的长方形桌是常用餐桌的尺寸。如果椅子可伸入桌底，即便是很小的角落，也可以放一张有六个座位的餐桌，用餐时只需把餐桌拉出一些就可以了。760毫米的餐桌宽度是标准尺寸，餐桌宽度不宜小于700毫米，否则坐时会因餐桌太窄而互相碰脚。餐桌的脚最好是缩在中间，如果四只脚安排在四角，就很不方便。桌高一般为710毫米，座椅的高度一般为410毫米，如果桌面低些，就餐时就可很容易地看清楚餐桌上的食品。

　　在一般中小型住宅，如用直径1200毫米的餐桌，就会稍嫌过大，这时可订做一张直径1140毫米的圆桌，同样坐8～9人，但看起来空间较宽敞。如果用直径900毫米以上的餐桌，虽可坐多人，但不宜摆放过多的固定椅子。使用圆桌就餐还有一个好处，就是坐的人数有较大的伸缩度。只要把椅子拉离桌面一点，就可多坐人，不存在使用方桌时坐转角位不方便的弊端。

　　开合桌又称伸展式餐桌，可由一张长900毫米的方桌或直径1050毫米的圆桌变成1350～1700毫米的长桌或椭圆桌（有各种尺寸），很适合中小型住宅和平时客人多时使用。不过要留意它的机械构造，打开时应顺滑平稳，收合时应方便对准闭合。

　　切记选择合适的椅子，以便在座位与桌子之间给膝盖留出足够大的空间。有扶手的椅子用起来会更舒服一些，但是它们会占据更多的空间，饭后椅子也不容易塞到桌子下面。在狭小的空间里用可以堆叠的椅子，尽管会让你感到有些不舒服，但对空间的利用十分合理。软长椅、有装饰的长凳，这些也是不错的选择。

　　餐椅一定要有靠背，这是很重要的原则，表食禄不断。无靠的圆凳只适合商家，家庭不宜，否则会陷入越吃越穷的窘境。餐椅不能有轮子或单脚，这是不稳的现象。

　　椅子以方形、五行为土的最好，因为方形是个稳定的形状；而椅座为方形、椅背为椭圆，形成"土生金"的金土型也很好，是个吃出财气的椅子。如果椅座是圆的，椅背一样是圆的，这样金行太重，只适合在商家餐厅使用。而高背长方形的椅子为"木克土"，

代表着高傲、尊贵，因为不够随和，会有取食不易而变得肠道吸收不好的危险。这样的椅子在国外的电影里最常看到，除非是宴会上有很多人共餐时才会使用，通常不作家庭使用。在风水上讲求的是协调，这样的椅子就是不协调的体现。

餐椅的材料以五行属木、土为佳，木头制、皮制、布制椅都很好。忌金属，因金泄气，如椅背是金属的就不太好。而椅垫是石材质的也不好，因石材虽是土质，但为金的表象。

餐椅是餐桌的配套家具，主要围绕餐桌布置，它与餐桌所占的空间（除过道）随就餐人数及不同餐桌座位的排列形式而异。餐椅太高或太低，吃饭时都会感到不舒服。餐椅不宜太高，高度一般以410毫米左右为宜，如超过410毫米，就会令人腰酸脚疼；也不宜坐沙发吃饭。餐椅坐位及靠背要平直（即使有斜度，也以2～3°为妥），坐垫约20毫米厚即可，连底板不应超过25毫米厚。有些餐椅有50毫米厚的软垫，下面还有蛇形弹弓，坐此餐椅吃饭，实际比不上前述的椅子来得舒服。

如果餐厅还有剩余空间的话，可以摆放一个放置餐具、瓷器和玻璃杯的餐具架。它的顶部通常要比桌子高一些，是用来切肉的理想地方。上面也可以放一些调味品、沙拉、水果、奶酪和酒。如果空间有限的话，细窄的内置型餐具架是更为合适的选择。如果你将房间用作别的用途，比如缝纫或做家庭作业，那么这里应该有足够的储存空间，使人可以方便轻松地取到想要的东西。开放性支架上的瓷器可以垂直放置在支架的显眼位置，带有玻璃门的橱柜效果会更好，不但可以防灰，而且可以避免突发的碰撞，只是每天都需要清洗玻璃。

6.酒柜的布置要点

对于不少家庭来说，酒柜也是餐厅中一道不可或缺的风景线，它陈列的不同美酒，可令餐厅平添华丽色彩。

酒柜大多高而长，在风水学上来说这是山的象征；矮而平的餐桌则是水的象征，在餐厅中有山有水，配合得宜会对宅运大有裨益。

在餐厅摆放酒柜有几个事项须注意遵守，以免破坏住宅风水：

（1）酒柜宜放于户主本命吉方

酒柜多既高而又晶莹通透，是一座山的象征，把它放在户主本命吉方，符合吉方宜高宜大的风水要义。

户主属东四命的，则酒柜宜摆放在餐厅正东、东南、正南及正北这东四方。户主属西四命的，则酒柜宜摆放在餐厅的西南、正西、西北及东北这西四方。

（2）酒柜中的镜片不宜过大

一般的酒柜均用镜片来作背板，这样酒柜中的美酒及水晶酒杯会显得更明亮通透，但倘若镜片太大，在风水方面便会引起诸多不便。例如，酒柜中的镜片

若是太大，便不宜与神柜相对，因为这会把神台的香火在酒柜的镜片中反照出来，这是风水学中的大忌，应该尽量避免。万一有这种情况出现，便应把酒柜或神台移位，令两者不正面相对，便可确保无害。

（3）酒柜不宜摆放在鱼缸旁边

酒柜是水气重的家具，而鱼缸又多水，两者的本质相近，若是摆放在一起，便会形成水多而缺堤泛滥之虞。

若是酒柜或鱼缸无处可移，则可在酒柜与鱼缸之间摆放一盆常绿植物，以一木隔在两水之间，可消除过多的水气。

在面积较大的餐厅，有些人家喜欢以吧台来代替酒柜，吧台与酒柜的本质一样，水气均重，所以两者在风水方面的讲究并无分别。

吧台宜摆放在餐厅的死角，这样才符合风水之道，因吧台属水，而水性灵活多变，不怕受压，所以将吧台摆放在楼梯底也无妨。

7. 餐厅的照明

风水学讲究阴阳协调，因此要求餐厅的照明光线要和谐。照明协调能使人气和谐，促使"家和万事兴"。家居餐厅照明的作用是凸显或掩饰房间的特色，只有合理界定餐厅色调与轮廓，才能创造出用餐空间的和谐，才能装修、装饰出良好的照明效果，为餐厅风水服务。

餐厅的照明应将人们的注意力集中到餐桌上。餐桌上的照明以吊灯为佳，如用单灯罩直接配光型吊灯投射于餐桌，也可选择嵌于天花板上的照明灯。灯具的造型力求简洁、线条分明、美观大方。朝天壁灯是一个相当好的光源，比起吊灯，它会为房间增添更多的影像效果，因为它的光线由墙面逶迤而上，再从天花板反射而下，会让一些地方产生阴影。一般而言，最常采用的应该是胶泥制的半圆型壁灯，这种壁灯能够任意上漆，因此可以将它漆成与墙面相同的颜色，让它隐没于墙壁中；也可以漆上不同颜色的花纹，让它成为房间里的和谐缀饰之一。此外，桌灯与立式台灯也能营造出温馨的气氛，适合摆放在屋里的任何角落，这种照明既具有装饰性，其产生的光线色调还可柔化整个餐厅氛围。

较为柔和的灯光可以增加用餐环境的温馨气氛，强化家庭成员之间的感情交流。吃饭时使用低亮度灯会感觉浪漫而舒适。圆形吊灯与圆形餐桌相配，淡雅的灯罩与淡雅的桌布相配，会显得协调、自然和舒适。如果餐厅设有吧台或酒柜，还可以利用轨道灯或嵌入式顶灯加以照明，以突出气氛。在用玻璃柜展示精致的餐具、茶具及艺术品时，若在柜内装小射灯或小顶灯，就能使整个玻璃柜玲珑剔透，美不胜收。

8. 餐厅的色彩

餐厅一般采用亮丽和明亮的色彩来装潢。风水学上认为，亮丽的颜色可以带来活泼的气氛，促进人的食欲，增添用餐的乐趣，同时还可以增强人的运气和财富。

餐厅的颜色因个人喜好和性格不同而有较大差异，但总的来说，餐厅色彩宜以明朗轻快的色调为主，最适合用的是橙色及其相同色和姊妹色。这类色彩都有刺激食欲的功效，它们不仅能给人以温馨感，而且能提高进餐者的兴致。整体色彩搭配时，还应注意地面色调宜深，墙面宜用中间色调，天花板色调则宜浅，以增加稳重感。在不同的时间、季节及心理状态下，人们对色彩的感受会有所变化，这时就可利用灯光来调节室内的色彩气氛，以达到开胃进食的目的。家具颜色较深时，可采用清新明快的淡色或蓝白、绿白、红白相间的台布来衬托，桌面再配以乳白色餐具则更

具活力。一个人进餐时往往显得乏味，可使用红色桌布以消除孤独感。灯具可选用白炽灯，经反光罩反射后，以柔和的橙光映照室内，从而形成橙黄色的环境，可消除沉闷。冬夜可选用烛光色彩的光源照明，或选用橙色射灯，使光线集中在餐桌上，也会产生温暖的感觉。

9. 餐厅的绿化

餐厅是象征健康、福气以及富足的地方，美化这里的环境可以让人在增强健康的同时获得更多财富。稍微点缀一点绿意，如盆栽植物、吊花、秋海棠、圣诞花等，带来的将是无限的生机，可以给餐厅注入生机和活力，增添欢快的气氛。此外，也可将有色彩变化的吊盆植物置于木制的分隔柜上，划分餐厅与其他

功能区域。现代人很注重用餐区的清洁，因此餐厅植物最好用无菌的培养土来种植。

如果就餐人数很少，餐桌比较固定，就可在桌面中间放一盆（瓶）绿色观叶类或观茎类植物，但不宜放开谢频繁的花类植物。餐厅的一角或窗台上再适当摆放几盆繁茂的花卉，就会使空间生机盎然，令人胃口大开。此外，摆放餐厅植物时还要注意植物的生长状况应良好，且形状必须低矮，这样才不会妨碍相对而坐的人进行交流、谈话。适宜在餐厅摆放的植物有番红花、仙客来、四季秋海棠、常春藤等。在餐厅里要避免摆设气味过于浓烈的植物，如风信子。将植物放置在东方代表着家庭幸福、身体健康，在五行中属木行；将植物放置在东南方，代表着拥有财富与成功，在五行中属木行；将植物放置在南方，代表拥有声誉与学识，在五行中属火行；将植物放置在北方，代表着拥有事业，在五行中属水行。因为土行会破坏中心，且与金行相克，所以应避免将植物放在西南、东北以

及中间位置，当然，也要避免放到金行的方位——西方与西北方。

健康、茂盛的植物是气的汇集物，可以将生生不息的能量带进家里。花卉在盛开时期代表着幸运，可以促进人们欲望的达成。在选购植物时，要特别注意叶的形状。有些种类的植物，特别是叶子呈尖状的，会产生毒素或不良气氛，即形成通常所称的"不好的风水"。选择圆状、叶茎多汁的植物比较好，因为它们带有吸引"好兆头"的潜在能量。人造花卉所能产生的功效较少，但若能将其长久保持干净、整齐，仍是可用的。当无法保持植物、花卉健康、有足够的水分时，即象征着萎靡与不幸。

在风水领域里，植物还有其他方面的功用，例如有助于刺激停滞在角落不动的气，使其活络起来；可以软化那些因锐、尖、有角度的物品所产生的阳气。另外，将植物放置在缺乏足够能量的地区还可使该方位活跃起来，房间也显得更宽大。如果打算在室内摆植物以缓和尖锐、粗糙的家具，晚樱科植物是最理想的。晚樱科植物不像垂枝类植物会造成不利，它们有着像灯笼的形状，代表着好运。

10.餐厅绿化植物的选择

植物与花卉不仅具有食用与观赏的价值，而且象征着生命与心灵的成长与繁荣。它们可以降低压力，提供自然的屏障，让人免受空气与噪音的污染。将植物放置在室内可以提升气的活力，在风水领域里，它们充当了一个"医生"的角色。

在风水领域中，植物还是最为吸引人且较为实用的改运方式之一。不论在哪个地区，植物灵动的气息都会对人和环境产生非常大的影响，如它能改变气的

能量与方向，可帮助气场回复平衡状态。

在特殊的情况下，植物会产生与众不同的能量来与当时的环境状况相抗衡。例如，在有辐射的电器设备附近，植物会产生与静电相抵消的能量；在毒素飘浮的空气中，植物具有净化的作用，可以产生新鲜的空气。当植物以有特殊意义的方式放置时，它们会是气的重要来源，例如，在"天医位"放置植物能增强人的身体素质，在"延年位"放置植物可以调养人的心境，在"生气位"放置植物可以使人充满活力。

综合植物和餐厅的特点列出以下8个选择餐厅植物的原则：

（1）考虑植物的生存空间

因餐厅受各方面条件限制，如光照、温度、湿度、通风条件等，选择植物时首先要考虑哪些植物能够在餐厅环境里找到生存空间；其次，要考虑自己能为植物付出的劳动限度有多大，如果公务繁忙的人来养一盆需要精心料理的植物，结果一定会让人大失所望。

（2）以耐阴植物为主

因餐厅内一般是封闭的空间，选择植物最好以耐阴的观叶植物或半阴生植物为主。东、西向餐厅可养文竹、万年青、旱伞；北向餐厅可养龟背竹、棕竹、虎尾兰、印度橡皮树等。

（3）公务繁忙者可选择生命力较强的植物

如虎尾兰、长春萝、佛肚树、万年青、竹节秋海棠、虎耳草等，有利于开运。

（4）注意避开有害品种

玉丁香久闻会引起烦闷气喘，影响记忆力；夜来香夜间排出废气，会使高血压、心脏病患者感到郁闷；郁金香含毒碱，连续接触两个小时以上会头昏；含羞草有毒碱，经常接触会引起毛发脱落；松柏可影响食欲。这些在布置餐厅绿化植物时要特别注意。

（5）比例适度

植物要与餐厅内空间高度及宽度成比例，过大过小都会影响美感。一般来说，餐厅内绿化面积最多不得超过餐厅面积的10%，这样室内才有一种开阔感，否则会使人觉得压抑，影响用餐者的心情。

(6) 植物色彩与餐厅环境相和谐

一般来说，最好用对比的手法选择植物，如背景为亮色调或浅色调，选择植物时以深沉的观叶植物或亮丽的花卉为好，这样能突出立体感。

(7) 避免使用吊挂式花卉

蔓生花卉不宜盆钵栽植，适合悬吊式栽植，不宜用于餐厅内。

(8) 兼顾植物的性格特征

植物的气质要与主人的性格以及餐厅内的气氛相互协调。蕨类植物的羽状叶给人亲切感；铁海棠则展现出刚硬多刺的茎干，使人避而远之；文竹造型体现坚韧不拔的性格；兰花有居静芳香、高风脱俗的性格，可选择使用。

因餐厅属火而植物属水，前者属阳，后者属阴，合理搭配能获益无穷，但切记不能将有害植物放置在餐厅中。

11. 餐厅的其他装饰

挂画：最好选择可为轻松进食提供和谐背景的图画。

装饰品：镶嵌在墙上或餐具柜上反映餐桌的镜子，能够反射出食物及餐桌，还可加阔空间并增强食物的能量，是餐厅中非常好的立面装饰之一。

12. 提升餐厅运气的方法

餐厅是气场感应最强的地方，大家围坐一桌，由于人气比较集中，所以最易互相引起共振。因此，餐厅格局应以汇聚生旺之气为主，这样不仅可以使全家都获得吉利风水的帮助，而且能够快速地提升一家大

小的运气。在这里为大家介绍以八宅为中心的21个格局的设计方案，以供参考：

餐厅在东四宅，餐桌应放在餐厅的伏位。因为这个方位有紫气东来之兆，容易升职发财，同时象征健康长寿、富贵吉祥。

餐厅在西四宅，餐桌应放在餐厅的伏位。因为这个方位有利武职事业，如公检法部门，同时象征健康、富贵、吉祥。

餐厅在东四宅，餐桌在餐厅的中心位时，象征运气佳、平安、福气、富贵长久。

餐厅在西四宅，餐桌在餐厅的中心位时，象征有官贵之助。

餐厅在东四宅，餐桌在东四宅位时，象征男女俊秀，才华出众，事业辉煌，健康、富贵、吉祥。

餐厅在西四宅，餐桌在西四宅位时，有利家人金

融事业和政界仕途的发展。

餐厅在住家的生气方，餐桌在餐厅的伏位时，有利科技事业发展，同时还可以获得健康、富贵、吉祥。

餐厅在住家的天医方，餐桌在餐厅的伏位时，有利医学、卫生、养生、保健等事业发展。

餐厅在住家的延年方，餐桌在餐厅的伏位时，家人会文才好，喜好哲学、艺术、宗教，有极高的精神境界。

餐厅在住家的生气方，餐桌在餐厅的中心位时，有利家人在科技、商贸、金融等领域的发展，同时还可以获得健康、富贵、吉祥。

餐厅在住家的天医方，餐桌在餐厅的中心位时，对病弱者可以起到化解病痛的作用，配合医学治疗可以加快康复；同时有利医学、卫生、养生、保健等事业发展。

餐厅在住家的延年方，餐桌在餐厅的中心位时，有利于家人的健康，且会人缘好、安逸、幸福，同时还有利于个人爱好的加强。

餐厅在住家的生气方，餐桌在餐厅的生气位时，有利体育事业发展和商业开发，并象征可获得俊秀、美丽、健康、快乐和财运。

餐厅在住家的生气方，餐桌在餐厅的天医位时，象征健康、愉快，财运亨通，有利医学、保健、养生等事业发展。

餐厅在住家的生气方，餐桌在餐厅的延年位时，象征财运亨通，有利于文化事业发展。

餐厅在住家的天医方，餐桌在餐厅的生气位时，象征健康、愉快，有利医学、保健、养生等事业发展。

餐厅在住家的天医方，餐桌在餐厅的天医位时，象征健康、愉快，有利医学、保健、养生等事业发展，并可获得富贵双全。

餐厅在住家的天医方，餐桌在餐厅的延年位时，象征健康、长寿、富贵、吉祥。

餐厅在住家的延年方，餐桌在餐厅的生气位时，象征家庭和睦、富贵长久。

餐厅在住家的延年方，餐桌在餐厅的天医位时，象征健康、愉快，有利医学事业发展。

餐厅在住家的延年方，餐桌在餐厅的延年位时，

13. 吧台的吉方位

（1）吧台宜设在吸引人的地方（如图1）

如果家中的空间足够大，可以另辟休息室和视听室，这两个地方是不错的吧台安装位置，正好与其功能契合，相得益彰。除此之外，吧台应该选择在能吸引人久坐的地方。

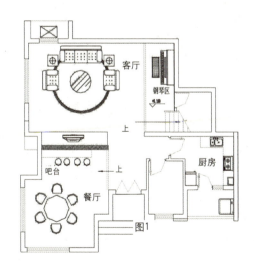

图1

（2）吧台可设在客厅电视的对面（如图2）

随着有线电视普及频道的增加，许多人在电视前的时间越来越长。将吧台设计在电视对面的位置，可以边喝茶边欣赏精彩的歌舞晚会或者一场激烈的足球比赛，更能为家人朋友聊天提供话题。

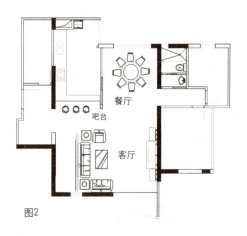

图2

(3) 吧台可设在餐厅与厨房之间 (如图3)

吧台的功能有一点类似于便餐台。在一居室的公寓里，这样的吧台很常见，也很方便，在不大的地方也能有效地提高生活质量。它的内涵就两个字——休闲，回家后的第一杯饮品，朋友间的尽兴夜谈……一个用于休闲的吧台，其功能应该考虑得更全面一点，设于餐厅与厨房之间也可当临时餐桌。

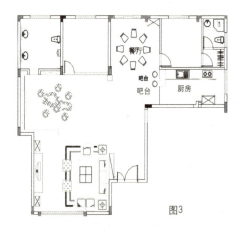

图3

(4) 吧台可设在厨房与客厅交界处 (如图4)

吧台建在厨房与客厅交界处也是不错的主意。客厅是一般家庭招待客人的最佳场所，而厨房是储藏食物的地方，如果能综合两个空间的优势，在其交界处设计吧台，岂不两全其美？

图4

(5) 吧台可设在客厅与餐厅之间 (如图5)

这样摆设吧台，在宴请客人时，它的功能就能充分发挥出来。在吧台上完成调酒和制作甜点，都非常得心应手。

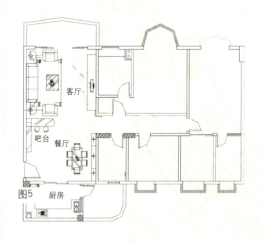

图5

14.吧台的格局

吧台在家居中通常位于餐厅与客厅之间，是稍高于客厅沙发或家具的一片小小平台。功能上既可用来摆放装饰品、用作酒柜，也可在向厅堂的一面设几个高脚座椅，让谈话的人们调剂情绪。为配合家居风格，吧台的形状千姿百态，选用的装饰材料也多姿多彩，在风水上只要尽量避免选择缺角或凸出太明显的形状即可。坐在客厅中的沙发上，如果面对吧台尖端一角，有如一把尖刀对着自己的脸，虽然它并不是真刀，但也毋庸质疑人肯定会感到不自在，这就是"角煞"冲

克。你可能对它的存在已习以为常，但它的存在直接作用于你的潜意识，而你的潜意识却已经麻木了，长此以往会对身体和精神两方面造成不利的影响。另外，棱角尖锐的形状会放射出煞气，也不利财运。

在不规则居室里，利用凹入部分设吧台可以有效地利用室内空间，给人整齐统一的感觉，这属于嵌入式。如果房间内有楼梯，也可以利用楼梯下面的凹入空间设置吧台，让这个特殊空间得到充分利用。但以上二法无法隔断或者划分空间，只是充分利用畸零之区域。

利用角落而筑成的吧台，操作空间至少需要90厘米，而吧台高度有两种尺寸，单层吧台约110厘米左右，双层吧台则为80厘米与105厘米，其间差距至少要有25厘米内层才能置放物品。台面的宽度必须视吧台的功能而定，只用于喝饮料与用于用餐所需的台面宽度是不一样的。如果台前预备有座位，台面得突出吧台本身，则台面宽度至少要达到40～60厘米，这种宽度的吧台下方比较方便储物。一般来说，最小的水槽需长60厘米，操作台面60厘米，其他按自己的需要度量即可。

吧台后酒柜的设计要注意使用上的便利，每一层的高度至少为30～40厘米，置放酒瓶的部分最好设计成斜式，让酒能淹过瓶塞，使酒能储放更久。柜子深度不宜过深，以触手可及为佳。如果家庭空间不是很大，也可以考虑将餐桌与酒吧结合，使吧台兼作餐桌，一般可以设计成"T"形或"L"形。吧台可分为上下两层，下层挑出一部分，做成折叠式，支起时形成小餐桌，供数人用餐，放下时就成为吧台，这样可减少室内空间使用面积，支架可利用吧柜的门窗。

15.吧台的装饰

在吧台的装饰上，如果吧台刚好是在大厅开门的对角线上（财气位），则适宜摆设金元宝、招财石之类的招财饰品，因招财石本身会不停地转动，有水流在其中，所产生之气流会加强财位之力量。或在吧台摆设盛水的花瓶插上花也可，但是要保持花的新鲜，枯萎即换。植物最好是圆形的阔叶常绿植物，如海芋、富贵竹、黄金葛等，一来有助于财气位开运聚财，二来可化解煞气，增添福气。当然，植物都需要细心养护，经常擦拭叶面、保持干净才是。

16.吧台的灯光与色彩

与大厅中众多装饰物一样，吧台除了形态上不能太突兀形成冲煞外，在所选装饰物的材料颜色、灯光上也有一些风水考究。灯光是营造吧台气氛的重要角色，一般暖色调的光线比较适合久坐，也便于营造气氛；黄色系的照明较不伤眼，而且射灯光线一强，可以穿透展示柜，让吧台呈现明亮的视觉感受。吧台的灯光最好采用嵌入式设计，既可以节省空间，又体现了简洁现代的风格，与吧台的氛围相衬。

17.吧台风水宜忌

（1）吧台宜设在餐厅的角落

吧台的位置并没有特定的规则可循，设计师通常会建议利用一些畸零空间。吧台宜摆放在餐厅的角落，因吧台的水性灵活多变，不怕受压，就算设在楼梯下也无妨。

（2）吧台的颜色宜与方位搭配

吧台的颜色宜与方位搭配。在风水学中，红色五行属火，在八卦方位中属南方。若吧台在南方，放置红色、紫色的装饰品或物品可以加强气场，引进财气；若吧台是在北方，则要用黑色或蓝色，因为黑、蓝色代表北方，五行属水，也可以放置高脚水晶水杯；西方与西北方都属金，金、银色的饰品可以带来好的气场；西南方与东北方属土，可以选择以黄色为主色的饰品装饰；东方与东南方属木，可放置绿色饰品或是发财树。摆放饰物时以与自然和谐为原则，色彩也应力求协调柔和。

（3）吧台色彩忌杂乱

吧台可选择较丰富的色彩装饰，大量的金属、酒瓶、灯光可让吧台被迷离的影像萦绕。但吧台全部颜色不宜超过四种，否则就会显得色彩杂乱，影响装修效果。

（4）贴墙吧台忌设计成转角式

将室内一部分受干扰较小的墙面布置成贴墙的吧台，是现今流行的一种布局。但这样的墙面不适合设计转角式吧台，只能采用贴墙式。吧台靠墙安放，吧柜摆在吧台上或悬挂在墙上的格局，这样才能做到空间的合理利用，也避免了尖角的形成。吧柜上方可以悬挂一块顶棚，嵌上筒灯，让灯光投射在吧台和酒具上，能增加光影效果。

（5）吧台忌离其他功能区太远

吧台的设计直接反映出家庭的文化层次、生活品位，同时吧台也是家人品酒休闲的空间，不宜离客厅、餐厅或厨房太远，否则会让人产生孤立的感觉，在日常生活中也不方便。

（6）吧台忌忽视电路、水路走向

在设计吧台之前，宜事先设计好房间水路、电路的走向。如果想在吧台内使用耗电量高的电器，如电磁炉等，最好单独设计一个回路，以免电路跳闸。拥有良好的给水、排水系统以及安插电源的位置也很重要，一定要将管线安排好，以免给日后的使用增添许多麻烦，甚至造成日后要改装线路的局面。

（7）吧台的水槽忌高低不平

设有水槽的吧台，在购买水槽时要注意，水槽最好是平底槽，高低不平的水槽在放置杯子时易发生倾倒或撞坏的情况。水槽深度最好在20厘米以上，以免水花四溅，弄湿居室。

（8）吧凳忌缺乏灵活性

吧凳不仅是活化吧台空间的主角，也是塑造人们美好形态的关键。在选择吧凳时，除了颜色与样式需要注意外，还要选择符合人体曲线的椅面。最重要的是吧凳要具有灵活性，可360°旋转，并方便调整高度。一般可选择可旋转角度和调节高度的中轴式钢管吧凳。

（9）吧台台面的材料忌不耐磨、不具防火性

台面最好使用耐磨材质，不太适合用贴皮材料。有水槽的吧台其台面最好还能防水。如果要在吧台上使用电器，就要考虑使用耐火的材质装修，像人造石、美耐板、石材等，都是理想的材料。

餐厅方位格局风水之宜

好的餐厅方位能给家庭带来财运。餐厅和厨房的位置最好相邻,一出厨房就是餐厅更佳,要避免二者距过远。设置餐厅有几个吉方,即住宅的东方、东南方、南与北方。餐厅的方位必须根据具体的情况进行选择,才能营造出良好的餐厅风水。

宜 餐厅宜位于住宅中心

餐厅最好是位于住宅的中心位置,但不可直对前门或后门。餐厅位于住宅中心,不仅方便家人的日常生活,从风水角度来讲更有利于家庭团结、财运亨通,能有效地提升家人运气。

宜 餐厅宜在客厅和厨房之间

除了客厅或厨房兼做餐厅外,独立的就餐空间应安排在厨房与客厅之间,这样的布局可增进家庭成员关系的和谐。从实用角度来看,这样也可以最大限度地节省上菜的时间,以及人们从客厅到餐厅就餐耗费的时间,同时也可避免菜汤、食物弄脏地板。如果餐厅与客厅设在同一个房间,应当与客厅在空间上有所分隔,具体可通过矮柜、组合柜或软装饰作半开放式或封闭式的分隔。

宜 餐桌宜摆在吉方位

餐桌是餐厅里最重要的家具,是家庭成员享用美食的地方,所以一定要选择最佳位置摆放。餐桌可以摆在生气、延年或天医的位置,这样会令家庭财运亨通、家人身体健康、生活幸福美满。

 知多一点点

※ **鲜花可促进健康**

在餐厅的桌子上摆上鲜花,这样就可以在吃饭的时候吸收来自鲜花的生气,且使自己食欲增强,坚持这样做对健康极为有利。

宜 餐厅宜设在住宅南方

餐厅也宜设在住宅的南方，因为南方日照光线充足，能给人温暖的感觉，更容易营造出温馨的就餐环境，让家人尽情地享用美食。而且南面属火，可令家道如火势燎原，日益兴旺。

宜 餐厅相对的墙面窗户宜聚气

餐厅相对的墙面窗户应聚气，不宜正对。如果两窗对冲，气会从一面墙的窗户进入，再从另一面墙上的窗户流出，不利于住宅的气运。另外，两扇窗户相对的局面，还会让风直吹到用餐者，容易给用餐者带来健康上的不利。

宜 宜让老年人坐在主位

家中每位成员用餐时的方位也比较重要，应尽量让家中的老年人坐在主位，其次是男主人。

同时还要注重进餐的礼仪，进餐时发生口角会非常影响家运。用餐时间是一家人欢聚的时刻，家庭和乐，家运才会昌旺。如有长者一同进餐，一定要请长辈先用，这不但是礼貌，也有福佑晚辈的意义。这样有利于家庭的和睦，塑造男主人的权威，对老年人的身体、男主人的事业也都有帮助。

宜 大餐厅宜选用方形餐桌

面积比较大的餐厅（15平方米以上）若选用方桌，能凝聚人气，增强财运。方桌是四面开方的，有"广纳四方财运"之说法。

宜 家人用餐时宜坐在本命卦的吉方

家中的每位成员用餐时都应朝向自己本命卦的四个吉方之一而坐。调整家中负责生计者的座位，让他朝生气方而坐；母亲则应朝延年方而坐，这也代表着家庭婆媳关系和谐；求学的子女最好朝向伏位，有旺文昌运的效果；家中长辈面对天乙贵人方而坐，可长保健康。

 风水知多一点点

※ 用餐的方位

东、东南方属木，太阳早晨自东方升起，具备浓厚的生机和活力，因此这两个方位是用餐最好的位置。春、秋季的餐厅朝向以东方为好，而夏季以北方为佳。在进餐区域内，装饰的重点是保持整洁以维持食物卫生，同时也要制造轻松的进餐气氛。

餐厅方位格局风水之忌

一般住宅的餐厅不宜设在厨房中，因厨房中油烟及热气较大，身在其中无法轻松用餐。餐厅忌设在房屋的西方，因为下午太阳西晒，食物容易变质，也容易让人形成懒散和好吃的习惯。而设在西北方的餐厅，除稍感寒气较重之外，还会使用餐者情绪不够明朗和稳定。

 "楼中楼"的餐厅忌位于楼下

如果是复式或者别墅的住宅，餐厅最好不要设在楼下。因为气是往上升的，"楼中楼"设计的餐厅应位于楼上才能带来好运气。在楼上用餐，环境优雅，在楼下用餐则易受来访者的干扰。

 餐厅忌设在西南方

餐厅最好不要设在住宅西南方。从风水角度分析，西南方为飞星二黑管事，二黑代表疾病，餐厅设在西南不利于家人身体健康，尤其对女性不利。

 餐桌不宜正对神台

神台是供奉神及祖先之处，严格来说，不宜与凡人进食之处太接近，毕竟还是阴阳异路，仙凡有别。倘若神台供奉的是观音、佛祖诸佛，他们均是戒杀生而喜素吃斋的，而一般人家吃饭却有大鱼大肉，正面相对便会显得格格不入。如有可能，应使餐桌尽量与神台保持一段距离，最重要的是要把餐桌移开，不要与神台形成一条直线。

 餐厅不宜与厨房合并

如果空间允许的话，厨房最好不要与餐厅合二为一，两者的空间划分要清楚。因为厨房在风水上代表着财源，而餐厅则象征开销、花费，两者相合，在风水上会形成家庭理财失衡，难以积累财富。如果空间有限，厨房和餐厅不得不合并的话，要注意不能使厨房的烹饪活动受到干扰，同时也不能破坏进餐的气氛。要尽量使厨房和餐厅有自然的界线，或使餐桌远离厨具，且餐桌上方应设照明灯具。

 餐桌忌摆放在通道上

通常在客厅与餐厅之间都有个通道，千万不要将餐桌摆放在通道上。通道是家人行走的地方，不聚气，用餐时容易受到干扰，而且餐桌还堵塞了通道，不方便家人的日常生活。

 水 知多一点点

※ **在餐厅的墙壁上不宜开设落地窗**

在餐厅的墙壁上不宜开设落地窗，一方面会因为落地窗视野太宽阔而影响食欲，另一方面也要防止因桌椅移动而撞击到下层玻璃。

忌 餐桌不宜正对厨房门

厨房经常有油烟排出，温度较高，餐桌放在厨房门对面，对家人的健康不利，时间长了会令人变得脾气暴躁。因此，餐桌不要正对着厨房的门摆放，如果无法避免，可用帘子遮挡，或者经常将厨房门关上。

忌 餐桌不宜被路直冲

餐桌是全家人用餐的地方，要有宁静舒适的环境才可闲适地享用美餐，如有大路直冲，便会有损风水。如果餐厅多通道，则犹如置身在漩涡中，令人产生危机感，坐立不安，对这种情况也要尽量设法改善。

忌 餐桌不宜与大门直冲

住宅风水讲究宜回旋、忌直冲，如有犯冲便会导致住宅的元气外泄，风水也会大受影响。若餐桌与大门成一条直线，站在门外便可以看见一家大小在吃饭，非常不妥。建议把餐桌移开，但如果确无可移之处，可以放置屏风或板墙作为遮挡。

忌 家人用餐时忌坐在本命卦的凶方

用餐区的布置既要避免空间过于封闭，又要显示出它的围聚性。家庭成员在用餐时不宜坐在自己本命卦的绝命、祸患等方位，长期坐在这些方位用餐会不利身体的健康。

忌 餐厅忌位于卫浴间的正下方

餐厅的正上方不宜是卫浴间，也就是说餐厅忌位于上一层楼厕所的正下方。因为餐厅是一家人用餐的地方，而卫浴间是排泄污秽的地方，有较重的秽气和湿气，坐在下面用餐会让人感觉无心用餐，影响食欲。这种格局不利于家人的健康，也会影响家运。

忌 餐桌忌摆在不利家宅的方位

餐桌不宜摆放在对家宅不利的方位，所谓不利的方位是指与户主五行不合的方位。比如男主人属于东四命，便要避免在西、西南、西北以及东北这四个方位摆放餐桌；如果户主属于西四命，便要避免在东南、东、南及北方摆放餐桌。

忌 餐桌不宜正对厕所门

餐桌切忌被厕所门直冲。厕所在风水上被视为"出秽"的不洁之处，越隐蔽便越好，如正对餐桌，不仅影响人的食欲，也不利健康。如果餐桌与厕所直冲，应尽快把餐桌移到别的位置。如果确实无法移开，则可以在餐桌的正中摆放一个小水盆，用水浸养铁树或开运竹，以此方法进行化解。

餐厅布置风水之宜

　　餐厅的布置离不开室内空间的立体结构，离不开桌、椅、柜等实物，因此，空间的合理布局、家具的科学摆设、光线的相互调和等都是餐厅布置风水的重点。厨房中餐厅的布置，应注意与厨房的设施相协调；客厅中餐厅的布置，应注意与客厅的功能和格调统一；若餐厅为独立型，则应与室内整体格调相一致。

宜 餐桌上方宜平整

　　餐桌之上（如屋顶和天花）宜平整，不宜倾斜，否则会对家人健康不利。如果不能把餐桌移至斜顶遮挡的范围之外，则可用假天花把斜顶填平。餐桌若是处于楼梯下，则可把两盆开运竹摆放在楼梯底化解，注意开运竹须不断向上生长，保持常青，否则难以收到效果。

宜 餐桌宜选圆形或方形的

　　中国的传统宇宙观是天圆地方，日常用具也大多以圆形或方形为主，传统的餐桌便是最典型的例子。传统的餐桌形如满月，象征一家老少团圆，亲密无间，能够聚拢人气，营造出良好的进餐气氛。方形的餐桌，小的可坐四人，称为四仙桌；大的可坐八人，又称八仙桌，象征八仙聚会，属大吉。方桌方正平稳，象征公平与稳重，因此被人们广泛采用。圆桌或方桌在家庭人口较少时适用，而椭圆桌或长方桌在人口较多时适用，设置时宜根据人口数量加以选用。

风水 知多一点点

※ 独立餐厅的装饰与布置

　　独立式餐厅是最为理想的。对于餐厅的一般要求是便捷、卫生、安静、舒适，家居设备主要是桌椅和酒柜等。照明应集中在餐桌上面，且应光线柔和、色彩素雅。墙壁上可适当挂些风景画，而且餐厅的位置最好是靠近厨房。目前，由于人们住房面积普遍不大，餐厅面积较小，因此餐桌、椅、柜的摆放与布置必须为家庭成员的活动留出合理的空间。这些家具的布置还需与餐厅的空间相结合，如方形或圆形餐厅就可选用圆形或方形餐桌，居中放置。

宜 餐椅座位数宜为幸运数字

餐椅的座位数对家运也有一定影响，最好是6、8、9等属阳的幸运数字。一般家中的用餐人数都是固定的，不过在宴客时可事先安排好该请几位客人。

宜 餐厅宜摆放橱柜或酒柜

餐厅可摆放大小适当的橱柜或酒柜，柜内可摆放些不需冷藏的食品、饮料、酒类，不仅方便日常使用，还能产生装饰效果。

风水 知多一点点

※ 餐厅与客厅隔开时，宜用不同风格进行装饰

当餐厅与客厅隔开时，应该用不同的风格来进行装饰，使餐厅与客厅泾渭分明，有主有次。

宜 餐厅宜使用实木家具

居家餐厅布置应多使用实木家具，尤其是餐桌宜选用实木材质的。实木家具富有亲和力，清新环保，带有自然的本色，利于家庭吸纳有益的气。实木材质的家具借助布艺、鲜花、挂画、灯光等装饰的烘托，还可以增强餐厅的"阳气"，让餐厅呈现出和谐的暖色调。

餐厅布置风水之忌

餐厅里不应以杯柜填满整面墙壁，全无空白的余地会造成视觉效果欠佳。灯具造型不宜太繁琐，其他的软装饰品不宜过多，应该以简洁幽雅为主。环境气氛的营造应以"和"与"福"为主题。在布置餐厅时，对以上因素都应有所考虑，这样才能让你方便、惬意地生活。

忌 餐厅忌有太多的尖角

中国传统的居住风水学认为，尖锐带角的墙和梁柱会带来不好的风水。家居餐厅座椅更忌带有尖角，因为带有尖角的座椅会影响就餐时的心情。如果因为上些原因，不得不选择餐厅有尖角的房子，则可用橱柜隔开以弥补缺憾。餐桌的形状也不宜带有尖角，因为尖角容易引起碰伤，对健康有损。尖角角度愈小便愈尖锐，不利因素也就愈大，不利于健康运和财运。

忌 餐椅不宜正对灯饰

餐椅上方不宜有灯饰正面照射，因为灯饰位于餐椅的上方的话，灯光照射下来所散发的热量会让人不适，影响用餐的氛围和用餐者的心情。

※ 餐用餐时不宜坐在沙发上

沙发一般较低平，坐在沙发上吃饭不利于消化，而且吃饭时容易弄脏客厅和沙发，不利于卫生。

忌 餐厅不宜有电视机

一边听音乐一边用餐是一种享受，但如果一边看电视一边用餐的话，则为不利。眼睛总是盯着电视看，而不是用心地去享受美餐的话，是不可取的。所以，最好不要把电视机放在餐厅，以免影响食欲和食物的消化。

忌 餐桌忌用冷色调台面

大理石与玻璃等桌面较为坚硬、冰冷、艺术感较强，但这样的台面属冷色调，能迅速吸收人体的能量，不利于进餐者的座谈交流，也不利于提高进餐者的食欲，所以要尽量少用这类台面的餐桌。

忌 空调忌在餐桌的上方或附近

空调吹了一段时间难免会堆积灰尘，所以如果餐厅里的空调直吹餐桌，灰尘很有可能被吹到食物里，当然也更容易让桌上美味的食物凉掉，所以餐厅里的空调最好不要装在餐桌的上方或附近。

忌 餐厅忌空间小而家具多

空间过小，家具过多、过大，在摆设时会带来诸多不便。另外，过于紧凑的空间环境对风水会产生一些不利影响，如使人压力过大等。在选择餐厅家具时，宜力求实用、美观，忌在小面积的空间里强行塞入过多、过大的家具。

忌 家居餐厅忌使用尖锐的刀叉

家居餐厅应避免使用尖锐的刀叉，防止冲煞。喜爱西式餐点的家庭，刀叉用具在用餐后宜收归安置到橱柜。

忌 餐厅装饰品忌过多

餐厅不宜放置太多的装饰品，也不宜摆放太多物品以致过于杂乱，保持简洁大方是主要的原则。居住者不仅要注意餐厅的格局及摆设布置，更应注意保持餐厅空气的流通，注意环境卫生。餐厅陈设既要美观，又要实用，不可随意堆砌，各类装饰用品要根据不同就餐环境灵活布局。

忌 酒柜不宜摆放在鱼缸旁边

酒柜是水气重的家具，而鱼缸又多水，两者的本质相近，若是摆放在一起，会令水气过重。如若很难移动二者，可在酒柜与鱼缸之间摆放一盆常绿植物，以一木隔在两水之间，可消除过多的水气。

忌 餐厅忌空间大而家具小

餐厅的空间过大，家具过小，会形成空旷寂寥的局面，不利于财运。从装潢角度来看也不美观。而大家具安放在小空间里也不适宜，以比例适当为宜。

忌 餐桌之上不宜用烛形吊灯

有些吊灯由几枝蜡烛形的灯管组成，虽然设计新颖，颇有观赏价值，但若把它悬挂在餐桌之上，那便似把长短不一的白蜡烛堆放在餐桌之上，这绝非吉兆。因为白蜡烛是丧事的象征，把它放在一家大小共同进餐之处，其后果可想而知，因此必须尽量避免，其他颜色的蜡烛则无碍。

 风水知多一点点

※ 忌不清洗餐具

长期将脏的餐具堆积起来放置是很不好的习惯，这样不仅会造成细菌的滋生繁衍，使餐具很难洗净，而且残留的食品杂质发酵、发臭后会污染室内空气环境，影响家人的健康。

餐厅装饰风水之宜

现在许多人越来越重视餐厅的装饰，因为一起进餐已成为家人联络感情的重要手段，恰当的餐厅装饰能使家庭和睦，带旺财源。在餐厅里挂上象征吉祥的画、用植物等工艺品来点缀餐厅环境，不仅可使人改变一种视觉角度，更重要的是可使人变换一种心情。

宜 餐厅地面宜耐磨、耐脏

现在许多人越来越重视餐厅的装修和布置。餐厅的地面装饰材料以各种耐磨、耐脏的瓷砖和复合木地板为首选材料，利用这两种地面装饰材料，可以变换出无数种装修风格和式样，而合理利用石材和地毯，又能使餐厅空间的局部地面变得丰富多彩。

宜 餐厅宜装设镜子

在用餐区装设镜子，映照出餐桌上的食物，能产生使财富加倍的效果。这是家中唯一可以悬挂镜子映照食物的地方，其他诸如厨房绝对不能挂镜子，否则会导致意外发生。

宜 餐厅设置宜阴阳调和

餐厅设置要讲究阴阳调和，在阴阳平衡上略偏阳性。为了增加阳气，祖先画像或古董家具等属阴的物品最好不要摆在餐厅，因为阴气太重有损家运。另一方面，阳气过盛也会造成家庭失和。

风水 知多一点点

※ 增加餐厅的阳气

餐厅由于是进餐的区域，所以跟家庭的财富大有关系。餐厅应采用亮色的装潢和明亮的灯光设计，以增加火行的能量，积蓄阳气。在此处放置植物更可增强阳气和财富。

宜 餐厅宜挂凤凰图

凤凰雄曰凤，雌曰凰，凤凰同飞是夫妻和谐的象征。凤凰作为一种祥瑞之鸟，它的寓意是比较丰富的。凤凰有"鸡"的属性，夏天和秋天出生者悬挂较适宜，因为这两季食物丰富、生殖旺盛。若生肖属兔、狗，则不宜挂凤凰图。

宜 餐厅宜用装饰品点缀

美好的环境能给用餐者带来好心情，增进食欲。可用植物、壁画等工艺品来点缀餐厅环境，不仅仅可使人改变一种视觉角度，更重要的是可使人变换一种心情，增强运气。

宜 瓶花与餐桌的布局宜协调

现在许多家庭都在餐桌上摆放瓶花，这是一种不错的装饰。在设置上，要注意瓶花与餐桌的布局相协调。长方形的餐桌上，瓶花的插置宜构成三角形；圆形餐桌上，瓶花的插置以构成圆形为好。同时还须注意，餐厅主要是品尝美味佳肴的地方，故不可用浓香品种的花，以免干扰食物的味道，使人产生不适的感觉，并进而影响心情。

宜 餐具上宜有吉祥图案

选择餐具宜选用传统的碗、盘、碟、筷，这些餐具一般造型典雅、形态饱满祥和，多采用龙、蝙蝠或桃子等吉祥图案作为装饰，能给就餐者带来好运。

风水知多一点点

※ 植物可聚气催运

将植物用有特殊意义的方式放置时，它们会是气的重要来源，如根据八卦方位放置植物时，它们可以催生、活化人生八大欲求。

餐厅装饰风水之忌

餐厅装饰要讲究阴阳调和，在阴阳平衡上略偏阳性，阴气太重有损家运，阳气过盛又会造成家庭失和。餐厅装饰设计的目的不宜仅限于美化，而应当使其体现居室主人的文化素养，从单纯的形式美感转向文化意识。花卉能起到美化环境、调节心理的作用，但切忌花哨过度、冷色暖色相混杂，否则会让人烦躁，且影响食欲。

忌 餐桌忌缺乏生气

餐桌上只放置碗筷，没有任何装饰的话，会使餐厅缺乏生气。在餐桌上或餐桌的旁边放置盆栽或鲜花能使人在进餐时增强食欲，对宅内人的运气大有帮助。

忌 餐厅装饰忌缺少文化气息

餐厅装饰设计的目的不宜仅限于美化，而应当使其体现居室主人的文化素养，从单纯的形式美感转向文化意识。在餐厅的装饰上，可运用科学技术及文化艺术的手段创造出功能合理、舒适美观，符合人的生理、心理要求的空间环境。要从为装饰而装饰或一般性地创造气氛的层面，提升到对艺术风格、文化特色和美学价值的追求及意境创造的高度。

忌 餐厅忌用厚实的棉纺织物

餐厅中的软织物，如桌布、餐巾及窗帘等，应选用较薄的化纤类材料，因厚实的棉纺类织物极易吸附食物气味且不易散去，不利于餐厅环境卫生，会影响人体健康。从风水上讲，厚实的棉纺织物容易吸附不好的运气。

风水知多一点点

※ 镜子里的财富

在用餐区装设镜子，映照出餐桌上的食物，有使财富加倍的效果。

忌 骏马图忌摆设于餐厅南方

餐厅放置骏马图，寓意飞黄腾达。马于五行属火，春冬出生者五行均欠火，带有火气的骏马可弥补不足。但骏马装饰画不宜放置在餐厅南方。因马的卦象属天，挂在五行属火的南方位是"火烧天门"，犯火烧天门者家里容易出现不好的事情。若屋主生肖属牛，也不宜放骏马图，因为牛马生性不睦。

忌 餐厅忌挂意境萧条的挂画

有些人由于种种原因，把一些意境萧条的图画悬挂在餐厅内，这从风水角度来说并不适宜。所谓意境萧条的图画，大致包括惊涛骇浪、落叶萧瑟、夕阳残照、孤身上路、隆冬荒野、恶兽相搏、枯藤老树等几类题材。

忌 餐厅花卉忌花哨过度

花卉能起到美化环境、调节心理的作用，但切忌花哨过度、冷色暖色相混杂，这样会让人烦躁，且会影响人的食欲。花色上宜色调相近，深浅相似。例如，在暗淡灯光下摆设晚宴，摆放红、蓝、紫等深色花卉会令人感到稳重；同是这些花，若用于午宴，则会显得热烈奔放。而白色、粉色等淡色花用于晚宴，会显得明亮耀眼，使人兴奋。

忌 餐厅的天花板不宜贴镜子

有很多家庭会在餐厅的天花板上贴镜子，殊不知镜子从而反射，演变成下面是食品的实品，上面是虚的物品，互相对应，这样吃的气容易散掉，所以桌子的天花板勿贴镜。

忌 餐厅墙壁不宜花哨

用令人眼花缭乱的色彩装饰餐厅，是居家布置的大败笔。因为颜色过于繁杂鲜艳，会让人坐立不安，影响进餐的心情。

餐厅灯光、色彩风水之宜

餐厅一般宜采用亮色和明亮的照明。风水学上认为，亮丽的颜色可以带来活泼的气氛，促进人的食欲，增添用餐的乐趣，同时还可以增强人的运气和财富。从风水环境来说，充足的日照会使家道日益兴旺，因此餐厅最好在南面开窗户，以利采光。餐厅宜安置造型独特、光线柔和、色彩素雅的吊灯。

宜 餐桌上方宜安装照明灯

餐桌上方宜安置造型独特、光线柔和、色彩素雅的吊灯。淡淡的灯光静静地映照在热气腾腾的佳肴上，可以刺激人的食欲，营造出家的温馨气氛，也能促进家人身心健康。而餐桌上的照明灯，最直接的作用就是方便日常用餐。

宜 餐厅颜色宜用暖色系

对于餐厅色彩，最好采用暖色系（即黄色系或红色系），这样可以刺激食欲，增加能量，有利健康。此外，放置植物也能增强家庭的阳气和财运。

宜 餐厅灯光宜柔和

中国人吃饭讲究"色、香、味"俱全，但好的饭菜如果没有合适的灯光也会逊色很多，因此，餐厅照明非常重要。灯具造型不要太繁琐，以方便实用的上下拉动式灯具为宜。也可运用发光孔，通过柔和光线，既节省空间，又增添温馨感。

风水知多一点点

※ 餐布的材料选择

餐桌布宜以布料为主，目前市面上也有多种选择。如你使用的是塑料餐布，在放置热物时应放置必要的厚垫，特别是玻璃桌，以免引起玻璃的受热开裂。

宜 餐厅宜采光充足

一个科学合理、舒适方便的餐厅应该是美观的、简洁的，而在视觉上明亮、干净尤为重要。从风水环境来说，充足的日照会使家道日益兴旺。因此，餐厅最好在南面开窗户，以利采光。

宜 餐厅颜色宜配合宅主风水命

现代餐桌的颜色五彩缤纷，各种色调皆有。在选择颜色时，最好配合宅主风水命，以具有生旺作用的颜色为宜。例如，当宅主风水命是三碧四绿命时，配合的颜色应该是绿色和青色，而生旺色是黑色和灰色；当宅主风水命是九紫命时，配合色是红色和紫色，生旺色是绿色和青色；当宅主风水命是二黑五黄八白命时，配合色是啡色和黄色，生旺色是红色和紫色；当宅主风水命是六白七赤命时，配合色是白色和银色，生旺色是啡色和黄色；当宅主风水命是一白命时，配合色是黄色和灰色，生旺色是白色和银色。可参考以下简表：

颜色与宅主风水命表

宅主风水命	配合色		生旺色	
三碧四绿命	绿色	青色	黑色	灰色
九紫命	红色	紫色	绿色	青色
二黑五黄八白命	啡色	黄色	红色	紫色
六白七赤命	白色	银色	啡色	黄色
一白命	黄色	灰色	白色	银色

餐厅灯光、色彩风水之忌

对于餐厅的色彩，如果是年轻夫妇的住所，完全可以使用鲜艳的暖色，以增加活泼、热烈的感觉；如果是老年人的住所，则宜选用淡雅的色彩，以显平静、舒缓。

忌 餐厅忌光线不足

餐厅是一家人共享美食的重要空间，应宽敞舒适，且光线充足。尤其是家中有年长者的话，更应该注意使餐厅光线充足。从风水角度来讲，餐厅光线不足就是阳气不足，对家人健康不利。

忌 餐厅颜色忌刺眼

餐厅颜色以素雅为主，如白色。颜色不能太刺眼，油漆尽量不要反光。也可配合家具选用一些明快清朗的色调，在给人温馨感的同时也提高进餐者的兴致。

忌 餐厅地板忌与家具色调相差过大

餐厅的地板色调与家具色调要协调，这样人的视觉就不易疲劳。特别是大面积色块，一定要色彩和谐。如果色彩深浅相差过大，不仅会影响整体装修效果，也会影响进餐者的食欲和心情。

忌 餐厅忌用黑色或灰色

色彩在就餐时对人们的心理影响很大，餐厅环境的色彩能影响人们就餐时的情绪。因此，餐厅墙面的装饰绝不能忽视色彩的作用。在设计时可以根据个人喜好与性格选择，但要注意不宜选择黑色或灰色等冷色调，否则会破坏家庭用餐的气氛，降低进餐者的食欲。

餐厅吉祥物

前面已经系统地介绍了餐厅的方位、布局、色彩、宜忌等风水要素，并对一些餐厅可能存在的风水缺陷提出了改进之法。接下来介绍的是跟餐厅有关的吉祥物。当你为了打造餐厅好风水而努力时，千万别忘了餐厅吉祥物的力量。餐厅是房屋最重要的空间之一，可以摆放一些适合放在居室公共空间的吉祥物，以化解不良风水，增进家庭成员的食欲和相互间的感情。

风水球

风水球是由大理石磨制而成的催财吉祥物。底盘（柱）装水，用水泵抽水向上喷射而冲动上面的石球，使石球长期转动，象征财源滚滚。

风水球可分为微小型、小型、中小型、中型、中大型、大型、特大型等，品种和式样繁多。一般将其摆放在居室公共空间、办公空间或公共场所。

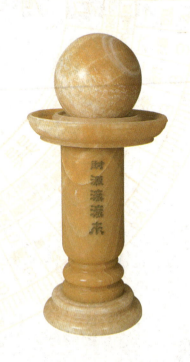

风水轮

风水轮是家居风水布局必备的旺财物，风水轮的滚动会带动流水，从而促使空间气场的流动。水代表财，流动的水代表财源滚滚。

将风水轮摆设在得当的位置，能起到时来运转、财源滚滚的风水布局功效。风水轮适宜摆放在居室公共空间或公共场所。风水轮和风水球的摆放禁忌一样，一般来说在门口的正中轴线摆放风水轮比较合适，凶位不适合摆放风水轮，因为在凶位时风水轮的转动会催动凶气。

Part 10

卫浴间风水

甩掉束缚，享受舒服

居家风水就是人类为了实现最美好的居住环境而研究的一门学科。我们在运用时要去除糟粕，以辩证的眼光去看待风水，用它的科学性、实用性来为我们服务。

卫浴间本非洁净之地，所以宜放凶位，对其压制，取以毒攻毒之效，则不凶反吉。在传统风水学里，对于卫浴间风水的说法，除了指出要压住凶方之外，其他很少提及，而现代的卫浴间风水则增加了不少新的说法，如不可正对房门、不可处于风口的位置等，这些理论是符合环境卫生要求的。现在，具有多套卫生设施的住宅已成为一种趋势，殊不知这样的设计在为人们带来方便的同时也埋下了健康隐患。因此，在布置卫浴间时，更加需要对卫浴间风水予以特别的关注，这样才能使家人居住得更加舒适。

卫浴间风水概述

　　无论是偏好简单的淋浴还是浪漫的盆浴，卫浴间无疑都是现代都市人释放生活压力的欢乐天堂，从而也成为家居生活空间的一个极其重要的部分。卫浴间五行属水，主财，除了实际使用功能以外，其所处的位置与布局还会直接影响整个家庭的收入与财运。

1. 卫浴间方位的风水

　　说到方位，我们都知道东、南、西、北，然而风水学里谈的方位不只是简单的四个方向，而是八向，也就是东、南、西、北四向，再加东南、东北、西南、西北，共八个方位。这是因为风水里最起码的基础是阴阳八卦，而八卦本来就分配在八方。八方之间有阴阳五行之气在流动，它们之间的利害关系形成人与事的吉凶体系，进而造成世界的优胜劣态之势，这就是风水。

　　宏观地看是阴阳的区别，微观地就是五行生克。阴阳的区别，乃是湿与热、旱与涝、生与息、悲与喜、吉与凶等世间万物的对立统一。五行即金、木、水、火、土也，五行之间是相生、相克、相和的关系。阴阳和五行都是最朴素的唯物辩证法，它们认为宇宙万物的关系总是矛盾、对立和统一的关系。在宇宙万物中，阴阳五行无处不在。人以群分，物以类聚，所以才会用八卦来分类。风水某些方面是固定的，但仍然有很多地方是可以进一步改造、完善的。

　　卫浴间是住宅的重要组成部分，布置的好坏直接影响到住户的健康和幸福。现代住宅的设计更多的是将卫浴间和浴室两者融合在一起，构成卫浴间。这样的设计是为了使功能相近的区域集中在一个房间，更加有效地利用住宅的空间。

　　按照一般说法，由于卫浴间是比较私密的空间，乃非洁净之地，它应该设置在阴暗潮湿的角落里，其实这样的想法是片面的，卫浴间的隐私应该得到保护和尊重，但其条件和状况也是不容忽视的。

　　目前，一般的住宅往往把卫浴间设置于北侧。以住宅风水来说，最好把它设置于西北、东南或者东的方位（从房子的中心看）。同时，必须避免与男、女主人生年相冲的方位。

2.卫浴方位选择

卫浴间最适宜的方位是设在住宅的四周，而卫浴间的门应面对着墙壁。如果方位格局造成卫浴间的门无法面对着墙壁，那么最好在卫浴间的门前摆设一面屏风，它能有效地阻挡污秽的气体，使其不易流入住宅中的其他房间。对于中国的坐北向南的住宅而言，南面是阳的位置，为延年位，是采光条件最优越的地方。在中国，人们习惯上不把卫浴间设在套宅的南方，因为人们在卫浴间的时间最短。

玄关上方不能设置浴室（如图1）。

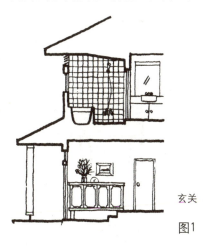

图1

厕所外面不宜设有池塘（如图2）。

图2

浴缸禁设在正中线或四角线上（如图3）。

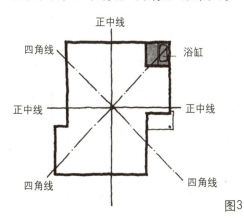

图3

玄关上方不宜设有厕所（如图4）。

图4

浴室宜在靠房屋外墙的位置（如图5）。

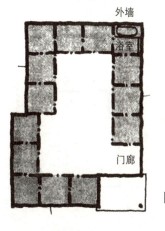

图5

厕所不能设在房屋中心（如图6）。

图6

在二楼设厕所时，应与一楼的位置相同（如图7）。

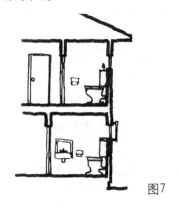

图7

浴室排水管的接头处，不可设在四角线或正中线上（如图8）。

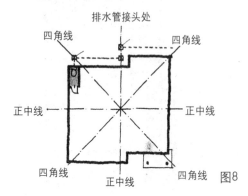

图8

位于北方的厕所，若把化粪池也设在北方位则不好（如图9）。

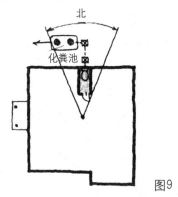

图9

浴室的通风设备必须良好（如图10）。

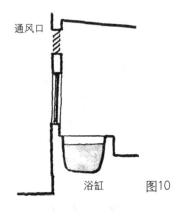

图10

热水器应设在屋外（如图11）。

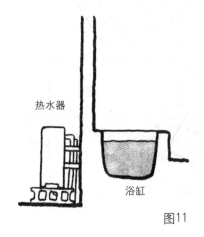

图11

在楼梯下方可以设浴室（如图12）。

图12

浴室中问题最大的是浴缸部分（如图13）。

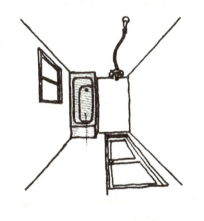

图13

厕所隔壁不宜设财位（如图14）。

图14

厕所排水管不宜从玄关前通过（如图15）。

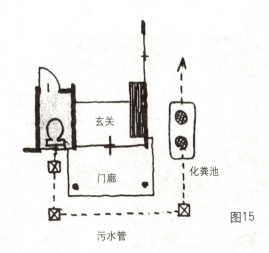

图15

3.卫浴方位不良的改造方法

水是浴室里的主要元素，水多的房间总较其他房间潮湿，这会导致气流沉重，从而使气运动倾向停滞，因此，室内的无窗浴室很少是称心的。如果有足够的空间，浴室宁大勿小，以避免凝聚有害的潮湿而使气能停滞。

卫浴间不宜设置在住宅的北方或东北方，最好把它设置于西北、东南或者东方（从房子的中心看）。如果卫浴间在北方或者东北方位的话，则必须把它移到别的方位去，只要避开北部中心15°（子的范围）、东北方面则只要避开东北15°（丑的范围），以及东北中心15°（艮的范围）即可。不得已的情况下整个卫浴间都位于北方或东北方位上，此时可将坐便器的位置偏离这些15°的方位。如果坐便器位于这些范围内的话，则只要移动坐便器即可，不需改建卫浴室。除了北、东北方位之外，西南方位的卫浴间也属于凶相。

331

如果要移动的话，只能从西南方移动到西北方，因为卫浴间在西南方通常容易招惹桃花，但如果是婚期的女孩儿居住的话，就用不着担心。但为求万全之策，可以把便器、便槽移到西北，也就是壬或癸的范围。南方万万不能设置卫浴间，万一有的话，最好移到东、东南或西北的方位上，因为南方是采光的方位，卫浴间若占据这个方位，很容易影响宅气。

需要注意的是，移动卫浴间的位置时，绝对不能使它与财位相邻。另外，在移动便器时，要在卫浴间内开一扇窗户，放上一小碟食盐在内，再摆放一小盆植物，借植物的绿色能量与食盐来化解卫浴间的秽气。同时，切记不要违背四吉四凶的原则而胡乱布局。

卫浴方位不佳，移动位置固然是一个办法，但是，在许多家庭里，浴室的位置是固定了的，这时可使用

以下化解法来缓和负面的影响：

方位："北"不良

效应：北部浴室的水能增加，有淹没的危险，使这里的气能安宁与静止，有停滞之险，会消耗精力。

化解法：种植高大的植物以引入木能，借此排走水能。该类植物还能带来气能与活力，能够吸湿并产生新鲜的氧气。

方位："东北"不良

效应：这是最不可取的位置。因为这儿的土能破坏了水能，完全激起了该处之气能，最后可能使你的健康不佳。

化解法：引入金能，助土能与水能协调。可于房间的东北处放上一个白陶碗碗内装海盐，或放上一尊沉重的铁制雕塑，或是在一个圆的铁盆里插上一枚红花。

方位："东"良好

效应：由于这儿的水气能与木气能协调，故一般是良好的。然而，厕具冲水与沐浴水排走的向下活动与木的向上活动是对立的。

化解法：在浴室里种植高大的植物，以增加向上的木能。木的地板与装置也是有帮助的。用上鲜绿的毛巾与垫子亦能强调东部之木能。

方位："东南"良好

效应：一般良好，效应与东部浴室的相类似，该处水的排走限制了向上的木的活动。

化解法：在浴室里种植高大的植物，以增加向上的木能。木的地板与配置也是有助的。

方位："南"不良

效应：这儿的水气能摧毁火气能。这会导致居住者缺乏激情，较少获得公众认可的机会，易卷入法律诉讼中。

化解法：启动木气能：种植高大的植物或安装木制附件与地板，以此调和水与火。

方位："西南"不良

效应：这儿的气能变化多端且不稳定，而西南的土气能摧毁水气能。倘若未受制止，这会导致最终的健康不佳。

化解法：在浴室里放上一小碗海盐，伴着一个铁盆或塑像，一些白、银或金色的东西，以启动金能，使土与水协调。

方位："西"不良

效应：这里的金会被水能耗尽，最终导致居住者收入耗尽。

化解法：种植红花植物可启动金能，铁盆或塑像也有同样效果。

方位："西北"不良

效应：水能耗尽金气能，这会使居住者沮丧、困惑。

化解法：种植白花植物可以建立金气能，或在房里备上白色鲜花，或圆的银盆和金属材料的雕塑。

4.卫浴间的空间布局

大部分家庭的卫浴间面积一般都不大，因此，如何合理地布局浴室，最大限度地利用这狭小的空间是很需要技巧的。从装修局布的角度看，洗手盆、坐便器、淋浴间这三大项最占空间，而对于卫浴风水来说，影响最大的也是这三大件。卫浴间的基本的布置方法是由低到高设置，即从浴室门口开始，最理想的是洗手台向着卫浴间门，而坐厕紧靠其侧，把淋浴间设置在最内端。这样，无论从功能还是美观角度考虑都是最理想的。

洗手台的设计需依浴室的大小来定夺。洗手台区是卫浴间的主体，但千万不要贪图宽大的洗手台，因为这只会给往后的生活及维护造成麻烦。洗手盆可选择面盆或底盆，二者的使用效果差不多。然后是镜子的设计。镜子自然是愈大愈好，因为它可充分扩大小浴室的视觉空间，但如果使用不当亦会带来相反的效果，影响家人健康及运势。考虑到容易清洁及美观的因素，镜子一般设计成与洗手台同宽即可。预留坐便器的宽度不能少于0.75米。

分应单独设置，或设置在卫浴间的外间。坐便器两边距墙不能少于0.3米，前端距墙不能少于0.4米；手纸盒距地不要低于0.6米，安装在平行位置距坐便器前端0.3米处最符合人体工程学的要求。需要注意的是，卫浴间装修时要注意地面及四面墙壁底部的防水层，在土建施工后期一定要将防水层做好，如果装修时动了防水层，自行修好后要做24小时盛水试验，确定无误后再使用。

如果房子本来已安排好洗手盆、坐便器、淋浴间这三大件的位置，各种排污管也相应固定了，若非位置不够或安装不下选购的用品，就不要轻易改动（如果非改不可，必须请风水师分析或选择吉日再动）。特别是坐便器，千万不要为了有大洗手台或宽淋浴间而把坐便器位置放至远离原排污管的地方。卫浴风水学认为，随意触动污气会有意外发生且后患无穷。

卫浴间的高档化是现代生活的一种趋势，如今的卫浴间已经向整体浴室转变。现在一些家庭中还有安装双台盆的，更豪华一些的还配有按摩浴缸。用于公共环境的卫浴间还是选择蹲便器为好，以免交叉感染。

卫浴间不能设在套宅的中心，其原因有三。其一，根据《洛书》，中央属土，而卫浴间属水，如将属水的卫浴间设在属土的中央位置，就会犯土克水的忌讳；其二，卫浴间设在套宅的中央，供水和排水可能均要通过其他房间，维修非常困难，而如果排污管道也通过其它房间，那就更加麻烦了；其三，套宅的中心如同人的心脏，至关重要，心脏部位藏污纳垢，是不能成为"吉宅"的。

卫浴间内的洗浴部分应与卫浴间内的其他部分隔开，如不能分开，也应在布置上有明显的区分，尽可能地设置隔屏、拉帘等。如果空间允许，洗脸梳妆部

5. 卫浴间的收纳风水

可以将浴室用的转角架、三角架之类的吊架固定在壁面上，放置每日都需要使用的洗浴用品等，或是用合乎尺寸的细缝柜收藏一些浴室用品、清洁用品，马桶上的空间可以用浴室专用的置物架增加马桶上方的置物空间，放置毛巾及护肤品等。这些都是很好的空间创造法，可以让您的卫浴间更井然有序。

（1）卫浴间的收纳原则

香皂、洗发液应整齐摆放，但不必封闭于柜内，因为美好的香味能使空气清新，有利于放松身心，但清扫用具不宜露在外面。

毛巾、卫生纸等用品，用多少摆多少；牙刷不宜放在漱口杯上，应放在专用的牙刷架上。

总之，卫浴间内只适宜放置使用频率高的必需品，

不应将杂物都堆放在卫浴间里。

（2）高效利用空间

利用各处空间进行收纳，才能让卫浴间本来非常局促的空间显得宽敞，由此带来更方便、更清洁的生活。如可充分利用面盆下面的空间，完全可以放得下一个较大的储物箱。在安排这样的储物方式时，要注意储物箱的密封效果，并且需要卫浴间有较好的干湿分区。

充分利用卫浴间的闲置空间作为得力的"收纳助手"，只要整洁，小空间也不会显得那么拥挤。

（3）利用洗漱台的空间

可以将洗漱台做成一个开放式的抽屉，收纳毛巾、浴巾、洗漱用品和护肤品，在拥有良好的透气性的同时，还可以成为一个展示空间。

6.卫浴间的地面和配件

如果卫浴间只有少部分或根本不暴露于自然光中，则以大理石、花岗石的地板为好，有时为了防滑也可在地板上覆盖一层塑胶垫。

当然，家居卫浴间内所用的物品必须时常清洗更换，避免藏污纳垢。像酒店里常用的淋浴帘等，由于会产生静电，对卫浴间的气能会产生负面的影响，所以应该尽量避免在家居中使用。

在去味方面，芳香剂有效但不环保，所以最好选用一些香花或香草。可选取含有让心情平静的香味和有治疗失眠功效的香花或香草，它同样可以减弱卫浴间里的难闻之气。

拖鞋、鞋垫可以选用与墙体颜色反差较大的色彩，如柠檬黄、海蓝、浅粉红、象牙白等清淡的颜色，会为卫浴间带来洁净感。

7.卫浴间的植物

由于卫浴间湿气大、冷暖温差也大，选择绿色植物时一定要注意，应养植有耐湿性的观赏绿色植物，可以吸纳污气，因此适合使用蕨类植物、垂榕、黄金葛等。当然，如果卫浴间既宽敞又明亮且有空调的话，则可以培植观叶凤梨、竹芋、蕙兰等较艳丽的植物，把卫浴间装点得如同迷你花园，让人更加尽情地享受排泄与冲洗的乐趣。

8.马桶的方位

据《紫禁城》杂志载，慈禧太后用的马桶是檀香木刻制的，外雕一条大壁虎，壁虎的四爪着地，是为

处望不到的位置，隐于矮墙、屏风或布帘之后，当然还要确保从任何镜子上都看不见它。平时应该尽量把马桶盖闭合，特别是在马桶冲水的时候。

9.卫浴间的安全原则

卫浴间内的电器应选择防水性能较好的产品，防壳应选用放腐材料，而且要带有防水电源开关、电缆及插头，通电使用或断电时不怕水淋、水溅，不会造成漏电或损坏。

家里有老人的卫浴间，坐便器附近应安装不锈钢助力扶杆，以方便站起。

10.卫浴间开运的诀窍

卫浴空间通常免不了有些潮湿，而且卫生死角多，窗小或无窗，采光及通风条件均较差。要想提升运气，清洁干爽、空气流通是开运的基本诀窍，因此必须勤开窗户，勤打扫。如果没有窗子，必须有良好的通风换气设备，并摆放绿色植物，以求净化空气。同时，室内光线必须明亮柔和。如想改运，可在下列方位上摆放幸运色的香皂、毛巾或小摆设，不仅开运效果很好，还会创造出既明快又优雅的理想空间。

北：浅粉红、白色、金色

东北：黄色、绿色、黑色

东：蓝色、绿色

东南：绿色、浅橘色

南：紫色、红色

西南：褐色、黄色、红色

西：白色、橘色、金色

西北：褐色、米黄色、黑色

马桶底座的四条腿，嘴略张开，以衔手纸。壁虎的尾巴卷起成为把手，壁虎的肚子正好成为容器，里面放置大量香木的细末，干净且蓬松。慈禧排便时，便物下坠后立即滚入香木屑里，被香木屑包起来，根本看不见脏物，当然更不会有什么恶臭味了。

现代卫浴间的"硬件"配备已经与古代不可同日而语，但是马桶作为如厕的器具，其位置很有讲究，如果布置不当则易导致诸多不顺。

马桶不可在四正线和四隅线上；马桶不能与大门同向，因为财秽二气共同进退是一种典型的退财格局；也不要和卫浴间门相向，即不可蹲在马桶上正好对着门，否则既不雅观且退财，马桶坐向最好是和卫浴间门垂直或错开；马桶不可明冲床位、暗冲灶位。在方向上，最重要的一点是马桶不宜坐北朝南，避免形成水火对攻的局面。

如果卫浴间较大，则可将马桶安排在自浴室门口

在其中放置较多的卫浴用品，除了浴缸、卫具等卫浴间需要的共用物品，在主卫浴间中还可以设置梳妆台。如果条件允许的话，还可以将主卫浴间的区域划分为干湿区域，将其中的干区域作为梳妆打扮的地方。主用卫浴间的色彩、材质、布局还应多参考它所靠近的主卧室的风格来设计装饰，使得两者的风格统一，也与整个住宅的风格保持一致。

客用卫浴间的面积一般情况下比较小，除了考虑卫浴间里基本的设施外，最好不要放置过多的物品，应保持简洁实用的整体感觉，也可以适当留出一些位置，供暂时停留的客人自由支配。客用卫浴间色调的选择，不仅应注意与客房色调保持一致或呼应，也应该注意与整套房间的风格保持一致。

11.主用卫浴间与客用卫浴间

现代住宅的设计更加人性化，面对一些面积较大的房子，拥有主、次两个卫浴间已经是很平常的事。在使用和设计上，主、次卫浴间应有明确的区分，这样一方面能够保护和尊重主人生活方式的私密，另一方面还能使客人有方便实用的卫浴间，不至于有拘谨和不自在的感觉。

主卫浴间一般设置在主卧室旁边，还有很多情况下是设置在主卧室内。它的性质是私人的，仅供主人使用，因此在设计和布置上应满足主人的爱好和习惯。次卫浴间一般设置在客房旁边，也有设置在客房中的情况。它的性质是公共的，主要是为来拜访的客人或者家中做短暂停留的客人提供的，在设置和装饰上以简洁实用为宜。

主用卫浴间的面积一般会大于客用卫浴间，便于

卫浴方位格局 风水之宜

浴室和卫浴间都是有水的地方，因此最好不要在北方设置卫浴间。北，五行属水，代表阴暗潮湿，阴气会令人消极无奈。最理想的卫浴间方位是在东与东南方，因为东和东南属木，水生木，水能支援东和东南方木的气能。卫浴方位风水的原则是先找出风水气场的所在，再区分优劣，进而有效地调和环境与人之间的默契。

宜 卫浴间宜设在住宅的凶方

判断一套住宅的优劣，作为给、排水集合地和关系家人健康的卫浴间是极为重要的指标，因此卫浴间的位置非常讲究。住宅风水学根据先天八卦的组合，将八个方位排列成一个次序：生气位，为贪狼星；延年位，为武曲星；天医位，为巨门星；伏虎位，为左辅星；祸害位，为禄存星；六煞位，为文曲星；五鬼位，为廉贞星；绝命位，为破军星。卫浴间本非洁净之地，所以不宜放在吉位，如生气位等，而必须放在绝命位、五鬼位、祸害位、六煞位以对其进行压制，取以毒攻毒之效，则不凶反吉。

宜 卫浴间宜重视上下楼层关系

有些别墅或复式住宅装修时往往只考虑楼层平面内各房间之间的搭配，却忽视了上下楼层之间的关系。而在家相学中，上下层之间的关系也是非常重要的。比如卫浴间压在卧室之上就是极为不好的宅相，卫浴间的浊气下降到卧室之中，不利健康，而且这种格局住起来会令人感觉不舒服。

宜 卫浴门宜远离卧室门

现代人为了安逸、舒适，在购房时常会选择有多套卫生设施的住宅，其中的卫生设施多数与主卧室相连。因此，在装修时需要予以特别关注，除了卫浴间的门不宜正对卧室外，还要具有良好的密封性能，且必须与卧床保持较大距离。如果无法避免卫浴门与卧室门相对，宜在中间设置屏风来化解。

宜 盥洗室宜设在卫浴间的前端

盥洗室宜设置在卫浴间的前端，这样更能方便日常生活。盥洗室主要功能是摆放各种盥洗用具及起到洗脸、刷牙、洁手、刮胡须、整理容貌的作用，还能起到供人们放、脱、换衣服的作用。

风水 知多一点点

※ **面盆、坐便器的高度**

面盆的理想安装高度为80厘米，可配天然石材台板，便于放置洗理、化妆用品。坐便器理想的安装高度为40厘米。

宜 卫浴间宜干湿分离

将卫浴间的淋浴区和其他区域相分隔，淋浴时水就不会四处飞溅。如果实施了干湿分离，淋浴外的空间就不会有水，可有效地保持室内干燥。在使用完毕之后，应把浴室的门关上，特别是套房的卫浴间。

宜 卫浴间宜保持干燥

由于其特殊的功能和位置，阴暗和潮湿常是卫浴间的"通病"，也是细菌滋生、繁殖的最佳环境，所以卫浴间在平时就应该保持通风，使用时打开通风扇，不使用时打开卫浴间上面的小窗（如果有的话）。为防止细菌、污垢的积聚，保证家人健康，尽量使之保持干燥的状态。

宜 卫浴间的排水宜通畅

设计卫浴间时，要考虑排水的通畅性，以便清扫和排除地面污水。卫浴排水管道尽量不要流经住宅其他房间，以免排水时发出响声影响休息，且污水管道经其他房间时会让人感觉也不舒服，在潜意识里会觉得肮脏不堪。

宜 卫浴间宜保持清洁

卫浴间因为有较重的湿气和秽气，一定要经常清扫，保持清洁卫生，否则容易滋生细菌和散发出异味，不利于家人健康。有的新型铺设材料容易藏污纳垢，对卫浴间的空气会产生负面的影响，所以应该经常清洗，保持卫浴间的清洁。

宜 卫浴间宜空气流通

卫浴间不仅要有窗，而且最好要阳光充足、空气流通，因为这样能让卫浴间的浊气更容易排出，保持空气的新鲜。如果完全封闭，又缺少通风设备，对家人的健康肯定是有害的。使用空气清新剂只是改变了空气的味道，对空气的质量却毫无改善。

宜 卫浴间宜有排气扇

卫浴间内一定要有排气扇，这可把卫浴间内的秽气抽出，一方面可减轻气煞的祸害，另一方面亦可保持卫浴间内空气清新、干爽。

宜 宜充分利用卫浴间台面下方空间

最大限度地利用台面下方空间进行装修装饰，似乎成为不少家庭装修装饰卫浴间的不二选择。不管卫浴间的面积再小，只要能够安装台式洗面盆，那么台面下的空间一定不要有一点点的浪费，让大到浴衣、浴巾，小到发梳、发夹都能找到安身之处。

如果你不太喜欢底柜，可以选择立式收纳柜与底柜相组合。安装与台面尺寸相同的台下浴室柜，这样就可以在节省下来的空间放置一个立式柜，方便将卫浴用品分类放置。两种收纳柜最好在材质及风格方面保持一致，以使狭小空间更和谐。

宜 卫具朝向宜面对卫浴间的墙壁

卫具的朝向最好是面对卫浴间的墙壁，而不应正对着卫浴间的门。如果面对的是门所在的墙壁，最好使卫具与门错开，使两者不在一条直线上。在卫浴间面积较大的情况下，最好将卫具设在从卫浴间的门外看不到的位置上；如果卫浴间的面积较小，无法找到一个比较合适的位置，那么就尽量使卫具错开门所在位置的直线。

风水 知多一点点

※ 洗衣机的风水

洗衣机在家居风水学上，代表一人之胃功能，也代表心脏。胃与心脏属火土，而洗衣机是极度火土之物。在家庭中最难控制风水的，也是洗衣机。有些人在安排卫浴间的时候会把在卫浴间中放不下的洗衣机移到厨房中，而平时为图方便，便在厨房里洗涤衣服。其实这是不好的。如果实在无法将洗衣机放在厨房以外的地方，则最好是在洗涤衣物时辛苦一下，把洗衣机挪到厨房外使用。

卫浴方位格局风水之忌

判断一套住宅的优劣，卫浴间是极为重要的指标，因此卫浴间的位置非常讲究。卫浴间不宜设在房屋的中心点，特别是住宅的中部，因为房屋的中部是住宅的重心，犹如人的心脏，极为重要，中心受污则有碍观瞻。卫浴间若设在中间秽气极易对流到其他房间，居住其中，天天吸入大量秽气，易得疾病，也不利于财运的提升。

忌 卫浴间不宜设在住宅中央

房子的中央最好通透宽敞，不宜作卫浴间、厨房等积攒污秽的空间。当卫浴间在房子中央时，卫浴间内的湿气、秽气会扩散至宅内其他房间，容易导致家人生病，对健康极为不利。如果卫浴间已经设在房子的中央，最好重新装修调整。

忌 卫浴间忌设在住宅的南方

卫浴间如果设在住宅的南方，南方为离卦，五行属火，而卫浴间五行属水，将属水的卫浴间设在属火的南方，那就是说卫浴间克制了火地，形成了"水火不容"的格局，不利。万一有这样的情况，最好将卫浴间移到东、东南、西北的方位上。同时，南方也是采光的方位，卫浴间若占据这个方位则为不吉。

忌 马桶方向忌与住宅方向一致

根据中国传统居住风水习俗习惯的要求，马桶的方向不可和套宅的方向一致。比如套宅大门的方向朝南，那么当人坐在马桶上的时候，如果面向南方，就是犯了马桶与套宅同向的忌讳，这样可能会导致家庭成员出现健康问题。化解办法就是将马桶的方向调整成与住宅方向偏离或者相反的方向。

忌 卫浴间门忌冲大门

卫浴间的门不宜与房屋入户的大门对冲。传统风水学认为，房屋的入户门是气口，是生气吸入的地方，生气应该和缓地在住宅内流动。如果卫浴间的门正好对着入户口，从室外进入的生气会进入排泄污秽、阴气较重的卫浴间，卫浴间的门就像一张大口，释放的阴气与住宅大门进来的生气会形成对冲，不吉。从环保和心理两方面考虑，人一进屋即看到卫浴间门，亦不雅，而且有可能有异味或声音传出，很不雅观，更不礼貌。

忌 卫浴间的门忌与炉灶相对

卫浴间的门不可与灶位正对。卫浴间属水，是排泄秽气之处，而灶位属火，是烹煮食物的地方，性质完全不同，若相对则水火不容，不利家运。

忌 卫浴间门忌正对房门

卫浴间的门对着任何一个房间的门都是不理想的，要尽量避免。如果实在无法避免，可贴笑脸照片在卫浴间的门上来化解。

忌 卫浴间忌设在走廊尽头

当居室有较长的走廊时，就要注意走廊和浴室的关系，卫浴间只宜设在走廊的边上，而不可设在走廊的尽头。从风水上来讲，如果卫浴间被走廊直冲则不吉，尤其对家人的健康伤害很大。

忌 卫浴间门忌长期敞开

卫浴间会有秽气散发，如果长期敞开，秽气会流向其他房间。应尽量将卫浴间的门保持关闭状态，因为卫浴间流出的秽气很不洁净，对居住者身体健康不利，也会影响到家庭成员的运气。

忌 卫浴间忌改成卧室

现代都市地狭人稠，寸土寸金，往往有些家庭为了节省空间，便把其中一间卫浴间改作卧室。家相学中说，卫浴间是不洁之地，卧室邻近卫浴间已是不吉，更何况是把卫浴间改作卧室。而从环境卫生的角度来说亦不适宜，因为虽然把自己那层楼的卫浴间改作卧室，但楼上楼下却依然如故，而自己夹在上下两层的卫浴间之间，颇为不妥。此外，楼上的卫浴间若有污水渗漏，睡在下面的人便会首当其冲，极不卫生。

卫浴间忌无窗户

水是卫浴间的主要元素，水多的房间总较其他房间潮湿，这会导致沉重的气不能流动，从而使其倾向停滞，如果再无窗户的话，后果可想而知。假设你的福宅有足够的空间，浴室就一定要做到宁大勿小，以避免潮湿有害的气流凝聚室内并且停滞。一些住宅的卫浴间是全封闭的，没有窗户，只有排气扇，且排气扇也并不是经常开启，长此以往不利健康。

热水器忌安装在浴室内

热水器切忌安装在浴室内，应分开安装在卫浴间之外的通风处。如果实在无法将热水器安装在浴室之外的话，就要注意保持浴室的通风换气，避免煤气外溢而引起中毒。

忌 卫浴间忌弥漫不洁之气

卫浴空间如果不干净或潮湿不通风，就会弥漫着带有臭味或霉味的不洁之气。为了不让不吉的阴气笼罩，首先要注意房间的通风排气，其次可以改善卫浴空间的摆设和颜色以及气味，像拖鞋、踏垫等的颜色可以选用与墙体颜色反差较大的色彩。去味方面，芳香剂很有效，但不环保，最好是选用一些香花或香草。花是卫浴空间提升运气的幸运物，香草中可选含有能使心情平静的香味及有治疗失眠之效的香味，它可以减少卫浴空间的不洁之气，能给家人带来好运。

忌 卫浴间忌有尖角的构件

卫浴间的装修应以安全、简洁为原则。强调安全，是因为人们在浴室里活动时皮肤裸露较多，空间一般又很狭小。因此，要选择表面光滑，无突起、尖角的构件作为卫浴设施，以避免擦伤、划破皮肤。

忌 忌厕所门冲餐桌

现今楼宇之阳宅除非面积很大，极少会有设置餐厅之空间，所以餐桌之摆放常会导致一些不必要的煞气，其中最严重者就是厕所门冲餐桌。我们知道，厕所为排污纳秽之处，充满臭气和细菌，而餐桌是我们进食之处，受到厕所直冲而出之秽气，将会严重影响我们家人的肠道之健康，所以不可不慎。最彻底之化解方式就是设置一道不透光之屏风，让秽气转向。如无法设置屏风，可以在厕所门加挂较为厚重之长布帘，并于门槛处安置一组五帝钱来化解。

忌 卫浴间不宜有电吹风

卫浴间有较重的湿气，会影响电吹风的使用效果和寿命，尽量不要将它放在卫浴间，但可将其放在柜子里，或者放在其他房间，要使用时才拿出来。从风水角度来讲，卫浴间属水，电吹风属火，水火不容。

忌 卫浴间镜子不宜映照出卫具的影像

卫浴间中会有镜子，千万不要使镜子映照出卫具的影像。也就是说，在朝向卫具所在位置正对的四个方向不宜设置镜子，尤其是不应使镜子映出卫具的使用者。如果出现这样的情况，会使人总是感到不舒服，甚至使人变得焦躁。要避免这种情况出现，最简单易行的办法就是将镜子设在卫具侧面的墙壁上，并且使两者之间留有一段空白距离。

忌 卫浴间方位忌与男、女主人的生年相冲

现代家居的卫浴间，实际上把厕所和浴室的两大使用功能联合在一起。传统的风水学理论对卫浴间的吉凶宜忌，除了指出要压在凶方之外，其他却很少提及，因而产生了不少附会的说法。这里指出一点，卫浴间必须避免与男、女主人的生年相冲，因为男、女主人出生年命是风水中的重要因素。

忌 卫浴间不宜在神位后面

卫浴间要避开神位，既不能正好在神位后面，也不可在神位的楼上房间。卫浴间也不可在房子的文昌位，以免使文昌受污秽。卫浴间还不能正对保险柜。

忌 忌卫浴间地面高于卧室地面

卫浴间的地面不能高于卧室的地面，尤其是浴盆的位置不能有一种"高高在上"的感觉。风水学说认为，水是向下流的，属润下格，长期住在被水"滋润"的卧室里容易发生内分泌系统的疾病。

忌 浴室忌有三角形材料

　　浴室里最好不要有三角形物体，不要出现锐利的边角，不要使用冰冷、坚硬的金属材料，因为这些都会让使用者感到不舒服，而且一不小心也容易对身体造成伤害。如果已使用了那些材质，则可以在洗浴室里挂上柔软的毛巾，这样会使整个浴室变得温馨、舒适起来，让人有安全感。

 ## 忌 不宜忽视卫浴间四处流水

　　大部分的卫浴间都是这样，洗澡时水四处飞溅，纵横满地。要知道，卫浴间的水四处流淌，正是卫浴间潮湿的根源。

忌 卫浴间灯具接头忌暴露在外

　　卫浴间比较潮湿，所以在安装电灯、电线时要格外小心。灯具和开关最好使用带有安全防护功能的，接头和插座也不能暴露在外。开关如为跷板式的，宜设于卫浴间门外，否则应采用防潮防水型面板或使用绝缘绳操作的拉线开关，预防因潮湿漏电造成的意外事故。

 知多一点点

　　※ 瓷砖在卫浴间的运用

　　卫浴间的墙面和顶面都应该经过处理，处理的方法通常有墙面贴瓷砖、顶面吊顶。瓷砖最好选择浅色系，如颜色太深则易吸光而且灰暗。瓷砖尺寸尽量使用大尺寸的长方形砖，墙面瓷砖的中心位置还可以安装一块墙花。

 ## 忌 忌厕所门正对往上之楼梯

　　厕所门正对往上之楼梯，楼梯下冲之气直冲厕所内，易导致厕所内之秽气聚集难散、滋生细菌等，影响家人的身体健康和运势。

　　必要时可在厕所门挂上长布帘和门槛上安置五帝钱作为化解。如果有排风扇或窗户的话，要经常通风将秽气排出室外，保持厕内干燥清洁。

忌 浴缸不宜存水

　　浴缸是洗澡用的，谁会用它来存水呢？最常见的就是泡澡后将剩下的水留着冲厕所、擦地，再有就是洗衣用剩了，将剩水存到浴缸里。

　　使用浴缸洗澡是要把脏东西洗下来，然后把水放掉，意味着和脏东西说"再见"了。如果存水的话，所洗掉的疲乏和坏情绪仍留在室内，就会干扰到生活。

　　风水讲的不存水其实就是让我们不要被不好的情绪所控制，所以用洗澡这种方式来为自己转换心情。引申开来，就是告诉人们，要彻底地和一切不好的东西告别，迅速、果断才会有效，不可以拖泥带水，也不可以为自己留下祸患。

忌 忌厕所门正对往下之楼梯

　　厕所门正对往下之楼梯，会导致厕所秽气往下直泄，流置阳宅各处，影响家人的健康和运势。

　　对于这种情况，可用厕所门正对上楼梯的化解方法来进行化解。

卫浴方位格局风水之忌

卫浴装修装饰 风水之宜

卫浴间的空间环境布局基本上以方便、安全、易于清洗及美观得体为主，装修选材应以防水、防湿为重点。阳光与空气都是判断卫浴间风水的重要指标，应保持其空间时刻有清新的空气与充沛的阳光。沐浴在阳光之下，卫浴间定会是干燥卫生的，这既给卫浴间带来生命力，还对身体有好处。

宜 卫浴间吊顶高度宜适中

卫浴间吊顶可以根据不同造型选用多种材料，如平顶型可用PVC扣板、铝扣板、塑铝板，配以轻钢龙骨或水泥板。但是在吊顶时要注意不能太高，也不宜太低。吊顶太高了显得空旷，而且在沐浴时会因为空间里的寒气过多而感到寒冷；太低又会给人压抑感，令人身心疲惫。

宜 卫浴间宜选用防水材料

沐浴时会产生大量的水及雾气，因此，装修选材时应以防水、防湿为重点。地板必须选择防水性好且容易清洗的材质。一般而言，以硬质的木头、大理石、瓷砖及乙烯合成材质为佳。另外，浴室的墙壁和天花板所占面积比较大，所以应选择既防水、抗腐蚀又防霉的材料来确保室内卫生，瓷砖、桑拿板和具有防水功能的塑料壁纸都能达到这些要求。

宜 卫浴间灯具宜选用隐藏式的卤素灯

卫浴间天花板上的灯具一定要封紧，而且可以选用隐藏式、低电压的卤素灯，这会比单一的天花板日光灯的照明好。若是在中间再安上三盏小聚光灯，便能照射到角落，使卫浴间均匀受光。

壁灯也可以用在浴室里，只不过它的灯泡必须完全密封起来，以免溅水触电。此外，电灯的开关宜远离灯具本身。

宜 卫浴间宜有良好的通风和采光

阳光与空气是判断浴室风水的重要指标。如果有足够大的窗户，就可以保持其空间清新的空气与充沛的阳光。众所周知，卫浴间是容易滋生细菌的地方，而且时常是潮湿的，如果缺乏清新的阳光和空气进入，污浊之气便容易积聚于此，长此以往势必有损入厕人的身体健康。相反，如果卫浴间常伴有清新的空气，随时地接受阳光的照射，卫浴间则会干燥卫生。因为阳光不但能杀菌，还能给卫浴间带来生命力，对人体健康大有益处。

宜 卫浴间地面宜经常清洗

地面应采用防水、耐脏、防滑的地砖，如花岗岩等材料。如果卫浴间只有少部分接受阳光的照射或根本不暴露在自然光中，那么地面的材料就以大理石、花岗岩为佳。为了防滑，也可铺设一层防滑垫。用新型材料铺设的地面容易藏污纳垢，对卫浴间的气能会产生负面的影响，应该经常清洗。

宜 卫浴间植物宜耐阴、耐潮

卫浴间温度高，放置盆栽十分适合，因为室内湿气能滋润植物，使之生长茂盛，增添浴室生机。选择绿色植物时一定要谨慎，只能选择耐阴暗、潮湿的植物，如羊齿类植物、抽叶藤、蓬莱蕉、蕨类植物、垂植、黄金葛等。当然，如果卫浴间既宽敞明亮又有空调的话，则可以增加一些观叶凤梨、竹芋、蕙兰等较具观赏性的植物，但要切记不能放有刺或有尖角的植物。

宜 浴室毛巾宜用柔和颜色，肥皂颜色搭配五行

吊挂在浴室里的毛巾，以黄色系、乳白色系、浅草绿色系为佳。柔和的颜色能带来好心情，千万不要选用红色或黑色系的毛巾。

肥皂宜选用配合五行的颜色，如金（乳白色系）、木（绿）、水（灰色系）、火（玫瑰红色系）、土（黄色系）来调和，并且带动室内一股生气昂然的能量，令人身心愉快。

宜 卫浴间的色调宜整体统一

一般卫浴间的空间风水环境讲究洁具的品质，而洁具"三大件"的色彩选择必须与整体空间色调保持一致，即将卫浴间作为一个整体来设计。一般来说，白色的洁具显得清丽舒畅；象牙黄色的洁具显得富贵高雅；湖绿色的洁具，显得自然温馨；玫瑰红色的洁具则彰显浪漫含蓄。不管怎样，只有以卫生洁具三大件为主色调，墙面和地面的色彩与之互相呼应，才能使整个卫浴间的色彩协调舒适。

卫浴装修装饰 风水之忌

对比古时人们认为卫浴间属于秘密空间，不能在众人面前暴露，现代人则更喜欢将卫浴间作为个性时尚的标榜，将之展现在人前。无论是将之隐蔽也好，张扬出来也罢，在装修、装饰时都要把握一定的原则科学布置，才能营造好的卫浴间风水。

忌 卫浴间不宜使用嵌入式盆台

有的人在装修卫浴间的时候，喜欢在卫浴间里砌一个盆台，盆台高出地面一两个台阶，然后将浴盆嵌在盆台里，这样的格局非常漂亮。不过，根据中国传统家相学的原理，卫浴间的地面不能高于卧室的地面，尤其是浴盆的位置不能过高。长期住在被水侵蚀的卧室里，容易导致内分泌系统的疾病。如果您非常喜欢这样的嵌入式浴盆，可以将它安置在另一间远离卧室的卫浴间内。

忌 卫浴间忌杂乱

杂乱是浴室风水的大忌，这样会使空气滞碍难行。最理想的浴室就是那些摆设简洁、设计简单、通风良好的浴室。气及能量的流动会受到使用材质的影响，不同的地板材质会产生不同的效果。例如大理石、花岗石以及其他硬地、光滑的表面都会加速气能的流动，特别是在晶莹明亮、光可鉴人的情况下，效果更佳，并且有助于营造一种令人振奋、积极向上的气氛。

忌 卫浴设施忌不规则形状

卫浴设施的选择很有讲究。浴缸的形状以长方形或圆形为吉利，规则的五边形、六边形也可以，但切忌使用三角形或不规则的形状，那样对使用者不利。浴缸也不宜太大，以实用为主，这是在购买之前就要仔细考虑的问题。

忌 卫浴间忌用贴木皮类家具

目前，市场上贴木皮类浴室家具多以实木或密度板为基材，使用实木皮板整体粘贴后再在表面刷附防水漆料，因基材本身易出现开裂现象，会影响防水效果，所以卫浴间忌用此类家具。

忌 小浴室不宜装大浴缸

浴室面积不大，却在里面装一个大的浴缸，这种名实不符的摆设容易造成夫妻间口角不合，贵人运也不容易降临，因此，要选用尺寸与浴室面积相匹配的浴缸。

忌 卫浴间开门尺度不宜太宽太高

卫浴间门是单元所有门中最窄和最矮的，在现在的家居中也不需要高大的卫浴间门。卫浴间门的净高尺寸有两个：1.875米和1.99米～2.09米之间，目前的楼盘层高有2.85米就很好了，所以卫浴间门无须达到2米的净高度。如果居室属于豪宅，层高会达到3米以上，那样门开高一些也无妨。层高当然使人舒适，但取暖和制冷的效果相应会差些，除非增大耗电成本。至于卫浴间门的净宽尺寸有两个：0.59米、0.71～0.79米，这两个尺寸范围足以够用。家居卫浴间的开门尺度不用太宽太高。卫浴间的门开尺度要正好开在鲁班尺的"劫"、"害"的字眼上。

忌 卫浴间的灯饰不宜过多、繁复

卫浴间的整体照明宜选白炽灯，以柔和的亮度为宜，但化妆镜旁必须设置独立的照明灯作为局部灯光的补充。镜前局部照明可选日光灯，以增加温暖、宽敞、清新的感觉。在卫浴间灯具的选择上，应以具有可靠的防水性与安全性的玻璃或塑料密封灯具为主。在灯饰的造型上，不宜用繁复的灯型来点缀，更不可太低，以免累赘或发生溅水、碰撞等意外。

忌 卫浴间不宜选用深紫色

虽然深紫色有浪漫的情调，但它同样有压抑、深沉的特点。这种颜色须慎重选择，设计不当会让空间氛围忧郁黯淡。

忌 卫浴间不宜选用刺眼的颜色

色彩纷呈的卫浴间突出个性与风采，而古朴、典雅、简洁、前卫款型的卫浴间则是生活新概念的彻底展现。由于卫浴间是属水之地，所以卫浴间的颜色也最好选择属金的白色及属水的蓝色，既高雅又能产生安宁、静谧的感觉。卫生空间避免使用诸如大红色等刺眼的色彩，否则会令入厕者产生烦躁的心理。

忌 卫浴间的植物不宜沾泡沫

卫浴间的绿化目的是让卫浴间产生"动"的装饰效果。绿化装饰的过程中应注意到卫浴间是湿气和温度高的特殊场所，摆放植物的位置要避免肥皂泡沫飞溅玷污，否则既影响植物的生长又不卫生。

忌 卫浴间地面忌过于光滑

卫浴间的地面经常会有水，一定要防滑，以免出现安全事故。装修时要使用防滑材料，大型瓷砖类的材料当为首选，因为它清扫方便、容易干燥，可拼贴出丰富的图案，且光洁平整，是非常实用的材料。有时为了防滑，也可铺设一层防滑垫。大型的瓷砖清洗方便，容易保持干爽，而塑料地板的实用价值甚高，加上饰钉后防滑作用会更显著。

卫浴吉祥物

前面已经系统地介绍了卫浴间的方位、布局、色彩、宜忌等风水要素，并对一些卫浴间可能存在的风水缺陷提出了改进之法。接下来介绍的是跟卫浴间有关的吉祥物。当你为了打造卫浴间好风水而努力时，千万别忘了卫浴吉祥物的力量。前面说过，卫浴间是家宅中最容易产生秽气的地方，但同时也是影响家庭财运和健康运的重要地方，因此，在卫浴间摆放一些合适的吉祥物，有利于吸取卫浴间的污秽之气，提升家庭运势。

桃木八卦葫芦盘

葫芦又称"蒲芦"，谐音为"福禄"。其枝茎称为"蔓带"，谐音"万代"，故而"蒲芦蔓带"谐音为"福禄万代"，是大吉大利的象征，葫芦与它的茎叶一起被称为"子孙万代"。葫芦的果实里面有很多种子，所以自古以来人们把葫芦作为"繁衍生育、多子多孙"的吉祥物。

总之，葫芦已成为观赏、收藏、实用的上好佳品，是中华吉祥文化的象征。它的磁场能量源源不竭、生生不息，能凝聚宇宙能量、招财改运、避邪、安神。

将印有葫芦图案的八卦葫芦盘挂在卫浴间，能吸取卫浴间的晦气，提升运势。

旺旺

狗的叫声"汪汪"，音同"旺旺"，所以人们把狗视为"旺财"的吉祥物。

狗可招财、兴旺。可以作为小的装饰物摆放在合适的位置。

兽头

　　兽头直径约26厘米，从纯桃木材料制作，为卫浴间专用的吉祥物。兽头头顶有两角，怒目圆睁，形象十分威猛，有驱邪、化煞、除污之功效。

　　兽头是专为卫浴间设计的吉祥物。卫浴间占据吉方位会带来煞气，不利家运，此时就可用兽头化解。将兽头正对卫浴间的门安放，还可化解卫浴间正对大门、卧室门的风水问题。兽头不可以放置于卧室、厨房、客厅、餐厅等空间，因为兽头属于猛兽，可以驱邪、化煞、除污，如果将其放于人们用餐、休息之地，则会给家人带来不利因素。兽头的下方不能摆放金属类物品，以免引起不良风水。

水晶球

　　水晶在西方国家早已让人们感受到了它的神秘力量。水晶属二氧化硅类，石英水晶体含有对人体有益的化学元素，如矽、铁、钛等。在西方，古罗马时代就流行运用水晶的神秘力量为人们改善风水和财气等。水晶物体所发出的七色光可以开发每个人的"七能中心"。

　　水晶球的主要作用是改变人的运程。由于水晶的表面光滑，加之其本身具有旋转的功能，因此，若能配合适当的地点摆放，就可以起到改变运程的功效。

Part 11

阳台风水

与大自然亲密接触

　　现代家居几乎每个家庭都有一两个阳台，且阳台的功能在人们生活中发挥着不可缺少的作用。如何把家与自然染融为一体，将室外的风景引入家？当然要经过精心的设计。可是人们往往忽视这一点，把阳台当成家的杂货房，浪费了一个如此有用的空间。其实阳台只要经过完美的规划就会成为客厅的一部分、一个小书房或者一个午休区，只要用一点点心思，也就能让人惊叹不已。

　　在日常生活中，阳台也大多是开放式的，极易受外界不良环境影响。一般而言，阳台的方位以朝向东方或东南方为佳。现代的不少家庭除了在阳台摆放植物外，还有不少在阳台放置各类饰物，除了有美观的作用外，还能达到增加生机的功效，但一定要以"利己而不伤人"为原则。

阳台风水概述

现代住宅一般都设有一两个阳台，它们是居住者接受光照，呼吸新鲜空气，进行户外锻炼、纳凉、晾衣物的场所，对人们的生活有着重要影响。阳台的一切设施和空间安排都要符合实用的要求，在注意安全与卫生的同时，还要注意风水方面的"宜"与"忌"。

1.阳台方位选择与利用

一般而言，阳台的方位以朝向东方或南方为佳。古人说得好，"紫气东来"，而所谓"紫气"，就是祥瑞之气。如果阳台朝向南方，古人称"熏风南来"，"熏风"和暖宜人、令人陶醉，因此朝南也是极好的选择。

（1）大门与阳台不可成一直线（如图1）
有些住宅会出现打开大门即可看到阳台门的情况，如图1。这种情况与开门即见窗差不多。
改进之法
◎在直线上放置屏风或橱柜隔断（如图2）。

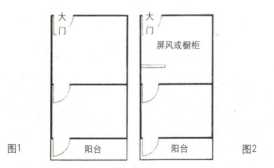

图1　图2

（2）阳台加盖部分不宜安床（如图3）
这是一般公寓常见的改建方式，即将阳台纳入卧室之内，使卧室变大。如附图的卧房，斜线部分即打出去的原有阳台。

改进之法
◎如前述，在原有阳台部分不安床即可。

图3

（3）阳台不可全部改建成室内（如图4）
住家绝对不可没后门，目前的大厦或公寓住宅，厨房通到后阳台的门即可论为后门。
改进之法
◎不可将所有阳台改建成室内，以致没有后门。

图4

2.阳台与露台之分

现代人的居住空间都比较小且昂贵，尤其是居住在都市的人感受更深，因此阳台就被赋予很多的功能，这些在风水上要特别注意。

阳台与露台是有所不同的，露台属于私有空间，因为可以见天，所以不算是房子里面。露台泄气，容易漏财。可能有人会将露台封起来，当作阳台使用，这在建筑法规上是违法的，所以算是违章建筑。

阳台是房子里面与外面通气的交界处。就如同是人的鼻子一样，因此阳台的功能是不同于露台的。

3.阳台朝向的风水法则

阳台，是居室中与大自然最接近的地方。传统风水学认为，阳台饱吸宅外的阳光、空气及雨露，是居室纳气的地方。对整个居室的风水来说，阳台具有相

当重要的作用，所以必须遵循一定的风水法则。

在日常生活中，阳台多是开放式的，所以极易受外界影响，因此阳台的方位不容忽视。一般而言，阳台的方位以朝向东方或南方为佳。

现今，阳台朝东或朝南的住宅售价一般都贵一些，可见大家都知道阳台朝南或朝东的"风水"绝佳。

阳台若朝向北方，最大的缺点是冬季寒风入室，会影响人的情绪，若是保暖设备也不足，就极容易使人生病。

阳台朝向西方则更不妥。因为每日均受太阳西晒，热气到夜晚仍未能消散，全家健康都会受到影响。

4.阳台的格局

阳台是住宅与室外空间最接近的地方，是家居的纳气之处。若要化解屋外的不良之气，阳台往往是第一道防线，其重要性可想而知。目前，很多新建的住宅中都有两个或三个阳台。在家庭装修的设计中，双阳台要分出主次，切忌"一视同仁"。与客厅、主卧室相邻的阳台是主阳台；次阳台一般与厨房相邻，或与客厅、主卧室外的房间相通。为了方便储物，次阳台上可以安置几个储物柜，以便存放杂物，也可增加透明的弧形采光顶，使阳台可以当作一个房间使用。如果主阳台在东面或北面，最宜露天种植花木及摆放盛水的器具。相反，如果主阳台在南面或西面，宜用棚和大的器皿阻止过大的能量通过。

5.阳台改建

有些人家为了把室内的实用面积扩大，往往把阳台进行改建，把客厅向外推移，使阳台成为室内的一

部分，这样能使客厅变得宽大明亮，但必须要保证楼宇结构安全。由于阳台是突出房外的部位，承重力有限，因此在改建时要仔细测算，并且不要把大柜、沙发及假山等重物摆放在阳台上，因为这些重物会让阳台负荷过重，从而威胁到楼宇结构。阳台改建后，把较轻和体积适中的物品摆放在那里，则既不影响楼宇安全，同时还可以保持阳台原来的空旷通爽。

阳台改建成客厅后，其外墙也不宜过矮。有些人喜欢用落地玻璃作为外墙，认为这样外景较佳，却不知正犯了风水学"膝下虚空"的大忌，他人在户外可以轻易看见户内人的膝部以下的部分，这种格局会导致钱财外泄、人丁单薄、下实下虚，应尽量避免膝下虚空。较为可取的方法是，下面的1/3用实墙，而上面的2/3改玻璃窗，这就不会有"膝下虚空"之弊。

倘若阳台本来便是以落地玻璃作为外墙，难作更改，那么，最有效的弥补方法是把一个长低柜摆放在落地玻璃前，作为矮墙的替代品。低柜若是太短，可在两旁摆放植物来填补空间，这既美观又符合风水之道。

一般的房屋建筑结构，阳台与客厅之间会有一条横梁，在改建后，这条横梁便会有碍观瞻，并且对风水有损。横梁的处理办法是用假天花填平，把它巧妙地遮掩起来。如要加强效果，可在阳台的天花板上安置射灯或光管来照明。此外，横梁底下不应摆放福禄寿三星或财帛星君等吉祥物，以免财星受损。

6.封闭性的阳台有违风水之道

当前，越来越多的人住进了标准化住宅，这样的住宅大多在卧室或客厅外设有阳台，有的还在厨房外设一个阳台，使人能身处居室而享受阳光，然而，许多家庭却喜欢把阳台封闭起来。

表面上看，封闭阳台扩大了住宅实用面积，有利于挡住尘埃和污物进入室内，甚至还能起到防盗作用，其实，这种做法不但有违风水之道，还对人体健康极为不利。

阳台被封，就会造成居室内通风不良，即风水学上所形容的"关闭了纳气之门"，使室内空气难以保持新鲜，氧气的含量也随之下降；另一方面，居室内家人的呼吸、咳嗽、排汗等会造成人自身污染，加之炉具、热水器等物品散发出的诸多有害气体，都会因阳台被封而困于室内。久居其中，易使人出现恶心、头晕、疲劳等症状。

阳光中的紫外线能减少室内病菌的密度、健康人享受阳光可以振奋精神，而封闭阳台则减少了室内阳

光的照射，不仅容易造成病菌的泛滥，还可能会造成婴幼儿生长发育不良和出现佝偻病。

因此，阳台还是不封闭的好。但是，也不要单纯为了追求阳台的通风采光作用就选择镂空式的阳台造型。现在，很多房地产开发商为了扩大商机，往往会采用镂空的阳台来表现欧陆风情，以增加住宅的卖点。镂空的阳台的确有利于住宅的通风采光，但是，这种阳台在格局上也存在着一定的弊病。阳台镂空与阳台将改建成客厅一样，犯了风水学上"膝下虚空"的大忌，外面的人从外望到阳台时，可以轻易地看到居室内的人的膝部以下，不仅会导致居室的隐私全无，而且对人的心理健康也是十分不利。最为可取的办法是：阳台下部的1/3做实墙，而上面的2/3做玻璃窗，并且要经常开启。这样一来，不仅不会有"膝下虚空"的弊端，而且也不会因为"关闭了纳气之门"而对住宅的风水有不利的影响。

7.阳台的布置

目前很多新建的住宅中，都有两个甚至三个阳台。在家庭装修设计中，多阳台要分主次，切忌"一视同仁"。主阳台的功能以休闲为主，在装饰材料的使用方面也同客厅区别不大，较为常用的材料有强化木地板、地砖等，如果封闭做得好，还可以铺地毯。墙面和顶部一般使用内墙乳胶漆，品种和款式要与客厅、主卧相符。

次阳台的功用主要是储物、晾衣等，因此，这个阳台装修时不封装，地面要采用不怕水的防滑地砖，顶部和墙壁采用外墙涂料。为了方便储物，次阳台上可以安置几个储物柜，以便存放杂物。

阳台面积较大的位置多位于顶楼，实际上应该属

于"露台"了。在这样的阳台上加透明的弧形采光顶后，可使这个阳台成为一个独立的房间。如果使阳台更通透的话，是个不错的设想，想象让阳光通过采光板洒向用韩国文化石做的墙壁以及青石板铺成的地面时的那份自然灵动吧，相信这些园林造景手法在为你营造浓浓的休闲气息之际，也为你带来吉运。

装修阳台时请注意以下几个方面：

（1）排水系统

露天阳台要有顺畅的排水功能。没有封闭的阳台，如果下雨就会大量进水，所以地面装修时要考虑水平倾斜度，保证水能迅速地流向排水孔。注意：千万不能让水对着房间流，否则不吉。

（2）插座

阳台要预留插座。如果想在阳台上休闲娱乐，那么在装修时就要留好电源插座。

（3）遮阳篷

为了防止日晒雨淋，一定要用比较坚实的纺织品做成遮阳篷来遮挡风雨。遮阳篷也可用竹帘、窗帘来制作，建议做成可以上下卷动的或可伸缩的，以便按需要调节阳光照射的面积、部位和角度。

（4）灯具

夏季，人们喜欢夜间乘凉，灯光是必不可少的。灯具可以选择壁灯和草坪灯之类的室外专用照明灯。如果喜欢凉爽的感觉，可以选择冷色调的灯；如果喜欢温暖的感觉，则可用紫色、黄色、粉红色的照明灯。

8.与家居阳台风水相适宜的园艺要领

在有限的阳台上进行植物装饰，就要充分利用空间，并要注意阳台的荷载，以保证安全。常见的利用空间的方法有：

（1）垂吊

利用阳台上方的晒衣架、铁横梁挂置植物，如吊兰、花叶、常春藤等。要用色泽淡雅的吊盆或用藤、竹、柳条、椰子壳等材质做成的花篮式吊盆，吊盆要留有排水孔，不宜过大；吊链的材质可用金属、彩丝编织、麻绳、尼龙绳等，要结实牢固。在墙壁适宜处也可悬挂壁瓶，栽植小株型的观叶、观花植物，构成立体画面。

（2）攀援

把悬崖状的盆载，如悬崖菊、雀梅、五针松等放置在阳台向前处伸展的花架的两侧或前方。墙面、角落、栏杆上也可种莺萝、牵牛等花叶并茂的植物，并用线或绳索构成"花屏"。

（3）搭架

在左、右墙与阳台之间，可利用地方打眼钻洞设架，大小为宽40厘米、长90厘米，可做两层，上放微型盆景，下放山水盆景或盆花，层次分明，各有特色；或用砖砌成一平方米见方，自下而上、层层缩小的塔形花台，约占阳台平面的1/4，可放植物5层，两面均可得阳光照射，给人以立体感；或利用旧材料加工成可宽45厘米、长250厘米或70厘米见方的花架，加固在阳台铁栏杆之上，可放植物，架上光照充足，雨露滋润，可弥补阳台内之不足。

另外，还可以利用紧靠阳台长达100厘米的窗台摆放若干小型或微型盆景，既美观又不影响居室的光线，且能在室内欣赏到植物；在阳台中央放长、宽40厘米左右的桌子，其上可以放一二盆植物。

在阳台、窗台绿化装饰中，必须遵循艺术布局的原则，要尽量给人以主体画面的美感，每放置一株植物都要做到有新意。植物布置时要留余地，使各植株充分伸展，做到少而精、无杂乱无章的拥挤感。因此，在植物装饰设计中应注意层次分明，而适当分类与及时调整、植株南北结合及色彩搭配更是家装阳台环境中必需考虑到的。

宽敞阳台的布置方法：比较宽广、长度在4米以上的阳台，可设置1~2个人工花坛，种植箱不宜过多，中部可设计一个较大的种植器，栏杆外面也可置半圆形种植器。也可在阳台两端或靠居室墙一侧设花架，使阳台成为小花园。

狭窄阳台的装饰方法：狭窄阳台指宽度在1米以内的狭窄阳台，这种空间应尽可能利用主体空间开拓，搭设花架、棚架、吊柱等。家装时要注意留有空间，避免阻塞通路。在栏杆上可以装置铁架、种植器及花盆，注意高低变化。种植器应从下到上体重减小，保持重心稳定。栅栏高为120厘米左右，种植器不易过多，注意季节变化，使阳台装饰保持新鲜活泼。

阳台、窗台植物装饰是栽培技术与装饰艺术的结合，它的具体布局也和居室内绿化装饰一样，没有既定的模式，要根据位置和个人爱好来决定。

9.阳台的生旺及化煞植物

由于阳台较为空旷，日光照射充足，因此适合种植各种色彩鲜艳的花卉和常绿植物。还可采用悬挂吊盆、栏杆摆放开花植物、靠墙放观赏盆栽的组合形式来装点阳台。在阳台摆放花草植物，除了可美化环境之外，还有风水方面的良好效应。适宜种植在阳台的植物有很多，大致可分为生旺与化煞两大类。

如果从阳台向外望，附近山明水秀，又无任何形煞出现，便应该摆放那些可收生旺之效的植物。可摆放在阳台上并且又有风水生旺作用的植物大致有以下几种：

（1）万年青

属天南星科，干茎粗壮，树叶厚大，颜色苍翠，具有极强盛的生命力。大叶万年青的片片大叶伸展开来，便似一只只肥厚的手掌伸出，向外纳气接福，对家居风水有强大的壮旺作用，所以万年青的叶越大越好，并应保持长绿长青。

（2）金钱树

学名艳姿，叶片圆厚丰满，易于生长，生命力旺盛，可吸收外界金气，极利于家中财运。

（3）铁树

又名龙血树，市面上最受欢迎的是泥种的巴西铁树。铁树的叶子下场，中央有黄斑。铁树寓意坚强，衬住宅之气血，是重要的生旺植物之一。

（4）棕竹

其干茎较瘦，而树叶窄长；因树干似棕榈，而叶如竹而得名，棕竹种在阳台，可保住宅平安。

（5）橡胶树

印度橡胶树，树干挺拔。叶片厚且富光泽，繁殖力强而易种植，户外、户内种植均宜。

（6）发财树

又称花生树，它的特点是干茎粗壮，树叶尖长而苍绿，耐种且易长，充满活力朝气。

（7）摇钱树

叶片颀长，色泽墨绿，属阴生植物，极有富贵气息。一般来说，风水上有生旺作用的阳台植物均高大而粗壮，叶愈厚又愈青绿则愈佳，例如以上所提及的万年青、金钱树、巴西铁树、橡胶树、棕竹以及发财树等均是很典型的例子，摇钱树也不例外。

从阳台向外望，如果四周环境恶劣，附近有尖角

冲射、街道直冲、街道反弓、又或者面对寺庙、医院及坟场等等，便须摆放那些可以化煞的植物。化煞的植物与生旺的植物不同的是，其干茎或花叶有刺，有刺便可冲顶外煞，令其退避三舍，可起保护家居的作用。这类化煞植物包括仙人掌、玫瑰、杜鹃等等。

（1）仙人掌

仙人掌茎部粗厚多肉，往往布满坚硬的茸毛和针刺。高大的仙人掌摆放在阳台，可以化解外煞于无形。

（2）龙骨

龙骨的外形很独特，干茎挺拔向上生长，形似直立的龙脊骨，充满力量，对外煞有强劲的抵挡作用。

（3）玉麒麟

龙骨向上生长，而玉麒麟则横向伸展，其形似石山，化煞稳重有力，并有镇宅作用。

（4）玫瑰

玫瑰艳丽多姿，虽美但有刺，凛然不可侵犯，既可点缀阳台的风景，又有化煞的功能，特别适合女性较多的家庭使用。

（5）杜鹃

即九重葛，花色似杜鹃，花叶茂密而有尖刺，易于种植，也是上佳的化煞植物。

有些位于底楼的住户，只有花园而没有阳台，但其生旺化煞植物的选择与阳台并无区别，种植于园中，可收同样的生旺化煞之效。

10.阳台的吉祥饰物

现代的不少家庭除了在阳台摆放植物外，还有不少在阳台放置各类饰物，除了美化阳台外，也达到生旺化煞的功效。这未尝不可，但一定要以"利己而不伤人"为原则。一般来说，有以下几种温和的饰物可置于阳台，对家居有益，但切记不可滥用。

（1）石狮

石狮自有阳刚之气，可用以镇宅。摆放石狮化煞镇宅，必须狮口向外。若是阳台对面筑物的气势压过本宅的建筑物，例如大型银行、办公大楼等，则可在阳台的两旁摆放一对石狮来化解。

若阳台正对阴气较重的建筑物，如庙宇、道观、医院、殡仪馆、坟场等等，以及大片阴森丛林或形状丑恶的山岗，亦须以一对石狮来镇宅。

（2）铜龟

龟是极阴极柔之物，擅长以柔克刚，又是逢凶化吉的象征。用龟来化煞，符合了风水学"凶煞宜化不宜斗"的原则。摆放铜龟或石龟来化煞，两龟的头部必须相对。

什么情况下需要用铜龟来化煞呢？在以下这五种情况下，建议用铜龟化煞。

①阳台面对天斩煞：所谓天斩煞，是指两幢高楼之间有一条狭窄空隙，因仿如用刀从半空将高楼斩成两半，故此称为天斩煞倘若房屋面对大斩煞，往往有血光之灾。遇有上述情况，可在阳台的两旁摆放一对铜龟来化解煞气。

②阳台面对街路直冲：从阳台外望，倘若看见前面有街道直冲，仿如猛虎迎面直扑而来，主家中破财，是风水中大凶的格局。

这直冲而来的街道，短则为祸不大，但愈长愈凶；若车辆不多则无妨，但行走的车辆愈多便极具杀伤力。

倘若迎面直冲而来的是高速公路，除了要在阳台的两旁摆放一对龟之外，还要另外悬挂一个凸镜，以策万全。

③阳台面对尖角冲射：中国的传统观念里，素来喜圆润，而对于尖角特别敏感，视为避忌之一；风水学亦有"尖角冲射主不吉"之说，因为这会导致家口不安，病痛频复。倘若阳台前面的尖角冲射，则必须设法化解。一般常见的尖角大多是邻近楼宇的尖锐屋角，这些直冲过来的尖角愈尖便愈凶，愈近便愈险。

④阳台面对锯齿形建筑物：现在有些欧陆风格的住宅，为了增加室内空间和采光纳风，多加有大型凸窗，所以外墙便容易形成很多尖角，看起来便似一排尖锐的锯齿，如果阳台面对着这类锯齿形的建筑物，则必须用铜龟化解。

⑤阳台面对反弓路：城市的街道有弯有直，倘若从阳台外望，看见屋前的街道弯曲，而弯角直冲向阳台，类似弓弩对家宅张开欲射，这就是"街道反弓"的格局，主凶，必须用铜龟来化解。

（3）石龟

石龟与铜龟虽然同是风水的化煞物，但用处各有不同。倘若阳台面对属火的形煞，如高大的烟囱、红色的高楼大厦及油库等属火的建筑物，便宜用石龟来化解。

如果这些火煞位于火旺的南方，那便犹如火上加油，此时则可在两只石龟的中间放置一瓶清水。

（4）石龙

根据不同动物的特性，向海或向水的阳台应该摆放一对石龙，头部必须向着前面的海或水，采其"双龙出海"之义。但如果户主的生肖属狗，便不宜在阳台摆放石龙，因为辰戌相冲，可用龟或麒麟来代替，因这两种瑞兽均喜水，既能够引财入室，而且与生肖属狗的人没有冲克。

（5）麒麟

麒麟与龙、凤及龟合称为"四灵"，即是四种最有灵气的动物。麒麟被视为仁兽，古人认为麒麟的出现是吉利降临的先兆。麒麟外形独特，共有四种特征：鹿头、龙身、牛尾、马蹄。中国自古就有"麒麟送子"的说法，因此求子心切的人家往往会在向海的阳台上摆放一对麒麟，希望能早得麟儿。

（6）石鹰

如果周围高楼林立，而本宅如鸡立鹤群，陷入了风水上的困局，居住在其间的人便易屈居人下、仰人鼻息，很难脱颖而出，此时可在阳台的栏杆上摆放一只鹰头向外昂首向天，奋翅高飞的石鹰，但双翼切勿下垂。但倘若户主的生肖属鸡，为避免犯冲，则不宜在阳台摆放石鹰。

阳台风水之宜

有些阳台之所以令人有舒适安逸之感，正是因为它方位佳、视野宽阔、采光通风好，因此才让人感觉充满生气与活力，使人产生与自然协调的舒适感。一般而言，阳台的方位以朝向东方或东南方为佳。现在不少家庭除了在阳台摆放植物外，还有不少在阳台放置各类饰物的，既有美观的作用，还能增加生机。

宜 阳台宜清爽整洁

随着现代居住水平的提高，很多楼宇已把观景阳台和工作阳台区分开来。即便如此，许多人出于习惯仍是喜欢在阳台堆放杂物、放置洗衣机等，使阳台凌乱不堪、杂乱无章，这样会破坏阳台的风水，影响家庭的美观、舒适。阳台宜保持整洁清爽，不要堆积杂物。可以在阳台的侧墙上整齐地悬挂富有韵味的陶瓷壁挂、挂盘等装饰品；或把侧墙做成物架的形式，以供放置装饰器物；也可以在光滑素雅的侧墙面上挂置用柴、草、苇、棕、麻等材料做成的编织物。这样布置既增添了生活情趣，又使阳台洁净雅致。

宜 阳台宜设计成健身区

抛开令人烦恼的工作、郁闷的心情，在阳台将整个身心放松下来，并在此摆放一台迷你音响，一边做一些简单的运动，一边听音乐，定会让人的心情非常愉悦。或配上一副哑铃、一个拉力器，就可以用它来进行锻炼。阳台的地面铺设可用纯天然材料的地板或是地毯，营造出一处宁静的空间，让它成为自己的私人健身室。

宜 阳台宜设计成小书房

用玻璃和木材把阳台封闭成居家小书房是一个较理想的布置。窗外的绿叶仿佛伸手可及，好像马上就会浸入居室，自然与居室就这样在阳台这个小小的空间相交融，自然会营造一种不错的读书与学习的气氛。为了节约空间，家装设计时可将书桌、书架和文件柜设计得小巧别致，这样既为户主提供了完善的实用功能，又不多占空间。

宜 阳台上宜铺黑白的鹅卵石

在阳台上铺黑白的鹅卵石，是家居风水中利用空间造景的最有效的一招。如果阳台的鹅卵石与园林中最常见的荷花、翠竹相映成趣，我们理想中的世外桃源就生成了。设想在阳台上创造这么一个"微缩景观"，并与客厅墙上的中国古典仕女图相呼应，浓浓的中国情节便充满整个居室，能让每个来此的人们都感受自然生机与活力。

宜 阳台上宜安装挑梁吊钩横置晒衣竿

为了方便晾晒衣物，可以在阳台上方安装挑梁吊钩横置晒衣竿，也可伸出阳台设置晒衣架。现在市场上有一种手动式升降晒衣架，使用牵引绳控制高度，既可晾挂衣物，又不影响人在阳台上活动，比较方便。

宜 阳台宜有较好的遮阳功能

遮阳篷要接受仲夏时节阳光的照射和日常风雨的吹打，因此在选择时一定要注重其质量。不但要有装饰作用，而且还必须遮挡风雨。可用比较坚实的纺织品做，也可用竹帘、窗帘来制作。形式上应该做成可以上下卷动的或可伸缩的，以便按需要调节阳光照射的面积、部位和角度，同时也能使阳台一侧的房间免于强烈的照晒，从而形成室内工作、休息的舒适环境。

宜 阳台栽种植物宜根据方位选择

阳台的朝向不同，接受光照的时间也有很大的差异。一般来说，光照不是很充足时，只适合摆放喜阴的植物。南面阳台的光照充足，空气流通好，光照比较柔和；西向阳台阳光也很强，墙面温度也较高，但无论是哪个朝向的阳台，都有一个共同的特点，就是比较干燥。朝向南面的阳台适宜选择耐旱和喜光的植物，最适合的是仙人掌，其次有月季、米兰、海棠、茉莉、扶桑、石榴和爬山虎、金银花、彩叶草、香石竹等喜光植物；朝东的阳台宜种植山茶、杜鹃、文竹、君子兰等半阴植物；朝北的阳台宜种植万年青、兰花等喜阴的植物。

宜 阳台宜做儿童游戏室

在阳台一侧搭一微型假山，在阳台中央置一跷跷板，或装一秋千。有条件的还可配以木马童车或电动玩具等器材，孩子在此既能尽情游玩，锻炼身体，还能专注地摆弄玩具，使孩子不用父母陪伴就可嬉戏于"儿童乐园"之中，让他们在健康快乐中成长。

宜 阳台上宜选择合适的家具

小巧玲珑的家具是阳台家具的首选，既能满足阳台上的生活需求，又不会占太多空间，尤其是那些可以折叠和自由组合的家具，使用起来比较有弹性，不用的时候收起来，可以让阳台宽敞些。木质家具可选用柚木，这样可以防止木材因膨胀或疏松而脆裂，用铝或经烤漆及防水处理的合金材质的家具也能承受户外的风吹日晒雨淋。此外，一个能够摇摆的躺椅或一个藤编的书报架都是阳台上颇具韵味的扮靓家具。

宜 阳台宜有良好的植物生长环境

生长茂盛的植物也能给家庭带来好运，象征着欣欣向荣，然而，现在大多数的阳台都由水泥筑成，吸热能力强，使其环境过于干燥，不大利于植物的生长。为了使植物更好地生长，可以在阳台的地面铺一层沙土或垫上两层草袋，或者每天向沙土上洒一次水，让其始终保持湿润的状态。炎热的夏天还可以在阳台上设置支架，挂上窗帘遮挡过强的阳光。将习性相近的植物放在一起，根据习性的不同进行管理，有利于植物的生长。并且随着季节和气候的变化，可适当地调整植物的品种。

宜 阳台宜有照明设施

灯光是营造气氛的主要元素，很多家庭的阳台的灯具只是一盏吸顶灯。其实阳台可以安装吊灯、地灯、草坪灯、壁灯，甚至可以用活动的防风煤油灯或蜡烛台，只要注意灯的防水和防火功能就可以了。阳台上如果没有照明设施，一到夜晚阳台就黑暗一片，很不方便，所以应在阳台上装一盏阳台灯。如果阳台门与阳台窗之间有间墙，可以装置一盏壁灯，安装高度宜距地面1.8～2米。灯具材料最好选用不怕日晒雨淋的玻璃灯具。如果门与窗之间无间墙，可以在上一层阳台板底上装一支吸顶灯。由于阳台灯只供休息时照明，故不必太亮。灯的开关应装置在室内。

风水 知多一点点

※ **阳台宜放置草本植物**

阳台上最适宜摆放草本植物。木本植物在入冬时需要暖和的环境，照料起来相对麻烦一些，而草本植物在秋天时就可以采收种子，不用考虑过冬的相关事宜，因此更方便照料。

阳台风水之忌

现在每个居住楼房的家庭都有阳台，这个小空间在家庭装修个性化发展的作用下，也显现出了不同的风格，装修也出现了多种风格。只有掌握了阳台的各种风水禁忌，才能真正建筑出好风水的阳台，而不是把阳台设计成杂物间，产生不利于人居的风水因素。

忌 阳台神柜忌受风吹雨打

阳台因空旷而少遮挡，因此很容易受大自然变化的影响。神柜摆放在那里，宜背风向阳，若不安排妥当，往往免不了日晒雨淋，这对被供奉的神祇当然会有影响。特别是那些面向正北或西北的阳台，因冬天西北风及北风强烈，往往会把神台的香炉灰吹得四散飞扬，那便大为不妙。除了要防风之外，神柜还要注意防雨，如果神柜经常被雨水沾湿，那亦绝对不妥。即使只单独把天官供奉在阳台，亦须慎防风雨。

忌 阳台的神台上方忌挂衣服

有不少家庭为了避免香烛把家里熏得烟雾弥漫而把神柜摆放在阳台上。此外，有些即使把神台摆放在屋内，有时亦会把一部分神祇（如天官）供奉在阳台上，以期吸纳周围的生气。大多家庭习惯在阳台晒晾衣服，倘若在那里摆放神柜，便很容易出现衣服高高挂在神台之上的情况。倘若在神台之上的是女性内裤，那便更会亵渎神灵，所以要把神台摆放在一边，而把晒晾衣服的衣架移至另一边，务求神台之上不会被衣服遮挡。

忌 阳台忌用玻璃作外墙

有些人的阳台外墙过矮，有些人喜欢用落地玻璃作为外墙，认为这样外景较佳，却不知这是居住风水习俗中"膝下虚空"的大忌。这种格局会导致钱财外泄，不利家运，应尽量加以避免。如果无法避免，应摆放矮柜或植物来填补空间，这既美观，又符合风水之道。

忌 阳台忌正对厨房

阳台是纳气之口，如果阳台正对厨房，风就容易从阳台吹进厨房，厨房忌气流拂动，所以不宜。化解方法：做一个花架种满爬藤植物或放置盆栽，使其内外隔绝。阳台落地门的帘子尽量拉上，或是放在阳台和厨房之间的动线上，以不影响居住者行动为原则，做柜子或屏风为遮掩。总之，只要不要让阳台直通厨房即可。

忌 阳台忌设计成储物区

家居装修装饰时不可把阳台设计成储物区，否则就是浪费了家居最好的有用空间，而且还会给家的生活环境造成不利于人居的风水因素。其实阳台只要经过完美的布置就能做成一个小花园、休闲区等，成为家庭生活重要的一部分。

忌 忌给植物随意浇水

浇花用的水要保持清洁，水中不可乱投杂物，也不可乱掺其他溶液、废水。常见浇水失败的原因有：盆土不见干；浇半截水，也就是浇水不透，水分只湿润了盆土表层或上层，上湿而下干；冷水刺激；盆土干冻。

忌 阳台的吉祥物忌伤害他人

阳台放置各类饰物，除了可以美化阳台之外，还有生旺的功效，但一定要以"利已不伤人"为原则。铜龟是具有阴柔性质的物件，擅长以柔克刚，又是逢凶化吉的象征，但使用时一定要符合风水学的"宜化不宜斗"的原则。不管是用铜龟还是石龟护宅，两龟的头部必须相对才能起到效果。如果摆放的方向不妥，就会对邻近的住宅不利。

忌 阳台的水忌流向房间

阳台地面装修时有必要考虑到水的流向问题，千万别让水对着自己的房间流，并且阳台上一定要有一个顺畅的下水通道。如果阳台的水流向自己房间，居住者容易被投资机会所诱惑，但又不能考虑周全，最后易出现自己的钱财被冻结的情况。

忌 阳台忌正对尖角冲射

中国的传统观念里素来偏爱圆润，对于尖角则有许多禁忌。风水学中也有"尖角冲射主不吉"的说法，所以阳台也一样，不宜面对有尖角冲射的物体。如果有尖角，可种植万年青、金钱树、巴西铁树、橡胶树、棕竹以及发财树等植物化解。

忌 阳台与客厅间忌有横梁

一般的房屋建筑结构，阳台与客厅之间会有一条横梁。有些居室经改建后阳台和客厅两者会合二为一，这条横梁就会有碍观瞻，于风水上也不利。处理办法是用假天花填平，将横梁巧妙地遮掩起来。另外，横梁底下不宜摆放福禄寿三星等吉祥物，以免运气受损。

忌 家庭阳台装修装饰忌"室内室外两重天"

家庭阳台装修装饰忌"室内室外两重天"，即阳台的装修装饰风格与室内反差太大，要根据实际情况和阳台条件去装修装饰及陈设阳台风水环境，应排除与室内装饰不般配或显得不伦不类的装修。

忌 阳台忌正对发射塔

阳台不要正对电视、卫星发射塔，也不能正对高压电塔，但二者间距离若在500m之外，因其电磁波的强度不大，可不必忌讳。针对这种格局，可在客厅的阳台养阔叶盆栽来减弱电磁波的辐射，降低不良影响。

忌 肖鸡者阳台忌摆石鹰

倘若户主的生肖属鸡，为避免相冲，不宜摆放石鹰。在户主生肖非鸡的情况下，如果住宅周围高楼林立，自家屋宅如鸡立鹤群，从阳台向外望好似陷于重重包围，不见出路，此即落入风水上所说的困局。居住其间的人容易屈居人下、仰人鼻息，很难脱颖而出。此时可在阳台栏杆上摆放一只昂首向天、展翅高飞的石鹰，鹰头注意向外，双翼切勿下垂，即能收到化解的效果。

忌 阳台晒衣服不宜吊高

一般家宅内将阳台用来晒衣服是无可厚非的事，但是如在前阳台晾衣服则称之为"明堂见水落泪"，因为湿的衣服往上吊会滴水。在风水上有"门帘落水"一说，有哭到泪流尽的意思。这种滴水局如果侵犯到双亲位或小孩位，都会造成体弱多病。所以，我们在阳台晾衣时千万不能吊高。就算已经脱过水，不会滴水，那风一吹就"飘扬如手巾"，也有擦眼泪的意思。所以一般在风水学上不主张在阳台把衣物吊高，要晾则可与阳台的护拦同高。

如是客厅外的阳台晾衣，会有每天生离死别、擦手巾之意，如在卧房外的阳台晾衣，会对住此卧房的人有影响，不管是身体或是姻缘上都会较差，诸事不顺。

忌 忌将生旺化煞物滥用

不少家庭在阳台除了摆放植物外，还有放置各类饰物，除了美化阳台外，也会达到生旺化煞的功效，但要切记不可滥用。有些人家用三股钢叉对着别家的门、窗、屋角，以期别人的运气变差，这是不可取的，属于旁门左道行为，非正人君子所为。

忌 阳台忌使用笨重大家具

若使用笨重的家具，不但阻碍视线，就算平时也会"遮天盖地"。此外，由于阳台空间相对狭小，圆润的桌角或椅子边对家人来说更加安全。如果是开放式阳台，阳台家具特别要考虑到防水和抗晒功能，以保证其使用寿命。

 风水 知多一点点

※ 阳台的简单装饰

阳台是住宅最空旷辽阔的地方，与大自然最接近，因而饱吸宅外的阳光、空气及风雨，是家居的纳气之处。阳台的装饰并不需要花许多钱，只要花点心思，为它注入一些装饰元素，就能让阳台生动起来，成为家人乐于驻足的生活空间。

忌 阳台植物忌出现安全隐患

阳台是适合家庭养植花草的地方，盆栽植物可置于阳台栏板上，但要注意一定不能出现安全隐患。在阳台上浇水、施肥、喷药时，要考虑到邻居家的阳台，尽量不要影响邻居。向上爬和向下垂的植物长势过强时，要注意及时修剪，以免影响到邻居家的采光。摆放在阳台上的花盆应该固定好，以免坠落伤害到楼下过往的行人。要在阳台加设护栏，以免花盆坠落伤人。

忌 阳台忌对街道

因为阳台可视为纳气口，所以阳台与大门风水性质相似。阳台不能正对着街道，否则会形成煞气，冲射到阳台。如果出现这类格局，可放一对铜龟或养阔叶盆栽来化解。

忌 前阳台忌堆放杂物

住宅的前阳台也是大门的入口，同样是纳气的重要通道，如果大门开在侧边的墙，前阳台就成为客厅落地门窗之外的空间，地位更显著。因此，前阳台不宜堆积杂物，而要保持清爽洁净。

风水知多一点点

※ 巧妙利用阳台的侧墙

阳台侧墙面可以整齐有致地在侧墙上挂置富有装饰韵味的陶瓷壁挂、挂盘等装饰品。有的隔墙还可做成博古架的形式，以供放置装饰器物。

忌 不宜忽视害虫的存在

盆栽植物上存在害虫，不仅会影响美观，还会造成居住者心理上的不适，并且于卫生不利。常见的病虫害有蚜虫、介壳虫、红蜘蛛和天牛等。初发蚜虫时，可及时摘除虫叶，以达到防治蚜虫的目的，而介壳虫与红蜘蛛都可用喷药的方法防治。

忌 阳台忌正对住宅大门

阳台不宜正对居室的大门，否则就形成了风水学上的"穿心煞"，气流穿堂而过，不利健康。从日常生活考虑，如果住宅大门与阳台相对，则每当大门敞开时，外面的人就可以一眼看到阳台，居室内的情况将一览无余，不利于保护家庭隐私。其化解的方法有：大门和阳台之间安放一个柜子；大门入口处放置鱼缸或屏风；阳台种植盆栽或爬藤类植物，将阳台与大门阻隔；长期拉上窗帘。

Part 12

庭院风水

用绿色品位人生

庭院是住宅的外围部分，我国自古以来就非常重视庭院风水。好的庭院设计善于通过巧妙组合，让其中的建筑、山、水、花、木能够自然和谐地融和在一起，通过一山一水、一草一木营造出深远的意境，使人徜徉其中能够得到心灵的陶冶和美的享受。

庭院如果布局合理，可以使整个住宅看上去犹如世外桃源、人间仙境，有利于家人健康、财运和事业。庭院建设的首要任务是选择一个合适的方位，然后就是进行合理的布局，例如围墙的高度要求适当，要力求与住宅和谐。"问渠哪得清如许，为有源头活水来"，庭院中布置池塘、喷泉、游泳池或人工瀑布，可以让庭院充满活力。

风水中，实物为阳，水为阴，如果能再借助山石、树木和花草的巧妙堆砌，就可以形成动静结合、阴阳调和、错落有致的庭院景观。

庭院风水概述

在房子中吸收的气是自己的运气，而从庭院等屋外设施吸收到的气则是补充的气，这可以补充自己不足的气。在日常生活中消耗掉的运气和生命力，就可以通过这些自然环境得到补充。

1.庭院的方位宜与忌

庭院要选择一个最适当的方位，合适的方位能形成一个上佳的气场，对居住者的人生、事业都有很大的帮助。比如，位于南方位的庭院，日光充足，可使人心旷神怡。如果庭院建造在不当的位置上，并且配有不合适的建筑设施，就会形成一个异样的气场，给居住者的生活带来不协调的气氛。

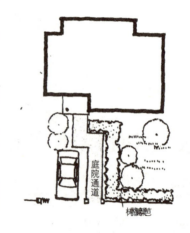

庭院门前通道两旁最好种植树木（如图3）。

图3

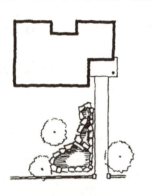

庭院门前的通道不宜设有水池（如图1）。

图1

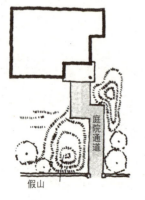

假山

图2

庭院门前通道两旁若设假山流水，高度不宜太高（如图2）。

不宜以大型庭石挡住门前庭院的通道（如图4）。

图4

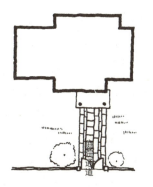

庭院门前的通道不宜铺设太宽(如图5)。

图5

利用树篱把庭院和门前通道划分清楚(如图6)。

图6

2.庭院是多功能空间

兴建庭院时，应该考虑些什么因素呢？

首先必须考虑庭院的功能和用途。简单地将庭院用途分类，可分为以下几个：

(1) 用来欣赏的庭院

指由屋中凝望时能使人心情平和的庭院。像日式庭院一般都属于这一种，坪庭也属于这一种。

(2) 用来享受趣味生活的庭院

选择有很多，例如喜欢烹饪者可在庭院种植一些烹调所需的紫苏、梅树、花草等。欧洲的许多庭院都种有香辛料或花草等。阳台花园也包括在内。

(3) 利用庭院作为果园或菜园

会结果的树木对于风水而言，利用价值极大，例如考虑健康时在庭院的东方种植橘红色果实的柿树，考虑子嗣时种植石榴树等。

此外，如果希望儿子很有运气，能够继承家业，则可以在东方种植苹果树，这是非常好的方法，也可以种植猕猴桃。想要财富更多的人，可在西方种植橘树。

事实上，将庭院当作果园或者菜园来用时，更应该多利用风水原理。自古以来人们就利用庭院种植草莓、葡萄或苹果等，其中的玄机不言自明。

(4) 当成户外休息处，享受一家团圆之乐的庭院

这一用途的庭院与住宅一体，凸出的凉亭等也包含在内。屋前庭院与平台的组合，更能产生在庭院空间游玩的气氛。如果想要享受一家团圆之乐，可以考虑在庭院中吃喝玩乐为目的而兴建庭院，可在庭院设置烤架。

(5) 当成迷你游乐场或小仓库的庭院

在庭院中可以设置单杠或秋千，也可以考虑饲养动物。

此外，也有人在庭院中设计放置工具的小仓库，或是车库、晾衣物的场地等。一般而言，可以利用篱笆巧妙分隔这些空间，也可以将别墅当作庭院的一部分来设计。

3.庭院的布置

随着越来越多的家庭购买了带有庭院的房子，庭院也就成了居家设计中的重点。庭院作为建筑向自然环境过渡的一个载体，先天具有一种隽永气质，并已经成为人们现代生活中的一种时尚。对于已有的庭院空间，可以通过精巧的构思、别致的造型、色彩的搭配去营造氛围，或用绿色的植物、缤纷的花草、小物品的构筑、水景的设置来实现自己需要的气场。

庭院的布置是非常关键的。简单的可以自己在庭院中种些花草，或者配置一个种植有绿色植物的苗圃。如果再讲究一些的话，许多人会请专业的设计师来设计和制作庭院。目前，私家庭院从风格上可分为四种：中国式、日本式，法国式和英国式。用曲折小道配合高大树木可以让人产生"庭院深深"的感觉的是中国风情庭院，而曲形拱门、雕花栏杆、立柱涡卷配合精

心修葺的矮丛植物，就是欧陆风情的再现。

水是许多庭院里不可缺少的"精灵"，它可以与庭院中的一切元素共同组成一幅美丽的水景图。而木制品在私家庭院中起着画龙点睛的作用，木制的户外家具、花槽、花架、秋千椅、围栏等，无论用在庭院中的哪个角落，都会给人一种温馨、舒适、自然、和谐的氛围，满足人们回归自然的愿望，如在铺满鹅卵石的庭院中摆放一张造型简洁的木桌椅，可以让人完全融入到自然的氛围中去。木质桌椅的色彩比较丰富，有原木色、白色、绿色等，选择上应与庭院整体风格相配。

4.庭院的"幸运区"能召唤幸运

看家相时首先要找到住宅的中心，看地相时，也要找出土地的中心，并配合观察八方位。

建筑房屋时，房屋的中心包括土地在内，成为不动产的中心。可从房屋的中心计算庭院的方位，也就是说，从家的中心计算庭院的八方位。

住宅的幸运区，也就是从玄关通过家的中心朝向房屋对角线方向的带状区域，即家中的"龙脉"，是有幸运气流过的部分。巧妙利用这个地区，就能召唤幸运。庭院中也有幸运区，从道路进入的气的流通，可在庭院中形成龙脉。那么，庭院的龙脉应该采取何种走向呢？

首先要考虑庭院门的位置。如果没有门，则要考虑房屋大门与道路的接点。门与庭院中心的连接线范围内的区域就是幸运区，庭院的幸运区与日照倾斜度、宽度等都无关。

下面通过图示加以说明。

(1) 住宅幸运区域的确定

从住宅玄关门的正中央开始，通过家的中心划一直线，碰到玄关对面壁为线①；从线①开始左右平均画玄关墙壁1/3宽度的线②。在线①与线②之间的部分就是幸运区。

(2) 庭院幸运区的确定

通往庭院的入门明确时，庭院幸运区即通往庭院的入口（例如门）与庭院部分的中心连结的对角线通过的区域。

通往庭院的入口不明确时，幸运区即住宅的中心与庭院的中心连接部分的区域。

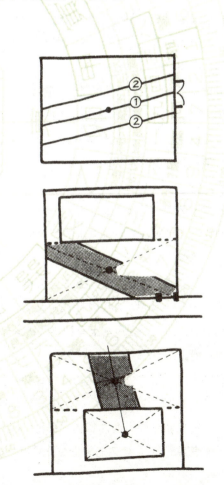

5.美化庭院的主要因素

(1) 色彩

对比色与互补色、色彩、色相及色调、原色和轻淡色彩是色彩因素的重要组成部分。鲜艳的色彩可使气氛活跃，淡雅的色彩可稳定人的情绪。当然，选择何种颜色还是要根据个人的爱好。

(2) 质感

植物一般有平滑、粗糙、柔软、多刺、有光泽或有绒毛的。进行庭院设计时尽量采用精致混以粗犷、柔软配以粗硬的原则。植物的叶片、花朵、茎杆及硬质都是造园材料的特殊质感。

(3) 香味

蔷薇、茉莉、瑞香、迷迭香和丁香的花香宜人、清爽，可在窗口及室外座椅旁按季节适量种植一些。

(4) 声音

庭院里溪流的潺潺声、泉水的丁冬声、小鸟的啾啾声、叶片的沙沙声、柔和悦耳的钟声，都可以消除人们精神上的烦乱，使人的心境得到平衡。

(5) 触觉

从毛绒绒的叶片至装饰性草类的叶片还有斑驳的古树皮、光滑的卵石及其他无生命材质也让人产生不同的触感。

(6) 功能

要把庭院设计成具有实际使用价值的场所。庭院一般可设计成儿童游乐场、菜蔬种植区、休憩处和户外娱乐区。

(7) 光照

要注意庭院的阳光地带及阴凉地状况。一定要结合庭院的使用功能来设计，如为了减少夏季炎热气候的影响可种植高大乔木，自行创建一个阴地。

(8) 风格

黄杨花坛、砖质铺地、木桩式围栏，这些元素都会构成庭院的风格。要注意细节的设计，因为有时候一些小细节会强化整体风格，有时却会破坏风格。

(9) 形态

多考虑植物的立体形状以求得变化，避免呆板。植物可以是圆形、圆柱形、披散状、波浪式或喷泉式。另外，硬质的造园材料和庭院的装饰物也都有自己的形状。

(10) 对比

对比以吸引注意力，得到视觉上的享受。对比度小能起镇定的作用，对比度大则能令人兴奋。色彩、结构、外形、亮度都可用来进行设计对比。

(11) 透视

从何种角度来观赏庭院，从平台、透过窗户还是站在平地上？是一览无遗，还是移步换景？透视的角度决定了观赏花园的方式和景致的不同。

(12) 变化

树木长大后，原先的阳光地带环境变成了阴凉地，植物会越长越大，柔和的晨曦会变成耀眼的午后阳光，花朵会变成果实。对于这些变化应做好准备，在设计时就要充分考虑到。

(13) 个性

传统花卉、旋转木马、球形器皿、规则的意大利式建筑、古代建筑小品和令人心旷神怡的花园雕塑，都可以体现不同个性。

(14) 焦点

小径尽头的瀑布、混合花径中的红枫、门旁美丽的花钵都为视线创造了一个可停留的景色。选用焦点景观时要慎重，宜少不宜多，过多的焦点只会令整个庭院变得杂乱无章。

6.十四种庭院吉祥植物

植物作为庭院里的重要装饰物品之一，同时还起着非常特殊的作用。植物通常都具有非常旺盛的生命力，种植大量的健康植物会创造一个清新、充满活力的环境，能减少现代家居中各类用品产生的辐射和静电。植物能通过光合作用释放氧气，为庭院提供新鲜的空气。而许多植物因其特殊的质地和功能具有灵性，对家居会起到保护作用，对人类的生活备加呵护，可称之为"住宅的守护神"。

(1) 棕榈

棕榈又名棕树，具有观赏价值、实用价值和药用价值，在风水上则具有生财、护财的作用。

(2) 橘树

橘树即桔树，"桔"与"吉"谐音，象征吉祥。果实色泽红黄相间，充满喜庆。盆栽柑橘是人们新春时节家庭的重要摆设。橘叶具有疏肝解郁功能，能够为家人带来好心情。

(3) 竹

苏东坡云：宁可食无肉，不可居无竹。竹是高雅脱俗的象征，可以成为家居风水的防护林。

(4) 椿树

庄子的《逍遥游》云："上古有大椿者，以八千岁为春，八千岁为秋。"椿树有长寿之意，后世又以之为父亲的代名词，在风水上有护宅及祈寿作用。

(5) 槐树

槐树木质坚硬，可为绿化树、行道树等。风水上认为，槐树代表"禄"，在众树之中品位最高，有镇宅作用。古代朝廷种三槐九棘，"公卿大夫坐于其下，面对三槐者为三公"，槐树的高贵由此可见一斑。

（6）桂树

相传月中有桂树，桂树的花为桂花，桂花即木犀，桂枝可入药，有驱风邪、调和之功效。宋之问有诗云："桂子月中落，天香云外飘。"桂花象征着高洁，夏季桂花芳香四溢，是天然的空气清新剂。

（7）灵芝

灵芝性温味甘，益精气，强筋骨，既具观赏作用，亦有长寿之兆，自古就被视为吉祥物。鹿口或鹤嘴衔灵芝祝寿，是吉祥图的常见题材。

（8）梅

梅树对土壤的适应性强，花开五瓣，清高富贵。其五片花瓣有"梅开五福"之意，对于家居的福气有提升作用。

（9）榕树

含"有容乃大，无欲则刚"之意。居者以此自勉，有助于提高人的涵养。

（10）枣树

在庭院种植枣树，喻早得贵子，且凡事"早"人一步。

（11）石榴

含有多子多福的吉祥意义。

（12）葡萄

葡萄藤缠藤，象征亲密。自古有葡萄架下七夕相会之说，而夏季在葡萄荫下纳凉消暑，亦是人生一大快事。

（13）海棠

花开鲜艳，富贵满堂。棠棣之华，象征兄弟和睦，其乐融融。

（14）莲

莲是盘根植物，并且枝、叶、花茂盛，代表家庭世代绵延、家道昌盛。

7.八种庭院驱邪植物

（1）桃树

"千门万户瞳瞳日，总把新桃换旧符。"桃树为五行的精华，故而每逢过年，总以桃符悬于门上，以驱百鬼。

（2）柳树

柳为星名，二十八宿之一。柳树同桃树的作用一样，都有驱邪作用。

（3）艾

艾叶加工后可用作灸法治病原料。"钗头艾虎避群邪，晓驾祥云七宝车"，端午节将艾制成"艾虎"，带在身上有避邪除秽的作用。

（4）银杏树

银杏树龄长达千余年，在夜间开花，人不得见，暗藏神秘力量，因此许多镇宅的符印都用银杏木刻制。

（5）柏树

因树干刚直不阿，被尊为百木之长。木质细致且有芳香，气势雄伟，能驱妖孽。

（6）茱萸

"遥知兄弟登高处，遍插茱萸少一人。"茱萸是吉祥植物，香味浓烈，可入药。

（7）葫芦

葫芦多籽，原产印度，在风水学中葫芦是能驱邪的植物，亦有多子多福的含意。古人常将其种植在房前屋后。

（8）无患子

无患子以中、日两国为多，是尤其受到人们尊崇的植物。果实呈球形，生青熟黄，内有一核如珠。佛教将其果核称为"菩提子"，将其串联作念珠携带，意在保平安。

8.庭院的树

(1) 树相

人有人相，物有物相，树相在风水上也是判断吉凶的依据之一。一般来说，树木的生长和形态对人的运势有无形的关连。对于一般家宅来说，树对宅的关系，就犹如人对衣的关系。树木为衣，可为人提供蔽护生机。树木茂盛，宅气旺兴；树木枯萎，则宅气衰败，这个道理鲜有不应。所以树木长得高壮整齐就有利风水，若树木弯曲畸形，则于风水不利。

树的生长有它本身的气势，气势过于旺盛也不是好事，因树木太茂盛会阻挡阳光，使日光不能穿透，这样一来，积聚的湿气太重，就不利于人体健康。另外，过密的树木不但遮挡阳光，还会阻截阴气的散发。故这类树木是凶相树，对住宅不利。

大凡树阴蔽天的房屋或是藤蔓遍布的庭院，看上去似乎苍翠茂盛，实则不利风水，因为阳光是生命的能源，如果任由树木蔓延生长，则可能阻拦阳光，对家宅不利。

(2) 树木的方位

这里所提的树木，是指屋宅范围以外近距离环境

中自然生长且比较茁壮的树木。

东方有树木，吉相；

树木在南方，不利；

西方有树，而且还不只是一株两株，则大不利；

北方有树木，是上佳的吉相；

东南方有树木，吉相；

西南方有树木，大不利；

西北方有树木，有助气运；

东北方向有树木，被认为是吉凶各半，除非东北方土地平坦宽阔，否则树木越高大气运就越差，应该拔除才好。

9.鲜花的作用

鲜花也是能给家居增添活力和能量的植物，不同于其他植物的是，它们以特别活跃的形式给房间带来缤纷的色彩。鲜花具有强烈的风水效应，如果得到精心的栽培和照料，其色泽与外形会影响住宅的气能。但是，枯萎凋谢的花朵会有负面的影响。因此，在家居生活中，必须每天勤于换水并裁剪花茎，使其功效持久。同时要注意的是，在家居的风水布局里最好不使用干花，因为其象征死亡和没落。

10.利用花坛召唤幸运的方法

养花的容器，因其外形和质地的不同，会对住宅产生不同的效应。

花坛不管建在哪一个方位都是"吉"。近年来兴建花坛的人增加了，导致这个现象的原因有许多，欧式庭院的流行也是原因之一。兴建花坛一定要有庭院，但是关于花坛的方位却没有什么吉凶可言，也就是说，

种植花的方位无论何方位都不是凶方位，换句话说，不论在任何方位兴建花坛都不会产生凶作用。尤其相合的花坛能增强吉的作用。

下面从风水的观点来分析花坛的形状。

首先是圆形花坛。若在建筑物南侧兴建圆形花坛，则应兴建两个；在西北侧时则可以建一个稍大的花坛，即为吉相；西边庭院的圆形花坛也具有吉的作用。如果庭院广大，则在庭院正中央做花坛，或在玄关前的走廊做圆形花坛。花的颜色也要选择相合的颜色。

圆形花坛的特征，就是不管从哪个方向看都是相同的，而且正中央看起来像山一样。如果其周围还有空间，那就更有吉效了。如果庭院宽敞，则花坛的边缘选材方面，日式花坛可使用自然石，西式花坛则可使用砖块或小的木栅。

沿着树与邻地交界的围篱兴建花坛时，则围篱侧要种植较高的花，前方种较低矮的花。不管庭院狭窄或宽广，都能兴建花坛。此外，也有人采取围绕树木周围建花坛的做法。

其次是方形，也就是正方形或长方形的花坛。方形花坛可以建在庭院或玄关的门口，朝向东或东北、东南的庭院花坛的形状以方形为好。朝东的庭院周围种红花，朝东北种白花，朝东南则可种橘色的花，更能提升力量。

如果玄关前门口的细长花坛是带状细长花坛，可反复使用白色与粉红色、白色与红色、红色与蓝色等的花，形成一定的条纹，具有提升人际关系的作用。

即使没有花坛，低矮的印度杜鹃花或杜鹃花等也可以形成大门方前和庭院的交界。此外，若把它种植在围篱边，开花的时候就会非常美丽，而且，就算没开花，光有叶子对风水而言也为吉。

11.庭院的水体

在构成庭院风水的元素中，水是最重要的环节之一。无论是滋养生命、提升活力，还是招引财气、启迪智力，水的作用都是不可替代的。

水的力量是极为强大的，它滋养生命，寓刚于柔，既有观赏价值，也有环保价值，甚至可以调控温度。《黄帝宅经》指出："宅以泉水为血脉。"因此，完美的庭院里都必须有水来起画龙点睛的作用。

庭院里的水体有多种形式，如池塘、泳池、喷泉等，均有壮旺宅气的作用。在风水布局中，甚至小到一碗清水也可以为家居风水带来鲜明的改善效果。

(1) 池塘的形状

阳宅风水中屋前的池塘称为风水池，风水池的目的是用来留住"生气"，名堂聚水，财运平稳。

风水池的形状对住宅的吉凶有至关重要的影响。池塘在屋前或屋后，其距离也影响着住宅的吉凶。尤其在左、右、前方各有一池塘，那就是"龙、虎脚上池，淫乱定无凝"，此形煞主淫乱；而屋前后各有

一池塘，亦是极凶的；住宅后面有池指破财，即使有财也得破尽。有古诀曰："前塘及后塘，儿孙定少亡。"

水池的形状不一，有凹凸，或形为葫芦，或一大一小而又相连，这样的池子不只主病灾且克男主人。诀曰：上塘连下塘，寡妇守空房；大塘连小塘，疾病不离床。二塘或三塘相连的，又称白虎池，主有悲惨事故发生，损折男丁连绵不断。

另外，来水要明，去水则宜暗。池塘的水体是自然而亲切的，对于家居的宅运有裨益，这是指钱财来路要正，财源滚滚，且能聚财。

怎样的塘才算好呢？在风水理论中，水贵弯曲有情，忌水直射冲击。水体自然亲切，对家居的宅运有裨益。私人住宅的池塘，必须距离房子0.3米以上，并在住宅的东南方位上。如果不讲距离，只论形状的话，较好的是半月形池塘，屋前有此塘则主钱谷丰盈。古诀曰：片钱半月塘，财谷百千仓。最好的风水池形如方砚池，诀曰：前塘似砚池，子孙登高第，塘清犹如镜，贵生聪明子。不管如何，池或塘的形状和方位皆要讲究方能获吉。

住宅前面的风水池，若为带状的称为玉带，指既能聚财又能升官，富贵双全也。不要为了气派或好看乱建池塘。

(2) 水池的方位

对于装水的装置，都要考虑好各个方位的吉凶，如浴缸、水龙头等，水池也不例外。水池修建位置的不同会表现出很大的吉凶差，所以要认真看待水池的问题。水池内清澈透明并且是流水形的话，就可以带来清新悦目的感受，为吉相。相反，如果水池内不是流水，蓄积一久，水质必定会腐烂变质，并且湿气变重，使得霉烂潮湿之气充溢庭院及整块地基，日子一久必然不利，这也体现古语"流水不腐、户枢不蠹"

的内涵。

东面的水池应为流水形，吉凶各半。凶相表现在对长子不利；吉相的一面是，东面的水蕴涵丰富的能量，能使水池内的水充满朝气。不过要记住，东面的水一定要是流水，否则所有的吉相就会转化成凶相。

东南面的水池应为流水形，这一方位的水池不应建成死水形的。与东方一样，东南方能源充足，生机盎然，水池里的水以流水为佳，这样可以更好地吸收大自然的能量，并转为方位气为人所用。

东南方的各个方位上吉凶也不尽相同，如辰方位，从风水上说算小吉，可使家庭充满和谐的气氛，如果是经商者，生意会不错。东南方的中央方位，即巽方位内的水池会对家中的女性不利，女性会因此变得性格暴躁。最为凶相的是巳方位。

南面有水池，吉凶相参。从风水上来看，因为南面的日照太强，水池内的水还来不及吸收能量便被蒸发了，所以不能在这一方位修建水池。但是，如果水池配合整个形局，便可起到名利双收作用。

西南面不宜有水池，且在西南面修建任何建筑物都应谨慎。这里如果有水池的话，会使家庭不和，事业衰退，对健康也不利。

西面的水池不宜大。西方，从五行来说属金生水的方位，特别适合水。但不宜修筑大水池，应修小一些，使之"细水长流"。

西北面的水池应远离住宅。西北面的水池在风水上是吉相，不过要注意的是，这一方位同样不能用死水池，应建成流水形的，且无论修在哪个方位内，都要让水池离住宅远一些为佳。

北面不宜有水池，北方天气寒冷，气温低，水质冰凉，这一切都不适合万事万物的成长。

（3）并非吉宅之格局的泳池

游泳是最好的健身运动之一。在风水上，常与水接触能为身心注入水的特质，有助于提高思维的柔韧性。泳池可分为户外、室内、屋顶等，有的是竭尽所能的精致豪华，有的却平淡无奇；有的符合风水原理，是健康发旺的景观风水，有的却不尽如人意。

自古以来，风水学认为，负阴抱阳、背山面水是吉相，所以屋后不能有水。如果住宅的后面多了一个游泳池，就好比背水一战，是不太吉利的。

还有，有的住所庭院不大，却有一个游泳池，这也并非吉宅之格局。这样会显得整个后宅是空的，没有依靠，在风水上是不足取的。

而在宅前安置两个泳池，或是两个看似连接实则分离的泳池，仿佛和整座住宅形成一个"哭"字形，也是不太吉利的。

住宅的中心应该是重要之处，不易被污染。在住所的中庭开游泳池或植大树都不太合适。住宅中心带游泳池的要小心，因为游泳池带湿气，会导致财气跑光光。

风水学认为，任何形式的屋顶一旦漏水都会变成凶相。由此不难联想到，居家住宅如果在平坦的屋顶上建个游泳池，必然也是不吉利的。

还有最重要的是，家里有水池的，水池最好不要干，至少要八分满；有游泳池的，也不要让游泳池干，除非把游泳池上面盖起来。游泳池没有水，叫做"瓦陷煞"，古人认为对家里的幼者不利。

（4）泳池应安置在旺气聚居的"福地"

一般旺气聚居的"福地"，游泳池最好设在透过窗户可以看到的地方，让居住者可以欣赏到水的灵动。

同时也是借泳池的点缀，让人居之所充满诗意与浪漫，散发出动人心弦的灵气。人的心情舒畅了，好运自然会来。

游泳池如果可以安置在主人的旺位之上，应该会有明财和暗财。

为了感受生命的能量和繁荣，有条件的人士不妨扩大院子，使游泳池稍稍远离房间。或者把池子的边缘设计成曲线形，看上去无穷尽地延展了水面。

福地有福人，福人居福地。俗语曰：水旺、财旺、人旺，应验了"风至水止，藏风得水"这一风水理论。

（5）布置吉祥喷泉

"问渠哪得清如许，为有源头活水来。"泳池、池塘中央的喷泉或者人工瀑布都是家居中的活水，均有助于活跃家居气流，避免财气停滞，并且能够有效抵消住宅受路冲、反弓路的煞气的影响。喷泉里如安装向上的灯光，更可强化效果。

瀑布或者喷泉的活水发出的声音亲切而自然，也能对人产生积极的影响。"润万物者莫润乎水"，流水至柔而善，可轻易流过路径上各处的障碍，而涓涓细流的汩汩之声很具抚慰性，能帮助住户度过漫长人生路里的崎岖坎坷。

在布局庭院里的水时，一定要注意的是：应让水以柔和的曲线朝住宅门前流来而不是流去。这样可避免财水外泄。

12.庭院的石块

石块是庭院中的点缀，很多人喜欢在庭院中铺设石子，以及摆放各种石头来美化庭院。家相学上认为，在庭院里铺设过多石块会招阴气、离阳气，于风水不利。招阴气有象征性与实际生活两种不同的意义。从象征的意思上来说，石块本身是庭院的点缀品，能增

加庭院的景致，但如果铺设过多的石块，庭院的泥土气息又会因此消失，使石块充斥着阴气，使阳气受损。从实际生活上来说，炎热的夏天，石块受日照时会保留与反射相当的热量，庭院如果铺满石块，离地面一米高的温度几乎会达到50℃。夏天住在这种地方，简直就等于安装了高性能的辐射暖气设备一般。酷热不仅止于庭院，也会反射到屋中。另外，因为石头的容热量非常之大，白天它吸足了热气，等到晚上周围变得　快时它就开始散热，使周围凉空气又变热许多。如此一来，白天闷热了一天，到了晚上仍不能得以清凉，岂是好事？

由于石头在白天会吸收热气，在冬天就会使温度更低。石块有阻碍水分的蒸发的作用，阴天下雨就会加重住宅的阴湿之气，对居住者产生很大影响。

既然铺设过多石块有那么多缺点，那么就该考虑以其他方式来美化庭院。可以考虑将石头设计成人工的硬质景观，如调度、石刻、盆景、假山等，再利用绿化、水体造型等软质景观相互搭配，透过整个庭院景观来体现深厚的文化内涵。

13.布置好前、后院

前院应清洁，不重豪华美观（太豪华会令人浮躁），应有适量的花木，不可太多太杂（多杂会使心情烦躁、诸事不顺），不可阴气湿重（影响鼻子）；排水应畅通，地面不应有青苔湿气（宜光照）。后院为人丁智慧的象征，住家后院应时时保持清洁，子女才会聪明灵秀。

（1）布置前院的禁忌

白虎方不可种高大的树（伤女人、小孩）；不要有花架（白虎动，琐碎事多）。

正中央不要有大石头（腹中有暗疾、瘤或癌，小孩变坏）。

庭院中少放废气秽物（家中不平安）及乱石或沙石，少放木头屑，也不要放石臼之物（影响身体、事业、家运）。

庭院右方不可安装马达或震动机器；不可建厕所、仓库（谓之"虎拳"，主小孩不听话）；不可放石磨；不可有水池；不可有巨石、水缸；不可有假山造景（不要有水或多种花草）；不可建车库（如三煞在此方时，灶口又向内，女人易流产）；不可有高压电线（必要时可在门上方45°用小镜子反射）。

庭院大门外面不可有电线杆（主人伤眼睛及高血压）；不可有屋角冲射（主人破财、高血压、血光）；右方不可高于正前方；前方不可冲墙角（主人有血光之灾，必要时可在墙角点上圆形小红点化解）；庭院的路的走向不可顺水流出去（主破财，不平安）；不可冲大古树（阴气过盛）。

庭院大门外面不可正对厕所；不可正对他人厨房的排油烟机风口（伤脑、多病）；不可正对乱石及粪坑；不可有路冲；不可面向反弓形路；不可面向反弓水沟、河流及围墙；右方不可有大树；不可正冲他人屋柱；不可冲他人之楼梯口。

院内不可堆烂铁、废钢及破家具、废木料等；不要养鸡鸭类（易患支气管炎），否则会使环境卫生不好，家中不平安。

（2）布置后院的禁忌

后院青龙方不可放化粪池。白虎方不要做假山水池；不要安热水锅炉；不可安马达（应安在青龙方）；不可做水塔。

住家后院正中央最好不要做水池，否则会伤丁、伤贵；要做水池也必须合旺运，否则不做为佳；不可放粪池影响智慧；不可安马达（腰酸背痛）；不要做水塔或水柜蓄水池。住家后院白虎位和正中央不可打井（严重者伤丁），打井宜在青龙方；住家后院白虎位和正中央不可安洗衣机。

住家后院正中央不可烧热水炉；不要摆放石器、石臼、石磨、砖块。

后院外不可有防火巷直冲（腰酸背痛、伤肾，可搬家或用泰山石敢当化煞）；不可有他人墙院直冲（腰酸背痛）。

住家后院花果不要种太多，会导致阴湿太重；不可种大树，否则会使光线阴暗主不平安；不可种有刺的花木。养六畜时应随时保持干净，家中才平安。

住家后院出水口不可从正中央出去（大门则开于水头，后门应开于水尾，虎边是出水口为最佳）。

住家后院花架石板、水泥板时应横放（不要直放，否则有伤肾、暗箭），不可直冲屋内。

14.庭院的围墙风水

（1）围墙的高度要适度

围墙过高，与住宅不能配合，在风水学中属于会带来贫乏的不吉之兆。与住宅相比，围墙过高在现代建筑里属于凶相，有两个理由：

一是小偷容易进入。一般人都认为：高围墙不是会使小偷不易进入吗？实际上并不是这样的。小偷，顾名思义，是偷偷摸摸的，高耸的围墙正好挡住外面的视线，使其偷窃的行径不易为人发现。所以，对他们来说，过高的围墙反而有利。围墙最重要的作用应该在于界限的标志划分，真正的防范小偷应在于玄关、门户是否禁闭。

二是有碍美观。从房屋外部看，围墙与住宅是一体的。远眺可隐约瞧见房舍门窗，这样的景致才美。过高的围墙不仅不美观，更显得主人似乎是气量狭小、没有修养的人。

过高的围墙不吉，过低的围墙也是很不好的，因为现在噪音以及污染的情况很严重，而围墙具有防止噪音、尘埃进入的功效，所以围墙也不宜筑得太低。其高度在超过1米之后，防止污染的功效增加越来越少，所以不宜建得比1.5米高出太多，以免阻挡日照、通风，造成负面的影响。

围墙的种类，除了以花草、树木之外，尚有以木板、铁丝网、水泥、石块、砖块为材料等种种类型。花草、树木建成的围墙，居住者和经过的路人都可以看到四季变化的美景，感觉非常好。其缺点是花费不低，且在维修方面颇费周折。较便宜的大概是水泥砖墙，只不过这种墙易被风吹倒，最好打下深20厘米、比砖块厚两倍的地基才会比较坚固。

（2）围墙忌近房

在狭窄的地方盖房子，再在周围筑上围墙，房子与围墙之间的距离只有一点点，会使人有强烈的压迫感，而且，这类房屋的通风采光一定不好，所以，在阳宅堪舆学中将这类房子视为不吉。

必须要做的是，在墙下方的基底处留约20厘米，如此既可改善通风、采光的不足，也可给狭小庭院内的花草留出生长的空间。

（3）不能任意地高筑围墙

围墙最好不要超过一层楼的高度，即在二楼可被看见的高度。可以和邻居商量，各自在窗内摆放些阻碍视线的物品。

在北侧、西侧开窗户的住家，设个阻碍物大概没什么问题。倒是南方、北方开窗户的人家，因家中常有被外人窥视的可能，所以在遮挡物上要多下功夫。

百叶窗、窗帘、直立鱼鳍状物都有很好的遮挡作用。这鱼鳍的意思就是指许多像鱼鳍一样的遮挡物整齐排列成格子状，既可确保通风及采光，又不必担心被外人看到家里面的情况。

庭院风水之宜

《黄帝宅经》曰："宅以泉水为血脉。"在构成庭院风水的元素中，水是最重要的元素之一。水既能滋养生命、提升活力、招引财气、启迪智慧，既具观赏性且又环保；对庭院进行精巧的构思，通过艺术造型、色彩搭配，可以营造一种更好的氛围。

宜 庭院宜与房子的大小配合

庭院虽然重要，但是也要和房子的大小配合。房子很小，而庭院却很大，就会产生不协调的感觉，此时要根据环境再进行设计。舒服、美观、有亲切感才是理想的庭院设计的原则。

宜 假山宜设在庭院的吉方位

假山、池塘都是庭院的一部分，所以布局时不可单独考虑。假山宜设置在吉方位。下面列出四种宜设假山的吉方位：

西方为设假山为吉方位，如能配合树木，防止日晒则更加吉祥；在西北方设假山为大吉，但是一定要配上树木才会家运兴隆；北方设假山为吉相，就算此方位地势高一点也可以，种植一些树木会更加美观，但树木不要太靠近房子；在东北方设置高耸、屹立的假山会带来稳定感，寓有不屈不挠的意思。假山做高一点比较好，意味着财产稳定、家庭团结以及有好的继承人。

东方不宜设置假山，否则会给学业、事业带来障碍；东南方和东方一样，如果设置假山则属凶相，会令家人在人际关系及交往上遇到障碍、挫折；假山设

在南方也是凶相，意味着才智、能力被山压着，无法发挥出来；西南方属凶方，也不宜设置假山。

宜 围墙宜与房屋保持一定距离

围墙与房屋保持一定距离，能保证足够的通风采光，利于房屋内部的空气流通和干燥，这是相当有益处的布局。

宜 庭院宜适当铺设石块

石块是庭院中的点缀品，在庭院中适当铺设一些石块对增添庭院的景致有很大作用。庭院中适当铺设山石，或是以卵石铺路，这样都可以增加自然气息。

传统的风水学认为，铺设过多石块会使庭院的泥土气息消失。石块是阴柔的物品，能充斥阴气，从而使住户的阳气受损。实际生活中，道路铺设太多的石块会影响走路，易硌脚或扭伤。烈日下曝晒中的石块会保留相当大的热量，而且吸收的热量不易散失，即使在夜间也仍然燥热异常。在冬季，石块吸收空气中的暖气，会使周围更加寒冷。而下雨天，石块则阻碍水分蒸发，加重住宅的阴湿之气。因此，石块不应铺设或摆设大多，以美观而又不影响日常生活为原则。

如果庭院的石头中混有奇异的怪石，如形状像人或像动物等，特别是如果大门前的庭院有长石挡路，均会给人的心理造成阴影，从风水学的角度来分析也象征着家运受阻，宜尽快移开。

※ 水池的形状

水池的形状以圆形或接近圆形为佳。因为圆形四周紧凑，能藏风聚气，还能体现出主人圆润大度。同时，圆形也便于清洁，有利安全和健康。如果养一些观赏鱼、青蛙、水生植物等，能使池塘极富生态活力，能让庭院生机盎然。

宜 庭院布局装饰宜因地制宜

如果在狭窄的庭院里用很大的石头做装饰，或是挖一口大池塘，又或是种很多大树，会给人喧宾夺主的感觉。从字面上来讲，木在围墙内为"困"字，如果家庭出现"困"的格局，则不吉。如果栽种不当，比如种植一些高大树木，就会对庭院的实用功能以及人的健康和生活造成不良影响。一般而言，庭院里不适宜栽种大树，但是不等于说不可以种植其他植物，而是可以种些高度有限的小树，或种一些花草，以美化环境。花草树木是土地中生长出来的精灵，能够营造良好的生态系统。

如果在宽敞的庭院放置很多小道具作为装饰，会给人留下繁杂琐碎、缺乏大气的不良印象，因此，要根据庭院面积的大小，因地制宜地合理设计，力求舒服、美观、大小适中、有亲切感。

庭院风水之忌

在古代，很多城镇都有沟渠河川流经。如果将水流引进庭院，根据"阳宅堪舆学"，此属不吉之兆。因为河水免不了泛滥，必须提防洪灾。如果庭院里的花草树木的栽种不当，就会对庭院的使用功能及家人的健康和生活造成不良影响。

忌 大房子的庭院忌太小

建筑要力求和谐，不仅是基于美学的观点，同时也要考虑安全问题。在谈论风水时，住宅方位的吉凶和房子的比例大小和谐与否要同时考虑，特别要强调和谐。从现代科学的角度来讲，建地宽窄和房子大小的比例问题也应当引起重视。关于这一点，首先在防火上就具有重要意义。尤其是在房屋密集的地方，一旦发生火灾，很快就会蔓延成大火，一发不可收拾。除了预防火灾之外，还必须注重通风、采光等。住宅要尽量避免给邻居带来压迫感，同时还要尽量保持独立、开放的居家环境。

忌 不宜亲近的四种花卉

健康的植物能营造一个良好的生活环境，但以下四种花卉种植在庭院中会影响人的身体健康。

夜来香：夜来香晚间会散播大量强烈刺激嗅觉的微粒，对高血压和心脏病患者危害很大。

松柏类花卉：松柏类花卉散发油香，会令人感到恶心。

夹竹桃：夹竹桃的花朵有毒性，花香容易使人昏睡，降低智力。

郁金香：郁金香的花有毒碱，接触过多毛发容易脱落。

风水 知多一点点

※ 庭院宜种植易养护的植物

庭院的布局要考虑家庭成员的需要。如上班族的两口之家，由于无暇养护花草，庭院中适宜种植花木或宿根花卉；有孩子的家庭，庭院中宜有草坪，这样方便小孩儿玩耍；甚至还可以种植一些色彩艳丽的花草和球根花卉，营造缤纷的儿童乐园；如果家中有喜欢搞养护管理的家庭成员，就可以种植四季时令草花，时时姹紫嫣红，建成一个观赏性极高的花园。

庭院忌有倾斜树

如果庭院里有倾斜树，说明住宅所受的阳光有特定的角度，树木的生长重心总在一个固有方向，假以时日很可能树干不能支撑树枝，容易倒塌砸到住户。

忌 庭院中忌河流穿越

在古代，很多城镇都有沟渠河川流经。如果将水流引进家中，根据阳宅堪舆学，此属不吉之兆。因为河水免不了泛滥，必须提防洪灾。而且，一般水流流经之地多为地势低洼之所，这些地方大多隐藏着危机。

忌 庭院忌种植有毒植物

花草树木是庭院的"活物"，有选择性地栽种可以让庭院充满旺盛生命力，营造出一个清新、充满活力的环境。花草怡人、枝叶繁茂，可让空气中的阴离子增多，能调节人的神经系统，促进血液循环，增强免疫力和机体活力。但有些花草含有毒素或有毒的生物碱，即使形态上能赏心悦目也不能栽种，以免影响身体健康。

风水 知多一点点

※ 庭院中的石质景观

庭院的石头多采用人工材料做成的硬质景观，如雕塑、石刻、木刻、盆景、喷泉、假山等，再利用绿化、水体造型的软质景观加以辅助，两者结合，意趣横生。如果庭院面积过小而没有条件设置假山、喷泉等，可以铺设少量大小不一的石块，加以精心设置，并辅以花草，可增加活力。

Part 13

过道风水

平整的"室内交通线"

过道是联系各居室的交通纽带，所以理所当然地成为了居室中利用频率最高的区域之一。作为室内的"交通线"，方便行走是过道主要的功能要求，因此过道的地面应平整，易于清洁。空间上要留有适当的宽度以方便通行，宽一般应在80厘米左右，人员走动较频繁的地方可放宽至120厘米，不常走动的过道设置在50厘米左右即可。过道一侧墙面上可做一排玻璃门吊柜，这组吊柜不宜太高，内部要有多层架板，在架层上放些纪念品、工艺品等。在吊柜旁空余出来的墙面上，可挂上几幅尺寸适宜的装饰画，能起到填补墙壁空白的作用，更能增添过道的艺术气息。由于过道是经常走动的地方，所以最好是选择耐用、耐擦洗的墙面漆。

干净整洁的过道会给居住者带来好心情，也方便居住者行走。过道宜保持长期的照明，这样既方便日常生活，又能带来好的家运。

过道风水概述

过道是联系各居室的交通纽带，所以理所当然地成为了居室中利用率最高的区域之一。过道装饰的美观主要反映在墙饰上，因此要尽可能把握"占天不占地"的原则。

1.过道方位的选择

住宅的过道是一宅之动向位置，若此位置的瓷砖色彩五行克此方位之五行，则主家宅不宁。这个方位是以本宅中心点分出的，东方和东南忌白色瓷砖，西和西北忌红色瓷砖，南方忌黑色瓷砖，北方忌黄色瓷砖，东北、西南方忌绿色瓷砖。

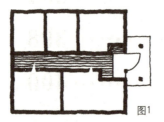

过道不宜将房屋分隔成两半(如图1)。

图1

镂空过道应有扶手(如图2)。

图2

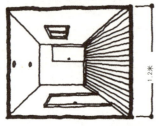

过道的宽度最好为1.2米(如图3)。

图3

避免过道逐渐升高的格局(如图4)。

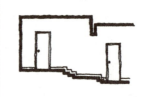

图4

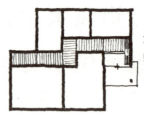

过道不宜铺设榻榻米(如图5)。

图5

橱柜

过宽的过道，可摆设一些橱柜作装饰(如图6)。

图6

过道长度以房屋深度的2/3以下较理想(如图7)。

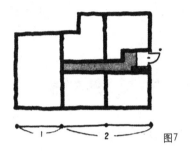

图7

昏暗的过道应加设照明灯(如图8)。

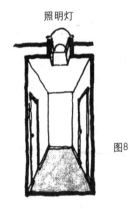

照明灯

图8

过道的宽度倘若超过1.2米，就视为房屋的延长(如图9)。

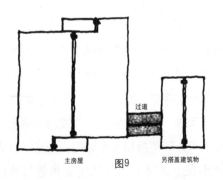

主房屋　图9　另搭盖建筑物

房屋中心有过道，而过道的屋顶是通透式时，不宜(如图10)。

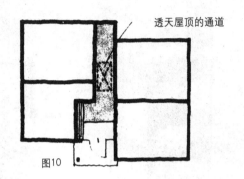

透天屋顶的通道

图10

室外过道，如果宽度超过1.2米，主残缺现象，不宜(如图11)。

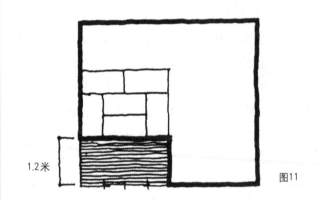

1.2米

图11

2.过道的方位格局

过道，在风水上很多人会忽略它，实际上过道与一个人的社会地位、信用以及整体运气息息相关。过道宽度应保持在0.9米以上，而且有栏杆、屋顶，并有数根支柱支撑以突出个性。若能如此，则无论在任何方位均为吉相。居室入口处的过道常起门斗的作用，既是交通要道，又是更衣、换鞋和临时搁置物品的场所，是搬运大型家具的必经之路。在大型家具中，沙发、餐桌、钢琴等的体积较大，因此，在一般情况下

过道净宽不宜小于1.2米，通往卧室、起居室(厅)的过道要考虑搬运写字台、大衣柜等物品的通过宽度，尤其在入口处有拐弯时，门的两侧应有一定余地，故该过道宽度不应小于1米；通往厨房、卫生间、贮藏室的过道净宽可适当减小，但也不应小于0.9米。各种过道在拐弯处应考虑搬运家具的路线，方便搬运。俗话说"路通财通"，就是要保持过道的畅通无阻，财运才会如意。过道在家相上很难变成吉相，但在东、东南、南、西南过道，基于通风、遮光面而言，也可能成为吉相。除此之外的方位则很难变成吉相，最不好的是过道把房子一分为二。如果只考虑人走动时的动线，那过道改造的重点就要求不要超过房子长度的2/3。

3. 过道的形式

现在最常见的过道形式是位于中间，即把住宅一分为二，这样就形成了不利的风水，容易形成宅内功能区失衡。在这种情况下，各人势力的大小由双方所占面积的大小决定。如果是父母房间的面积小而孩子的房间面积大的话，就会形成父母对孩子有求必应，孩子被过分溺爱的局面。但是，并不是说父母的房间面积很大就是好的，因为这样会让孩子感到自己无时无刻都生活在高压之下，不由自主地会产生一种叛逆心理。

4. 过道的装饰材料

(1) 适合过道用的天花材料

近年来，吊顶在家庭过道装修中的使用率越来越高，从最初的纸糊顶棚到后来的石膏板，再到如今的PVC板、PS板、矿棉板、铝天花等，无论是材料的种类、使用寿命，还是装饰效果，都有了很大的发展。

质轻价低的石膏板：这是过去常用的吊顶材料之一，质轻价低，视大小规格不同，每平方米从十几元到几十元不等。早先的石膏板防潮、防火性能不佳，而现在已有了防火、防潮的产品。用石膏板做吊顶需用龙骨安装，十分麻烦，而有的普通石膏用久了会发生粉化和下陷，所以在今天的家装材料市场上已难觅石膏板的踪迹了。

吸声效果好的矿棉板：矿棉板以矿物纤维为原料制成，最大的特点是具有很好的吸声效果，矿棉板的图案有满天星、十字花、中心花、核桃纹等。矿棉板能隔音、隔热、防火，高档一点儿的产品还不含石棉，对人体无害，并有防下陷功能。价位也较适中，每平方米在20～50元之间。

易加工的夹板天花：这是现在装修常用的一种天花材料。夹板(也叫胶合板)，是将原木经蒸煮软化后，沿年轮切成大张薄片，通过干燥、整理、涂胶、组坯、热压、锯边而成，具有材质轻、强度高、弹性好和强韧、耐冲击和振动、易加工和涂饰、绝缘等优点。受欢迎的原因在于能轻易地打造出各种各样造型的天花，包括弯曲的、圆的、方的等等；缺点是怕白蚁，补救方法是喷洒防白蚁药水。

适合过道使用的铝天花：这是近年发展起来的吊顶材料，不仅能防火防潮，还能防腐、抗静电、吸音、隔音。铝天花分网格天花、方形扣板、条形扣板等，若按表面形态又可分为冲孔和平面两种。冲孔的最大作用是通气和吸音，扣板内部铺有一层薄膜软垫，潮气可透过冲孔被薄膜吸收；表面冲孔还可组成多种图案，最适合过道使用。铝天花表面经过涂料加热固化处理，有丝光、丝面、镜面等不同光泽效果和各种色彩系列。国产铝天花的基本材料为铝镁合金、铝锰合金；进口产品多为铝锌合金，硬度高于国产铝天花。

经济实用的PVC板：PVC板便宜实用，是家居装饰、装修首选的吊顶材料，价格从每平方米几元到二十几元不等。它以PVC为原料，重量轻，能防水、防潮、防蛀，由于制作过程中加入了阻燃材料，所以安全性能较高。PVC板的花色和图案种类很多，多以素色为主，也有仿花纹、仿大理石纹的，它的截面为蜂巢状网眼结构，两边有加工成型的企口和凹榫。该板材可弯曲，有弹性，用手敲击表面声音清脆，遇一定压力也不会下陷和变形。它的缺点是耐高温性不佳，长期处于较热的环境中容易变形。

注重装饰效果的PS板：这是新型的进口材料，色彩稳定、弹性大、质轻、透光性好，是理想的吊顶材料。PS板有多种花纹，如有树皮纹、流水纹、珠子花等，并且不会褪色老化。由于它透光性良好，故可以在吊顶内部安装照明灯具，形成均匀的散射效果，具有很好的装饰性。

艺术感强的彩绘玻璃天花：彩绘玻璃天花突破了传统的单调和局限，是以玻璃为基材的新一代建筑装饰材料。这种天花安装方法简便，容易更换，绘出的图案线条清晰、无伤痕、色彩鲜艳、立体感强、透光性能佳，但并不透明。目前可供选择的花色图案有装饰人物、仕女图、山、水、花、鸟、飞禽走兽图等。玻璃天花内部可安装照明装置，光源通常使用普通的日光灯，但一般只用于局部装饰。

(2) 适合过道用的墙面材料

过道墙面的装饰效果由装修材料的质感、线条图案及色彩三方面因素构成。过道墙面常见的装饰材料有油漆涂料、塑料墙纸、墙布、大理石墙砖、瓷砖等。

油漆涂料：一般过道墙受气候影响不大，因此可选用调和漆来漆墙面，其干性、光泽、硬度及附着力均较为理想。如果要求高一些，则可采用醇酸瓷漆，其特点是韧性强、耐磨、耐光、光泽持久等，是很好的过道墙色漆。

塑料墙纸：塑料墙纸品种、花色、图案极多，应认真加以选择，达到最佳效果。

墙布：也称壁布，可直接贴于墙面。基层衬以海绵，也可作墙面软包材料，有玻璃纤维印花墙布、无纺墙布、纯棉装饰墙布、化纤装饰墙布、锦缎墙布、

塑料墙布等。

大理石墙砖：大理石墙砖是用大理石板镶贴在墙体表面的石材装饰。大理石是高级装修材料，价格昂贵，用它装饰墙面，庄重大方，高贵豪华，但过道中不宜大面积使用。

瓷砖：瓷砖是一种上釉的陶板，故又称釉面砖，其厚度较薄，尺寸较大，表面光滑，易于清洗，抗水抗火，耐磨耐蚀，所以多用于过道的墙面。

（3）适合过道用的地面材料

过道地面主要有以下三种装饰材料，即实木地板、瓷砖和地毯。

实木地板：中式风格的过道装修中，应该用实木地板而非复合地板。虽然复合地板的花色图案和色彩丰富，却有着过于强烈的现代气息，实木地板色彩单调，但正是这种单调的色彩给予过道地面以宁静古典的气氛，且实木地板更具高品位的质感，可与室内其他实木家具搭配和谐。

瓷砖：瓷砖款式多，大小、功能也非常齐全，且是一种不怕潮湿、不怕酸碱，很容易清理的装饰材料。可以在过道的地面铺置瓷砖，若担心材质的感觉比较冷，可选择花纹比较丰富且颜色搭配为暖色调的瓷砖。利用瓷砖铺贴成一幅有整体设计性的图案，更能显示出整个居室的气派和生动。这都是木质地板、地毯等其他建材无法与之相媲美的。

地毯：地毯的品质，除了纤维的特性和加工处理外，毛绒纤维的密度、质地越厚重，外观就保持得越好。一般短毛而密织的地毯是较为耐用的。检查一般短毛地毯的密度和弹性主要有两种方法：一种是可用拇指按在地毯上，能够迅速恢复原状的表示织绒密度和弹性都较好另一种方法是把地毯折曲，越难看见底垫的，表示毛绒织得越密。

地毯的质料、织法结构和加工处理都是针对不同的环境需要而决定的，因此应根据个人所需进行选购。选择地毯时还要注意铺设的位置和铺设处的行走量多少。过道是走动频率较高的区域，就要选用密度较高、耐磨的地毯；楼梯要选耐用、防滑的种类，通常会有标签注明"楼梯适用"。要避免使用长毛圈绒毯，因为长毛圈绒毯的底部容易在楼梯边沿露出来；至于在容易染上污渍的地方，如饭厅等，则宜选用经防污处理的地毯，以方便清理。

一般而言，素色和没有图纹的地毯较易显露污渍和脚印；割绒地毯的积尘通常浮现于毯面上，尘污容易清理；圈绒则容易在毯底内积尘，较难清除。优质地毯有不褪色、防霉、防蛀、阻燃等特性。选购人工或机织地毯时，应注意是否有厂方提供的防尘、防污、耐磨损、防静电等保证。

5.过道的布置

那么过道该如何布置呢？如果住宅比较宽敞，该多开几条过道，这样就不会存在"势力"之争了。住宅较窄时，应尽量使之靠墙。

东西一分为二的过道，在待人处世上属于上下对立，不利风水；

南北贯通的过道，象征家庭不和谐；

如果西北方（戌亥方位）有房间或过道包围，主家庭、人事不利；

如果东南方（辰巳方位）有房间被过道包围的话，主为人处事不利；

西北方被过道围住时，主工作不顺利；

如果东南角被过道所包围，主是非多。

6.过道的光源

　　一些面积稍大的居室，房间与房间之间多会形成一条小过道，当然，面积更大的，过道就会更大、更长。一般大厦内屋外过道便是电梯大堂，门外过道要光亮，就必须24小时有灯亮着。现今大部分大厦都装有灯，不需要住户自己动手安装，但这些灯如果坏了而大厦管理人员仍迟迟未修理，那自己就得想办法尽快把它修理好，因为门前过道太阴暗不利于家人的工作运。屋内过道同样要光亮，不可太阴暗，否则不利于家人的运气。有的住宅在过道天花板上安了五盏光管并倾斜地排列着，而且光管还是紫、蓝、绿等缤纷色彩，然后在光管下又安装了一块透明玻璃，当人站在小过道内向天花板望时，有如五把箭扣在天花板上，给人提心吊胆的感觉，这便会造成家人的情绪波动，所以，最好改用其他灯饰或只用一两支光管，这虽简单，却也大方、明亮。

7.过道的绿化

　　居室的过道空间往往较窄，但它是玄关通过客厅或者客厅通往各房间的必经之道，且大多光线较暗。此处的绿化装饰大多选择体态规整或攀附为柱状的植物，如巴西铁、一叶兰、黄金葛等；也常选用小型盆花，如袖珍椰子、鸭跖草类、凤梨等，或者选择吊兰等采用吊挂形式的植物，这样既可节省空间，又能活泼空间气氛。另外，还可根据壁面的不同颜色选择不同的植物。假如壁面为白、黄等浅色，则应选择带颜色的植物；如果壁面为深色，则选择深色淡的植物。总之，该处绿化装饰选配的植物以叶形纤细、枝茎柔软为宜，以缓和空间视线。

过道风水之宜

干净整洁的过道不仅会给居住者带来好心情，也方便居住者行走；过道是人们经常走动的空间，宜保持长期照明，这样既方便日常生活，又能带来好的家运；过道装饰的美观主要在墙饰上，墙饰做得好能增添高雅、宁静的气息。

宜 过道宜整洁、通畅

干净整洁的过道，会给居住者带来好心情，同时也方便居住者随意行走。如果在过道堆放过多杂物或者垃圾，就会影响居住者的心情和生活，甚至使生活失去方向，不利家运。

宜 过道边墙宜重点装饰

过道装饰的美观主要在体现墙饰上。或在一侧墙面安装内有多层架板的玻璃吊柜，放些纪念品等物；也可挂上几幅适宜的装饰画，起到补缺的作用，更能增添文明、雅静的气息；或在过道面积稍大的一面墙上挂一块较宽的茶镜玻璃，玻璃下方墙脚处放置盆景或花卉来衬托。如果茶镜能反衬出室外的树木等景色，则有借墙为镜，延展空间的良好效用，上下、内外相映生辉，生生不息。

宜 大面积过道宜摆放绿色植物

若是过道比较宽阔，可在此配置一些观叶植物，叶部要向高处发展，使之不阻碍视线和出入；摆放小巧玲珑的植物，会给人一种明朗的感觉。也可利用壁面和门背后的柜面放置数盆观叶植物，或利用天花板悬吊抽叶藤、吊兰、羊齿类植物、鸭跖草等。至于柜面上，可放置一些菊花、樱草、仙客来、非洲紫罗兰等。将室内的花草每周对换一次，以达到调整绿色植物生长环境的目的。

宜 过道宜保持明照

过道是气的通道，因为旺盛之气是随明亮的光和"S"形线进入屋子的，所以昏暗的走廊不利。在这里摆放的植物、桌子、书架等物品，都应该交错形成"S"状。在走廊的拐角处，气容易沉淀，所以在拐角处用花或灯进行装饰，有意识地给空间照明。

风水 知多一点点

※ 过道空间的利用

因为现今是寸金寸土的时代，大家为了尽量利用家具中的每一寸空间，于是便想到了在屋内小屋内小过道做假天花板，并在天花板上开一柜的位置，天花板自然就成了一个储物柜。过道本身比较狭窄，但设计好有限的空间，也可以达到装饰和实用的双重目的，如可以利用过道的上部空间安置吊柜，利用过道入口处安装衣镜、梳妆台、挂衣架，或放置杂物柜、鞋柜等。但必须注意的是不宜摆放利器，以免出现不必要的伤害。

过道风水之忌

过道是居家的"交通线"，在家居风水中有重要作用，如果在过道堆放过多杂物或者垃圾，会影响居住者的心情和生活，不利家运。过道不可直冲卧房门，因为这样会令气流直接冲向卧房，影响房间内的气场。过道的光线不足会使住宅的阴气过重，无形中也影响了家庭的运气。

忌 过道内忌有横梁

横梁是装修设计中应注意的问题，也是较难处理的风水问题。如果小过道内出现横梁，一般会做假天花来化解，这样既美观大方，又解决了风水方面的问题。否则，不但有碍美观，会使人心理有压迫感，导致家人工作可能会出现阻力，做事不顺利等，影响家运。

忌 小面积过道绿化忌杂乱

居室的过道是行走最频繁的地方，摆放的绿色植物切忌杂乱无章、缺乏主题。不宜把插花、盆栽、盆花、观叶植物等并排陈列，这样既阻塞通路，令人走路时受到阻碍，也容易损害到植物。

忌 过道忌五颜六色的灯光

过道的使用频率很高，为了方便人们日常生活，不管是室外过道还是室内过道，均宜以明亮而不刺眼、单纯而不单调的暖色系灯光为主，切记胡乱拼凑，大搞五颜六色的彩灯，这样的话只会适得其反。

忌 过道忌有利器

许多家庭在装修时，在屋内的小过道做假天花板，在天花板上开一个柜的位置，使其自然就变成了一个储物柜。在储物柜内摆放一般物件，如衣服、棉被等是没有问题的，但不宜摆放利器，以免出现不必要的意外。过道边墙也不能挂刀、箭等利器，以免万一掉下来伤害到家人。

风水 知多一点点

※ 清理拐角垃圾

三角拐角处是容易堆积垃圾的地方，所以在拐角处放置一个三角筐垃圾箱最为合适。建议选择不锈钢制、带有盖子的三角垃圾箱。因为，若使用塑料制的，垃圾的坏气味会扩散。三角拐角处被污染会使财运大幅度下降，所以不要在此处积攒垃圾，要勤倒垃圾、经常擦洗。

忌 过道忌将房子一分为二

如果过道把房子分隔为两部分，就是把风水气场分散成两半，不利家庭的财运。同时，风水学认为，在住宅的中央穿过的过道等于把整个家庭一分为二，这样会导致家庭不和睦，影响夫妻感情。回字型过道亦影响家运，也是风水中的大忌。

忌 过道地毯忌不透气

地板的阳气很强，如果在上面铺上不透气的地毯，就会阻隔阳气，导致家里阴气增加，所以要选择通气良好的地毯铺设过道。地板是吸收大地能量的过滤器，但深色、陈旧的地板不能充分吸收大地的能量，所以应该选择铺设明亮色调的地板或地毯。

忌 过道壁柜忌潮湿不通风

居住者对贮藏空间的质量要求越来越高，一些设置不当的壁柜被大量改造、拆除。根据贮物的基本要求，吊柜净高不应小于0.4米，壁柜净深不宜小于0.5米。壁柜常因通风、防潮不良而造成贮藏物品霉烂，所以对设于底层或靠外墙、卫生间等容易受潮部位的壁柜，应采用积极的防潮措施，所有壁柜内均应平整、光洁。

忌 过道不宜使用过多的大理石

用有自然纹理的大理石或有花纹图案的内墙釉面瓷砖铺贴墙面，可起到良好的装饰作用。大理石是高级装修材料，价格昂贵，用它装饰墙面，庄重大方、高贵气派，但如果要讲究经济实用的话，则不宜大面积使用。

Part 14

楼梯风水

转承中的优雅弧度

现代的住宅多是高楼层，都离不开联系上下空间的楼梯。在复式房的设计中，楼梯是承前启后的的关键部位。从风水上说，"流动"在五行中属水，楼梯有一定的倾斜度，水往低处流，其角度愈大则流动愈急。假若楼梯正对大门的话，则代表了财气从高处往低处流，并且直奔大门而溜走。楼梯作为房屋的通道，不仅是家中联系"上"与"下"的纽带，而且也是家中不可忽视的一道风景，它可使气从一楼通到二楼、三楼甚至更高。楼梯分内气楼梯和外气楼梯，内气楼梯吉利，外气楼梯不吉利。客厅中优雅的半圆形楼梯是最好的设计。

现代商场中常采用梯式升降机运送客人，而不设或少设下行的楼梯，这从风水上来讲，象征着"入大于出"，财源滚滚而入。从住宅的角度而言，楼梯为重要之"气口"，因此，布局上必须尽量位于旺方。楼梯的理想位置是靠墙而立，并避免设在房屋的中心。若方位不对，就会给家庭带来损害。楼梯的所有部件应光滑、圆润，没有突出、尖锐的部分，以免对使用者造成无意的伤害。

楼梯风水概述

很多复式住宅都离不开联系上下空间的楼梯。楼梯作为重要通道，已成为家中不可忽视的一道风景。有人认为，楼梯和房间不同，只要能发挥通道的功能就行了。其实，楼梯既是家中接气与送气的所在，也是很容易发生事故的地方，倘若弄错位置或形状，就犯了居家风水大忌，就会给家庭带来损害。因此，打造好的风水住宅，不可忽视楼梯的风水。

1. 楼梯的方位

居家风水中，最讲究的是"气"的流动。"气"，即是户外具体意义上的新鲜空气，是风水的"运气"和"财气"。楼梯不但能走人，还能运"气"，加强"气"在屋内的流动。由于楼梯具备向上蜿蜒的趋势，让人一眼看不到它的尽头，象征步步高升，所以，如果家庭中有人为官的话，楼梯的设计就要特别重视。假如楼梯布置在居家的生旺方，如飞星一白、六白、八白飞临之方位等，楼梯的设计就更不容忽视了。尤其是六白星，六白代表官星，专门利职位升迁的；其次得注意一白星，一白是代表名气；八白旺财，八白星的力量能使财运比官运稍强。一白星也代表文昌，如果求学者把楼梯布置在一白星位置，可以使其学业有成；若以求财为主，就要把楼梯设计在八白星的位置，这样就会财运亨通。

楼梯既是家中"接气"与"送气"的所在，也是容易发生事故的地方。楼梯的理想位置是靠墙而立，避免设在房屋的中心，若方位不对，就会给家中带来损害。从方位飞星来讲，二黑代表病痛，三碧为是非贼劫之星，七赤乃斗杀剑锋之星，五黄为极毒之星。如果你家的过道和楼梯安置在二黑星或五黄星的位

置，不论是地盘的飞星还是流年飞到的飞星，均主病痛，这是气煞的位，若加之楼梯太斜或直梯的话，就会病难多多，因为风水之吉是形气相合，吉更吉，风水之凶是形气相合，凶加凶。风水形气效应里，最可怕的是二黑星与三碧星相会（所谓斗牛煞），以及六白星和七赤星相会（所谓剑锋煞），这两个煞局如果

正好在楼梯而且对着大门，或楼梯有通直的过道冲过来的话，其家宅必有官非诉讼事情发生，还可能会无意中招惹意外灾祸。另外，有一组飞星也是十分凶恶的，即三碧和七赤并列相会在楼梯，家人容易遇到盗贼，会破财。三碧七赤的组合亦称为穿心煞，如果动气在此，多会生病而自己并不会察觉，用医学仪器也不易查出，且慢性病痛不断延续，最后到了晚期即出现大凶。另外，三碧七赤是暗煞，容易遇到小人暗算而破财，俗话说"明枪易躲，暗箭难防"，这是风水里最难防的凶局。如果楼梯和过道连着，或楼梯对着大门而楼梯出现了一个十分危险的毒星五黄，或遇见流年五黄重叠的话，就是最重大的关煞，主损人口。笔者建议住家赶快在楼梯或大门装上凸透镜把煞气扩散化掉（凸镜有扩散作用，可以把煞气折射扩散出去），以求平安、幸福的家运。

风水是十分玄妙的东西，但容不得轻视。上面所说的二黑、三碧、五黄、七赤都是指理气，是方位的潜伏杀气。通常，如果没有形煞来配合一般不会出大问题，但形煞一来灾难就会骤增，流年的煞气降临也是极大的凶兆。气煞如果遇到形煞或设计布局不合理时，比如二黑和五黄之煞气的楼梯间装潢的时候漆成红色或者在装饰时候配上红色地毯，就是倒霉的象征，因为二黑五黄五行属土，红色地毯属火，火生土，病星、毒星不断生旺，病情就会一天天加重。如果又在楼梯相对的地方无意中挂了不该挂的东西，如刀具或玩具枪等有杀气的物件，则很可能会导致某人病情急剧恶化；又或者三碧星在直梯上，就会财物耗散。三碧五行属木，直梯属木，也会招来杀气来临会有灾难发生。

2.楼梯的吉凶程度取决于其位置

原则上，楼梯开在房屋外最好，但很多情况下是行不通的，尤其是私人住宅。在屋内设置楼梯时，首先要注意的是必须避开中央方位，特别是房屋的正中心方位和太极方位，否则会给主人带来不良影响。不过如果是旋转楼梯，而且其长度只有一米的话就不用担心，因为这种旋转会使凶相大大减弱。

3.各方位楼梯的影响

在楼梯定位上要注意的是，如果楼梯定位于正方中央15°的话，则会带来不好的影响。还有，楼梯下要避免有厕所，否则厕所内的臭气、湿气会顺着楼梯散扩到二楼，这实在不是好事情。

楼梯若位于北方时，只要避开中央就行了；

如果选择在东北方位装修楼梯的话，同样不要选择中央位置，东方与东南方亦不宜选；

南面建有楼梯的话，会让人感到不舒服，应放弃这个方位；

如把楼梯置于西南门内的话，则会对健康不利。

西面的楼梯同样不是吉相，不宜在此处设置；

设置在西北方位时也应避开中央15度方位，否则不利家运。

4.楼梯的形状

住宅是聚气养生之地，如楼梯进口对着正门，宅内之财气、福气就会顺着楼梯向门直冲而去，此乃大忌。楼梯第一个台阶在房内任何位置都不会对整体有太大的影响（当然需考虑其方便性），但出口却不可在房屋中心。楼梯是快速移气的通道，能让气从一个层面向另一个层面迅速移动。当人在楼梯上下移动时便会搅动气能，使其借楼梯迅速移动，达到聚气、养气之目的。为了达到此目的，楼梯的坡度越小，其效果就越好。为了避免楼上的财气、运气直冲而下，室内楼梯从形状上讲尽量不要做直梯，应做有折线形的楼梯（即有休息平台的楼梯）、螺旋楼梯或弧形楼梯为最佳。当然，具体做何种楼梯还要参考其他因素，比如房型、空间、装修风格及业主的个人爱好等等。从实用与美观的角度来说，螺旋梯、折梯、弧梯是各有其优缺点。

直线倾斜向上式：这种传统的款式比较常见，它占地面积较小，便于儿童、老人活动，两边结合墙壁置栏杆和扶手，也可根据客厅、走廊和其他部分的室内整体风格加以修饰。另一种也是依墙体而建，加上透空的栏杆，其造型与墙裙的装饰协调统一即可，色彩方面不受特别限制。

弧形微旋向上式：这种款式比直线倾斜向上式占地面积略大，体现出的美感、韵味也更多一些，可以活跃室内气氛。由于弧形的特性，造型方面可更大胆、夸张。特别在色彩上，无论是使用与室内色彩统一的近似色，还是采取对比色调来造成强烈反差，均能创造出较好的效果，产生豪华气派感。

螺旋向上式：这种款式对老人和儿童不太适宜，每一段跨度较大，安全性较差，但是它有强烈的动态美感。由于它建于厅堂偏中部位，不靠墙，故围栏不能借助于墙体，但它透空的栏杆却可以更好地突出楼梯自身的艺术魅力。

总之，楼梯款式的选择要依据房间整体的风格、大小来定。

5.楼梯的材料

楼梯的材料有木制、铁制（有锻打和铸铁两种）、大理石、玻璃和不锈钢等。楼梯是整个室内装修的一部分，选择什么样的材料做楼梯，必须与整个装修风格协调一致，否则会显得格格不入。

木制品楼梯：这是市场占有率最大的一种。消费者喜欢它的主要原因是木材本身就会给人以温暖感，与地板的材质和色彩较容易搭配，施工也相对方便。选择木制品做楼梯的消费者要注意在选择地板时对楼梯地板尺寸的配置。目前市场上地板的尺寸以90厘米厘米长、10厘米宽为最多，但楼梯地板可以配120厘米长、15厘米宽的地板，这样的楼梯只要两块就够了，可少一道接缝，也易于施工和保养。对柱子和扶手的选择，应做到木材和款式匹配。

铁制品楼梯：这实际上是木制品和铁制品的复合楼梯。有的楼梯扶手和护栏是铁制品，而楼梯板仍为木制品；也有的是护栏为铁制品，扶手和楼梯板采用木制品。这种楼梯比纯木制品楼梯多了一份活泼的情趣。现在，楼梯护栏中锻打的花纹选择余地较大，有柱式的，也有各类花纹组成的图案。色彩有仿古的，也有以铜和铁本色出现的。这类楼梯扶手都是量身定制的，工艺复杂，价格较高。铸铁的楼梯相对来说款式单调一点，一般厂商有固定的制造款式，色彩可以根据要求灵活选择。比起锻打楼梯，铸铁楼梯会显得稳重些。

大理石楼梯：已在地面铺设大理石的居室，为保持室内色彩和材料的统一性，最好继续用大理石铺设楼梯。但在扶手的选择上大多采用木制品，使空间内增加一点温暖的感觉。

玻璃楼梯：这是最近流行的新款式，比较适合现代派的年轻人。玻璃大都采用磨砂且不全透明的，厚度在1厘米以上。玻璃楼梯也宜用木制材料做扶手。

除上述材料外，还有用钢丝、麻绳等做楼梯护栏的，配上木制品楼板和扶手，看上去感觉也不错。这类既新潮又有点回归自然的装饰价格也不高，不失为时尚又个性的选择。

6.楼梯的装饰

楼梯的细节美化是十分重要的。可在楼梯转弯处随着楼梯的形状摆放不很规则的装饰挂画，再配上一些比较有新意的装饰品，如金属质地的雕塑、艺术相框、手工烟灰缸等，在细节上与装饰画相呼应。如果一上楼梯正对的墙面面积很大，那么就可以根据自己的想法直接在墙面上画图案装饰。当然，画图案最好是请专业人士来完成。

楼梯处植物的摆设要根据实际情况来定。如果楼梯较窄，使用频率又高，在选择植物时宜选用小型盆

别地收藏东西。还可以根据楼梯台阶的高低错落，制作大小不同的抽屉式柜子，直接嵌在里面，用来摆放不同物品。楼梯踏板也可以做成活动板，利用台阶做成抽屉，作为储藏柜用。另外，那些不常用的东西以及孩子们所丢弃的玩具，或是那些等着回收的报刊废纸，都可以放置在这个地方，而且可以被遮掩得严严实实。

展示柜：活用不起眼的死角，往往会有出乎意料的效果。楼梯间亦可充分发挥空间利用的功效，靠墙的一侧可以作为展示柜，展示柜可依楼梯的走势而设计，做成大小不一的柜子，这种柜子订做要合适，然后再在墙上打上适当的柔光，可使展示柜上的物件精美漂亮。

花，如袖珍椰子、蕨类植物、凤梨等。还可根据壁面的颜色选择不同的植物。若楼梯较宽，每隔一段阶梯可以放置一些小型观叶植物或四季小品花卉。在扶手位置可放些绿萝或蕨类植物。平台较宽阔的话，可放置印度橡皮树等。

7.楼梯的下部空间

楼梯的造型千变万化，大多数人所采用的造型都可以在楼梯下面留一个空间。这样的空间若能合理地规划，则能起到很好的收藏和展示作用，甚至还有其他更妙的作用。

储藏间：楼梯占用了不少室内的有用空间，在多数家庭，通常都将其下方的空间作为储藏物品之用。例如，可以加装一扇门，里面摆上几个储物箱，分类

楼梯风水之宜

从住宅的角度而言，楼梯为重要之"气口"。因此，布局上应尽量使楼梯位于旺方。楼梯的理想位置是靠墙而立，避免设在房屋的中心，若方位不对，就会给家中带来损害。楼梯的所有部件应光滑、圆润，没有突出、尖锐的部分，以免对居住者造成意外的伤害。

宜 楼梯宜设在隐蔽处

设计楼梯时，应尽量做到不让楼梯口正对着大门，主要方法：一是可以把正对着大门的楼梯反转设计，比如把楼梯的形状设计成弧形，使得梯口反转方向，背对大门；二是可以把楼梯隐藏起来，最好隐藏在墙壁的后面，用两面墙把楼梯夹住，以增强上下楼梯时的安全感。

宜 大门和楼梯之间宜设屏风

如果大门直对楼梯口，大门的气就会直冲楼梯口。出现这种格局时，宜在大门和楼梯之间放置一个屏风，使"气"能顺着屏风进入家门。

宜 三碧和四绿命的宅主宜设计直梯

直梯最为常见，也最为简单，但在设计时要考虑是否适合宅主，如果适合的话，对提升家运有不错的效果。三碧和四绿命的宅主宜选择直梯。

宜 楼梯照明宜明亮

从所处的位置来讲，楼梯多给人较昏暗的感觉，所以光源的设计就变得尤为重要。主光源、次光源、艺术照明等方面都要根据实际情况而定。过暗的灯光不利于行走，过亮又易出现眩光，因此，在掌握光线清晰的同时，要追求一定的柔和度。

宜 楼梯的高度差宜控制在首末步

所谓楼梯的首末步，就是与地面相接的第一级踏步和与楼板相接的最后一级踏步。这两步不仅是上下空间的连接点，也不仅仅是楼梯的支撑点，它们还是整段楼梯中最关键的地方。一般而言，楼梯的调整会在楼梯的首、末两级进行，而中段保持不变，所以有可能出现首、末两级的踏步高度与中段不同的情况。把调整安排在首、末两级有一定的道理，因为每个人在踏上楼梯第一步的时候总是十分小心，当熟悉了踏步的节奏后，心中的戒备才会逐渐放松，而这个时候，我们正走在楼梯的中段，所以楼梯中段的踏步高度必须保持与首末步相同。

※ 楼梯踏高的控制

如果是预制的楼梯，用空间高度除以楼梯长度就可以算出每个台阶的踏步高度。但如果是后加工的楼梯，空间是固定的，而楼梯的配件尺寸也是预制的，两个固定的尺寸之间必定存在着矛盾。我们只能以楼梯的尺寸去配合空间的尺寸，这就难免出现不和谐的情况。如果需要改变楼梯踏高的话，一定要控制在一个合理的范围之内，一般而言在4厘米之内较为合理，通常是2～3厘米，首末步的变化范围也要控制在这个范围中。

宜 楼梯台阶宜防滑

楼梯、台阶与坡道如不设防滑条的话，则踏步面应向内侧倾斜，以免人在上下楼梯时滑倒。楼梯台阶的材料一般采用实木、大理石或玻璃，应该注意的是：在选择玻璃做楼梯时一定要加设防滑条，且用于踏板的玻璃最好采用钢化玻璃，因为其承载重量大，且不像普通玻璃破裂之后容易出现锋利的尖角。

宜 楼梯颜色宜与方位对应

根据五行的原理，楼梯间方位与其适宜的颜色有以下对应：

东与东南：绿、蓝色；

南：淡紫色、黄色；

西：粉红、白与米色、灰色；

北：灰白、米色、粉红；

西北：灰、白、黄、棕、黑；

东北：淡黄；

西南：黄。

宜 楼梯的部件宜光滑、圆润

楼梯的所有部件都应光滑、圆润，没有突出、尖锐的部分，以免对居住者造成意外的伤害。试想一下，当女士们穿着裙子优雅地走上楼去，但裙子的后摆却被挂住了，会产生什么样的尴尬情形？同时楼梯的踏板要注意做圆角处理，避免其对脚部造成伤害。

宜 楼梯上行方向宜顺时针

人上楼时的行走方向应与宇宙螺旋场的运行方向相一致，以顺时针方向为宜，而且楼梯的上下弧度需要大小相同。

宜 楼梯栏杆的宽度宜适中

在设计楼梯栏杆的宽度时，要首先考虑到安全问题，特别是有小孩的家庭，应考虑小孩头部被夹的可能性。栏杆间隔以8厘米为宜，因为8厘米的间隔正好可以防止小孩把脑袋伸进去。

宜 楼梯坡度宜根据家庭成员设定

楼梯的坡度宜根据家中成员状况来决定。若家庭中有老人和孩子，楼梯的坡度就要缓一些，踏步板要宽一些，梯级要矮一些，楼梯的旋转也不要太猛烈，这样老人、孩子在上下楼的时候才会有安全感。

楼梯风水之忌

楼梯口及楼梯角不可正对卧房门和厨房门，特别是不宜正对新婚夫妇的新房门，因为楼梯属"气口"，正对房门会使气流直冲到房间，对居住者的健康不利。楼梯口也不可正对大门，因为住宅是聚气养生之地，如楼梯进口对正门，宅内之财气、福气就会从楼梯向门直冲而去，此乃大忌。

忌 楼梯忌设在住宅的中央

将楼梯设在住宅中央是不太合理的。房子的中央被称作"穴眼"，是"气"的凝结点。"穴眼"这种传统说法延续至今必有其合理性，它是以中为上、居中、不偏不倚等中国人的中庸思想审美的体现。进门处或大厅中央，一道直梯凌空而起，或是一道弧梯如虹飞架，那种"隆重推出"的架势反而会把整个房屋底层分隔得支离破碎，使蛰居一隅的客厅成了门厅的陪衬，如同专为陌生人"留步稍候"而设的"大堂会客区"。一般认为客厅是全宅的灵魂所在，是最尊贵的地方，如果把楼梯设置在屋子中央，则显得喧宾夺主。而且楼梯是人经常走动的地方，喧闹不宁，设置在住宅中央不仅浪费了"穴眼"这一风水宝地，而且带有"践踏"的不敬之意，自然不会给房屋主人带来好运。

※ 辨别植物阴与阳的特性

辨别植物阴与阳的特性，亦是一种平衡能量的方法，但最重要的是要把握"植物是活的，是会改变的"这一原理。可以借由五行生克将阴阳作适当的平衡，像丝带状的羊齿科植物，如孔雀草、芦荀等，可以借其锯齿叶状上许多的阳气来软化、平衡阴气。

忌 楼梯忌正对大门

当楼梯迎大门而立时，楼上的人气与财气在开门时就会冲门而出，不利家人健康，也不利财运。若出现这种格局，可在梯级与大门之间放一面凹镜，这样可以把气能反射汇聚回屋内。

忌 楼梯口和楼梯角忌正对房门

楼梯口及楼梯角不可正对卧房门和厨房门，特别是不宜正对新婚夫妇的新房门。因为楼梯口属"气口"，正对房门会让气流直接冲到房间，对居住者的健康不利。楼梯角正对房门的话，就形成了尖角对房的不利格局。如果无法避免这两种格局的话，可在卧房门、厨房门与楼梯口之间放一个屏风，或在厨房门、卧房门上挂个门帘来化解。

忌 楼梯不宜通向卧室

楼梯具有很鲜明的指向性，面对楼梯，人们都会不由自主地拾级而上，所以切忌进门处的楼梯直接指向卧房门，这样会将人们的目光引向私人空间。如果楼梯直通卧室的话，不仅不利于家人保护隐私，也会让来访者感到尴尬。

忌 楼梯最后一级忌在房屋中心点

楼梯的转台或最后一级不能压在房屋的中心点。因为房屋中心点是统管八方、管八卦的，是房屋的核心，若核心动摇的话，八方皆乱。相对于斜梯和半途有转弯平台的楼梯来说，楼梯的第一个台阶在房屋中心还无大碍，如果到达楼梯尽头的平台是房屋中心，那就是大凶的格局。

忌 楼梯底下忌作厨房、卧室

楼梯底下的空间呈倾斜状，高低不平，不宜作餐厅、厨房和卧室等。因为人在楼梯下面会感到很压抑，而且容易碰伤。如果想利用楼梯底下的空间，最好是将其设计成储藏室或厕所，这样有利于家人的财运，使家中钱财越积越多。

※ 楼梯的结构与尺度

楼梯的结构要满足承重的要求，构造应尽量简单，以方便施工。楼梯使用的材料要为非燃烧体，以满足建筑防火的要求。楼梯梯段的宽度、平台的宽度、踏步的宽度及高度等尺度，要满足人行走舒适、家具搬运方便的要求。

忌 二黑命和五黄命的宅主忌用直梯

如果楼梯的形状与宅主五行相克，则不利家运。几何线条给人"僵硬"的感觉，二黑和五黄命五行属土，直梯属木，木克土，所以二黑和五黄命的户主最好不要使用直梯。

忌 楼梯装修不宜用硬材

在选用楼梯装修材料时，需要注意的是，如果不希望自己的居室呈现出宾馆、舞厅等公共场所的喧嚣气氛，就不要采用不锈钢等生硬的材料制作居室的楼梯。不锈钢等金属材料因为其明亮、耐用、加工便利等特点而早已被定位在公共设施的专用材料中，不宜做家庭使用。

忌 楼梯外形忌如锯齿

楼梯是现代建筑不可缺少的构件。形如锯齿的楼梯是一种带煞气的房屋构件，因此住宅内部布局时必须注意不要设置锯齿形楼梯，否则会给家人带来不利。

忌 楼梯扶手忌有冰冷感

冷暖适中的楼梯扶手会给居住者带来舒适的感觉，如果采用金属作为楼梯的栏杆扶手，那么最好要求厂家在金属的表面做一下处理。尤其是在北方，金属在冬季时非常冰冷，会让人特别地不舒服，对老年人尤为不利。目前，市场上有一种特殊材质的扶手，既有金属般的酷感，又不冰冷，适宜选用。楼梯的扶手直径则以5.5厘米为宜，使用起来会非常舒服。

忌 楼梯设计忌忽略台阶的高低

楼梯最忌讳的就是各个台阶的尺度不等。相信很多人都有在楼梯上被绊或踩空的经历，这两种情况都会让人惊出一身的冷汗。因为人在上下楼的时候，那种节奏感已经在脑子里形成了惯性，变成一件很自然的事，这时候如果节奏突然被打断，而且是在一个陡面上，就很容易发生意外。

忌 楼梯忌噪音过大

楼梯不仅要结实、安全、美观，在使用时还应避免发出过大的声音。在夜深人静的时候，踩在楼梯上所产生的"咚咚"声会显得有些恐怖。楼梯的噪音不但与踏步板的材质以及整体设计有关系，也与楼梯各个部件间的连接有关系，所以应该慎重选择。

忌 楼梯踏板忌用普通玻璃作材料

楼梯的踏板一般可采用实木、大理石或玻璃。目前很多人喜欢玻璃台阶的剔透、冰冷及酷的感觉，但注意用于踏板的玻璃应是钢化玻璃，其承重量大。普通玻璃虽然也能承重，但破裂之后容易出现锋利的尖角，因此为安全起见，最好不要采用普通玻璃。

忌 楼梯扶手忌材料与方位相克

楼梯扶手分木制扶手和金属扶手，五行属性为木和金，都有相克的对应方位。木制扶手不宜在东北、东南、西北、西南四方位，如果已经选用了，可以通过颜色来化解，只要使用红色、银白色或者咖啡色材料即可。金属扶手不宜在东和东南两个方位出现，若已经出现又不想换的话可以通过红色、深色来化解。

忌 二黑五黄八白命宅主忌绿色楼梯

在风水学中，二黑、五黄、八白五行属土，绿色五行属于木，木克土，对宅主不利。土对应人身体的脾胃，土被木克，家人脾胃易出问题，容易发生肠胃疾病。

楼梯踏级忌有缝隙

家庭中的楼梯踏级不应有缝隙。试想一下，当女士穿着裙子走在有缝隙的楼梯踏级上或是镂空的开放式楼梯上时，会出现什么样的尴尬情况？

忌 楼梯颜色忌与方位相克

楼梯的颜色如果与方位相克的话，会形成不利家运的风水。以下是楼梯颜色与方位相克的对应关系：

东与东南：白色、米色、灰色；

南：黑色、紫色；

西：红色系列；

北：黄色、红色；

西北：粉红色；

东北：铁锈色；

西南：棕色。

 知多一点点

※ **楼梯材质的选择**

常用的家庭楼梯按照制作材料可分为全木楼梯，即木梯步、木栏杆、木扶手；半木楼梯，即木梯步、铁花栏杆、木扶手；组合楼梯，即石材梯步、铁花栏杆、木扶手。

忌 楼梯忌太低

楼梯与天花板的距离应大于2米，以避免碰头。若楼梯太低，上楼时总是要小心翼翼，会给人的生活造成紧张感，这对于复式房或别墅来说就少了一份潇洒。太低的楼梯也会影响气的流通，不利于家运和财运。

忌 楼梯坡度忌过大

楼梯是快速移"气"的通道，能让"气"从一个层面向另一个层面迅速移动。当人在楼梯上下移动时，便会搅动气能，使其改变流向。要使家居达到藏风聚气的目的，气流必须回旋，楼梯的坡度太大的话就会影响气的流通。为了避免楼上的"气"直冲而下，家居楼梯从形状上讲，应尽量不做直梯，而是做成折线形的楼梯（即有休息平台的楼梯）、螺旋楼梯或弧形楼梯。

图书在版编目(CIP)数据

居家风水/董易奇主编.—海口：南方出版社，2009.9
(图解中国传统文化)
ISBN 978-7-80760-455-6

Ⅰ.居… Ⅱ.董… Ⅲ.住宅—风水—图解 Ⅳ.B992.4-64

中国版本图书馆CIP数据核字(2009)第120593号

图解中国传统文化 B·居家风水

董易奇 主编

责任编辑	陈正云	
出版发行	南方出版社	
邮政编码	570208	
社　　址	海南省海口市和平大道 70 号	
电　　话	(0898)66160822	传真：(0898)66160830
印　　刷	深圳市彩美印刷有限公司	
经　　销	各地新华书店	
开　　本	16 开	
印　　张	26	
版　　次	2009年9月第1版	2009年9第1次印刷
定　　价	68.80 元	